Heinrich Hüning

Der Parzivalroman Wolframs von Eschenbach. Ein Schicksalsrätsel

Versuch einer alternativen Deutung

Hüning, Heinrich: Der Parzivalroman Wolframs von Eschenbach. Ein Schicksalsrätsel:
Versuch einer alternativen Deutung, Hamburg, disserta Verlag, 2014

Buch-ISBN: 978-3-95425-748-5
PDF-eBook-ISBN: 978-3-95425-749-2
Druck/Herstellung: disserta Verlag, Hamburg, 2014
Covermotiv: © laurine45 – Fotolia.com

Bibliografische Information der Deutschen Nationalbibliothek:
Die Deutsche Nationalbibliothek verzeichnet diese Publikation in der Deutschen
Nationalbibliografie; detaillierte bibliografische Daten sind im Internet über
http://dnb.d-nb.de abrufbar.

Das Werk einschließlich aller seiner Teile ist urheberrechtlich geschützt. Jede Verwertung
außerhalb der Grenzen des Urheberrechtsgesetzes ist ohne Zustimmung des Verlages
unzulässig und strafbar. Dies gilt insbesondere für Vervielfältigungen, Übersetzungen,
Mikroverfilmungen und die Einspeicherung und Bearbeitung in elektronischen Systemen.

Die Wiedergabe von Gebrauchsnamen, Handelsnamen, Warenbezeichnungen usw. in
diesem Werk berechtigt auch ohne besondere Kennzeichnung nicht zu der Annahme,
dass solche Namen im Sinne der Warenzeichen- und Markenschutz-Gesetzgebung als frei
zu betrachten wären und daher von jedermann benutzt werden dürften.

Die Informationen in diesem Werk wurden mit Sorgfalt erarbeitet. Dennoch können
Fehler nicht vollständig ausgeschlossen werden und die Diplomica Verlag GmbH, die
Autoren oder Übersetzer übernehmen keine juristische Verantwortung oder irgendeine
Haftung für evtl. verbliebene fehlerhafte Angaben und deren Folgen.

Alle Rechte vorbehalten

© disserta Verlag, Imprint der Diplomica Verlag GmbH
Hermannstal 119k, 22119 Hamburg
http://www.disserta-verlag.de, Hamburg 2014
Printed in Germany

Widmung

Meiner Frau, meiner Familie, meinen Freunden

Inhaltsverzeichnis

1. Vorwort 1
2. Der Parzivalprolog 3
   - 2.1 Rückblick 3
   - 2.2 Eine „Neue Lektüre des Parzivalprologs"? 4
   - 2.3 Ein neues Forschungsprofil? 7
   - 2.4 „zwîvel"-Metapher versus „bast"-Konzept - Erinnerung an einen alten Streit um literarische Konzepte 13
   - 2.5 Warum entzieht sich der Parzivalprolog dem „Zugriff" der traditionellen Forschung? 15
   - 2.6 Unreflektierte Prämissen in der heutigen Literaturwissenschaft des Mittelalters 17
   - 2.7 Gründe des Scheiterns 19
   - 2.8 Der „Hasenvergleich" im Verhältnis zum „vliegenden bîspel" 29
   - 2.9 Die „Kunst des Jagens" und Dichtens 32
   - 2.10 Die Pointe des Hasenvergleichs 33
   - 2.11 Folgerungen 38
   - 2.12 Vom Eingang zum Höhepunkt des Romangeschehens 40
   - 2.13 Die Probe auf´s Exempel und Deutung einiger Hauptmotive des Textes auf diesem Hintergrund 44
   - 2.14 Interpretation des vliegenden bîspels aus lebensweltlicher Sicht ... 47
   - 2.15 Deutung des „zwîvel" aus vorreformatorischer Perspektive 50
3. Das Menschenbild des Parzivalromans 53
   - 3.1 Das dichterische Bild einer schweren Schuld 53
   - 3.2 Parzival und seine Brüder 57
   - 3.3 Das fiktive Konzept einer „dreifältigen" Existenz in seiner naturgeschichtlichen, geschichtlichen und heilsgeschichtlichen Dimension durch die Gestalten Feirefiz - Gawan - Parzival 59
   - 3.4 Dreiteiligkeit und Dreieinigkeit 62
4. Das Bild der Frau im „Parzival" 70
   - 4.1 Orgeluse als Romangestalt - Eleonore von Aquitanien - historisches Vorbild für eine literarische Figur? 70

4.2	Die Frau im Romankonzept nach biblischem Muster	72
5.	**Das Bild des Mannes. Die drei Namen Parzivals.**	**84**
5.1	Feirefiz	86
5.1.1	Die Gestalt des Feirefiz in der bisherigen Forschungsgeschichte	86
5.1.2	Feirefiz, der Bruder Parzivals; Heide - Anschevin - Mahdi	87
5.1.3	Feirefiz, der „Messias"	96
5.2	Gawan	101
5.2.1	Gawan als Komplementärfigur - das „alter ego" Parzivals	101
5.2.2	Der Epilog von Buch VI - eine Szene vor dem Spiegel	106
5.2.3	Die Kämpfe Gawans	112
5.2.4	Gawan und das Schicksal der Menschen auf Schastel marveille oder die gesellschaftliche Perspektive der Schuld Parzivals.	116
5.2.5	Gawan und Orgeluse, die Frau seines Lebens	128
5.2.6	Gawan und Parzival, Wiedervereinigung beider Figuren und Abgesang für Gawan	129
5.3	Parzival	135
5.3.1	Das dichterische Bild des Gralsgeschlechtes vor seinem konzeptionellen Hintergrund	135
5.3.2	Das Gralsgeschlecht und die Lehre der Väter	142
5.3.3	Deutungsversuch der Gralsfrage auf dem Hintergrund der Väterlehre: Die Erneuerung des Urstandes durch die Taufe	146
5.3.4	Die „Positivierung des Sündenfalles".	148
5.3.5	Die Erneuerung des Urstandes durch die Taufe und die Teilhabe am Corpus Christi Mysticum	151
5.3.6	Natur und Übernatur bei Feirefiz und Parzival	153
6.	**Dichterische Bilder - literarische Metamorphosen**	**155**
6.1	Die Entstehung des Geschlechternamens der „Anschevin" mit den literarischen Mitteln der Satire, Parodie und Travestie	155
6.2	Parzival - Feirefiz - Amfortas - und die Erlösungsfrage.	158
6.3	Eine alternative Deutung der zweiten Gralsszene	160
6.4	Der Gral – ein sonderbares „dinc"!	164
6.5	„gemach" - ein Schlüsselwort der zweiten Gralsszene	169
6.6	Das „dinc" und andere orientalischer Motive	173
6.7	Der Fischerkönig im Komplex der Gralsmotive	175

6.8	Gralsmotive im „Durchgang durch ein orientalisches Medium": Der Gestaltwandel biblischer und koranischer Motive auf der fiktiven „heilsgeschichtlichen" Ebene des Romans	178
7.	**Die Lüge Trevricents als Wendepunkt des Romans und als Problem der Wolframforschung:**	**188**
8.	**Poetologische Aussagen, die das Bild des Grals bei seinem ersten Erscheinen umrahmen**	**198**
8.1	Die Kehrseite dichterischer Bilder	200
8.2	Die mögliche Herkunft und Deutung wichtiger Motive und ihr Gestaltwandel im Hinblick auf den ganzheitlichen Bildhintergrund des Parzivalromans.	202
8.3	Das Abendmahlsmotiv im Koran und im „Parzival" Glaubensmotiv - Märchenmotiv - Gralsmotiv	203
8.4	Das Messiasmotiv in seiner Doppeldeutigkeit im „Parzival"	207
8.5	Das „zwîvel-Motiv" in den programmatischen Anfängen des „Parzival", des Koran und des Johannesevangeliums	210
8.6	Die Herkunft wichtiger Bildmotive der Gralsszene	214
9.	**Vom „Parzival" zum „Willehalm"**	**216**
10.	**Der Prolog des „Willehalm"**	**221**
11.	**Literaturangaben**	**223**
12.	**Index**	**229**

Vorbemerkung:

Es ist kein Geheimnis, dass trotz jahrzehntelanger Forschung und einer schier unübersichtlich gewordenen Forschungsliteratur zentrale Fragen der Parizivalforschung bisher nicht gelöst werden konnten. Der vorliegende Versuch erhebt nicht den Anspruch, darauf eine befriedigende Antwort geben zu können oder alle Probleme dieser mittelalterlichen Dichtung lösen zu wollen.

Ausgangspunkt meiner ersten Studie über den Parzivalprolog war meine scheinbar „zufällige" Entdeckung und die empirische, wissenschaftliche Analyse der Funktionsweise archaischer Würfelformen. Sie hatten bereits als „bickel" im Literaturstreit zwischen Gottfried von Straßburg und Wolfram von Eschenbach eine Rolle gespielt. In den anschließenden Überlegungen soll punktuell aufgezeigt werden die:

- Beachtung und Kenntnis der von Natur aus noch immer gleichen Realien und ihre zeichenhafte Bedeutung für das Selbstverstehen der Menschen;
- Kenntnis des für den Dichter vorgegebenen gesellschaftlichen und geistigen Umfeldes mit seinen Folgen für das Verständnis der Dichtung;
- Zeichenhaftigkeit von lebensweltlichen statt scheinbar stringent rationalen Argumenten bei der Deutung des Textes.

Die Entschlüsselung von „*bickelwort*-Metaphern", mit denen Wolfram gezielt die sich wandelnde Bedeutung von Wörtern als literarische Mittel und Motive einsetzt, ermöglicht einen rational nachvollziehbaren Zugang zum bisher fast vollständig verschlossenen Verständnis von Grundlagen und -anliegen des Dichters. Der gefundene Schlüssel kann z. B.

- die Mehrschichtigkeit des Menschenbildes im Roman erhellen;
- das Verhältnis und die Stellung der größten mittelalterlichen Dichter zueinander im Literaturstreit erklären;
- helfen, die wirklichkeitsentsprechende Darstellung eines Menschenbildes zu verstehen, die nicht nur dem 12. Jahrhundert verpflichtet ist;
- die Voraussetzungen und Folgen für die Auseinandersetzungen von Christentum und Islam auf höchstem geistigen und philosophischen Niveau in der Einkleidung eines Romans zu erkennen, die auch für die heutige Zeit noch bedeutsam sind.

Mit diesen Gedanken möchte ich meine Studien zu einem relativen Abschluss bringen in der Hoffnung, dass sie bei der weiteren Erforschung dieses epochalen Werkes hilfreich sein könnten.

Kerpen, den 11.09.2010   *Heinrich   Hüning*

1. Vorwort

Die Rätselhaftigkeit des Parzivalprologs war der explizite Gegenstand meiner früheren Studie mit dem Titel: „Würfelwörter und Rätselbilder im Parzivalprolog Wolframs von Eschenbach". Sie wurde im Frühjahr 1999 der Philosophischen Fakultät der Universität Köln als Dissertation vorgelegt und nach der Prüfung und einem Revisionsverfahren im November 2000 veröffentlicht. Das Ergebnis anschließender Untersuchungen an diesem Text führte zu der Erkenntnis, dass es sich bei diesem außergewöhnlichen Prolog der Form nach um ein Schicksalsrätsel handelt. Diese These möchte ich anhand des Textes belegen und mich dabei auf die Deutung des ersten Teil des Parzivalprologs, das „vliegende bîspel" (1,1-1,14) und den „Hasenvergleich" (1,14-1,19) beschränken. Weil dabei auf die Ergebnisse der zuvor genannten Arbeit Bezug genommen wird, ist deren Kenntnis für das Verstehen der folgenden Ausführungen wünschenswert, jedoch nicht Bedingung.

Die genannte Studie beginnt mit dem Satz: „Der Zufall führte Regie bei der Wiederentdeckung einer altertümlichen Form von Würfeln, die im Literaturstreit des 12. Jahrhunderts ... eine große Rolle spielten." - Das Wort „Zufall" bezog sich dabei primär auf die von mir wieder entdeckten archaischen Bickelwürfel, die in früheren Jahrhunderten beim Glücksspiel benutzt wurden und für die Beteiligten oft schicksalhafte Bedeutung hatten. Ihre Wiederentdeckung war für mich bei der Deutung und Erforschung des Parzivalprologs auch ein „Glücksfall"; im wörtlichen und übertragenen Sinn ein Schlüssel zum Text.

In Form der „bickelwort"-Metapher erlangten diese Würfel - im historischen Literaturstreit zwischen Gottfried von Strassburg und Wolfram von Eschenbach um literarische Konzepte - eine schicksalhafte Bedeutung. Durch eine exakte wissenschaftliche Analyse von Formen und Funktionen dieser historischen Würfel bei mehr als einigen hundert statistisch ausgewerteten Glücksspielversuchen konnte Einblick in die Verrätselungstechnik Wolframs bei der Konzeption des Parzivalprologs gewonnen werden. So ließ sich beispielsweise erklären, was mit der Verwendung von „bickelwörtern", dem Vorwurf Gottfrieds von Strassburg an die Adresse Wolframs, gemeint war, nämlich: die Verwendung von Wörtern mit sich wandelnder Bedeutung (Äquivokationen), die Wolfram bewusst als literarisches Mittel benutzt hatte, um den Text des Parzivalprologs als Zugangsrätsel zum Roman zu konzipieren.

Um von vornherein Missverständnisse zu vermeiden, soll ausdrücklich darauf hingewiesen werden, dass die sich wandelnden Bedeutungen der „Würfelwörter" im Text des Parzivalprologs stets sinnvoll miteinander korrespondieren, also keineswegs willkürlich oder zufällig verwendet werden, wie Gottfried es seinem Dichterkollegen unterstellen möchte: Einerseits als Mittel des verstehenden Umgangs mit Sprache - etwa zum Zweck der Verrätselung des Prologtextes - andererseits zugleich als literarische Ur- oder Kleinstmotive, die den Text wegen ihrer „Zweideutigkeit" konzeptionell bestimmen, d. h. ihm eine bestimmte poetische Struktur, Sinnrichtung und künstlerische Gestalt geben. Sie wirken in ihrer Unscheinbarkeit wie „Flügelschläge eines Schmetterlings"[1] (Chaostheorie, siehe Grein Gamra, 1999), die im Grenzfall beim Publikum eine „orkanartige Verwirrung" auslösen können: Dann nämlich, wenn man nicht weiß, woher der Wind weht!

Zu den Leitwörtern dieser Art, die als „kleinste literarische Motive" eine Mehrschichtigkeit des Textes verursachen, gehören unter anderen „zwîvel, nâchgebûr, parrieret, unstaete, geselle, stiure, chanzen, versitzet, verget, zagel, der dritte biz, bremmen" etc. Die ersten sechs dieser Wörter finden sich allein im „vliegenden bîspel" (1,1-1,14), dem Schicksalsrätsel des Parzivalprologs im engeren Sinne. Das Wort „stiure" heißt beispielsweise „Gang der maere in eine bestimmte Richtung", zugleich aber auch „subjektiv zu leistender Beitrag (des einzelnen Zuhörers) zum Verständnis des Textes". Die Sinnrichtung bestimmter Verse oder Textpassagen lässt sich dadurch nicht mehr nur in einer Richtung fixieren. Eine daraus resultierende Mehrschichtigkeit bzw. Rätselhaftigkeit des Textes ist bewusst kalkuliert und gehört zum Konzept der Dichtung. Das gilt für den Prolog, aber auch für den gesamten Roman als die rätselhafte Biographie einer höfischen christlichen Existenz mit dem Namen „Parzival".

---

1 Grein-Gamra, 1999 S. 19

2. Der Parzivalprolog

2.1 Rückblick

Nicht nur im Prolog gibt es eine Vielzahl von „Bickel-Wörtern" oder Äquivokationen, sondern auch im Roman selbst. Mit Recht kann man z. B. die programmatischen Namen der drei Hauptfiguren des Romans Parzival - Gawan - Feirefiz dazu rechnen. Im großen und ganzen wird der Roman durch sie gegliedert. Der Name ‚Parzival' bedeutet „rehte enmiten durch", sagt Sigune. In einer Spaltung spiegeln sich auch die Bedeutung und das Programm der Namen „Gawan" („kurzer Wahn") und ‚Feirefiz' (der ‚gemachte Sohn'). Den Sinn des Epilogs von Buch VI, der zugleich Prolog für Buch VII ist, kann man beispielsweise nur dann verstehen, wenn man sich vorstellt, so verlangen es die „stiure" und der Text, dass der Erzähler, hoch zu Ross und als Reiter, vor einen Spiegel tritt und samt seinem Haupthelden in den gegenüber liegenden virtuellen Raum des Spiegels bzw. der maere hinüber wechselt, wie ich am Ende der Arbeit zeigen werde.

Die Kenntnis der konzeptionellen Zusammengehörigkeit der Figuren mit ihren virtuellen „Gegenteilen" als „Spiegelung" ist unerlässlich für das Verständnis des Romanganzen, insbesondere des Parzivalprologs. Von Beliebigkeit bei der Verwendung von Äquivokationen, den so genannten „bickelwörtern" - so der Vorwurf Gottfrieds von Strassburg - kann also keine Rede sein. Sein „Bickelwort"-Vorwurf entbehrt jeder Grundlage! Aus der Schärfe seiner Polemik gegen Wolfram kann man schließen, dass er die Gefährlichkeit des Parzivalprologs für sein eigenes literarisches Konzept (z. B. im „Tristan") durchaus erkannt hatte: Grund genug für den Versuch, das Konzept seines Rivalen im Literaturexkurs des „Tristan" in Form einer Polemik zu neutralisieren!

Die von mir früher vorgelegte Deutung der Eingangsverse des Parzivalprologs und anderer Textstellen (Erec-Satire und Enite-Kritik) erschienen mir selbst während meiner Arbeit am Text hinsichtlich des methodischen Vorgehens, entgegen der Meinung anderer Forscher und Interpreten, keineswegs als ausgefallen, komplett andersartig oder methodisch abweichend. Erst bei der Besprechung und Beurteilung der Arbeit und der späteren Reaktion in Fachkreisen bemerkte ich, dass ich „Neuland" beschritten hatte, ohne es beabsichtigt zu haben. Die Ergebnisse lösten Zustimmung, aber auch Bedenken aus. Sie gipfelten gar in dem absurden Vorwurf, ich werde auf dem eingeschlagenen Weg „die Germanistik als Fach ruinieren".

Es gibt in der Tat Anlass, sich wegen der Zukunft der Germanistik Sorgen zu machen. Joachim Bumke stellte in der FAZ die skeptische Frage, ob die „Deutsche Philologie - ein Fach mit Zukunft"?[2] sei oder nicht. Der Titel ist nicht ohne Grund mit einem großen Fragezeichen versehen, denn: „Stellt man (..) die Frage, ob die Deutsche Philologie das Ziel, das die Gründer ihr gesetzt haben, nämlich die alten Texte in der Gegenwart lebendig zu

---

[2] Bumke, Joachim, Deutsche Philologie - ein Fach mit Zukunft? In: Frankfurter Allgemeine Zeitung, Dezember 2009.

machen, erreicht hat, so muss die Antwort lauten: Nein". Ob dieser Befund nicht Grund genug ist, auf nicht traditionellen Wegen einen neuen Zugang zu alten Texten zu versuchen? Wie kann denn die Germanistik z. B. den Text, um den es hier geht - den Parzivalprolog - „lebendig machen", wenn sie ihn in der bisherigen Forschungsgeschichte nicht einmal selbst verstanden hat? Das bekannte Problem der Nichtübersetzbarkeit des Parzivalprologs begleitet die Forschung seit der Wiederentdeckung dieses Textes durch Lachmann bis heute. Um dem zu entgehen, hatte ich in meiner ersten Studie den Vorschlag gemacht, man möge den Prolog nicht nur begrifflich, sondern bildhaft deuten. Mit Hilfe der sich wandelnden Bedeutung von sog. Bickelwörtern als kleinste literarische Motive erwies sich das als eine alternative Möglichkeit. Das war neu!

Ein merkwürdiger „Zufall" fügte es nun, dass Walter Haug vier Monate nach Veröffentlichung meiner Arbeit (im November 2000), also zeitnah und am gleichen Ort, nämlich im Institut für deutsche Sprache und Literatur der Universität Köln, *seine* „Neue Lektüre des ‚Parzival'-Prologs"[3] vorstellte. Bei dem groß und plakativ angekündigten Vortrag persönlich anwesend, war ich gespannt, ob der Referent in irgendeiner Weise auf meine, bereits seit dem Frühjahr 1999 im Institut ausliegende und schon begutachtete Dissertation Bezug nehmen würde. Wegen eines aufwendigen Revisionsverfahrens konnte meine Arbeit erst im November 2000 veröffentlicht werden. Außer dem indirekten Hinweis, „dass schon das wörtliche Verständnis an entscheidenden Stellen Schwierigkeiten macht" (S. 211), ließ der Referent sich nichts anmerken.

2.2   Eine „Neue Lektüre des Parzivalprologs"?

Auf die „Neue Lektüre des Parzivalprologs" von W. Haug möchte ich insofern eingehen, als man diesen Untertitel (zur eigentlichen Überschrift: „Das literaturtheoretische Konzept Wolframs von Eschenbach") nicht kritiklos akzeptieren kann. Diese Formulierung entspricht keineswegs dem angedeuteten Sachverhalt. *Grundlegend neu* an der „neuen Lesart" ist nur, dass Haug seine älteren, radikalen, um nicht zu sagen „exordialen" Positionen bei der Deutung des Parzivalprologs komplett liquidiert hat.[4] - Dazu gehört u.a.

---

[3] Der Gastvortrag von Prof. Dr. Walter Haug (Tübingen) fand am Freitag den 2. Februar 2001 um 10 Uhr c.t. im Vortragssaal der Institutsbibliothek der Universität Köln statt. Das Thema lautete: „Das literaturtheoretische Konzept Wolframs von Eschenbach - eine Neue Lektüre des Parzivalprologs". Unter demselben Titel wurde das Referat in „Beiträge zur Geschichte der deutschen Sprache und Literatur" Bd. 123, 2001, S. 211 bis 229 veröffentlicht. - Seine beiden Hauptthesen, die ich seinerzeit notierte, lauteten: 1. Der Parzivalprolog hat mit dem Namen und dem Helden des Romans nichts zu tun. 2. Prolog und Roman sind zwei völlig voneinander unabhängige Teile.

[4] Haug 1971, S. 700, stellt er fest: „Am indirekten Bezug aber ist entschieden festzuhalten; und deshalb ist es so gut wie ausgeschlossen, dass die beiden ersten Verse des ‚Parzival'-Prologes: Ist zwîvel herzen nâgebûr, daz muoz der sêle werden sûr, unmittelbar das Thema des Werkes ansprechen. Wenn diese Worte also nicht auf Parzival zu beziehen sind, dann kann man... die Verse in ihrer härtesten Bedeutung stehen lassen: Wer sich der völligen Verzweiflung hingibt, dessen Seele wird in die Hölle fahren. Man darf dies als *typische Exordialsentenz* auffassen." In der Fußnote zu dieser Passage hieß es: „Damit bestätigen sich einerseits die Interpretationen H. Schneiders ... während andererseits den Ansätzen Wapnewskis und H. Rupps ... die Grundlage entzogen ist."

seine frühere, unverständliche Interpretation der Eingangsverse des Parzivalprolog aus der Perspektive des „Gregorius" Hartmanns von Aue.

„Ist zwîvel herzen nâchgebûr,
daz muoz der sêle werden sûr" (Pz. 1,1-1,2)

Diese Eingangsverse übersetzt Haug, die Implikation („Gregorius") herausstellend, so: „Wer dem radikalen Zweifel an der göttlichen Gnade in seinem Herzen Raum gibt, der liefert seine Seele der Hölle aus." Als angebliche „Exordialsentenz" war sie noch schärfer formuliert worden: „Wer sich der völligen Verzweiflung hingibt, dessen Seele wird in die Hölle fahren". Die komplette Liquidierung dieser Deutung kommentiert er in der „Neuen Lektüre des Parzivalprologs" so: „Die Deutung der ersten beiden Verse in diesem Bezugshorizont erschien mir *bislang* als die plausibelste Lösung". (S. 214) Weiter heißt es: „Wenn man sich für die radikale Interpretation der Eingangsverse entscheidet, hat dies zur Folge, dass es zwischen ihr und den Darlegungen zu den drei Menschentypen zu einem gewissen Bruch kommt". Es folgt dann kein neuer Übersetzungsvorschlag, auch keine neue eigene Interpretation.

Überraschend „neuartig" kommentiert Haug[5] auch seine früheren Deutungsversuche des folgenden Hasenvergleichs:

„diz vliegende bîspel
ist tumben liuten gar ze snel;
sine mugens niht erdenken
wand ez kann vor in wenken
rehte alsam ein shellec hase." (Pz. 1,15-25)

Seine traditionelle Übersetzung lautet: „Dieses fliegende Gleichnis ist für unbedarfte Leute viel zu schnell. Sie vermögen es mit ihrem Verstand nicht einzuholen, denn es kann ihnen ausweichen, wie ein schneller Hase." Im Zusammenhang mit den letzten Zeilen des vorangehenden „vliegenden bîspels" interpretiert er den Text so: „Wolfram hat in Vers 6 das Nebeneinander von Gut und Böse beim gemischten Menschentypus über den Vergleich mit dem schwarz-weißen Gefieder der Elster ins Bild gebracht. Was man nun erwarten würde, wäre ein Hinweis darauf, unter welchen Bedingungen dieser schwarzweiße Mensch doch glücklich und gerettet werden kann, man erwartet, ein Wort zur Wende, zur Möglichkeit einer Umkehr über Krise, Einsicht, Reue, Buße, Wiedergutmachung. Statt dessen greift Wolfram das Elsterbild auf, um es in eigentümlicher Weise zu problematisieren, indem er behauptet, „es entfliege den *tumben liuten* so schnell, dass sie es nicht fassen können".[6] Wolfram hatte allerdings gesagt: „ez" (das vliegende bîspel!) kann vor in (ihnen) wenken rehte alsam ein shellec hase" (1,18f). Sein „wenken" hat mit „fliegen" oder „entfliegen" nichts zu tun; abgesehen davon, dass er auch nicht fliegen kann.

---

[5] Haug 2001, S. 211 ff î
[6] Haug 2001, S. 220 ff.

Als „Neue Lektüre des Parzivalprologs" endet die Deutung des Hasenvergleichs mit Haugs eigenen Worten in einer literaturtheoretischen Sackgasse: „Es scheint somit, dass die eigentliche Pointe dieser Passage bislang verborgen geblieben ist und dass Wolfram auch die Interpreten, ohne dass sie es gemerkt hätten, zu *tumben liuten* gemacht hat. Worin liegt die Pointe?" (Haug 2001, S. 221). Diese salopp formulierte Aussage kann nicht darüber hinwegtäuschen, dass man den Sinn des Hasenvergleichs immer noch nicht verstanden und den Versuch, ihn zu verstehen, aufgegeben hat! Kann man das etwa als eine „Neue Lektüre des Parzivalprologs" bezeichnen?

Dasselbe gilt für den wichtigen Eingangsvers (1,1-2) des Prologs, den man „bislang", nach Haug, auch nicht verstanden hatte. Die „Neue Lektüre des Parzivalprologs" erweckt vielmehr den Eindruck, man möchte sich unauffällig und unbeschadet dessen, was man früher einmal behauptet - und für stringent rational ausgegeben hatte - wieder auf die Seite der Allgemeinheit schlagen, nach dem Motto: Wenn alle das „vliegende bîspel" und den „Hasenvergleich" nicht verstehen, ist „alles nur halb so schlimm"! Mit der Frage nach der unverstandenen „Pointe" des Hasenvergleichs wird klar, dass neben der Deutung der Eingangsverse (1,1-1,14) auch die Interpretation des anschließenden Hasenvergleichs fehlgeschlagen ist. Die Frage nach dem bedeutungsvollen Anfang und Sinn des Parzivalprologs ist damit - sozusagen ex cathedra - neu gestellt, getarnt als „Neue Lektüre des Parzivalprologs".

Die ernüchternde Bilanz schließt - was die o. a. wichtigsten Metaphern der Parzivalprologs angeht - mit der Erkenntnis ihrer „Nichtübersetzbarkeit" und Unverständlichkeit. Das hatte bereits Lachmann vor über 170 Jahren genau so formuliert. Der rätselhafte Text hat also „bislang" sein Geheimnis nicht preisgegeben.

Angesichts nicht enden wollender vergeblicher Bemühungen um diesen Text bringt es auch nichts, sozusagen ex cathedra, „mit der Faust auf den Tisch zu hauen". Bernd Schirok tut dies, indem er hemdsärmelig behauptet: „Der Prolog hat - allen anders lautenden Einwänden zum Trotz - einen klaren Gedankengang". Basta! Unglaublich auch seine „Feststellung": „Glasperle bleibt Glasperle auch in der kostbaren Goldfassung, und umgekehrt: Rubin bleibt Rubin auch in der billigen Messingfassung."[7] Es ist höchst fragwürdig, die poetische Dichte eines literarischen Textes auf solche banausische Weise aus der Welt schaffen zu wollen. (Siehe hierzu Fußnote mit Kommentar aus dem Grimmschen Wörterbuch zu dieser Textstelle!)

Für die Fortsetzung der Arbeit am Text des Parzivalprologs wäre es hilfreich gewesen, wenn Haug wenigstens einige Gründe für seinen Sinneswandel hinsichtlich der Deutung des „vliegenden bîspels" und des „Hasenvergleichs" angegeben hätte, statt sie einfach nur zu annullieren. Schließlich geht es nicht um die Interpretation irgendeines Textes. Allzu

---

[7] Schirok 2002, beide Zitate S. 78. Vgl. zum vorliegenden Problem: Hüning, 2000 S. 190: „Simrock bezeichnet den edlen Rubin in Messingfassung als „Missgriff". Mit Bezug auf das Wort „safer" und die sog. „Frauenlehre" (3,14) heißt es im Grimmschen Wörterbuch (Bd. 14 Sp. 1635) weiter: „Safflor" oder *saffer* ist *„ein aus kobalt gewonnenes mineralisches produkt, schon früh zum blaufärben des glases benutzt; ...mhd. safer, n"*.: *„unedler sinn bei leiblicher schönheit scheint Wolfram wie ein schnöder glasflusz in goldener fassung"*. Das „*safer*" (3, 14) ist mitnichten eine „Perle": mhd. berle, stf. perle, (Lexer).

lange hatte man für solche Deutungsversuche den Status von „Prüfungsvorbereitungsliteratur" beansprucht und auch rechthaberisch vertreten (Haug selbst in seinem Urteil über Wapnewski und Rupp). Mir selbst wurde wegen Nichtbeachtung dieser speziellen Sorte von Fachliteratur schwarz auf weiß eine offizielle Rüge[8] erteilt: Hatte ich doch die Kühnheit besessen, in der Literaturliste meiner Dissertation den Namen Walter Haug gar nicht zu erwähnen. Man hielt dies für einen unverzeihlichen Fehler! Im Vorwort zu meiner Dissertation wird im letzten Abschnitt kurz darauf angespielt.

In diesem Zusammenhang darf ich noch darauf aufmerksam machen, dass meine Studie „Würfelwörter und Rätselbilder im Parzivalprolog" aus dem Jahre 2000 keineswegs der Versuch ist, den Parzivaltext „queer"[9] zu lesen, um etwa gezielt „anderen einen Strich durch die Rechnung zu machen". Nach wie vor bin ich primär am Text und nicht an nachrangiger Sekundärliteratur interessiert. Neue Deutungsversuche stehen immer in einem kritischen Verhältnis zu vorhergehenden. Sie im Einzelfall aus durchsichtigen Motiven als „queer", ungewöhnlich, sonderbar, eigenartig, verdächtig, schwul oder „versaut" zu „qualifizieren", entspricht nicht den „sincerly rules" eines vernünftigen und wissenschaftlich begründeten Umgangs miteinander.

2.3 Ein neues Forschungsprofil?

Außer den oben genannten gibt es noch andere Gründe, die eigenen Vorstellungen über den Parzivalprolog - exemplarisch - in der Auseinandersetzung mit Walter Haug zu präzisieren.[10] Er spricht nicht nur für sich selbst, sondern ist Repräsentant einer bestimmten Forschungsrichtung. Im Nachruf zu seinem Tode im Vorwort der „Wolfram-Studien" Bd. XX, S. 7 aus dem Jahre 2008 heißt es: „Er hat die ‚Veröffentlichungen der Wolfram

---

[8] Im Zweitgutachten zu meiner Arbeit heißt es: „Und auch dann, wenn man nicht unbedingt der Auffassung ist, es müsse die gesamte Forschungsliteratur verarbeitet und verzeichnet werden, ist es schon ein wenig verwunderlich, in einer Arbeit über den ‚Parzival'-Prolog keinen einzigen Titel von Walter Haug zu finden". Am Tage nach Aushändigung des Zweitgutachtens - „mit dieser Rüge" - ging ich also mit einem halben Dutzend Textkopien von Arbeiten Walter Haugs ins Seminar und legte sie - vom wiederholten Durcharbeiten mit verschiedenen Textmarkern waren sie recht bunt geworden - dem Zweitgutachter mit der lapidaren Bemerkung vor: „Damit konnte ich nichts anfangen"! „Das hätten Sie aber dann doch sagen müssen", war die spontane Gegenreaktion. Wunschgemäß habe ich damals die Literaturliste mit dem fehlenden Namen ergänzt. Der Vorwurf der Anmaßung wäre mir sicher nicht erspart geblieben, wenn ich seinerzeit geschrieben hätte, was ich angeblich „hätte sagen müssen". Das möchte ich hiermit nachholen, ohne das es mein besonderes Anliegen wäre, damit jemandem „auf die Füße zu treten". Ich kenne W. Haug nicht persönlich, sondern kritisiere ihn nur als Repräsentanten einer bestimmten Forschungsrichtung, die ich für fragwürdig halte, quod erat demonstrandum.

[9] Im „Kommentierten Vorlesungsverzeichnis Wintersemester 2006/2007" der Universität Köln wird die Vorlesung „Höfische Dichtung im Spiegel der Forschungsgeschichte" nicht kommentiert. In einem Zuge werden „neuere Arbeiten", zu denen meine Studie aus dem Jahre 2000 zählt, als „neueste Versuche einer queer orientierten Lektüre" vorgestellt! Im Wörterbuch Englisch (Verlag Lingen) liest man: „queer I. (Adjektiv,) 1. ungewöhnlich, sonderbar, eigenartig, verdächtig. 2. abw.: schwul. II. (Nomen) salopp: abw.: Schwule (r). III. (Verb) salopp: versauen, vermasseln, vermiesen; - queer some one's pitsch, jemandem einen Strich durch die Rechnung machen" (siehe: engl. Wörterbuch Lingenverlag). Solche Äußerungen könnten darauf abzielen, die Glaubwürdigkeit bestimmter Autoren zu diskreditieren.

[10] Walter Haug ist am 11. Januar 2008 im 81. Lebensjahr verstorben. Dem Gedächtnis dieses Forschers wurde der zwanzigste Band der Wolfram-Studien gewidmet.

von Eschenbach-Gesellschaft' von 1972 bis 1984 ... herausgegeben und das Forschungsprofil der Wolfram-Gesellschaft geprägt. ... Sein Eröffnungsvortrag auf dem Blaubeuroner Kolloquium dokumentiert dies auf eindrucksvolle Weise". Sein Titel lautete: „Die mittelalterliche Literatur im kulturhistorischen Rationalisierungsprozess. Einige grundsätzliche Erwägungen". Das Tagungsthema des erwähnten Blaubeuroner Kolloquiums hieß: „Reflexion und Inszenierung von Rationalität in der mittelalterlichen Literatur".

Bereits mein erster Beitrag zur Deutung des Parzivalprologs steht, um es spitz zu formulieren, der Sinnrichtung nach „quer" zu den Forschungsergebnissen Haugs. Das gilt in Teilen – für die Deutung des „vliegenden bîspels" und für den „Hasenvergleich" - aber auch im Ganzen. In der vorliegenden Arbeit gilt mein besonderes Interesse zunächst den genannten „Teilen", gemäß der besonderen Beziehung von „Teil und Ganzem".

Auffallend ist, mit welcher Vehemenz Walter Haug in diesem Vortrag gegenüber anderen Autoritäten die „reine Vernunft" einseitig für sich und seine Disziplin in Anspruch nimmt; das, obwohl seine eigene radikale Rücknahme früherer Deutungsversuche des Parzivalprologs erst wenige Jahre zurückliegt. Sie hatten jahrzehntelang als „Prüfungsvorbereitungsliteratur" zu Unrecht den Status „stringenter Rationalität" für sich in Anspruch genommen. Es besteht daher überhaupt keine Veranlassung, wenn es um Rationalität, besonders um die Vereinbarkeit von Vernunft und Glauben geht, gegenüber einer Autorität, wie Papst Benedikt XVI., so „auf den Putz zu hauen", wie Haug es in seinem Eröffnungsvortrag tat.

Unter den gegebenen Umständen könnte dieser letzte „Forschungsbeitrag" Walter Haugs - im Jahre 2008 veröffentlicht - gewollt oder ungewollt die Form eines Vermächtnisses annehmen und damit eine höhere Verbindlichkeit beanspruchen. Haug hat selbst dazu beigetragen, diesen Eindruck zu vermitteln. Es sind nicht nur „Einige grundsätzliche Erwägungen" (so der Untertitel), die nach „letztwilliger Verfügung" klingen. Es gibt Indizien dafür, dass es u. a. darum geht, für weitere 150 Jahre einen kulturprotestantischen Anspruch auf Deutungshoheit für die Literatur des Mittelalters allgemein und im besonderen für die Wolframdichtung „gegenüber Katholiken und allem Ultramontanen" zu behaupten. Aus dieser Richtung sieht sich Haug offensichtlich bedroht! Um dem zu begegnen, eröffnet er die Blaubeuroner Tagung „Reflexion und Inszenierung von Rationalität" mit einem direkten Angriff auf „den Obersten aller Katholiken", nämlich den deutschen Papst Benedikt XVI. Die beiden ersten Sätze lauten: „Das Thema unserer Tagung hat durch die Regensburger Vorlesung Benedikts XVI. eine überraschende Aktualität gewonnen. Da wird von einem theologisch hoch gebildeten Papst der Vereinbarkeit von Vernunft und Glauben das Wort geredet ..." etc.

Die Absicht ist klar: In Wirklichkeit sollen auf „aktuelle, geradezu sensationelle Weise" alte kulturprotestantische Vorbehalte gegenüber dem Papst und allem was katholisch ist, wieder belebt werden. Um die kulturkrampfartige Sinnrichtung der beiden ersten Sätze erkennbar zu machen, wird hier in Klammern und in Kursivschrift ergänzt, worum es Haug „durch die Blume gesagt" wirklich geht: „Das Thema unserer Tagung hat durch die Regensburger Vorlesung Benedikts XVI. eine überraschende Aktualität gewonnen." (*sensati-*

onell - nicht wahr![11]*)."* Da wird (*doch tatsächlich: es ist nicht zu fassen!*) von einem theologisch hoch gebildeten Papst der Vereinbarkeit von Vernunft und Glauben das Wort geredet." *Soll heißen: Der Papst als Repräsentant aller Katholiken macht sich zum „Befürworter" einer Sache, die überhaupt nicht zu vertreten ist: Der Vereinbarkeit von Vernunft und Glauben!*[12]

Nach Haugs Meinung ist die Ratio ureigene Domäne der Wissenschaft. Etwas zu glauben, ist immer „unvernünftig". Der Papst, als die Verkörperung der katholischen Kirche, möge sich also gefälligst heraushalten, wenn es um die Ratio, die „reine Vernunft" geht. Wie kann dieser es wagen, sich zur Vereinbarkeit von Vernunft und Glaube zu äußern, wo sich doch die Ratio seit der Aufklärung einzig und allein der Philosophie als Wissenschaft anvertraut hat. Um seine Ansichten zu untermauern, würzt Haug seine anschließenden Überlegungen mit apokryphen Andeutungen zu „Port Royal" und der „Einführung der regelmäßigen Beichte durch das 4. Laterankonzil 1215" (W. Std. XX, S. 25).

Im zweiten Absatz seines Referats behauptet Haug, man könne „in der Tat einen philosophie-geschichtlichen Fixpunkt benennen, an dem die Wende zur Vernunft als alleinigem Erkenntnisvermögen augenfällig geworden ist". Er bekennt sich gleich zu Beginn seines Vortrages zum antiken, um nicht zu sagen antiquierten, „cogito ergo sum" Descartes' als der Basis der „reinen Vernunft" (W. Std. XX, S. 20). Dass es sich dabei nur um eine Idee, um bloße Spekulation handelt, scheint Haug nicht weiter zu stören.[13] Ironisch könnte man einwenden, der Satz „cogito ergo sum"[14] gebe nur in recht unvollkommener Weise wieder, wie der damit verbundene Sachverhalt inhaltlich vorgestellt werde; die „unmittelbar einleuchtende Gewissheit" nämlich, dass man selbst mit dem Denken etwas zu tun hat, insofern man erst dadurch „einer" werden soll, bzw. „mit sich selbst eins ist": Ein theoretisches „Individuum", unabhängig von eigenen existentiellen Voraussetzungen, wie die

---

[11] Ich habe mir erlaubt, das von Walter Haug „durch die Blume gesagte", also eigentlich Gemeinte, in Kursivschrift und klärend zu ergänzen. Da hatte sich doch tatsächlich jemand erdreistet, eine Sache zu „befurworten", wovon er als Katholik, dazu noch als Papst, überhaupt nichts verstehen kann, nämlich: Über die Vereinbarkeit von Vernunft und Glauben zu sprechen.

[12] In diesem Zusammenhang ist eine andere Meldung interessant: „Das Seminar für allgemeine Rhetorik der Universität Tübingen erklärte die Vorlesung von Benedikt XVI. zur „Rede des Jahres 2006". Unter anderem heißt es in der Begründung: „Die Rede sei ‚gezielt missverstanden' worden". (www.hath.net)

[13] „Als Stichdatum pflegt man jenes radikale Umdenken anzugeben, zu dem Descartes sich 1619 im Winterlager zu Neuburg an der Donau gedrängt sah und das dann 1636 seinen Niederschlag im Discours de la methode' gefunden hat. Die 1. Regel im 2. Abschnitt des ‚Discours' besagt, dass man keine Sache für wahr halten solle, von der man nicht genaue Kenntnis habe, d. h. nichts als die Wahrheit akzeptieren dürfe, was nicht klar und deutlich erkannt worden sei, so dass kein Anlass bestehe, es in Zweifel zu ziehen. Und dieser Bedingung genügt, wie er zeigt, allein dieser Denkvorgang selbst, also das cogito, aus dem er dann jedoch nicht nur das eigene Sein begründet, sondern im nächsten Denkschritt auch das Sein Gottes zurückholt... Die Religion wird also nicht verabschiedet, sondern von der Vernunft her neu entworfen." (In: Haug 2006, S. 20).

[14] Dtv-Lexikon: cogito, ergo sum (lat. ‚ich denke, also bin ich'), Grundsatz in der Philosophie R. Descartes', der als einziger in seiner unmittelbar einleuchtenden Gewissheit dem methodischen Zweifel des Denkens standhält und deshalb als Wahrheitskriterium und Fundament der rationalen Erkenntnis gilt." - Diesem, in einem unerbittlich abstrahierenden, sozusagen bis auf die Knochen reichenden Abstraktionsprozess „aus der Welt geschafften Ich" sollte man als ein „Skelett" nicht das Wort „cogito, ergo sum" nachträglich zwischen die nicht mehr vorhandenen Lippen schieben.

raum- und zeitlich bedingte Leibhaftigkeit gedacht? Das ist „reine Spekulation", nicht „reine Vernunft"!

Theoretisch wären zu einer solchen „unvermittelt einleuchtenden Erkenntnis" nur „reine Geister" (Engel) fähig. Als reine Geistwesen sind sie nicht durch eine lästige Bindung an Raum und Zeit „geistig behindert". Nur sie könnten als „reine Vernunftwesen" die „reine Wahrheit" ertragen. Für Menschen ist „reine Vernunft" ein Ding der Unmöglichkeit, eine unerträgliche Vorstellung. Wissenschaftlich belegt ist, dass auch der „reinste Erkenntnisakt" und die daran gebundene „Rationalität" ohne komplizierteste hirnphysiologische Prozesse und die durch Leibhaftigkeit erst ermöglichte Sprachfähigkeit des Menschen überhaupt nicht gedacht werden kann.

Der Mensch ist vielmehr sich selbst und der Welt gegenüber grundsätzlich an Selbst- und Weltvermittlungsprozesse gebunden. Damit dies möglich ist, wurde er vom Schöpfer auf höchst wunderbare Weise mit einer kreativen, nicht nur reaktiven Sinnlichkeit, ausgestattet, durch die er - „auf mittlerer Ebene" - mit sich selbst, den Mitmenschen und der Welt der Dinge „kommunizieren", d. h. „eins sein", bzw. „einer werden" kann. Jeder vordergründig passiv-reaktiv erscheinende Sinnes- und Erfahrungsprozess, wie z. B. das Hören, korrespondiert direkt mit seinem Gegenpol, dem produktiven Sprechakt. In dieser Form bestätigt der Mensch zuerst sich selbst. Er „macht" die Erfahrung, dass er „tatsächlich einer ist", der im Medium der Sprache aus sich heraus- und sich selbst gegenüber treten kann. Dieses kreative Verhältnis zwischen Reaktion und Produktion ist für alle Sinne und jede Erfahrung kennzeichnend. Eine von aller Sinnlichkeit abgelöste Erfahrung von Raum und Zeit, wie Kant sie - angeblich - postulierte, gibt es nicht wirklich. Dass Kant in hohem Alter und mit letzter Kraft sein Idealismuskonzept radikal zu korrigieren versuchte - siehe opus postumum - wird in der Philosophiegeschichte gern verschwiegen.

Im Zusammenhang mit den vorhergehenden Anmerkungen zum idealistischen philosophiegeschichtlichen Ansatz Haugs, den er offensichtlich als verbindlich für die Deutung literarischer Texte betrachtet, möchte ich daran erinnern, dass ich im Blick auf dasselbe „cogito ergo sum" des Philosophen Descartes auf eine völlig andere, „verrückte", aber „lebensnotwendige Perspektive" von „relativer Vernünftigkeit" hingewiesen habe, auf die „Kunst als Lüge, die uns hilft, die Wahrheit zu verstehen", wie einst August Everding[15] es formulierte. Ihr geht es immer und zuerst ums Leben und Überleben. Die „reine Vernunft" hat damit nichts oder nur am Rande zu tun. Der Tod ist für sie lediglich, wie Kant lakonisch kommentiert, „das Ende aller Erfahrung". Dieses seltsame „Wissen ohne eigene Erfahrung" über das „Ende aller Erfahrung" hat demnach jeder!

Es geht in der Kunst - auch in ihrer sprachlichen Form als Dichtung - nie nur um „reine Vernunft", sondern um das Leben selbst. In meiner ersten Studie habe ich ausdrücklich darauf hingewiesen. Es kann nicht bestritten werden, dass der „Parzival", mit seiner Fülle von poetischen Bildern höchster Dichte, etwas mit Kunst und dem Leben zu tun hat; ein Sachverhalt, der in Literaturtheorien zum Parzivalroman offensichtlich nicht immer oder nur ungern zur Kenntnis genommen wird.

---

[15] Hüning, 2000, S. 34

Die „augenfällig gewordene Wende zur Vernunft als alleinigem Erkenntnisprinzip", wie Haug sie im Rückgriff auf Descartes nachzuvollziehen versucht, ist „Cartesianismus". Mit Blick auf die Deutung mittelalterlicher literarischer Texte kann man derartige philosophische Statements getrost vergessen. Eine pseudotheoretische „Wende rückwärts" ist für die Deutung mittelalterlicher Dichtung nicht nur kontraproduktiv; sie schadet jedem literarischen Text und lässt ihn - im Grenzfall - demoliert zurück: quod erat demonstrandum. Wie deplaziert ein solcher Rückgriff auf einen „philosophischen Fixpunkt" im Zusammenhang mit der Deutung von Mittelalterliteratur - z. B. den „Parzival-Prolog - sein kann, wird deutlich, wenn man vergleicht, wie Haug das „cogito sum" Descartes' im Blick auf ein „mögliches" bzw. sein eigenes Gottesbild interpretiert: ... „allein dieser Denkvorgang selbst, also das cogito, aus dem er (Descartes) dann jedoch nicht nur das eigene Sein begründet, sondern im nächsten Denkschritt auch das Sein Gottes zurückholt, ... Die Religion wird also nicht verabschiedet, sondern von der Vernunft her neu entworfen."

Es grenzt – um es vorsichtig zu formulieren - an Unverschämtheit im Namen der Rationalität seine Mitmenschen mit astreinen atheistischen Plattitüden und theologisch/philosophischen Purzelbäumen zu traktieren, wie dem Diktum, dass Descartes „im „nächsten Denkschritt auch das Sein Gottes zurückholt". In diesem Angebot geht es um ein selbst gezimmertes Gottesbild. Ob man diese Deutungsabsicht Descartes unterstellen kann oder nicht, ist nicht die Frage. Entscheidend ist, wie Haug dessen „cogito sum" interpretiert, um für die Gegenwart zu einer rationalen Basis für die Deutung von mittelalterlichen Texten zu kommen.[16]

Wenn man dieses „verholzte Gottesbild" eines neuzeitlichen Literaturwissenschaftlers mit dem Gottesbild im literarischen Werk Wolframs vergleicht, sind die mangelnde Kompatibilität und ihre katastrophalen Folgen nicht zu übersehen. Tragisch ist, dass mancher Interpret diesen Widerspruch auf dem Hintergrund der eigenen Ungläubigkeit und Ahnungslosigkeit gar nicht bemerken kann. Als solcher oder als „Nichteingeweihter" kann er sich nicht in die Rolle eines gläubigen Dichters aus dem 12. Jahrhundert hineinversetzen.

Schon seit dem 12. Jahrhundert werden an die Philologie Forderungen gestellt, die heute noch selbstverständlich sind, z. B.: „dass der Kontext zu berücksichtigen sei, Entstehungsort und Entstehungszeit, die Gattung, Person und nähere Umstände des Autors, alles mit dem ausdrücklichen Ziel, den vom Autor intendierten Sinn zu verstehen: *sententiam litteralem scripturae ab auctore principaliter intentam.*"[17] Nicht ohne Grund muss immer wieder an diese Bedingungen der Textinterpretation erinnert werden. Die oben zitierte Aussage Haugs, dass Descartes aus einem „Denkvorgang" (cogito) nicht nur das eigene Sein begründet, sondern im nächsten Denkschritt auch das Sein Gottes zurückholt", ist im Denken Wolframs Blasphemie und eine aufs Schärfste zu bekämpfende Irrlehre. Damit fehlt die Basis einer darauf aufbauenden Textinterpretation.

---

[16] Haug zieht mit Seitenblick auf Benedikt XVI. eine Verbindungslinie bis in die Gegenwart: „Aber es fragt sich, ob (...) damals nicht vielmehr ein Rationalisierungsprozess zu seinem Ziel gekommen ist, der mehr oder weniger kontinuierlich das abendländische Denken und Weltverhalten von seinen Anfängen an bis zur mündigen Autonomie der Vernunft bestimmt hat".

[17] Ohly 1966, S. 3

Wolfram war strenggläubiger Christ. Das bedarf keines Beweises, wenn man seine Texte kennt und versteht. Seine christliche Glaubensüberzeugung und Frömmigkeit sind die Kennzeichen für „Person und nähere Umstände des Autors" mit Namen Wolfram von Eschenbach. Man lese als Beleg hierfür einmal den Prolog zum „Willehalm". Dieser Anfang hat die Form eines Gebetes und ist als Lobeshymne an den dreifaltigen Gott gerichtet. Da der Parzivalprolog - wie allgemein in der Forschung anerkannt wird - erst nach Vollendung der Arbeiten am Parzivaltext entstand, darf man davon ausgehen, dass beide Prologe - für den ‚Parzival' als auch den ‚Willehalm' - zeitnah, d. h. auf demselben geistigen bzw. religiösen Hintergrund entstanden sind. Der Parzivalprolog hat, ebenso wie der Prolog des „Willehalm", einen tragenden religiösen Hintergrund. Das wurde bisher nicht immer beachtet.

Damit soll nicht behauptet werden, dass jeder Interpret des Parzivalromans Christ sein oder denselben Glauben haben muss, wie der Dichter dieses Textes. Um dessen Sinn zu erkennen, muss er jedoch über den religiösen Hintergrund des Autors genau informiert sein. Ohne dieses Wissen kann er die im Text wiederkehrenden Zeichen seiner Glaubensüberzeugung als solche weder identifizieren, noch in ihrer Bedeutung, was die poetische Qualität betrifft, richtig einschätzen. Auch für einen atheistischen Interpreten gehört ein „religiöser Sachverstand", der dieses Wissen einschließt, zu den notwendigen Bedingung (sine qua non), um einen literarischen Text im Sinne eines christlichen Dichters zu deuten.

Neben der völlig irrationalen Aussage, dass Descartes aus dem „cogito ergo sum" „nicht nur das eigene Sein begründet, sondern im nächsten Denkschritt auch das Sein Gottes zurückholt,"[18] - folgen weitere dubiose Behauptungen wie: „Die Religion wird von der Vernunft her ... neu entworfen;" oder „die Ratio ... scheitert an der Unversöhnbarkeit von Natur und Gnade" (Haug 2006, S. 31). Im Gegensatz dazu gilt in der katholischen Kirche der Fundamentalsatz von der Vereinbarkeit von Natur und Gnade als unerlässliche Bedingung: „gratia supponit naturam", m. a. W. :Gnade setzt die Natur voraus!

Verdächtig sind auch Formen von arbeitsteilig ausgerichteter „Vernünftigkeit". Sie entwickeln sich unter der Hand gleichsam zu einem Sortiment verschiedener, „operationalisierter" Rationalitäten. Bei Haug gibt es z. B. eine Sonderform der Ratio als „Ordnung, die nach Chaos schreit" (Haug 2006, S. 32). Ist diese Aussage nicht eher ein kognitiver Verkehrsunfall, als dass sie mit Wissen und Erkennen etwas zu tun hätte? Sie sollen angeblich aufeinander prallen, um einer „Erstarrung zu entgehen". Welche Erstarrung? - Eine andere Sonderform wird ebenfalls im Namen der Rationalität verkündet: „Die höchste Form der Sinnlosigkeit ist - inhaltlich gesehen - die alphabetische Ordnung, und

---

[18] In diesem Zusammenhang erinnere ich daran, dass ich in meiner Studie („Würfelwörter und Rätselbilder im Parzivalprolog") im Kapitel „Sprachlogik und Logik der dichterischen Bilder - ihr unterschiedliches Verhältnis zur Zeit" (S. 33-37) mich ausdrücklich auf das philosophische „cogito, ergo sum" Descartes' bezogen habe. „Unerbittlich abstrahierend", kommt man logisch zum gegenteiligen Schluss: cogito, ergo non sum, ich denke, also bin ich nicht! Im „Prinzip", von Geburt an ein Sterbender, verliere ich mit jeder Sekunde einen Teil meiner Lebenszeit, ohne irgendetwas dagegen tun zu können. Völlig machtlos bin ich dem Tod ausgeliefert. In dieser Situation hilft uns die „Kunst als lebensnotwendige Lüge, die Wahrheit zu verstehen", wie Intendant August Everding es sagte.

ihr wird die Zukunft gehören"![19] Das klingt bedeutend und bedrohlich, ist im Grunde nur eine „exordial" sinnlose Phrase.

Im Rationalitäts-Sortiment Haugs gibt es noch eine spezielle „Exempel-Ratio". Für den Fall nämlich, dass Wahrheiten oder Lehren an Beispielen erklärt werden. Besonders interessant deshalb, weil Wolfram seinen „Parzival" mit einem Beispiel, dem „vliegenden bîspel", beginnt. Haug behauptet: „Jedes Exempel hat seine eigene Ratio, und damit geraten sie in Widerspruch zueinander. Es lässt sich im Prinzip für jede ‚Wahrheit' ein Beispielfall konstruieren, also auch für das jeweilige Gegenteil: man kann genauso treffend beispielhaft belegen, dass sich Großmut lohnt, wie dass sie (sic!) ins Verderben führt."[20] (Haug 2006, S. 32) - Handelt es sich bei diesen zweideutigen Aussagen Haugs zur Exempel-Ratio etwa um den Reflex auf eine traumatische Erfahrung im Umgang mit dem „vliegenden bîspel" aus dem Parzivalprolog? - Werden deshalb Beispiele allgemein der „Unmoral" bezichtigt, weil sich das „vliegende bîspel" als Eingangsrätsel des Parzivalprologs dem „Zugriff" eines Interpreten verweigert hatte? Hätte nicht Haug zugeben müssen, dass ihm trotz größter Anstrengungen „die eigentliche Pointe dieser Passage bislang verborgen geblieben ist und dass Wolfram auch die Interpreten, ohne dass sie es gemerkt hätten, zu *tumben liuten* gemacht hat. Worin liegt die Pointe?" (Haug 2001, S. 221). Zusammenfassend lässt sich also sagen, dass die o. a. Beispiele für „kulturhistorische Rationalisierungsprozesse" sich eher zu kleinlichen „Operationalisierungsschritten" mausern, als dass sie noch etwas mit Philosophie, Erkenntnis und „Vernunft" zu tun hätten.

Durch „Technik" im altgriechischen Sinne, als verstehender Umgang mit dem Text, dessen „Kategorien" nach Dilthey Erleben, Ausdruck und Verstehen sind, ergibt sich die alternative Möglichkeit zu fragen und zu forschen, *wie das, was wir erfahren und dadurch „erkennen"* als Beispielserfahrung in unser Bewusstsein gelangt, und dort als Selbst - und Weltverstehen zur Verfügung steht, gerade auch in der Begegnung mit Literatur und Dichtung. Was *vernünftigerweise* nur als „abstrakter Begriff" in der Erkenntnis sein kann, sollte im Umgang mit einem literarischen, d. h. künstlerischen Text daher weniger interessieren.

2.4 „zwîvel"-Metapher versus „bast"-Konzept - Erinnerung an einen alten Streit um literarische Konzepte

Die beiden ersten Verse des Parzivalprologs werden nicht ohne Grund als „Eingang" bezeichnet. In dieser Funktion sind sie das „Burgtor" zum Roman, das mit seiner janusköpfigen „zwîvel"-Metapher den Romankomplex vor ungebetenen Gästen und Geistern

---

[19] Haug 2006, S. 32 und S. 33
[20] In den drei Sätzen dieses Zitats sind mir die grammatischen und logischen Beziehungen nicht klar geworden, kaum zu verstehen. Der Manipulation von „Wahrheiten" wird mit solchen Operationalisierungen Vorschub geleistet. Um auf das o. a. „Exempel" zurückzukommen: Das „Gegenteil" von „Wahrheit" ist die Lüge. Die logische Folgerung kann nur lauten: „Man kann genauso treffend belegen, dass sich Großmut lohnt, wie es eine Lüge ist - dass er ins Verderben führt."

schützt. Wer glaubt, sich gewaltsam Zutritt verschaffen zu können, holt sich eine blutige Nase, wie der Hasenvergleich zeigt. Der „zwîvel" hat ein mythisch anmutendes Doppelgesicht: Mit strengem Blick nach außen ist seine Kehrseite mit einladender Geste nach innen gerichtet. - Bevor ich mich dem „zwîvel" in seiner positiven Bedeutung für das Romankonzept zuwende, soll kurz die abwehrende Haltung und Richtung der „zwîvel"-Metapher gegenüber zeitgenössischen literarischen Konzepten erörtert werden.

Janus ist der „altrömische Gott des Torbogens und besonders der öffentlichen Durchgänge... Der Gott des Eingangs wurde später der Gott des Anfangs... Als Gott der Tür wurde Janus nach außen und innen schauend mit einem Doppelantlitz und den Attributen Schlüssel und Pförtnerstab dargestellt." (dtv-Lexikon) In dieser Funktion dient die „zwîvel"-Metapher des Eingangs auf zweierlei Weise. Nach außen wendet sie sich polemisch gegen die literarischen Konzepte der Dichterkollegen Hartmann von Aue und Gottfried von Straßburg. Wenn man die wörtliche, etwas „biestig" klingende Bedeutung von „zweierlei Fellen" zulässt, wie ich sie in meiner ersten Studie identifiziert hatte[21], kann es sich damit sowohl um eine ironische Anspielung auf die hypertrophierte Darstellung der „Verzweiflung" in Hartmanns von Aue „Gregorius" handeln, als auch um eine Satire in Kurzform auf das „Fellabziehen" im „Tristan" Gottfrieds von Straßburg.

Gottfried von Straßburg war auf die etwas ausgefallene Idee gekommen, im Kapitel „Die Jagd"(V. 2759-3378) und der „Der junge Künstler" (V. 3379-3756) dem höfischen Publikum das literarische Konzept seines „Tristan" als einen „Abstraktionsprozess" (lat. abstrahere, abziehen) bildhaft zu beschreiben. Zu diesem Zweck erfand er das literarische Bild des „bast". Im Medium dieser Metapher versuchte er die schicksalhaften Ereignisse im Leben und der Liebe seines Helden „Tristan" als einen „Enthüllungsvorgang" zu erklären. Vordergründig handelt es sich beim „bast" um das „Fellabziehen" und Zerlegen eines Hirsches. Gottfried glaubte, die Aufgabe seiner Kunst sei es - im übertragenen Sinne natürlich - zu analysieren, zu erkennen und vor allem darzustellen, „was die Welt im Innersten zusammenhält", und das, obwohl die Geschichte seines Helden, realistisch betrachtet, eher Hochverrat ist und im Selbstmord (Liebestod) endet: All das wird auf höchstem literarischen Niveau[22] erzählt. Diesem eher „wissenschaftlichen" als literarischen Ansatz seiner Textanalyse - in einem für heutige Verhältnisse eher prosaischen Bild - widmet Gottfried fast zwei Kapitel seines Romans. Das war sicher revolutionär, aber auch riskant, worüber Gottfried sich im klaren sein musste.

Dass Wolfram darauf reagierte, war selbstverständlich. Er tat dies nicht erst mit der bekannten Isoldekritik (3,12-18)[23], sondern gleich mit dem ersten und bedeutendsten Wort seines Prologs, dem „zwîvel". Von den „zweierlei Hüllen", die das menschliche Herz „Tristans" umschließen, ist die höfische Lebensform eine erste, relativ starre äußere „Hülle". Eine zweite, innere Hülle, ist die geistige Umnachtung des Liebespaares durch

---

[21] Hüning, 2000, sinngemäß: „Zweierlei Hüllen, die das Herz umschließen wie ein Käfig, sind für die Seele ein Gräuel".

[22] Sozusagen mit „Goldumrahmung", wie Wolfram im Parzivalprolog polemisch bemerkt: „die lobe ich als i(ch) solde, das safer ime golde" 3,13-14).

[23] Hüning, 2000, S. 188ff.

einen Zaubertrunk, durch den die erste Lebensform von innen her zerstört wird. Gottfried und spätere Interpreten haben das anders gesehen. Die vermutete Form dieser Kritik Wolframs und das hiermit angedeutete Verhältnis beider Dichtungen und Dichter aus der Perspektive der „zwîvel"-Metapher mag gewagt erscheinen. Als mögliche Form einer Kritik ist sie nicht von der Hand zu weisen. Wolfram erwartet jedenfalls von seinen Publikum etwas ganz anderes als „Fellabziehen" oder Abstrahieren. Er verlangt die „subjektive Mitwirkung" seiner „Zu-Hörer" bei der Wahrnehmung seiner Dichtung, die er „stiure" (eine Beisteuer) nennt. Wolfram hat ein völlig anderes Konzept.

Erstaunlich ist allerdings, mit welcher Präzision Gottfried von Straßburg bereits im 12. Jahrhundert mit Hilfe seiner „dinglich-aufdringlichen" bast-Metapher bereits die Methodik einer möglichen, zukünftigen Wissenschaft (als Naturwissenschaft) geahnt und beschrieben hat. - Erst Jahrhunderte später konnten ihre Bedingungen von Kant als Quantifizierung, Mathematisierung und Abstraktion der Erscheinungen in Raum und Zeit artikuliert werden. Gottfried versuchte im Vorgriff darauf für einen literarischen „Abstraktionsprozess" eine ähnliche Methode im Bild der „bast"-Metapher zu erfinden. Dass diese Art der Rationalisierung einem literarischen Text bzw. Konzept nicht kompatibel ist und nicht gerecht werden kann, liegt - aus nachträglicher Sicht - auf der Hand. Deswegen wird er von Wolfram mit der zwîvel-Metapher attackiert, was Gottfrieds heftige Reaktionen auslöste. Über die Kritik an Hartmann von Aue ist im Zusammenhang mit den folgenden Überlegungen noch kurz die Rede.

2.5 Warum entzieht sich der Parzivalprolog dem „Zugriff" der traditionellen Forschung?

Nicht nur wegen des Eröffnungsvortrages auf der Blaubeuroner Tagung der Wolframgesellschaft aus dem Jahre 2006, den Haug mit vielen zweifelhaften, irrationalen Aussagen garnierte, sondern auch wegen bestimmter Aussagen in seiner „Neue Lektüre des Parzivalprologs" aus dem Jahre 2001, fühlte ich mich herausgefordert, dem Parzivalroman, besonders seinem Prolog noch einmal meine Aufmerksamkeit zu widmen. In Verbindung damit erinnerte ich mich auch des oben bereits erwähnten merkwürdigen „Zufalls"[24] im Zusammenhang mit meiner eigenen Studie über den Parzivalprolog. Haug stellte seine „Neue Lektüre des Parzivalprologs" in einem mündlichen Vortrag in Köln vor, als ich nach meiner Doktorprüfung im Juni 1999 - noch mit der Revision dieser Arbeit - ebenfalls mit einem komplett neuen Denkansatz - beschäftigt war. Neben dem ungewohnt empirischen Vorgehen, was die Deutung der „Bickelwortmetapher" betrifft, kommt in meiner Studie eine ungewohnte vorreformatorische, sozusagen katholische Sichtweise auf diesen Text zur Geltung. Das hatte offensichtlich Irritationen ausgelöst.

Nach diesen Vorbemerkungen zu bisherigen Interpretationsversuchen und der problematischen Situation der germanistischen Philologie erlaube ich mir die Frage, *ob es*

[24.] Das erste Wort meiner eigenen Studie über den Parzivalprolog lautet: „Der Zufall". Er führte Regie bei der Entdeckung einer altertümlichen Form von Würfeln.

nicht unreflektierte Prämissen in der Forschung selbst gewesen sein könnten, die ihr den Zugang zu mittelalterlicher Literatur versperrt haben. So könnte man nach unterschwelligen Implikationen fragen, die der objektiven Wahrnehmung eines literarischen Textes vielleicht im Wege stehen. Für die weitere Forschung am Text des Parzivalprologs wäre es auch sinnvoll gewesen, wenn W. Haug einige Angaben dazu gemacht hätte, *weshalb* er 2001 völlig überraschend und radikal seine frühere Deutung des „vliegenden bîspels" und des „Hasenvergleichs" zurückzog.

Die Suche nach solchen Gründen berührt auch die jüngst in der FAZ gestellte Frage Joachim Bumkes nach der Zukunft der Deutschen Philologie. In der Realität wird sie bereits so beantwortet: „An der Harvard University wird der Lehrstuhl für Deutsche Philologie nicht wieder besetzt ... Auch in Deutschland sind zahlreiche Professuren für ältere deutsche Sprache und Literatur den Kürzungen zum Opfer gefallen ... Und Mittelhochdeutsch? ... Jetzt sagt man: Es geht auch ohne! Ist das das Ende der Deutschen Philologie?" Bumke spricht auch von Fehleinschätzungen, z. B. dass „Der Altphilologe Lachmann der Erste war, der 1827 einen altdeutschen Text nach den Prinzipien der klassischen Philologie herausgegeben hat", dass dieser „philologisch-kritische Umgang mit Texten aber keine Erfindung der Romantik", sondern „damals bereits 2000 Jahre alt" war. Man glaubte auch, „die Menschen im Mittelalter seien noch einfach, treu und gläubig gewesen wie Kinder", was sich als großartiger Irrtum herausgestellt: In Wirklichkeit sind jedoch wir diese „tumben liute", wie auch Haug resigniert zugeben musste.

Die Frage, ob es gelungen sei, „die alten Texte in der Gegenwart lebendig zu machen", muss Joachim Bumke ganz klar mit „Nein" beantworten. Eine Mehrzahl von Forschern sei mehr mit „theoretischen Prämissen und den theoretischen Implikationen der Texte und ihres kulturellen Umfeldes beschäftigt", als mit philologischer Arbeit. Bei all dem bestätigt er jedoch: „Heute steht es außer Zweifel, dass die Entscheidung für die Wissenschaft richtig war." - Dieser Entscheidung Lachmanns im 19. Jahrhundert möchte ich im Ganzen nicht widersprechen. Andererseits ist ein Totalitätsanspruch auf „stringente Rationalität" im Umgang mit literarischen bzw. künstlerischen Texten nicht gerechtfertigt. In zahlreichen „stringent rational" etikettierten Deutungsversuchen ist es nicht gelungen, das Rätsel des Parzivalprologs zu deuten. Immer wieder mussten Rückzieher gemacht werden. - Im übrigen wurde dieser Text - gerade auch als Rätsel - gar nicht für Wissenschaftler, sondern für die Menschen aus der höfischen Lebenswelt konzipiert, die mit Rätseln umgehen konnten.

Es gibt zwar Regeln des wissenschaftlichen Arbeitens; im Umgang mit literarischen Texten Wolframs wurden sie gelegentlich in eklatanter Weise verletzt. So gehört es zum kleinen Einmaleins der Textauslegung, dass dieser nur aus der Perspektive seiner Zeit, d. h. der Entstehungszeit interpretiert werden kann. Diese Forderungen finden sich bereits im 12. Jahrhundert bei Vertretern der Schule von St. Victor in Paris. Friedrich Ohly zitiert sie und kommentiert:

- „dass der Kontext zu berücksichtigen sei, Entstehungsort und Entstehungszeit, die Gattung, Person und nähere Umstände des Autors, alles mit dem ausdrücklichen Ziel, den vom Autor intendierten Sinn zu verstehen: *sententiam litteralem scripturae ab auctore principaliter intentam.*"[25]

- „dass die Deutsche Dichtung, ... für Jahrhunderte, von etwa 770 bis 1150 fast ausschließlich und weiterhin mit einem starken Anteil Bibeldichtung"[26] ist.
- Dass wir Philologen „uns in der Regel nicht bewusst (sind) - wie Dilthey in seiner, Entstehung der Hermeneutik' es war - in welchem Maße, unsere Kunst der Interpretation der Bibelexegese schon der Väterzeit und des Mittelalters verpflichtet ist".[27]

„Während alle profane Literatur nur einen historischen oder Buchstabensinn des Wortes einschließt, enthält das Wort der Heiligen Schrift neben dem historischen oder Buchstabensinn, den es mit der heidnischen Literatur gemein hat, einen höheren, einen geistigen Sinn, einen *sensus spiritualis*. Im Neuen Testament angelegt, durch .... die in der Exegese der Kirchenväter gestiftete Tradition sanktioniert und gültig, bis Luther sich von der spirituellen Interpretation der Bibel lossagte und damit auch die Tradition verwerfen musste, hat die Lehre vom *sensus spiritualis*" des Bibelwortes das Mittelalter beherrscht."

Lachmann war sich - obwohl er sich für die Wissenschaftlichkeit im Umgang mit dem ‚Parzival' entschieden hatte - darüber völlig im klaren, dass die Zeitgenossen Wolframs andere Möglichkeiten hatten, den Text zu verstehen, als nur auf wissenschaftliche Weise. Sie konnten es z. B. auf dem Hintergrund zeitgenössischer anderer Literatur. Es gab jedoch noch eine andere Möglichkeit auf dem Hintergrund zeitgenössischer Literatur: Die Hl. Schrift. Warum kam Haug nicht auf die Idee, einen solchen Ansatz zu versuchen? Hat das etwas mit dem gravierenden Ereignis der Reformation zu tun?

2.6 Unreflektierte Prämissen in der heutigen Literaturwissenschaft des Mittelalters.

Die Anregung zu den folgenden Überlegungen erhielt ich durch die Lektüre eines Essays im Feuilleton-Teil der Frankfurter Allgemeinen Zeitung vom 15. Juni 2009. Es handelt sich um einen zeitlich und sachlich aktuellen Beitrag von Patrick Bahners zum Thema „Lektüre" von Texten mit dem mehrteiligen Titel: „Kurz sei unser Lesen". „Säkularisierung und Selbstdarstellung: Prägnante Beiträge zur Quellenkunde der deutschen Literatur".

Im Mittelpunkt der Betrachtung steht der Germanist Heinz Schlaffer. Auslöser für das Erscheinen des Beitrags über ihn - als „Personalie der Woche" - war der „Heidelberger Appell für Publikationsfreiheit und die Wahrung der Urheberrechte", den 2569 Schriftsteller und Literaturwissenschaftler gemeinsam unterzeichnet hatten; Heinz Schlaffer jedoch „ausdrücklich" nicht. Der Autor des Beitrags, Patrick Bahners, forscht daher nach Gründen für das „beredte Schweigen" des bekannten Germanisten in dieser Angelegenheit. Im

---

[25] Ohly 1966, S. 3
[26] Ohly 1966, S. 11
[27] Ohly 1966, S. 2

vorliegenden Zusammenhang interessiert nicht so sehr das Schweigen selbst oder die Frage, ob die Germanistik („Professoren und Schriftsteller in innigster Mischung") „die Politiker dazu bewegen könnte, gegen Google in den Weltkrieg um die Dichterrechte zu ziehen." - Vorzüglich geht es um einige Randbemerkungen dieses Essays über H. Schlaffer, die von grundlegender Bedeutung für das Verhältnis von Dichtung und Literaturwissenschaft sind. Das gilt allgemein - auch - für die Mittelalterliteratur, insbesondere jedoch für die Deutung des Parzivalromans und seines Prologs, wenn auch „nicht auf den ersten Blick".

Heinz Schlaffer hatte in einem Artikel zum Germanistentag 1994 „die Germanistik als ein Fach charakterisiert, das aus Gewohnheit betrieben und aus Irrtum studiert wird". Die Liebe zur Literatur werde „im Studium regelmäßig enttäuscht, weil weder die traditionellen Techniken, noch die neuen Moden der Philologie zur Erschließung der Literatur des Tages beitragen." Dass Mediävistik aus Gewohnheit betrieben wird, kann man nicht sagen. Vielmehr ist das Studium mittelalterlicher Literatur - durch Prüfungsordnung festgelegt - sozusagen eine Pflichtveranstaltung für jeden Germanistikstudenten. Traditionelle Methoden haben auch hier nicht immer zur Erschließung alter Texte beigetragen. - Weiter heißt es im o. a. Artikel die „plötzliche Blüte der deutschen Literatur um 1800 führt Heinz Schlaffer auf eine außerliterarische Energiezufuhr zurück: Die Dichter eigneten sich die Sprache eines Christentums an, an das sie nicht mehr glaubten. Dieses *kulturprotestantische Wunder* wiederholte sich in der ersten Hälfte des zwanzigsten Jahrhunderts bei Autoren katholischer und jüdischer Herkunft."[28] Sie benutzten das Christentum als Steinbruch, in dem sie das Rohmaterial für Umsetzung eigener Ideen fanden.

Meines Wissens gab es, zeitlich versetzt, im Anschluss an die „plötzliche Blüte der deutschen Literatur" ein weiteres „kulturprotestantisches Wunder": die erstaunliche Entwicklung der Geisteswissenschaften im preußisch geprägten 19. Jahrhundert. Unbestritten ist deren *kulturprotestantische Führerschaft* mit zahlreichen herausragenden Gestalten der Zeitgeschichte. Unter ihnen Dilthey als Begründer der Geisteswissenschaft und Lachmann als Protagonist der Germanistik. Der Anteil katholischer Wissenschaftler im Verhältnis zum Bevölkerungsanteil an dieser Entwicklung war minimal. Für die Geisteswissenschaft, einschließlich der Literaturwissenschaft, ergab sich eine vergleichbare Situation, was die Begegnung mit dem Christentum betrifft. Wie die Dichtergeneration vor ihnen fortschrittlich, kritisch, romantisch, vor allem aber eindeutig kulturprotestantisch geprägt, wurde sie auf dem Höhepunkt ihrer Entwicklung durch die Entdeckungen Lachmanns mit der Literatur des 12. Jahrhunderts konfrontiert. In ihr spiegelte sich eine Zeit und eine Welt, in der man noch völlig anders fühlte, dachte und dichtete. Auch eine liebevolle romantische Hinwendung konnte letztendlich nicht darüber hinwegtäuschen, dass vieles grundlegend anders war und unverständlich blieb.

Im Gegensatz zur Orientierung der Geisteswissenschaftler im 19. Jahrhundert waren die Dichter des Mittelalters - allen voran Wolfram - überzeugte katholische Christen im vorreformatorischen Sinne. Das ist ein unbestreitbares, nicht zu leugnendes Faktum. Man hat

---

[28] Bahners Patrick in: Frankfurter Allgemeine Zeitung vom 15. Juni 2009, S. 32, Titel: „Kurz sei unser Lesen", Unter: Die Personalien der Woche, hier Heinz Schlaffer.

das vor lauter Begeisterung erst gar nicht wahrgenommen oder später nicht mehr wahrhaben wollen. Anders als ihre Interpreten fühlte sich Wolfram der katholischen Kirche, ihrer Glaubenslehre und Tradition, ihrer Gottesdienstliturgie und ihren verbindlichen Riten bei der Spendung von Sakramenten eng verbunden. Nicht zuletzt deshalb gestaltet Wolfram die Biographie seines Helden Parzival aus derselben Perspektive als fiktive literarische Heilsgeschichte. Sie kann deshalb - auch nach wissenschaftlichen Gesichtspunkten - nur aus dieser Perspektive gedeutet werden. Wenn ein Atheist sich mit Wolframs Werk beschäftigt, muss er sich nicht zuvor taufen lassen, um seine Texte zu verstehen. Freilich muss er als Wissenschaftler den Wissensstand des katholischen Dichters haben, um seine subjektive „stiure" - seinen „Beitrag" - entrichten zu können, wie Wolfram sagt, um diese Dichtung zu verstehen. Weil Lachmann und seine kulturprotestantischen Erben das nicht konnten, nicht wollten oder sich nicht genug darum bemühten, sind sie, was die Frage nach dem Konzept des Parzivalromans betrifft, methodisch „halbwegs" gescheitert. Insbesondere konnte das Geheimnis seines Prologs, der als Eingangsrätsel konzipiert wurde, in einer 170 Jahre dauernden Forschungsgeschichte nicht entschlüsselt werden. In der jüngst erschienen Studie von Michael Dallapiazza[29] über den Parzivalroman heißt es abermals: „Der Prolog ... gehört zu den am meisten diskutierten Textstellen der mittelhochdeutschen Literatur. Die Deutungen sind so divergierend, dass *ein Konsens sicherlich nie mehr zu erwarten ist.*" Weil ich der Meinung bin, dass es sich bei diesem Text um ein Schicksalsrätsel handelt, habe ich zuerst einmal versucht, eine Lösung für dieses Rätsel zu finden, um wenigstens einen „Konsens" mit dem Text selbst herzustellen. Ob ein solcher Versuch allgemein konsensfähig ist, kann man nicht wissen. Er ist sicherlich nicht strafbar. Oder?

2.7 Gründe des Scheiterns

Analog zum Alten und Neuen Testament (dem Johannesevangelium) steht am Anfang des Prologs das „geheimnisvolle Wort" zwîvel. Im Original klingt der „Eingang" so: „Ist zwîvel herzen nachgebur, daz muoz der sele werden sûr" (1,1-2). In seiner Bedeutungsfülle und literarischen Funktion gleicht „zwîvel" dem griechischen Wort „Logos" aus dem Johannesevangelium. Im historischen, wörtlichen und profanen, „zwei-fell-haft" (Zweierlei -Fell-Haft) bedeutend, kann man den Anfang so übersetzen: „Zweierlei Felle (Hüllen), die das Herz umschließen wie ein Gefängnis (gebûr, Käfig), sind für die Seele eine bittere Sache". Das ist die wörtliche oder buchstäbliche Bedeutung der Eingangsverse des Parzivalprologs. Walter Haug setzte sich darüber hinweg und deutete den „Eingang" des Prologs von vornherein im heilsgeschichtlichen Sinn so: „Wer sich der völligen Verzweiflung hingibt, dessen Seele wird in die Hölle fahren." Damit stellte er den erst noch zu „übertragenden Sinn" eines Textes als „sensus spiritualis" an den Anfang und machte damit den zweiten Schritt vor dem ersten.

---

[29] Dallapiazza, 2009, S. 32

Die Deutung des Parzivalprologs wurde auch deshalb problematisch, als man ihm - aus „kulturprotestantischer Perspektive" - nicht ansehen konnte, aus welcher Geisteshaltung er konzipiert worden war. Insofern konnte man die oben angedeutete Zeichenhaftigkeit auch nicht bemerken oder wollte es nicht, was auf gewisse Defizite schließen lässt. Nicht zuletzt verweigerte sich dieser Text deshalb, weil man versuchte, ihn heilsgeschichtlich aus dezidiert nachreformatorischer Sicht zu deuten. Das führte zu seiner folgenschweren Fehlentscheidung, der Behauptung nämlich: „Am indirekten Bezug ... ist entschieden festzuhalten, und deshalb ist es so gut wie ausgeschlossen, dass die ersten beiden Verse des ‚Parzival-Prologs´ das Thema des Werkes ansprechen." Haug hatte sich voreilig einer Sentenz aus dem „Gregorius" des Dichterkollegen Hartmann von Aue bedient und damit den „zwîvel" - im Terminus Verzweiflung als Begriff fixiert - zur Deutung der wichtigsten Verse des Parzivalromans benutzt; mit der Begründung, das desperatio-Thema habe „in der Luft gelegen".

Im Gegensatz dazu bin ich überzeugt, dass es sich beim Wort „zwîvel" um den umgangssprachlichen Ausdruck für ein *reales Ding*, um eine Sache handelt, die im Lebens- und Bedeutungszusammenhang der höfischen Gesellschaft von höchster praktischer und symbolischer Bedeutung ist. Der Ausdruck „vel" („zwîvel" als ´zweierlei Fell') hat buchstäblich, im ersten und literalen Textsinn des Wortes, die Bedeutung von „Fell", „Haut" oder „Hülle". Damit gemeint ist der flexible Kettenpanzer, wie er im 12. Jahrhundert als anschmiegsames, flexibles Panzerhemd getragen wurde. Bei dem bekannten Bild einer fest vernieteten und verriegelten Ritterrüstung, wie Karl V. sie Jahrhunderte später als „letzter Ritter" zu Pferde nach der Schlacht von Mühlberg auf dem von Tizian 1548 gemalten Bild (jetzt im Prado) trägt, stellt sich die Assoziation einer Rüstung als „zweiter Haut" natürlich nicht ein! Wolfram bestätigt aber selbst die Beziehung von Rüstung und „vel". Bei der Begegnung mit Rittern, die Parzival erstmals in seinem Leben sieht, heißt es im Text: „Hätten die Hirsche so ein Fell, so könnte sie mein Jagdspeer nicht verwunden"

„ob die hirze trüegen sus ir vel, so verwunt ir niht mîn gabilôt".
„aber sprach der knappe snel
ob die hirze trüegen sus ir vel,
so verwunt ir niht mîn gabylôt.
der vellet manger vor mir tôt." (Pz. 124, 12-13)

Wegen ihres „velles", d. h. ihrer Rüstung, erschienen ihm die ersten vier Ritter wie Götter. Parzival berichtet davon seiner Mutter: „muoter, ich sach vier man noch liehter danne got getân" (126, 9-10). Wegen des „göttlichen Ansehens" dieser „velle" tötete er sogar seinen ritterlichen Verwandten Ither von Gaheviez. Anschließend versuchte er, ihm seine Rüstung wie ein Fell vom Leib „abzuziehen" („her ab gezwicken" 155, 25-26). Er wollte darin selbst ein „Gott", ein „Rittergott" sein: Eines „velles", einer Rüstung wegen, begeht Parzival einen Brudermord! Damit beginnt sein Leben als Ritter in der höfischen Welt.

Andererseits kann man sich durchaus vorstellen, dass im ritterlichen Alltag beim Anlegen und Ablegen eines Panzerhemdes nicht das französische Wort „harnasch", sondern eher das banale „vel" für die Rüstung im Gebrauch war. Dass mit diesem „Fell", die Bedeutung von Heil und Unheil, Leben und Tod verbunden war, ist selbstverständlich und bedarf in der höfischen Gesellschaft keiner Begründung. Da eine Sache - jenseits vieler Worte - symbolisch für sich selbst spricht, kann „vel" auch zum Synonym für „Ritterrüstung" werden, die von einer Person auf ihrem ersten „vel", der menschlichen Haut, getragen wird. Wenn von „zwie-vel" die Rede ist, wird auf die existentielle und schicksalhafte Einheit von Harnisch und Haut angespielt, die allerdings im Ernst- bzw. Extremfall mit einem Schwertstreich aufgehoben werden kann. Feirefiz bestätigt seinem Bruder diesen Sachverhalt mit leiser Ironie im entscheidenden Kampf. Parzival hatte den Umstand, selbst kein Schwert mehr zu haben, weil es zerbrochen war, „völlig vergessen", seelisch „verdrängt", was ihn fast Leib und Leben gekostet hätte.[30] Damit wird der literarische und buchstäbliche Sinn von „zwîvel" als „zweierlei Fell" (lat. velum, Hülle) als „îser unde vel" bestätigt:

„ê du begundest ringen,
mîn swert liez ich klingen
beidiu durch îser unde vel." (Pz. 747, 9-11)

Durch das Wort „beidiu" werden die „zweierlei Felle" schicksalhaft zusammengeschmiedet und auf einen „Nenner" gebracht. „Man unterscheidet also eine zweifache Bedeutung, einmal vom Wortklang zum Ding, von der vox zur res, und eine höhere, an das Ding gebundene, die vom Ding wieder auf ein Höheres verweist", sagt Friedrich Ohly in seinem Vortrag „vom Geistigen Sinn des Wortes im Mittelalter".[31] Demnach ist in dieser Textstelle also tatsächlich die Rede von „zweierlei Fellen", die existentiell aufeinander bezogen sind: Die erste, „eigene Haut" des Helden, der ihn als Individuum und als Subjekt ausweist und seine zweite „gesellschaftliche Haut", die Rüstung, die ihn in ihrer höheren Bedeutung und Funktion als soziales Wesen, als Mitglied der höfischen Gesellschaft ausweist und ihm darin eine höhere Geltung verschafft.

Ich hatte bereits gesagt, dass es unverständlich sei, wenn der „Anfang des „Parzival" aus der Perspektive des „Gregorius" - einer völlig anderen Dichtung und eines anderen Autors - gedeutet und verstanden werden soll. Das gilt selbst für den Fall, dass, wie Haug behauptet „das desperatio-Thema in der Luft lag."[32] Den Anknüpfungspunkt für die Interpretation des Parzivalprologs glaubte er, wie auch andere, in der Gregoriuslegende Hartmanns von Aue gefunden zu haben. Wolfram hat jedoch mit einiger Sicherheit bei der Konzeption seines Prologs nicht an solche Sensationen und Tabubrüche als Einleitung zu seinem „Parzival" gedacht. Er war auch noch nicht vom Problem der Rechtfertigungslehre

---

[30] Mann, Thomas, Der Erwählte, 28. Aufl. 2008, S. 126f. In einer urkomischen Szene spielt Thomas Mann auf Feirefiz und diese Textstelle an, wenn er über die Heldentaten des Gregorius berichtet: „Ich schwör Euch, einen anderen schlug er quer durch sogar. Der ward vor schneller Schärfe der Spaltung nicht gewahr. Erst da er sich bücken wollte nach seinem Schwert hinab, das seiner Hand entglitten, da fiel er oben ab". Im nächsten Abschnitt entschuldigt der Erzähler sein Flunkern so: „Dass er einen quer spaltete, so dass der's nicht merke, und erst später zur Hälfte abfiel, das hab ich hinzugesungen, es hat sich in Wahrheit nicht zugetragen." Feirefiz erscheint auch persönlich (S. 122): „denkt ihn Euch oben dick und sehr dünn in den Beinen, in lichte Seide gekleidet und mit zweigeteiltem Blondbärtchen, wie Seide ebenfalls."
[31] Ohly 1958, S. 4
[32] Haug 2001, S. 220 - Das Inzest-Thema lag schon seit Sophokles - um 497/96 vor Christus - „in der Luft". Der Mythos vom „König Ödipus" (Sophokles) wurde als „Stoff" durch Hartman von Aue in die höfische Szene übertragen und vor dem Hintergrund des Christentums zur Heiligenlegende: zum „Gregorius, der gute Sünder".

Luthers affiziert. Seine Zielvorstellungen waren, wie aus dem Text hervorgeht, völlig andere, worüber noch zu reden sein wird.

Darüber hinaus ist zu fragen: Warum sollte Wolfram überhaupt im wichtigsten Teil seines Werkes, dem Parzivalprolog, seinem Dichterkollegen Hartmann von Aue, auch noch ein Denkmal setzen, wenn dessen gestelzte Inzest-Problematik im „Gregorius", inklusive einer völlig verfehlten Theologie und Moral zum Problem des „verligens" im „Erec", ihm geradezu verhasst waren? Bei größter menschlicher Hochachtung vor dem Kollegen und seiner dichterischen Potenz ging es nach damals geltendem Prinzip darum, „den Irrenden zu lieben, die Irrlehre zu vernichten", d. h. mit allen literarischen Mitteln zu bekämpfen. Die Rede vom „Dichterkrieg" ist mehr als nur eine literarische Metapher. Die von mir im Parzivalprolog identifizierte „Erec"-Satire[33] ist in ihrer Schärfe dafür ein Beleg. Sie ist kein Plädoyer für „sexuelle Freizügigkeit", sondern ein „vernichtender Scherz": Erecs Verhalten „ist zen hellefiure guot" (2,18), sagt Wolfram. Martin Schuhmann[34] glaubt dagegen, meiner Deutung und mir einen „nicht ausreichend reflektierten Hang zu sehr freizügigen und tendenziösen Thesenbildungen und Textinterpretationen" unterstellen zu müssen.

Meines Erachtens handelt es sich um „Versagen" einer früheren Deutung, weil ein dezidiert kulturprotestantischer Ansatz bei der Deutung des Parzivalprologs nicht zum Ziel geführt hat. Der Parzivalprolog wurde gänzlich aus der Perspektive der Rechtfertigungslehre Luthers gedeutet. Luthers Hauptanliegen war die Frage, wie finde ich einen gnädigen Gott. Seine Erkenntnis: Nicht durch eigene Verdienste oder gute Werke, sondern allein durch Glaube ist der Mensch gerechtfertigt. Diese Rechtfertigungslehre ist heute zwischen Protestanten und Katholiken nicht mehr umstritten. Sie war jedoch kein Problem, das Wolframs berührte!

Von der Motivlage her (Wie finde ich als Sünder einen gnädigen Gott?) gab es aus nachträglicher Perspektive eine signifikante Affinität zwischen dem Anliegen Luthers und dem „Gregorius" Hartmanns von Aue. Mord und Totschlag waren in der höfischen Gesellschaft sozusagen an der Tagesordnung. Das Inzest-Tabu war dagegen das in allen menschlichen Gesellschaften geltende schwerer wiegende Verbot. Hartmann von Aue erörtert dieses Problem im Zusammenhang mit der Rechtfertigung des Sünders durch seinen Glauben. Die Beharrlichkeit im Glauben an die unendliche Barmherzigkeit Gottes, die auch die größte Schuld verzeiht, ist sein Thema. Am Rande bemerkt: Sophokles lässt grüßen: „Gregorius" entspricht „König Ödipus", der Hauptfigur der gleichnamigen altgrie-

---

[33] Ich stehe nach wie vor zur Deutung dieser Textstelle (2,15-24) als Erec-Satire. Bei ihr handelt es sich um einen „vernichtenden Scherz" (nach Goethe), mit dem Wolfram Erecs sexuelles Verhalten in der höfischen Gesellschaft einer abgrundtiefen Lächerlichkeit preisgeben wollte. Wenn man mich deswegen einer „gewissen Freizügigkeit" bezichtigen möchte, ist das ebenso lächerlich. - Andere Interpreten haben zum Zwecke der Deutung derselben Textstelle zwei vom Rinderwahnsinn (BSE) befallene Kühe aufs Glatteis getrieben. Es handelt sich um zwei Rindviecher aus der Fabel des Nigellius mit Namen Bicornis und Brunetta: Man solle sich im Glauben (an die unendliche Barmherzigkeit Gottes!) nicht so ungeduldig verhalten, wie die - schließlich - „schwanzlose" Kuh Bicornis, sondern „beharrlich", wie Brunetta, damit man in den Himmel komme. Wäre Wolfram nicht schon vor achthundert Jahren gestorben; er würde sich heute noch „totlachen", weil man ihm diese Deutung als den „sensus spiritualis" seines Textes unterstellt.

[34] Schuhmann, Martin: „Kritisches Referat zu Heinrich Hüning: Würfelwörter und Rätselbilder im Parzivalprolog Wolframs von Eschenbach, Frankfurt 2000" in: Germanistik, 43/2002, Heft 3/4, S. 764f. Bemerkenswert: Der Autor und Rezensent promovierte tatsächlich im Jahre 2006!

chischen Tragödie des Sophokles. Hartmann überträgt das sagenhafte Problem auf die Ebene der höfischen Gesellschaft und verhandelt es auf christlichem Hintergrund.

Das „desperatio-Thema" hatte also schon viel länger „in der Luft" gelegen, als Haug behauptete; eigentlich schon seit 500 Jahren vor Christi Geburt![35] Hartmann von Aue hatte das Problem seines „besonderen Interesses" wegen als antiken Stoff lediglich für das 12. Jahrhundert „aktualisiert". Auch die Behauptung, das Publikum habe beim Hören des Wortes „zwîvel" von sich aus den Bezug zum, Gregorius' hergestellt, ist unglaubwürdig.[36] Wie Haug dieses „luftige Argument" benutzte, um dem wichtigsten Teil des Parzivalromans aus der Perspektive des „Gregorius" eine völlig fremde Sinnrichtung zu geben, war erstaunlich genug. Dass es zu dieser Fehldeutung kam, hat natürlich einen weltanschaulichen Hintergrund, für den man den Text nicht verantwortlich machen kann.

Es ist gut vorstellbar, dass man sich als nachreformatorisch geprägter Wissenschaftler des 19./20. Jahrhunderts nur schwer in die Denk- und Ausdrucksweise eines Dichters versetzen konnte, der in einer noch katholischen Glaubenswelt lebte und von seiner Glaubensüberzeugung keinen Hehl machte. Wenn Walter Haug, wie bereits erläutert, den Eingang des Parzivalprologs interpretiert, spürt man ein erhebliches Wissensdefizit und mangelndes Einfühlungsvermögen in katholische Glaubenstraditionen, aus denen heraus Wolframs Texte im 12./13. Jahrhundert entstanden sind. Seine Art der Deutung des Prologtextes ist eine literaturprotestantische Projektion, nämlich der Versuch, ihn aus der nachreformatorischen Perspektive der Rechtfertigungslehre Luthers zu verstehen.

Aus der Perspektive der traditionellen Wolframforschung, die entscheidend von Haug geprägt wurde, möchte ich gezielt nach Gründen fragen, weshalb der Parzivalroman, insbesondere sein Prolog, sich bisher generell dem wissenschaftlichen „Zugriff" als Ganzheit verweigert hat, obwohl jahrzehntelang die größten Anstrengungen zu seiner Deutung gemacht wurden. Für diese Interpretationsversuche seit 1835 wurde von der Geistes- und Literaturwissenschaft im Prinzip „stringente Rationalität" behauptet, zumindest gefordert. Zur Erinnerung möchte ich mich in diesem Zusammenhang auf die allgemein bekannte Maxime Diltheys berufen, die für alle Geisteswissenschaften noch immer gilt: „So wie sich der Mensch in der Welt fühlt, so versteht und verhalt er sich". Die zugehörigen geisteswissenschaftlichen „Kategorien", in Analogie zu denen der Naturwissenschaften, sind „Erleben – Ausdruck – Verstehen".

Warum ist es der neueren Forschung mit Hilfe dieser „Kategorien" nicht gelungen, die überall spürbare Distanz zum Text zu überbrücken und sich ihm etwa „anzuschmiegen", wie Lachmann (s. S. 32) sagt. Diese andere Art Verstehens hatte er zwar für das zeitgenössische Publikum im 12. Jahrhundert reklamiert, ohne es jedoch etwa auch für seine Zeit in Erwägung zu ziehen. Dem lag auch die Erkenntnis zugrunde, dass Wolfram seinen „Parzival" für eine höfische Gesellschaft und nicht für eine Vorlesung im Hörsaal konzipiert hatte. Wenn er sich schließlich für den streng wissenschaftlichen Umgang mit den Texten Wolframs entschied, ließ er doch grundsätzlich die Möglichkeit gelten, sich den Sinn

---

[35] Sophokles, griech. Tragiker aus Athen, um 497/96 v. Chr. gest. Athen 407/06

[36] Haug 2001, S. 214

dieses poetischen Textes auch auf eine andere als „unerbittlich wissenschaftliche Weise" zu erschließen. In diesem Sinne ist die vorliegende Arbeit z. B. der Versuch eines alternativen Zugangs zum Parzivalroman auf einem Weg, den Dilthey abgesteckt hatte.

Lachmanns Andeutungen zielen auf ein zeitgenössisches lebensweltliches Wissen des mittelalterlichen Publikums. Es geht dabei um ein „Vorverständnis" aus Alltagserfahrungen in der höfischen Welt. Sie fehlen uns heute und sind ohne besondere Anstrengungen nicht mehr zugänglich: Wer spielt z. B. heute noch mit Würfeln aus dem Fußgelenk eines Schweins, den sog. „Bickeln"? Wer setzt dabei sein Glück aufs Spiel, so dass er die „Bickelwort"-Metapher Gottfrieds ohne weiteres verstünde? - Wer steigt - wenn auch nur in seiner Phantasie - heute noch in eine Ritterrüstung, um ein Gefühl dafür zu bekommen, wie man sich in dieser zweiten, eisernen Haut im Verhältnis zur eigenen, ersten fühlt?

Aus der „Innenperspektive" von Harnisch und Helm klingt meine Deutung des „zwîvels" als „zweierlei Haut" - wie man die „zwîvel"-Metapher im Eingangsvers auch übersetzen kann - „beileibe" nicht mehr „extravagant". Wer kennt sich heute noch mit Pferden und ihrem Verhalten so aus, dass er die Anspielung auf deren Paarungsverhalten im Text des Parzivalprologs erkennen und im übertragenen Sinne als „Erec-Satire" verstehen könnte? - Welcher Wissenschaftler versteht überhaupt etwas von der „ars venandi cum avibus", der Beizjagd mit Vögeln oder der Raffinesse eines „alten Hasen", die für einen „Greif" (als Beizvogel) zu einer tödlichen Bedrohung werden kann? Das alles hat mit dem Text etwas zu tun, wie ich es belegen konnte.

Wer vom Verhalten eines Habichts (als Beizvogel) oder eines Hasen (als Beutetier) nichts weiß, für den bleibt der Hasenvergleich ein Buch mit sieben Siegeln. Wegen fehlenden „Vorverständnisses" (Erfahrungen) bleibt ihm die poetische Kraft dieses Textteiles grundsätzlich vorenthalten! Er hat keine Chance, ihn zu verstehen! Weil der Hasenvergleich sich direkt auf das vorhergehende „vliegende bîspel" bezieht, wird auch dieser Text sein Geheimnis nicht preisgeben. Er bleibt ein unlösbares Rätsel: ein Schicksalsrätsel auch für die Wolframforschung!

Mit stringenter Rationalität und „unerbittlichem Abstrahieren" hat das „Vorwissen" und der notwendige „Sachverstand" über „Bickel", Rüstungen, Pferdeverhalten, Beizjagd, „zweierlei Felle" etc. nicht direkt etwas zu tun. Die genannten Dinge haben jedoch über ihre bloße Sachlichkeit hinaus einen hohen symbolischen Stellenwert. Wolfram erwartet selbstverständlich, dass auch seine Zuhörer dieses Sachwissen haben und als „Vorverständnis" mit einbringen. Es wird als subjektiver Beitrag - Wolfram nennt es eine „stiure" (Steuer) - und als Basis für die Wahrnehmung der poetischen Dichte seines Textes (der künstlerischen Form!) ausdrücklich eingefordert. Wer diese Bedingung nicht erfüllt, kann - schlicht und einfach gesagt - nicht verstehen, worauf es im Text ankommt! Ohne erforderliches Sachwissen und den Bezug zu Realität macht bloß behauptete „Rationalität" die lächerliche Figur der „tumben liute".

Um dieses „Vorwissen" kann sich jeder Interpret auch im „Nachhinein" bemühen. Man muss also nicht Zeitgenosse sein, um Wolframs Text zu verstehen." Wer es vorzieht auf eher „banal scheinende" Sachinformationen „hinter dem Text", verzichten zu können, macht methodisch gesehen den zweiten Schritt vor dem ersten. Abkürzungen dieser Art, die man gelegentlich mit „Abstraktionen" verwechselte, sind auf wissenschaftlichen Wegen und bei „tumben liuten" immer schon beliebt gewesen: „si ne mugens niht erdenken", sagt Wolfram.

Wissenschaftlichkeit fängt im Grunde also nicht erst da an, wo man durch etymologische Analyse des Wortes etwas belegen kann oder muss. Dennoch kann sie sehr nützlich sein. Ein Beispiel dafür ist das Wort „wenken". Aufgrund einer etymologischen Analyse dieses Wortes kann man zum Beispiel belegen, dass der Hase im Hasenvergleich gar nicht von einem Fuchs oder Hund verfolgt wird - so das landläufige Verständnis dieser wichtigen Textstelle - sondern von einem anderen Jäger angegriffen wird. Die genaue Analyse erfolgt an anderer Stelle dieses Kapitels.

Entgegen seiner früheren Auffassung, der Eingang sei nicht nur eine Sentenz, sondern eine „Exordialsentenz", spricht Haug nunmehr von einer „dezidierte(n) Absage an alles Lehr- und Beispielhafte" und auch von der „Absage an die bisherige Erzählliteratur, insoweit sie ein didaktisches Verständnis insinuiert."[37] Diese Frage ist insofern besonders relevant, als Walter Haug die Deutung des „zwîvels" - in seiner radikalsten Form als Exordialsentenz aus der Perspektive Hartmanns gedeutet hatte:
„Ist zwîvel herzen nâchgebûr
daz muoz der sele werden sûr" (Pz. 1,1-1,2)

„Wer dem radikalen Zweifel an der göttlichen Gnade in seinem Herzen Raum gibt, der liefert seine Seele der Hölle aus".

Diese Deutung hatte Haug mit seiner Lehre von drei Menschentypen verbunden. Nach Rücknahme dieser „Exordialsentenz" bleibt er dennoch bei der Lehre von den drei Menschentypen. Überflüssigerweise hängt er sich damit ein unlösbares Problem an den Hals. Von drei „Menschentypen" ist aber nirgendwo im Prologtext die Rede. Es geht hier um die Deutung der Verse 1,3-1,14. Die ersten vier Verse lauten:

„gesmaehet unde gezieret
ist swa sich parrieret
unverzaget mannes muot,
als agelstern varwe tuot.
der mac dennoch wesen geil." (Pz. 1,3-1,7)

Haug übersetzt: „Schmachvoll und köstlich ist es, wo immer männliche Festigkeit mit der Gegenfarbe durchsetzt ist wie bei einer Elster."[38]

Wenn es sich beim „vliegenden bîspel" (1,1-1,14) tatsächlich um ein Schicksalsrätsel handelt, auf den der Hasenvergleich vorbereitet, indem er Bedingungen für die Lösung stellt, so hatte ihre Nichtbeachtung entscheidende Konsequenzen. Vom Sphinxrätsel her weiß man, dass es beim riskanten Umgang mit einem Schicksalsrätsel immer um Leben

---

[37] Haug 2001, S. 222f.
[38] Haug 2001, S. 214f.

und Tod, im übertragenen Sinn um Verstehen oder radikales Nichtverstehen geht. Ein Rätsel nicht zu lösen, ist ein „Versagen" im wahrsten Sinne des Wortes. Von diesem Risiko im Umgang mit dem „vliegenden bîspel" ist im Hasenvergleich die Rede. Von daher hat mein – nur relativ subjektiver – Lösungsversuch nichts mit „Bescheidwisserei" oder „Schulmeisterei" zu tun. Ein Rätsel zu lösen ist die Aufgabe jedes Einzelnen. Lösungsergebnisse kann man entweder akzeptieren oder ignorieren, Lösungsbedingungen aber nicht.

Über die Bedingungen des verstehenden Umgangs mit dem Parzivaltext als Kunstform, über das Problem von Praxis und Theorie, Nähe und Distanz zum Text macht Lachmann in seiner Akademieabhandlung von 1835 *„Über den Eingang des Parzival"* eine interessante Bemerkung, die darauf hinausläuft, dass „der Dichter wohl (hat) ein folgsames Anschmiegen der Aufmerksamkeit verlangen können". Weiter heißt es bei ihm: „Zwar ist es mir immer vorgekommen, als ob die feinen und scheinbar fern liegenden Beziehungen, welche der Dichter zu nehmen liebte, fast durchaus bequem aus den gangbaren Ansichten, Bildern und Redeweisen der Zeit hervorgingen, so dass sich *ihre Veranlassung meistens sehr in der Nähe findet*. Ich muss daher glauben, dass ein Zuhörer, der in denselben Lebensverhältnissen und ähnlichen Gedanken stand, auch dem rascheren Gedankengang des gewandten und vielseitigen Dichtergeistes hat folgen können."[39]

Lachmann spricht von höfischen „Lebensverhältnissen" und den damit verbundenen „Lebenswelterfahrungen", durch die der Dichter seinem Publikum verbunden war. Als heutiger Leser verfügt man in der Regel nicht, besonders nicht nach über 800 Jahren, „selbstverständlich" über solche Erfahrungen. Zu den bevorzugten Tätigkeiten und besonderen Erfahrungen der höfischen „Lebenswelt" gehörte beispielsweise die Jagd. Ob man sich unbedingt erst auf die Hirschjagd begeben muss, um den „Tristan" zu verstehen ist die Frage. Wer allerdings nicht die geringste Ahnung von der Beizjagd hat oder dem Verhalten von Falken und Hasen nichts weiß, hat mit dem Parzivalprolog große Schwierigkeiten.

Unter diesen Umständen darf man fragen, ob es tatsächlich möglich ist - allein durch „folgsames Anschmiegen der Aufmerksamkeit" an einen Text, in dem z. B. der Hasenvergleich eine entscheidende Rolle spielt, - seinen Sinn zu verstehen; oder ob nicht doch ein gerüttelt Maß an Wissen und eigener Erfahrung über Hasenjagd mit Beizvögeln nötig ist, um sie erstens auszuüben und danach ihrem literarischen Sinn auf die Spur zu kommen; dann wenn sie in einem Text als Metapher auftaucht. Man muss zu diesem Zweck nicht selbst auf die Beizjagd gehen; bekommt aber schon einen spezifischen „Eindruck" vom Umgang mit einem „Greif", wenn man selbst einmal einen Habicht auf der Faust hatte und intensive Gepräche mit verschiedenen Falknern geführt hat; nicht zuletzt im Hinblick auf die Deutung des Parzivaltextes.

Wenn Wolfram nun eine Metapher aus dem Bereich der Beizjagd (Hasenvergleich) wählte und im literarischen Text das „vliegendes bîspel" mit dem raffinierten Verhalten eines Hasen verglich, muss man sich heute - wohl oder übel - zunächst den „tumben liuten" zurechnen lassen, weil man selbst nicht mehr viel von der Jagd versteht. So viel ist klar:

---

[39] Brall 1983, S. 49

Es geht im Parzivalprolog auch um Alltagserfahrungen der Menschen im 12. Jahrhundert, die uns heute fehlen und daran hindern, einen Mittelaltertext wissenschaftlich zu analysieren.

In der von ihm begründeten Phänomenologie hat Edmund Husserl sich im 20. Jahrhundert diesem Problem gewidmet.[40] Professor Dieter Lohmar, der Leiter des Kölner Husserl-Archivs erklärte im Jahre 2009: „In Husserls ‚Lebensweltlehre' wird die Einsicht ausgearbeitet, dass alltägliche Erkenntnisse auch für höchste wissenschaftliche Erkenntnisse fundamental wichtig sind." - Im Sinne Lachmanns will ich im folgenden versuchen, „auf gangbare Ansichten und Redeweisen, sowie zeitgenössische „Lebensverhältnisse" einzugehen, in denen Fakten des höfischen Lebens eine entscheidende Rolle spielten. Gemeint sind solche Realien, die - unverändert - auch heute noch dieselbe Rolle spielen bei der ästhetischen Wahrnehmung - und bei der Jagd. Als „Nebensächlichkeiten" im Hintergrund des altehrwürdigen Textes verborgen, wurden sie auch von neuzeitlichen Interpreten gar nicht wahrgenommen oder übersehen. Es geht also nicht nur um „ein folgsames Anschmiegen der Aufmerksamkeit", das der Dichter hat verlangen können[41], sondern um die Kenntnisnahme einfacher und überzeitlich gültiger Sachverhalte und Realien aus der höfischen Lebenswelt, die jeder etymologischen Textanalyse vorausgehen müssen, damit „stringente Rationalität", d. h. Wissenschaftlichkeit nicht nur behauptet, sondern auch belegt werden kann.

Weil es sich beim „Parzival" um eine Art Nationalliteratur[42] handelt, muss sich jeder Student der Germanistik sozusagen „zwangsweise" damit beschäftigen. Zur obligatorischen Sekundär- bzw. Prüfungsvorbereitungsliteratur gehörte selbstverständlich immer die „Literaturtheorie des Mittelalters" - von Walter Haug. Mir selbst wurde bei Beurteilung einer Examensarbeit- schwarz auf weiß - der Vorwurf gemacht, man müsse zwar nicht die gesamte Sekundärliteratur zum Parzivalprolog gelesen haben und zitieren, aber Walter Haug dürfe als Autor in keinem Literaturverzeichnis fehlen. Seine Arbeiten gehören seit ca. 30 Jahren zum Kanon der Sekundärliteratur des Parzivalromans! Mit dieser, als „Propädeutik getarnten Prüfungsvorbereitungsliteratur"[43] hatte und habe ich auch heute noch große Schwierigkeiten.

Durch das Nichtberücksichtigen der Realien und die Fehleinschätzung ihrer Wirkungen im Hintergrund wird u. U. ein uralter künstlerischer Text in seiner poetischen Qualität eher demoliert als erkannt mit dem Erfolg, dass sich bei Forschern, z. B. bei Knapp[44] in jüngster

---

[40] Dietmar Carl, Suche nach dem geheimen Vokal, Kölner Stadtanzeiger vom 25. Sept. 2009, S. 31; In seiner „Neuen Serie" mit dem Untertitel „Kölner Stadtanzeiger berichtet über Orte jenseits aller Hektik. Im Husserl-Archiv entschlüsseln Wissenschaftler schwierige Manuskripte".

[41] Wer wagte es heute noch, sich derart „unwissenschaftlich" engagiert zu artikulieren? Wer wagt es andererseits, Lachmann zu widersprechen?

[42] Als Artusroman gehört er selbstverständlich auch zur französischen und englischen „Nationalliteratur"; m. a. W. zum abendländischen Kulturgut.

[43] Bahners; Patrick in: Frankfurter Allgemeine Zeitung FAZ, 5. Juni 2009, Aufsatz über Heinz Schlaffer mit dem Titel: „Kurz sei unser Lesen", Untertitel: „Säkularisierung und Selbstdarstellung: Prägnante Beiträge zur Quellenkunde der deutschen Literatur".

[44] Knapp 2009, S. 173f. Mit seinem Verweis auf die „latinischen buochen" hat Wolfram einen verschlüsselten Hinweis auf die erste Koranübersetzung (in lateinischer Sprache!) als „orientalische Quelle" geben wollen

Zeit sogar dezidiert „die Frage nach der Validität von Wolframs gelehrtem Wissen" stellt. Sie wird von ihm mit einer gewissen Dreistigkeit auch umgehend so beantwortet: „Wenn man es zu überblicken versucht, so stellt man *fürs erste fest*, dass es keineswegs enzyklopädisch ist, sondern äußerst selektiv und in der Regel eher *randständig* ist".

„Nur bei der Heilkunde" wird Wolfram - *„fürs zweite"* - vom selben Autor eine „gewisse Vertrautheit mit der Materie" attestiert. Wie nicht anders zu erwarten, springt im anschließenden Kommentar die „Katze aus dem Sack": „Doch handelt es sich hier eher um praktisches denn um theoretisches, akademisches Wissen, so dass der Verweis auf lateinische Lehrbücher keine sehr große Plausibilität beanspruchen kann." Zu wissen, wie Hase oder Greifvogel sich verhalten, zählt für Knapp offenbar zu „vernachlässigendem praktischen Wissen", das „keine Plausibilität beanspruchen kann"! Liegt es nicht in der „Natur des Sache", dass man gerade mit solchem „praktischem Wissen" den sogenannten „streng rationalen", wissenschaftlichen Interpretationen von literarischen Texten in die „Quere kommen" muss? Als Lebenserfahrung hat „praktisches Wissen" logischerweise Vorrang[45] vor jeder Art von Theorie! Die indirekte Aussage Walter Haugs, dass auch traditionelle, nur „vorübergehend wissenschaftliche Interpretationen" aus einer langen Forschungstradition von „tumben liuten" stammen könnten, korrigiert ehrenwerterweise auch diese vorlauten Aussagen über Wolframs angeblich „gelehrtes Nichtwissen".

Wenn nun die Literatur des 12. und 13. Jahrhunderts eine rationale Umorientierung mitgemacht hat, „etwa als logische Durchdringung dessen, was die erzählte Handlung uns vorführt"[46], wie Haug feststellt, hätte jeder Interpret die erste Pflicht, sich an den Realien der Lebenswelt zu orientieren, in der sich diese Geschichte abspielt und die der Text reflektiert. Das ist eine Selbstverständlichkeit, die man in der Parzivalforschung nicht immer bedacht hat! Mit der hier vorgelegten Interpretation des Hasenvergleichs - auf dem Hintergrund „lebensweltlicher" Erfahrungen soll diese Bedingung erfüllt werden. Durch Orientierung an der Realität lässt sich nämlich auf verblüffend „einfache" Weise die konzeptionelle Zuordnung von Hasenvergleich und „vliegendem bîspel" als Schicksalsrätsel erklären. Diese Bemerkung zielt konkret auf festgelegte Verhaltensweisen von Tieren und Menschen, die gleich sind und bleiben, ob sie nun im zwölften oder einundzwanzigsten Jahrhundert gelebt oder erlebt wurden: Ein Hase etwa hat sich mit Sicherheit vor 800 Jahren einem Angreifer gegenüber genau so verhalten, wie im 21. Jahrhundert. Der Zeitabstand spielt dabei keine Rolle! Wer ist heute beispielsweise nicht davon überzeugt, dass jeder Hase ein „Angsthase" ist? Man glaubt sogar zu wissen, dass er immer davonläuft, dass er immer nur die Flucht ergreift. Ob dieses „landläufige Wissen" etwas mit der Realität zu tun hatte, die der Text widerspiegelt, wurde nicht geprüft, interessierte in der Forschungsgeschichte auch niemanden!

(vgl. hierzu: Hüning 2000, S. 101).

[45] Wer das nicht akzeptieren kann, setzt sich dem „dröhnenden Gelächter der thrakischen Magd" aus: Sie musste sich seinerzeit fast „totlachen" über den Philosophen, der mit himmelwärts gerichteter Nase kopfüber in eine Grube stürzte.

[46] Haug 2006, S. 27

Genau deshalb konnte die Frage nach der Bedeutung des Hasenvergleichs in seinem besonderen Verhältnis zum „vliegenden bîspel" (1,1-1,14) bis heute nicht beantwortet werden. Sie ist zu einer „Schicksalsfrage" geworden, nicht nur für den „Parzival" und seinen Prolog, sondern auch für die Forschung. Mit der Deutung des Prologs im Verhältnis zum Roman steht und fällt die Interpretation des ganzen Romans. Der Hasenvergleich gibt dem „vliegenden bîspel" (Vers 1,1-14) als Romananfang den Rang eines Schicksalsrätsels. Dessen Lösung ist an bestimmte Bedingungen geknüpft, die im Hasenvergleich genannt werden. In diesem Vergleich (1,15- 1,19) werden sie selbst in einer Form artikuliert, die wiederum Rätsel aufgibt. Insofern handelt es sich um eine Kombination von zwei Rätseln, durch die der Zugang für „Unbefugte" nochmals erschwert wird: Die Lösung des Schicksalsrätsels soll eine Ebenbürtigkeitsprüfung sein. Durch die richtige Lösung erwirkt man sich den Zugang zum Geheimnis des Romans, seinem literarischen Konzept. Wer den geheimen Code errät, kennt damit die Parole, die ihm das Tor zum Roman öffnet. Die Erfüllung oder Nichterfüllung von Bedingungen hat schwerwiegende Folgen. Wer die Lösung nicht findet, darf den „Eingang" nicht passieren, um ins Innere des Romans zu gelangen. Das Tor bleibt für ihn verschlossen.

2.8 Der „Hasenvergleich" im Verhältnis zum „vliegenden bîspel"

In traditionellen Deutungen und Übersetzungen wird die Rolle eines Verfolgers des Hasen in der Regel einem Hund „zugedacht". Im Text selbst ist davon nicht die Rede. Gelegentlich „entfliegt" sogar das „vliegende bîspel" dem Interpreten wie eine Elster, obwohl der Dichter selbst es nur mit einem Hasen vergleicht. Besonders bemerkenswert ist, dass der Hase von einem Jäger verfolgt wird, der absichtlich nicht genannt wird! Dadurch fordert Wolfram seine Zuhörer zur Mitwirkung heraus. Für ihren „Eintritt" in das Romangeschehen und ihre Anteilnahme verlangt er eine „Beisteuer", die sog. „stiure" (2,7). Sie besteht in der Aufgabe, das Eingangsrätsels zu lösen. Jeder, der es versucht, geht ein hohes Risiko ein. Was man dabei riskiert, beschreibt der Hasenvergleich (1,15-19).

Um so wichtiger ist es zu fragen bzw. zu erfahren, wer der Verfolger des Hasen - und damit der „Angreifer" des „vliegenden bîspels" wirklich ist. Der landläufige Gedanke an einen Hund als Verfolger drängt sich zwar auf, erscheint jedoch als naheliegendste Erklärung verdächtig einfach und ist mit negativen Folgen für die Deutung des Textes belastet: Wegen einer gewissen Harmlosigkeit „verläuft" sich nämlich das „Gespann" von Hase und Hund, alias „vliegendem bîspel und „tumben liuten" auf der „witweide" mit Sicherheit „im Sande".

Als ein Beispiel für einen vergeblichen Deutungsversuch des Hasenvergleichs im Blick auf den vorhergehenden Text (vliegendes bîspel) wird hier die Übersetzung von Dieter Kühn herangezogen.

„diz vliegende bîspel
ist tumben liuten gar ze snel,
sine mugens niht erdenken:

wand ez kann vor in wenken
rehte alsam ein shellec hase." (Pz. 1,15-1,19).

„Der Vergleich hier, so geflügelt,
ist zu schnell für Ignoranten -
ihr Denken kommt hier nicht mehr mit,
denn es schlägt vor ihnen Haken
wie ein Hase auf der Flucht."[47]

„Der Hase auf der Flucht, der Hase, der loswetzt – also der Hase, der von Fuchs oder Jagdhund aufgespürt wird", ergänzt D. Kühn seine o. a. Übersetzung. Wenn man von einem hakenschlagenden Hasen spricht, verbindet sich diese Vorstellung in der Regel assoziativ mit einem Hund, der ihn verfolgt. Es gibt Worte, die als Bilder reflexartig Assoziationen im Sinne von „Ergänzungen" auslösen z. B. Himmel - Hölle, jung - alt, Katze - Maus oder auch Hase und Hund. Wenn dann auch noch vom „wenken" bzw. „Hakenschlagen" die Rede ist, entsteht die Assoziationskette: Hase – Hakenschlagen - Hund. Der Verdacht ist nicht von der Hand zu weisen, dass der Erzähler damit seinem Publikum die Möglichkeit „auf den Hund zu kommen" geradezu anbietet: um den Text zu verschlüsseln. Dementsprechend ist in überlieferten Deutungen dieser Textstelle der Hase stets „auf der Flucht", immer verhält er sich „fluchtartig"! Nach „theoretisch-allegorischem" Vorurteil ist ein Hase immer ein „Angsthase"! Ist er das tatsächlich?

Irritiert durch den plötzlichen „Seitensprung" des Textes mit Vers 1,15, aus der Perspektive des „vliegenden bîspels" (1,1-1,14) in eine völlig andere Richtung, glaubt man, den Anfang des Prologs nicht richtig verstanden zu haben. Die ersten beiden rabiat klingenden Verse des sich anschließenden „Hasenvergleichs" (1,15-1,16) entsprechen „formal", d. h. im Verhältnis zum vorhergehenden „vliegenden bîspel" (1,1-14) - nach Sinnrichtung, Inhalt und Form ziemlich genau der erzählten Handlung, d. h. exakt dem realen Geschehen: Dem „Satz" eines Hasen quer zur „Flugrichtung" eines möglichen Verfolgers: eines „grîf". Von einem Greifvogel als Verfolger war in bisherigen Interpretationen noch nie die Rede. - Zuerst einmal „auf den Hund gekommen" liest man den Text noch einmal und immer wieder, ehe man darauf kommt, dass er eine völlig andere Situation schildert als man sie bisher beschrieben und gedeutet hatte; und dass ein ganz anderer „Angreifer" im Spiel ist.

Die bekannte typische Fluchtbewegung eines Hasen ist das plötzliche Aufspringen und Davonlaufen aus nächster Nähe. Man erlebt es, wenn man als Wanderer das Gelände durchstreift. Zum Hakenschlagen wird die Flucht erst, wenn ein Hund im Spiel ist. Auf solche Spaziergängererfahrungen verließ man sich bei traditionellen Deutungen des Hasenvergleichs. Etymologisch stützte man sich dabei auf das Wort „wenken", das fälschlicherweise als Flucht im Zick-Zack-Kurs verstanden wurde. Damit wird das Bild einer nicht enden wollenden Verfolgungsjagd provoziert: Der hakenschlagende Hase und verfolgende Hund entfernen sich mit zunehmender Geschwindigkeit - bildlich und gedanklich - aus dem Blickfeld des Publikums und verschwinden schließlich am „literaturtheoretischen Horizont" auf „Nimmerwiedersehen": Damit ist nicht nur der Hase „entkommen",

---

[47] Kühn 1991, S. 226

sondern auch der „Hasenvergleich" als wichtiges literarisches Bild. Es hat für den Text nur noch den Rang der Binsenwahrheit, dass ein Hund einen alten Hasen überhaupt nicht fangen kann: Der Verfolger ist immer der „Dumme"; der Hase und damit das „vliegende bîspel" stets der Gewinner! Nach dieser Deutung kann das „vliegende bîspel" als Rätsel weder von „tumben liuten" noch von den „wîsen" „begriffen" werden. Damit „verflüchtigt" sich nicht nur der Hasenvergleich als unsinnige Metapher, sondern auch das „vliegende bîspel" als ein nicht zu lösendes Rätsel. Der Text macht sich auf diese Weise selbst überflüssig. Die Pointe des Romananfangs ist damit endgültig dahin, entwischt: „rehte alsam ein shellec Hase".

In eine ähnliche Richtung verläuft die Deutung des Hasenvergleichs durch Walter Haug. In der Übersetzung der Textstelle spricht er - wie alle anderen Interpreten - von einem „Haken schlagenden Hasen."[48] Obwohl im Text ausdrücklich (expressis verbis!) zu lesen ist: „ diz vliegende bîspel ... kann vor in *wenken* rehte alsam ein schellec hase", kommentiert Walter Haug den Hasenvergleich in seiner „Neuen Lektüre" so: „Statt dessen greift Wolfram das Elsternbild auf, um es in eigentümlicher Weise zu problematisieren, indem er behauptet, es *entfliege* tumben liuten so schnell, dass sie es nicht fassen könnten". Unter der Hand mutiert so das Subjekt des Hasenvergleichs zur Elster! - Im ersten Fall (Kühn) flieht das „vliegende bîspel" wie ein Hase vor dem Hund. Im zweiten Fall wird die hakenschlagende Fluchtbewegung des Hasen „statt dessen" zur gleitenden Flugbewegung der Elster uminterpretiert. Sie „entfliegt" damit nicht nur den „tumben liuten", sondern allen Zuhörern und Lesern. Wenn Haug das „vliegende bîspel" wie eine Elster „entfliegen" lässt, obwohl Wolfram ausdrücklich sagt, dass es sich wirklich („rehte"!) wie ein Hase verhält, ist das ein „Fehlgriff", vor dem der Erzähler mit dem Hasenvergleich warnen wollte. Damit wird zugegeben, dass eigentlich niemand den Text verstehen kann („außer mir"[49]). Das kann doch nicht wahr sein!

Angesichts dieses Befundes muss man sich fragen, ob es der Sinn eines literarischen Textes oder „Motivs" sein kann, „sinnlos" zu erscheinen oder sich selbst überflüssig zu machen und damit auch noch das vorhergehende „vliegende bîspels" (1,1-1,14) endgültig für unverständlich zu erklären: „si ne mugens nio erdenken" Ob man solch „logischen Unfug" einem Dichter, wie Wolfram von Eschenbach unterstellen darf, ist eine Gewissensfrage. Man sollte sie an sich selbst richten! - Wer von Skrupeln nicht geplagt wird oder sich selbst „a priori" den „tumben liuten" nicht zurechnet, liest weiter und überhört „großzügig" - wenn auch ein wenig irritiert - die „Unhöflichkeit" des Dichters.

„Das hört sich seltsam an", kommentiert Haug[50] enttäuscht, nachdem er erklärt hatte, wie *er selbst* sich den Fortgang der Geschichte eigentlich vorgestellt hätte: „Was man nun erwarten würde, wäre ein Hinweis darauf, unter welchen Bedingungen dieser schwarzweiße Mensch doch glücklich und gerettet werden kann, man erwartet ein Wort zur Wende, zur Möglichkeit einer Umkehr über Krise, Einsicht, Reue, Buße ..., Denn wieso sollten nicht auch tumbe, wenig ‚kenntnisreiche', ‚unerfahrene', ‚unwissende' - Leute

---

[48] Haug, Walter 2001 S. 220
[49] Den zu erwartenden spöttischen Kommentar („außer mir") habe ich vorsorglich bereits hinzugefügt.

einzusehen vermögen, dass es nicht nur radikal gute und radikal schlechte Menschen gibt, sondern auch den gemischten Typus."[50] Mit all dem hat weder das „vliegende bîspel" noch der Hasenvergleich etwas zu tun!

2.9 Die „Kunst des Jagens" und Dichtens

Wenn ein mittelalterlicher Dichter mit einer bedeutungsvollen Metapher auf die „Jagd" anspielte, hatte das ein viel größeres Gewicht, als wenn man sich heute zum selben Thema äußert. Nicht zuletzt gehörte die Jagd im Mittelalter - über die Notwendigkeit der Fleischversorgung hinaus - zu den bevorzugten Lieblingsbeschäftigungen der höfischen Gesellschaft. Die Beizjagd mit Falke und Habicht war die besonders angesehene „Kunst" des Jagens, mit der sich sogar Kaiser und Könige hingebungsvoll praktisch und theoretisch beschäftigten, z. B. Friedrich II. mit seinem Werk „Ars venandi cum avibus".

Das besondere Thema Gottfrieds von Strassburg im „Tristan" war die Hirschjagd. Mit seiner speziellen Metapher aus diesem Bereich, dem „bast", versuchte er, dem Publikum das literarische Konzept seines „Tristan" am Vorgang des „Fellabziehens" als einen „Abstraktionsprozess", im übertragenen Sinne als einen Rationalisierungs- und Erkenntnisprozess zu vermitteln.

Nicht ohne Grund spielt auch Wolfram in seinem Prolog auf die Jagd an und zielt u. a. damit auf seinen Dichterkollegen. Seinen Hasenvergleich kann man - im Kontext mit dem Eingangsrätsel des Parzivalprologs (1,1-1,14) durchaus als ironische Replik auf Gottfrieds Jagdmetapher, den „bast", verstehen. Die „zwîvel" des Eingangs (zweierlei Felle oder Hüllen) haben sicherlich etwas mit dem „Fellabziehen" Gottfrieds zu tun, jedoch ebenso mit dem eigenen, ganz anderen Konzept, das Gottfried nicht verstehen konnte oder wollte! Wolfram wählt sein literarisches Bild aus einem Bereich der höher angesehenen höfischen Jagdkunst, nämlich dem der Beizjagd auf Niederwild. Die Hasenjagd gehört dazu. Das geschieht im dezidierten Gegensatz zur Hirschjagd und dem „bast-Konzept" Gottfrieds im „Tristan".

Ich möchte diese These noch unterstreichen. Sie lautet: Nicht nur die „zwîvel" –Metapher des Parzivaleingangs, sondern auch der „Hasenvergleich" korrespondieren direkt mit der „bast"-Metapher. In dieser direkten Konfrontation geht es um zwei diametral entgegen gesetzte literarische Konzepte: Gottfried „abstrahiert". Er „zieht ab" im weitesten Sinne des Wortes. Wolfram verlangt das Gegenteil: die „stiure" oder „Beisteuer".

Gottfried seinerseits reagiert auf den Angriff Wolframs ebenfalls mit einem „Hasenvergleich": Damit ist erstens sichergestellt, das jeder weiß, welcher Dichterkollege gemeint ist. Zweitens hat seine Erwiderung die Form einer scharfen Polemik. Sie soll die negativen Wirkungen des Angriffs auf sein literaturtheoretisches Konzept durch Wolfram neutralisieren. Zum Verhältnis und Verständnis beider Hasenvergleiche sind einige Anmerkungen

---

[50] Haug 2001, S. 211ff.

notwendig: Im Kampf der „Rammler", der männlichen Hasen, um die Gunst Häsinnen auf der „witweide", werden regelrechte Boxkämpfe ausgetragen. In diese Richtung möchte Gottfried die Pointe des Hasenvergleichs ab- bzw. umlenken! Die Hasen als Konkurrenten schlagen sich nach allen Regeln der Kunst ihre krallenbewehrten Vorderpfoten „rechts und links um die Ohren", so dass diese blutig geschlagen, oft auch regelrecht „geschlitzt" werden.

Kampferprobte Hasen werden nicht nur deswegen „schlitzohrig" genannt. Im übertragenen Sinn gehört ihre „Schlitzohrigkeit", ein listiges, aber auch kluges Verhalten zu ihrem überlebensnotwendigen Verhaltensrepertoire. Es ist weit entfernt von der Dummheit, die ihm im Märchen (Der Hase und der Igel) angedichtet wird. In Wirklichkeit kann er ein „rechter" Schelm sein, sogar ein „Aas"[51] (Lexer: *„schelm, toter körper, aas, auch als schimpfwort"*). Deshalb spricht Wolfram von einem „schellec hase"[52] (1,19). Wegen der Schlitzohrigkeit „alter Hasen" ist auch der Hasenvergleich literarisch brisant! Gottfried erkennt das und möchte den Textsinn von der Pointe weg in eine andere Richtung lenken und damit vertuschen. Deshalb beginnt er seinem Literaturstreit im „Tristan" mit den Worten: Swer nu des Hasen geselle si und uf der witweide mit Bickelwörtern welle sin ..." (Trist. 4638). Er schickt ihn mit diesen Versen auf die „witweide", wo er lediglich mit anderen „Rammlern" um die Gunst von Häsinnen buhlt. Man darf annehmen, dass Gottfried der Hasenvergleich Wolframs durchaus verstanden und als Angriff auf sein Konzept verstanden hatte. Was also ist der Witz des Hasenvergleichs?

2.10 Die Pointe des Hasenvergleichs

Aus dem Prologtext geht hervor, dass erstens der Hase im „Hasenvergleich" Wolframs gar nicht von einem Hund verfolgt wird; zweitens, dass das Wort „wenken" im „Hasenvergleich" etymologisch falsch verstanden und interpretiert wurde. Das „wenken" hat mit einer Fluchtbewegung im Zick-Zack-Kurs nichts zu tun! Es beschreibt nur *eine* Ausweichbewegung nach rechts oder links, nach vorn oder hinten: „wenken" ist eine Parade, d. h. *eine einzige Ausweichbewegung*. Dieses entscheidende Wort lässt auf einen ganz anderen Verfolger schließen als auf einen Hund.

Da aber der Prolog bewusst als *„Eingangs- bzw. Schicksalsrätsel"* konzipiert ist – so meine These - kommt das vereinfachende „erdenken" als begriffliches Denkmuster für das Verhalten des „Hasen im allgemeinen" verrätselungstechnisch kalkuliert, dem Autor durchaus entgegen. Außerdem konnte er sich darauf verlassen, dass ein damals allseits beliebtes, auch heute noch wirksames allegorisches Denkschema - wonach der Hase

---

[51] Grimm, Deutsches Wörterbuch Bd. 1, S. 6: Kommentar zu „Aas": „Verachtend und als heftige schelte: ... „Häufig aber auch aus der schelte übergehend in liebkosung,... der mannigfaltigsten bedeutung fähig bald traulich und lobend, bald schimpfend und verachtend... Gerade so doppelsinnig sind luder und schelm."
[52] schellec kann abgeleitet werden von: „schel stm. schelm, betrüger (*vgl. schelme*)" oder von schel, -*lles* adj. laut tönend; aufspringend: auffahrend, wild vgl. schel". (Lexer). „schellec" ist eine Äquivokation, ein sog. „bickel-Wort". Der Witz des Hasenvergleichs hat damit zu tun, dass der Hase ein „Schelm" bzw. ein „Schlitzohr ist!

stets „auf der Flucht, dumm, fruchtbar, gefräßig und feige" ist – verhindert, dass die Brisanz des Hasenvergleichs auf Anhieb, wenn überhaupt, erkannt wurde.

Auf die Idee, dass ein Hase – im Gegensatz zum verbindlichen allegorischen Denkschema - auch ein „Schelm" bzw. klug[53] sein, und dadurch für einen Verfolger lebensgefährlich werden könnte, ist niemand gekommen. Seine „Gefährlichkeit" und damit die „Gefährlichkeit dieser Textstelle" für Interpreten ist daher in der Forschung nicht erkannt worden. Damit blieb auch die konzeptionelle Zuordnung von „vliegendem bîspel" und „Hasenvergleich" bislang verborgen. Wer als Interpret mit einer trivialen Vorstellung vom „Dorfköter", der hinter einem Hasen herwetzt und ihn absolut nicht fassen kann, eine Deutung des Hasenvergleichs versucht, liegt a priori völlig daneben.

Im Gegensatz dazu verleiht der Hasenvergleich, der Realität entsprechend verstanden, dem „vliegenden bîspel" den bedeutenden Rang eines Schicksalsrätsel als Tor zum Parzivalprolog und Roman! Die Logik dieses Textes zielt auf eine völlig andere Situation ab, als sie in traditionellen Deutungsversuchen des Hasenvergleichs zum Ausdruck kommt. Im Text ist nämlich keineswegs von einem „Hasen auf der Flucht", sondern von einem „Alten Hasen" die Rede. Er „denkt" gar nicht daran zu fliehen, wenn er von einem Greifvogel attackiert wird: Ein Gedanke, an den sich sicher ein weltfremder Theoretiker erst einmal gewöhnen muss. Nur Junghasen und Kaninchen laufen davon und werden zur Beute.

Schon der zweifelfrei positiv anmutende Text, „rehte alsam ein schellec hase" (1,19) müsste jeden Hörer hellhörig machen. Er ist mit der negativ belasteten Vorstellung von einem „Angsthasen" nicht vereinbar. Ein „alter Hase"[54] kennt sich aus, wenn er angegriffen wird! Wenn er etwa von einem Hund verfolgt wird, schlägt er Haken. Der Hund, der sich bei der Verfolgung mehr auf seine Nase als die Augen verlässt, macht eine „überschießende Bewegung" (so der Fachterminus) aus der Spur, wenn der Hase einen Haken schlägt. Er verliert sie und muss sich mit Hilfe seiner relativ schlechten Augen erst wieder neu orientieren. Insofern ist es unwahrscheinlich, dass er oder ein Fuchs überhaupt einen „Alten Hasen" fängt. In diesem Sinne übersetzt Dieter Kühn: „Ihr Denken kommt hier nicht mehr mit, denn es (das „vliegende bîspel") schlägt vor ihnen Haken, wie ein Hase auf der

---

[53] Wer weiß z. B. etwas vom „Widergang" des Hasen: „Bevor ein Hase sein Ruhelager (Sasse) bezieht, läuft er oft ein Stück auf seiner eigenen Spur zurück (Widergang) und macht dann einen oder mehrere Sprünge zur Seite (Absprünge), um Feinde, die eventuell seiner Spur folgen, zu verwirren". Aus: „Unterrichtsreihe, Heimische Wildtiere in der Feldflur und am Wasser". Hrsg.: Deutscher Jagdschutz-Verband e. V. – Vereinigung der deutschen Landesjagdverbände – Bonn 1997, S. 50.

[54] etymologisch kann „schellec hase" durchaus die Bedeutung von „alter Hase" im Sinne von „Schlitzohr" haben; handelt es sich doch bei „schel", um ein Wort mit zweierlei Bedeutungen. Im Grimmschen Wörterbuch (Bd. 14 Sp. 2491) liest man: „Schell, m....schlingel...ist vielleicht die fortsetzung des mhd. schel, schelm, betrüger, das man mit schelm zusammenstellt Lexer mhd. handwb." Im mhd. „Lexer" findet man „schel" untereinander stehend mit zweierlei Bedeutungen: Als Substantiv heißt es: Schelm, Betrüger; als Adjektiv: laut tönend, aufspringend. Nicht nur das tatsächliche Verhalten, auch der Text bestätigt die alternative Deutung dieser Textstelle. „Schellec" ist als Äquivokation ein wichtiges Schlüsselwort für die richtige Interpretation des Hasenvergleichs.

Flucht."⁵⁵ Er fügt noch hinzu: „Der Hase auf der Flucht, der Hase, der loswetzt - also der Hase, der von Fuchs oder Jagdhund⁵⁶ aufgespürt wird."

Noch stärker belegt die exakte wortgeschichtliche Analyse von „wenken", dass der Hase nicht von einem Hund oder Fuchs, sondern von einem anderen Angreifer und aus einer anderen Richtung. verfolgt wird. Wenn ein Raubvogel einen Hasen aus der Luft angreift und das damit verbundene Risiko für sich selbst nicht kennt, begibt er sich als Verfolger - im Gegensatz zu einem Hund - in große Lebensgefahr; dann nämlich, wenn er auf einen „alten Hasen" stößt, der in der Sasse liegt. Dieser springt im allerletzten Augenblick mit einem einzigen großen Satz zur Seite, d. h. quer zur Flugrichtung des Habichts. Ein unerfahrener Habicht oder Beizvogel liegt eine Sekunde später verletzt oder mit gebrochenem Flügel am Boden: Der Körper des Beutetieres hatte den „Falkenstoß" nicht mehr aufgefangen.

Was einem Habicht droht, gilt im übertragenen Sinn auch für „tumbe liute". Sie stürzen sich wie ein „Greif" auf das „vliegende bîspel", um es zu „erdenken", d. h. wie ein Beizvogel den Text zu „begreifen", um ihn sich als Beute „einzuverleiben". Das mhd. grif - mit kurzem Vokal! - ist die Klaue eines grîf, des mythischen Vogels „Greif". Auch der Habicht ist ein grîf, im Fachjargon ein „Grifftöter". Sind es „tumbe liute" ebenso? In den Augen Wolframs scheint Gottfried, was sein Konzept aus der Perspektive der „bast"-Metapher angeht, auch ein „grîf" zu sein. Nicht zuletzt deshalb wird er von Wolfram scharf kritisiert.

Die „literaturtheoretische Gefährlichkeit" des Umgangs mit dem Parzivalprolog wurde in der bisherigen Forschungsgeschichte nicht erkannt. Insofern wurde auch das Risiko übersehen, das jeder eingeht, der sich - als Wissenschaftler oder Leser - relativ ahnungslos an die Deutung dieses Textes wagt. Die Frage ist also: Wie verhält sich ein „schellec hase", ein erfahrener „alter Hase" wirklich, wenn er von einem Falken oder Habicht angegriffen wird? Was hat also sein (des Hasen) „wenken" mit dem „vliegenden bîspel" und den „tumben liuten" zu tun?

Um darauf eine Antwort zu erhalten, sollte man sich nicht an sich aufdrängenden, wirklichkeitsfernen Allegorien orientieren. Nur im Kontext mit der Realität kann die l ösung dieses Schicksalsrätsel gelingen. Das Risiko, den Textsinn zu verfehlen, ist groß. Wer sich tollkühn wie ein Habicht auf den Hasen stürzt, wird genau so daneben „greifen", wie die „tumben liute", die das „vliegende bîspel" als ihre Beute „erdenken" (d. h. „begrifen")

---

⁵⁵ Kühn 1991, S. 226

⁵⁶ Bei der waidgerechten Jagd auf Hasen bedient sich der Jäger der Hilfe eines sog. Vorstehhundes. Dieser „wetzt" in keinem Fall hinter dem Hasen her, weil das für ihn selbst zu gefährlich wäre. Er selbst würde von den Schrotkugeln des Jägers erwischt, wenn er ihm nachsetzte. Es gibt mehrere Rassen von Vorstehhunden, z. B. die Münsterländer, „die meist mit witternder, erhobener Nase im Gelände suchen und vor dem Wild stehen bleiben." (dtv-Lexikon). Dieses Verhalten müssen Hunde bei der Dressur erst lernen. Sie werden - von ihrem Normalverhalten - „abgerichtet". Ungezogene „Dorfköter" sind insofern für die Jagd völlig unbrauchbar! - Wer querfeldein durchs Gelände streift, wird erleben, dass ein Hase in seiner Sasse einen Wanderer bis auf drei oder vier Meter an sich herankommen lässt, ehe er die Flucht ergreift. Ein richtiger Jagdhund, der ihn wittert, stöbert ihn nun nicht etwa auf, sondern wartet gehorsam, bis der Jäger herangekommen ist und das Gewehr in Anschlag gebracht hat. Erst dann wird der Hase aufgescheucht. Für die Jagd mit Beizvögeln gilt Ähnliches: Dem Habicht muss z. B. erst noch die Haube abgenommen werden.

wollen. Seinen Angriff nennt man einen „Falkenschlag".[57] Dabei riskiert der Angreifer Kopf und Kragen!

Die Annahme, dass im Hasenvergleich ein Hund oder Fuchs im Spiel sei, stützte sich auf das Wort „wenken". Nachfragen im mhd. Lexikon und grimmschen Wörterbuch bestätigen jedoch, dass damit ein Davonlaufen im Zick-Zackkurs, gerade *nicht* gemeint sein kann. Zum entscheidenden Wort „wenken" gibt es im mhd. Wörterbuch folgende Auskunft: „wenken, swv. intr. *einen wanc thun*, wanken, schwanken, weichen ... tr. wenden, tadeln." Wenn man dem definitorischen Hinweis (im Lexikon) „*einen wanc thun*" weiter folgt, ist „wanc, - kes stm. (eine) bewegung nach vorne, zur seite oder rückwärts." (Lexer)

Genau genommen heißt „*einen wanc thun*" also nur: *eine* Bewegung nach vorne, nach rechts, nach links, oder nach rückwärts zu machen. Daraus lässt sich schließen, dass der Hase nicht von einem Hund verfolgt wird. Mit *einer Seit- oder Rückwärtsbewegung* kann er nämlich einem Hund nicht entkommen. Es muss sich also um einen anderen Angreifer handeln. Da der Text das höfische Milieu reflektiert, bietet sich das Bild einer Beizjagd an; nicht zuletzt deshalb, weil sich die Mitglieder der ritterlichen Gesellschaft als Ritter gern und „selbstverständlich" mit edlen Falken identifizierten!

Auf den Text bezogen heißt das: Zeitgenössische Zuhörer konnten aufgrund eigener Erfahrung zum Textverständnis einen ganz anderen Beitrag leisten als heutige Leser. Für sie lag diese besondere Art der „stiure" sozusagen „auf der Hand"; hatten sie doch oft genug mit der anderen Hand bzw. Faust den Habicht losschickt, sodass sie sofort bemerkten, dass mit „erdenken" auf „begreifen" und auf den „grif" des Beizvogels und sein Verhalten angespielt wurde! Zum Verhalten des Habichts sagte mir ein Falkner[58]: „Der Habicht ist ein ‚Draufgänger'". Deshalb ist er besonders gefährdet! Nebenbei bemerkt, *der* Habicht ist immer *das* größere Habichtweibchen!

Nun ist der „wanc" konkret gesagt ein Zwei-Meter-Sprung des Hasen, mit dem er sich wirklich „in letzter Sekunde" aus der Flugbahn des herabstoßenden Beizvogels katapultiert. Eine weitere Fluchtbewegung ist nicht mehr nötig, weil der Angreifer bereits verletzt am Boden liegt oder mit letzter Kraft versucht, sich selbst im Sturzflug aufzufangen. „Wenken" oder „einen wanc thun" heißt nur *eine* Ausweichbewegung machen. Sie

---

[57] Falken greifen Hasen oder Wildgänse nicht an, weil diese Beutetiere viel schwerer sind, als sie selbst; anders ist das beim Habicht bzw. dem Habichtweibchen . Der entflogenen Falke des Artus' (Pz. 282.12.) war ein Habicht.
Deutsches Wörterbuch v. J. u. W. Grimm: „Falk, Falke, m. ahd. Falcho, mhd. Valke...unser eigentlicher jagdvogel war der habich, habicht, welchem ir. seabhac, welsches hebog entsprechen und sowol falk als habich bedeuten...den falken bezeichnet schon patrî d.i. vogel überhaupt. Die alte etymologie falco von falx, sichel, wegen der krummen krallen (Diez 137) läszt sich immer noch hören".
[58] Die Falknerei ist keineswegs eine ausgestorbene Zunft. Auf modernen Flughäfen sind professionelle Falkner heute damit beschäftigt, mit Hilfe von Greifvögeln Vogelschwärme und Niederwild aus der Nähe der Start- und Landebahnen fern zu halten. Zu einem von ihnen habe ich am Rande einer Falkenschau Kontakt aufgenommen. Das war besonders interessant, weil er seine Beizvögel selbst noch für die Jagd und nicht nur für die Schau ausbildete. Er bestätigte mir, dass von zehn Habichten nur einer zur Beizjagd auf Hasen wirklich zu gebrauchen sei. Er müsse lernen, bei dem Hasen als Beutetier den „Kopfgriff" anzuwenden, d. h. sofort nach dem ersten Zustoßen mit dem messerscharfen Fängen den Kopf der Hasen zu umgreifen. Dazu seien nicht alle „intelligent" genug. Nur dann falle der Hase in die Körperstarre. Andernfalls komme es zum „Rollieren", das für den Beizvogel lebensgefährlich werden könne.

ist der Form nach eher eine Parade als eine Flucht! Entgegen einem alten allegorischen Deutungsschema flüchtet ein „alter Hase" in dieser Situation gerade nicht! Er macht - wie ein geschickter Fechter - nur eine Ausweichbewegung, wenn ein Habicht ihn angreift! Er „schnellt", wie es das Wort „shellec" als „listiges Beiseitespringen"[59] richtig beschreibt, in letzter Sekunde mit einem gewaltigen Satz, quer zur Flugrichtung des Angreifers zur Seite, mit dem Erfolg, dass der Habicht auf dem Boden aufschlägt und sich den Hals oder die Flügel bricht!

Deshalb vergleicht Wolfram sein „vliegendes bîspel" ausdrücklich nicht mit der Elster, sondern mit einem Hasen. Erstaunlicherweise wird es trotzdem „Elsterngleichnis" genannt. Das ist irreführend, kann aber auch - rätseltechnisch gesehen - vom Autor so geplant gewesen sein. Es wäre nicht einmal unlogisch, den Riesensprung des Hasen durch die Luft - über eine Distanz von vier- bis fünffacher Körperlänge des Hasen - als eine „Flugbewegung" zu verstehen, so dass auch deshalb die Elster im „vliegenden bîspel" gar nicht gemeint sein muss. Der Ausdruck „Elsterngleichnis" ist ein „Begriff", der nach Lage der Dinge nicht von Wolfram selbst stammt!

Wegen seines durch Allegorien verursachten schlechten Rufes hatte man sich „selbstverständlich" immer schon vom Hasen distanziert und ihm eher die Rolle eines Beutetieres zugedacht. Für sich selbst zog man den Vergleich mit einem „edlen Falken" vor. Im Vergleich mit dem Hasen gibt dieser allerdings im o. a. Bild eine „schlechte Figur" ab, was man unterschwellig sicher nicht gern wahr haben wollte und deshalb nicht erkannte. An der Tatsache, dass man den Hasenvergleich bisher nicht richtig deuten konnte, erkennt man, dass mittelalterliche und falsche allegorische Denkmuster auch größere Zeiträume überbrücken können.

Nicht zuletzt richten sich Wolframs Metaphern generell gegen simplifizierende, allegorische Denkweisen. Jeder Ritter identifizierte sich vorzugsweise mit einem Falken. Kritisch darf man fragen: Was ist daran besonders „edel", ritterlich und nachahmenswert, wenn ein „schwer bewaffneter" Greifvogel sich auf ein Beutetier stürzt, um es zu töten und zu fressen: Weil er Hunger hat? Ein Hase hätte in direkter Konfrontation mit einem „Greif" nicht die geringste Chance, „Mut" oder „Tapferkeit" zu beweisen. Warum auch? Sich einem solchen Angreifer zum Kampf zu stellen, wäre nichts anderes als blanke Idiotie! Genau deshalb steht in der Tugendlehre die Klugheit im Rang vor der Tapferkeit: Der Hase lebt und überlebt nicht, weil er „tapfer", sondern weil er „klug" ist.

Oder wäre es etwa vorbildlich und klug, sich tollkühn, d. h. auf Gedeih und Verderb auf einen Gegner zu stürzen, wie ein abgerichteter Habicht, auf die Gefahr hin, sich dabei den Hals zu brechen? - Der Hase verhält sich so, dass sogar dem „tollkühnen", überlegenen Verfolger - dem „Grifftöter" in Person - beim Falkenschlag „Hören und Sehen" vergeht. Von dieser Klugheit spricht Wolfram im Hasenvergleich, wenn er dessen Verhalten in die unmittelbare Nähe seines „vliegenden bîspels" rückt! Hatte nicht Gournemanz seine drei

---

[59] Durch sein Liegenbleiben in der Sasse (oder Sitzenbleiben auf dem Feld) täuscht er dem Habicht vor, dass er den Angriff nicht bemerkt habe, woraufhin dieser sein Flugtempo steigert. Um so härter schlägt er auf, wenn der Hase plötzlich zur Seite springt. Jeder „alte Hase" beherrscht diese „Finte", wie mir ein erfahrener Jäger und Naturschützer bestätigte.

Söhne zu „Draufgängern" erzogen und sie allesamt durch Ritterschaft verloren? Seine bitteren Erkenntnisse fasste in folgende Worte:

„sus lônt iedoch diu ritterschaft:
ir zagel ist jâmerstricke haft.
ein tôt mich lernt an vröuden gar,
mînes sunes wol gevar,
der was geheizen Schenteflûrs." (Pz. 177,25-29)

2.11 Folgerungen

Wolfram hält der ritterlichen Gesellschaft den Spiegel vor: Unmittelbar an den „Hasenvergleich" anschließend, ist im Text von einem Spiegel und dem Selbstbildnis darin, als eines „blinden troum" (1,21), die Rede. Es ist nur „ein trüber Schein" und kann in der Tat sehr schnell zu Ende sein, denn: „er machet kurze vröude alwâr" (1,25). Dieser Traum kann tödlich enden: Im Turnier ebenso, wie bei einer Beizjagd! Die Gefahr einer schweren Verletzung ist für dressierte Beizvögel während der Jagd größer als bei frei lebenden Habichten. Dressierte Habichte wurden - wie vergleichsweise auch in der ritterlichen Erziehung üblich - auf „unbedingten Angriff", auf volles Risiko hin gedrillt. Bei der „Lockemache" erhielten sie danach von ihren Falknern mit dem „Ziget" eine hohe Belohnung. Ähnlich wie bei heute noch üblichen Windhundrennen wurden - beim Abrichten - vor ihren Augen Beutetierattrappen in schnelle Bewegung versetzt. Der Beizvogel stürzte sich darauf und wurde jedes Mal dafür belohnt; woraufhin der Habicht seinen Zangengriff lockerte, die tödlichen Walkbewegungen einstellte und die „Beute" freigab. Angriff und Belohnung wurden auf diese Weise als Verhalten konditioniert. Das „wenken" ließ sich jedoch in der Ausbildung der Beizvögel nicht simulieren; ein Grund, weshalb unerfahrene Beizvögel später nicht selten zu Tode stürzten oder sich schwer verletzten, vor allem, wenn sie auf einen erfahrenen Hasen stießen. Einem Hörerkreis des 12. Jahrhunderts waren solche Erfahrungen nicht zuletzt deshalb bekannt, weil die Aufzucht, Dressur und Jagd mit Beizvögeln zu den Lieblingsbeschäftigungen der höfischen Gesellschaft gehörten.

Wer etwas von der Jagd mit Beizvögeln versteht und das realistische Verhalten von Hasen und Falken, von Beutetier und Angreifer kennt, hat auch heute noch die „chance", den besonderen Witz des Hasenvergleichs zu erkennen. Mit andern Worten: Ein sachkundiger Zuhörer kann auch heute noch den Text des Hasenvergleichs verstehen, wenn er sich kundig gemacht hat. Am besten ist es natürlich, wenn man mit eigenen Augen gesehen hat, wie geschickt sich ein „alter Hase" verhält, wenn er vom Habicht angegriffen wird.

Man möge mir nachsehen, dass ich an dieser Stelle auf eine „freundliche Erinnerung"[60] aus meiner Jugendzeit" zurückblicke. Sie hat mich Jahrzehnte später davor bewahrt, bei der

---

[60] Als Jugendlicher hatte ich das Glück, die Begegnung zwischen einem Habicht und einem alten Hasen in freier Natur zu beobachten. Notgedrungen arbeitete ich in der Zeit des Zusammenbruchs 1945/46 auf einem Bauernhof in einem Landschaftsschutzgebiet in der Nähe Münsters. An einem Herbsttag stand ich am

Deutung des Prologtextes einer falschen Fährte zu folgen, die vom Erzähler mit den Worten „wenken" und „schellec" gelegt wurde: Nicht ein Hund verfolgt den Hasen, sondern ein anderer Angreifer, wie ich es mit eigenen Augen gesehen habe. Die etymologische Analyse beider Ausdrücke bestätigt indirekt, dass der Hase ein „Schlitzohr" sein kann. Ein „Alter Hase" wird nicht immer fliehen; im Gegenteil: Mancher Angreifer muss sich vor ihm ebenso in Acht nehmen, wie „tumbe liute" vor dem „vliegenden bîspel".

Dass Begegnungen zwischen Hase und Habicht nicht immer glimpflich enden, ist selbstverständlich. Einem Junghasen wird bei der Flucht die Angst zum Verhängnis. Er flieht, weil er noch nicht gelernt hat, sich richtig zu verhalten. Falls es dem Habicht gelingt, einen Hasen zu „greifen", verhält er sich wie alle „Grifftöter": Durch die Zangenbewegungen seiner Fänge und deren gegenläufige Walkbewegungen zerschneidet er die inneren Organe seines Beutetieres. Dadurch tötet er es. Ähnliches geschieht im übertragenen Sinn, wenn „tumbe liute", sich durch unerbittliche Abstraktion und „stringente Rationalität" d. h. sich mit „Begriffen" einen poetischen Text wie eine Beute aneignen und einverleiben wollen. Poetische Bilder werden dabei bis zur Unkenntlichkeit demoliert.

Auf dem Hintergrund solcher Überlegungen erscheint die komplexe Realität und poetische Dichte des Hasenvergleichs, insbesondere sein Verhältnis zum „vliegenden bîspel" in einem ganz anderen Licht. Erst wenn man den „wanc" des Hasen in Beziehung setzt zur Absturzgefahr, die er dadurch für den Greifvogel erzielt, lässt sich die Pointe der Hasenmetapher erkennen. In den bisherigen traditionellen Deutungen gibt es diese Perspektive nicht!

Mit einer realistischen Deutung des Hasenvergleichs erhält auch das vorhergehende „vliegenden bîspel" die ihm zukommende Brisanz. Bei traditionellen Übersetzungen konnte man die Wirkung des Hasenvergleichs nicht einmal ahnen. Wer seine Lösungsbedingungen nicht akzeptiert, weil er den Textsinn nicht erkennt, kann auch die Lösung des „vliegenden bîspel" als Rätsel nicht finden. Der Zugang zum Geheimnis des Romans bleibt ihm verschlossen. Er „greift" daneben oder stürzt ab wie ein „Greifvogel". Auf einfachste Art wird so das Risiko beschrieben, das man als Hörer oder Leser eingeht,

---

Waldrand im Schatten hoher Bäume. Auf dem vor mir liegenden bereits abgeernteten Kornfeld suchte ein Hase nach Futter. Aus meiner Richtung, also vom Wald her, kam ein Habicht und nahm mit zunehmender Geschwindigkeit Kurs auf den Hasen. Theoretisch gab es für ihn auf dem riesigen, freien Feld keine Chance durch Flucht zu entkommen. Erstaunlicherweise machte er auch gar keine Anstalten dazu. Im Gegenteil! Er setzte sich auf seine „Sprünge" (Hinterläufe) und wartete. Als der Habicht nahe herangekommen war und mit erhöhter Geschwindigkeit auf ihn zustürzte, sprang er - allerdings erst im letzten Augenblick - blitzschnell mit einem riesigen Satz aus der Flugbahn des Habichts zur Seite, ca. zwei Meter oder mehr -. Der Habicht verfehlte sein Ziel. Er hatte nun seinerseits die größte Mühe, sich bei einer geschätzten Fluggeschwindigkeit von etwa 60 km/h aufzufangen, um nicht auf den Boden zu prallen. Ganz entspannt hoppelte der Hase nach dem ersten Angriff umher. Er fraß hier und da, setzte sich dann wieder auf seine „Sprünge", um den nächsten Angriff zu erwarten. Nach erprobten Muster wartete er - weder „laut tönend" noch „wild aufspringend" - und sprang jedes Mal blitzschnell zur Seite; nicht immer in dieselbe Richtung. Der Angreifer versuchte es noch mehrmals. Stets brachte er sich wegen seiner Geschwindigkeit selbst in Gefahr abzustürzen. In diesem Kampf gab der Habicht als der Stärkere eine geradezu lächerliche Figur ab. Was für den Zuschauer wie ein Spiel aussah, war für die Beteiligten ein „Spiel auf Leben oder Tod"! Nach seinen erfolglosen Versuchen flog der Habicht - ohne Beute - davon. Diese Erfahrungen habe ich mir von erfahrenen Jägern bzw. Naturschützern ausdrücklich bestätigen lassen, bevor ich sie in diesem Zusammenhang weitergebe.

wenn man sich dem Parzivalroman, insbesondere seinem „Eingang" als Schicksalsrätsel nähert.

Die vorhergehende Deutung wird nicht zuletzt durch die sinnfällige Form des Textes bestätigt wird: Das „vliegende bîspel" (1,1-1,14) macht synchron mit dem ersten Vers des ihm folgenden Hasenvergleichs (1,15f) - im übertragenen Sinn - einen „Satz" zur Seite, wie ein Hase vor dem tödlichen „Zugriff" eines Habichts mit dem Ziel: Sich dem „erdenken" der „tumben liute" und ihrem tödlichen „erdenken" zu entziehen. Die Richtigkeit der Deutung des entscheidenden Wortes „wenken" in der vorhergehenden Interpretation lässt sich durch seine sinngemäße Verwendung des Wortes an drei weiteren Textstellen im „Parzival" belegen:

Im Pz. 174,1 beschreibt Wolfram, dass Gournemanz seinem Schüler Parzival im Unterricht erklärt, wie er sein Pferd aus dem Galopp durch Schenkeldruck und schmerzhaften Sporenstich mit einer Sprungwende - *sozusagen auf der Stelle* - zum Gegenangriff wenden könne:

„sîme gaste er râten gap,
wie er daz ors ûz dem walap
mit sporen gruozes pîne
mit schenkelen vliegens pîne
ûf dem poinder solde wenken." (Pz. 173, 29-174,3)

Er hat ihn also gelehrt, das Pferd aus vollem Galopp auf der Stelle zu wenden, d. h. eine Volte zu machen. Das geschieht auf einer Fläche von 6x6 Metern.

An anderer Stelle murrt Keye über Gawan aus Norwegen, der in der Gegend „umherhüpft wie ein Eichhörnchen", so dass man ihn leicht aus den Augen verlieren könnte. Mit „wenken" werden auch hier einzelne Sprungbewegungen von Ast zu Ast bezeichnet:

„will er wenken als ein eichhorn,
ir mugt in schiere hân verlorn" (Pz. 651,13f.)

An einer dritten Textstelle berichtet Trevricent über Gott, den *wâren minnaere* und seine feste „unerschütterliche Treue". Er wankt nicht und wendet sich nicht ab:

„der ist ein durchliuhtec lieht,
und wenket sîner minne niht." (Pz. 466,1-3)

2.12 Vom Eingang zum Höhepunkt des Romangeschehens

Analog zu den beiden äußeren Hüllen „Harnisch und Haut", die das höfische Dasein des Helden bestimmen, gibt es in seinem Inneren „zweierlei Hüllen": im „herzen und mannes muot" eines Ritters als eines getauften Christen. Sie bestimmen im spirituellen Sinn sein ewiges Heil. Schon in den drei ersten Versen des Prologs wird darauf Bezug genommen und zwar mit dem dritten Vers des Prologs „gesmaehet unde gezieret" (1,3). Im Blick auf den Endkampf Parzivals mit Feirefiz und seinen immerhin möglichen Tod wird im Buch XV daran erinnert, was diese Worte des Anfangs im geschichtlichen und heilsgeschichtlichen Sinn für den Helden bedeuten. Wie ist es also angesichts des Endkampfes heilsgeschichtlich um ihn bestellt? Höchste Zeit also, sich an das noch ungelöste Schicksalsrätsel des Anfangs zu erinnern.

Der Erzähler gibt erst jetzt den entscheidenden Hinweis darauf, was die rätselhaften Anfangsworte des Prologs „zwîvel" sowie „gesmaehet unde gezieret" miteinander zu tun haben und was sie für den Helden bedeuteten. Vorbereitet wird die Suche nach dem Sinn des Prologanfangs mit *sieben* Eingangsversen von Buch XV:

„Vil liute hât des verdrozzen,
den diz maere was vor beslozzen:
genuoge kundens nie ervarn.
nu will ich daz niht länger sparn,
ich tuonz iu kunt mit rehter sage
wande ich in dem munde trage
daz slôz dirre âventiure." (Pz. 734, 1-7)[61]

Man sollte diese auffallende und für das Romangeschehen entscheidenden Textstelle nicht nur „allgemein" verstehen und sie damit auf sich beruhen lassen. Der Erzähler zielt direkt auf den Romanfang als Schicksalsrätsel; vor allem auch auf den Ärger, den dieser Text verursacht hatte: Nicht alle Leute hatten des Rätsels Lösung gefunden und waren darüber verärgert, weil vom Erzähler behauptet worden war: „diz vliegende bîspel ist tumben liuten gar ze snell, si ne mugens nicht erdenken"? Das klingt so, als sei es ihm nur darum gegangen, sein Publikum zu reizen. Wie man weiß, gibt es tatsächlich im ganzen „Parzival" keine Textstelle, die bis heute so größeren „Ärger" verursacht hat, wie das „vliegende bîspel" (1,1-1,14) als Anfang des Romans im Kontext mit dem Hasenvergleich (1,15-1,18). Dieser Anfang ist bekannt als „crux interpretum" schlechthin. Er konnte bis heute nicht zufriedenstellend gedeutet werden. Die Frage ist, ob es überhaupt gelingt. Es zu versuchen ist sicher nicht verboten, bringt aber Ärger mit sich.

Die als Fußnote beigefügte Übersetzung der o. a. Textstelle (734,1-7) von W. Spiewok klingt verharmlosend: „verdrozzen" ist im Ausdruck viel stärker als nur „verärgert"; und „beslozzen" heißt nicht „etwas vorenthalten"; „genuoge kundens nie ervarn" heißt nicht etwa „der eine oder andere mag vergeblich gefragt haben". „genuoc, -ges adj., viel (oft mit leiser Ironie: sehr viel, viel zu viel" (siehe Lexer!). Sinngemäß übersetzt heißt das: „Viel zu viele haben es nie erfahren" und nicht „der eine oder andere mag vergeblich gefragt haben", worum es in diesem Text eigentlich geht! - Bedauerlich ist vor allem, dass in der Übersetzung von Spiewok die wichtigsten Verse vom Beginn des Buches XV „wande ich in dem munde trage daz slôz dirre âventiure" (734,6f) überhaupt nicht zur Kenntnis genommen, d. h. weder übersetzt noch interpretiert werden.

---

[61] Spiewok, Wolfgang 1981: „Sicher war mancher verärgert darüber, dass ihm etwas in dieser Geschichte bisher vorenthalten wurde, und der eine oder andere mag sich vergeblich gefragt haben. Ich will's nicht länger verschweigen und euch den Ausgang verraten, den ich allein weiß. Ihr wollt sicher wissen, wie der liebenswürdige, freundliche Amfortas endlich von seinem Leiden erlöst wurde."

Wolfram wollte sicherlich nicht die alberne Vorstellung vermitteln, dass hier jemand eine Art Vorhängeschloss „im munde trage". Die Worte „sloz" und „slüzzel" können in „alitterierender Verbindung"[62] sowohl Schlüssel als auch Schloss bedeuten: „noch slôz noch slüzzel was dar an" (Trist. 426,40). Im Textzusammenhang sollen die von Spiewok ausgelassenen Verse etwa folgendes bedeuten: In dem, was ich im folgenden als maere anbiete, ist der Schlüssel verborgen, mit dem man erschließen oder enträtseln kann, „was vor beslozzen" (734,2 „vor" heißt zuvor) war.

Der Erzähler bietet Hilfe an, ohne dem Publikum die Lösung gleich zu „verraten". Mit dem Anfang von Buch XV wird also die besondere Aufmerksamkeit der Hörer oder Leser auf die folgenden Verse konzentriert unter dem Aspekt: Was haben sie mit dem Prologanfang zu tun? Wer kritisch zuhörte, hatte bereits bemerkt, dass die ersten Verse von Buch XV als Hilfsangebot aus sieben Versen besteht. Der achte Vers macht im oben zitierten Versblock einen „wanc", d. h. einen ähnlichen „Satz" bzw. Seitensprung, wie der chellec Hase im Anschluss an das „vliegende bîspel" im Prolog: „wie der süeze gehiure Amfortas wol wart gesunt." Dieser Satz hat - auf den ersten Blick - mit den vorhergehenden sieben Versen der Sinnrichtung nach nichts zu tun, ähnlich wie im Prologanfang der Satz: diz vliegende bîspel ist tumben liuten gar ze snell", si ne mugens niht erdenken." (1,15f).

Beim Weiterlesen stößt man dann auf eine Textstelle, in der es zum Kampf kommen soll. Das bedrückt auch den Erzähler. Er spricht nun von einem Herzen, das von „der saelden stücke", den Bruchstücken früheren Glücks, umgeben ist. Er gibt dem Helden seine - vielleicht letzten - guten Wünsche mit auf den Weg mit den Worten:

„nu bevilhe ich sîn gelücke
sîme herze, der saelden stücke,
dâ die vraevel bi der kiusche lac." (Pz. 734, 23-25)

Hier ist, wie im Eingangsvers des Prologs, von einem Herzen die Rede, das von Bruchstücken früheren Glücks umgeben ist: vom einem „vraevel der bi der kiusche lac", d. h. von Hybris und ihrem „Gegenstück", der Gnade als paradiesischer Unversehrtheit. „vraevel" ist ein Verhalten, auf das schon im dritten Vers des Prologs (1,3) mit dem Wort „gesmaehet" angespielt wird. Dasselbe gilt für die „kiusche"; die bereits im dritten Vers des Prologs als „gezieret" angekündigt wurde. „bi ... lac" im o. a. Vers ist die Vergangenheitsform von „biligen". Es steht für die rechtmäßige Liebesvereinigung in der Ehe, die nach biblischer Lehre ein unauflösbarer Bund ist.

Mit „der saelden stücke, da diu vraevel bi der kiusche lac" ist dagegen die unauflösbare Verbindung von Hochmut und dem verlorenem Urstand der Gnade nach dem Sündenfall im Paradies gemeint. Dieses Bild zielt also auf den Urstand ab, der durch die Hybris des ersten Menschen „in die Brüche ging" („stücke"). Die Vorstellung ist nicht völlig abwegig, dass es sich bei diesen „Bruchstücken" des Glücks um die aus „Feigenblättern gebastelte Bekleidung" des ersten Menschenpaares handelt: „velle" oder Hüllen, die das erste Menschenpaar als Erinnerungsstücke an das zerbrochene Glück im Paradies retten

---

[62] Deutsches Wörterbuch von J. und W. Grimm Bd. 15, Spalte 855

konnte. Ein Taufkleid, das jeder Täufling als Zeichen seiner Wiedergeburt in einen erneuerten Gnadenstand erhält, ist das Symbol für das erneuerte Leben der Gnade.

Nach Lehre der Kirchenväter hatte die Erbsünde mit einem ersten Liebesakt im Paradies zu tun, der so vollkommen ausgestattet war, dass mit dem natürlichen Leben gleichzeitig auch das Leben der Gnade weitergegeben werden konnte. Im weitesten Sinne des Wortes war er deshalb auch ein Erkenntnisakt von unvorstellbarer Dimension und Tragweite. Adam „erkannte" Eva und geriet dadurch so in „Verzückung", d. h. in Versuchung, sich seine Ebenbildlichkeit als „Gottgleichheit" einzubilden, losgelöst von seinem Schöpfer. Er „versagte" sich ihm damit in vollem Umfang, weil er als Adam in seiner Erkenntnisfähigkeit durch die Ursünde noch nicht, wie seine Nachkommen, beeinträchtigt war. Auf diese Situation zielt die Rede von „gesmaehet unde gezieret, ist was sich parrieret" (gepaart hat) im Eingang des Prologs ab. Wolfram interessiert weniger das akzidentelle „schwarz-weiß" oder „Gut- und Bösesein" der Menschen, sondern primär die schicksalhafte Verkettung von Heil und Unheil, wie sie durch das Verhalten der ersten Menschen verursacht und als „Erbsünde" auf alle überging. Insofern werden alle Nachkommen des ersten Menschenpaares „schuldlos schuldig"; vergleichsweise so wie die Elster mir ihrem schicksalhaften „Nichts" an Farbigkeit. Sie ist nicht selbst schuld daran, dass sie nur schwarz-weiß „gefärbt" ist. Die allegorische Deutung des Eingangs nach dem Schema „schwarz" verhält sich zu „weiß", wie „böse" zu „gut", das auf den Menschen angewandt wird, verfehlt den Textsinn.

Wolfram kannte weder den Ablasshandel, noch den daraus entstandenen Streit um Schuld und Rechtfertigung des Sünders vor Gott. Er kannte weder die Rechtfertigungslehre Luthers, noch konnte er ahnen, dass sich die Christenheit in der Frage nach der Sündenvergebung einmal spalten würde. Im Gegenteil: Die Sündhaftigkeit des Menschen, die Tatsache nämlich, dass der Schöpfer seinem Geschöpf sogar zugestanden hatte, die größte „Sünde zu wagen"[63] (465,5), gehörte für ihn mit zur besonderen Qualifikation des Menschen als Ebenbild Gottes. Genau deshalb sagt er in der siebten Zeile des Parzivalprologs: „der mac dennoch wesen geil, wande an im sint beidiu teil des himmels und der helle".

Die Zahl sieben ist eine symbolische, „sprechende Zahl". Sie zielt - in Verbindung mit dem Text - exakt auf die katholische, vorreformatorische Osternachtsliturgie. Im „Exsultet" der Osternachtsmesse wird die Erbsünde des ersten Menschenpaares nämlich ausdrücklich als „felix culpa" gefeiert; als Schuld, „die uns diesen Erlöser geschenkt hat". Für Wolfram - auch für die damalige Christenheit - hatte das etwas mit der unvorstellbaren Freiheit zu tun, sich für oder gegen Gott entscheiden zu können.[64] Freiheit ist schon die erste Bedingung für jedes personale Liebesverhältnis unter Menschen, erst recht im Verhältnis zu

---

[63] Hüning 2000, vgl. S. 141, hier Bedeutungswandel von „Sünden wagen". „unt daz diu sippe ist sünden wagen" (465,5). Dieser Vers wird von Spiewok gar nicht übersetzt oder gedeutet; andere sprechen von einem „Sündenwagen", der die Menschheit ins Verderben fährt.
[64] Nicht nur bei Haug, sondern auch in der Übersetzung von Spiewok sowie der Textanalysen dieser Stelle durch J. Bumke spielen diese wichtigen „allgemeinen", d. h. katholischen, vorreformatorischen Hintergrundinformationen, die zum Verständnis des literarischen Textes notwendig sind, keine Rolle. Es kommt daher - leider „selbstverständlich" - zu Fehldeutungen. Vgl. hierzu Hüning 2000, S. 140ff.

Gott. Die „felix-culpa"-Idee ist in der evangelischen Kirche nicht (mehr) bekannt; in einer kulturprotestantisch orientierten Literaturwissenschaft noch weniger. Wolfram stand zweifellos in dieser Tradition der katholischen Kirche.

Die Problemlage zur Zeit Wolframs war also eine ganz andere, als zur Zeit der Reformation. Im 12. Jahrhundert galt es, das christliche Menschenbild in den Wirren der Zeit (Krise des Papsttums, der Kirche und des Kaisertums), auf dem Hintergrund der zweifelhaften Kreuzzugserfahrungen und in der Auseinandersetzung mit dem Islam neu zu konzipieren. Die Idee, das Reich Gottes als Herrschaft des Christentums auf Erden zu errichten, war als Kreuzzugsideologie kläglich gescheitert. Damit zusammenhängend erfolgte der religiöse und militärische Angriff des Islam auf die Christenheit. Zentrale christliche Glaubenswahrheiten, wie die Menschwerdung Jesu, seine Gottessohnschaft und die daraus sich ergebende Trinitätslehre, wurden durch den Islam als „Vielgötterei" grundsätzlich infrage gestellt und bekämpft.

Nach biblischer Lehre ist der Mensch als Geschöpf das Ebenbild des dreifaltigen Gottes. Der Erzähler identifiziert sich am Ende des Parzivalprologs mit dieser Lehre, wenn er sagt: „nu lât mîn eines wesen drî" (4,2). - Mit der fiktiven Vorstellung von drei „Personen" als Helden des Romans, die ihrem Wesen nur „eine" sind, wird darauf angespielt: Es geht im Roman um ein fiktives „trinitarisches Menschenbild"! Es hat mit der oberflächlichen allegorischen Deutung als Lehre von drei Menschentypen - dem schwarzen -weißen und gemischten – also nichts zu tun. Bei der Begründung dieser von mir vorgeschlagenen Deutung des Romans als Biographie einer fiktiven dreifältigen Existenz werde ich darauf zurückkommen, handelt es sich doch in der Tat um einen „wilden vunt", wie Wolfram im Zusammenhang mit dem o. a. Zitat (4,2) ankündigte.

Die grundsätzliche Frage nach dem christlichen Menschenbild wird schon im Anfang des Parzivalprologs gestellt. Unter diesem Aspekt möchte ich den Eingang des Parzivalprologs (1,1-1,14) bewusst „allgemein", d. h. katholisch und „provisorisch" interpretieren. Die „Vorläufigkeit des ersten Eindrucks" beim Hören oder Lesen des Textes scheint vom Dichter bewusst geplant gewesen zu sein. Dabei wird das „Material" bereitgestellt, an dem sich im Nachhinein, d. h. in der subjektiven Auseinandersetzung (durch „stiure") mit ihm „etwas ganz anderes" als seine Qualität erscheinen kann: Seine literarische Form. Damit soll nicht gesagt werden, dass der erste Eindruck überflüssig sei.

2.13 Die Probe auf´s Exempel und Deutung einiger Hauptmotive des Textes auf diesem Hintergrund

Vor einem theologischen Hintergrund - den man kennen oder zumindest bedenkend zulassen muss - lässt sich der Parzivaltext als *fiktive* Heilsgeschichte - analog zur biblischen Geschichte - interpretieren, was nicht schon bedeutet, dass es sich bei diesem Text um ein religiöses Buch handelt. Wolfram übernimmt aus der Hl. Schrift und der sie begleitenden Literatur viele Denkschemata; z. B. die sogenannten „Heiligen Zahlen". Im Eingangsrätsel seines Prologs sind nach diesem Muster die Verse eins, drei und sieben besonders bedeutend. Der sechste Vers hat demnach nicht dasselbe Gewicht, wie der siebte Vers „der mac dennoch wesen geil". Die Sechs ist keine „heilige Zahl". Dennoch hat man es bisher vorgezogen, die wichtige Versgruppe 3-5 einseitig aus der Perspektive des sechsten Verses („als agelstern varwe tuot") zu deuten und zwar als „Zweiteiligkeit von gut und böse" im „mannes muot". Das kann m. E. nicht die Absicht Wolframs gewesen sein.

Der „zwîvel" im ersten Vers, als „Wort im Anfang", hat insofern eine ganz besondere Bedeutung als mit „zweierlei Hüllen" schon auf Urstand und Urschuld angespielt wird. Was vordergründig wie ein abstrakter Begriff erscheint - etwa „Verzweiflung" -, verwandelt sich bei genauerem Zuhören in eine konkrete Sache, eine res, die als ein besonderes „vel" im Leben eines Ritters die wichtigste Rolle spielt: die Ritterrüstung. Man darf davon ausgehen, dass auch im höfischen Alltag eine Rüstung - anstelle des franz. „harnisch" - mit dem Wort „vel" bezeichnet wurde. Der Gedanke ist deswegen nicht abwegig, weil der Vorgang des „Entrüstens" nach einem blutigen Turnier, gelegentlich Ähnlichkeit mit dem Vorgang des „Fellabziehens" haben konnte. Dem Parzivalprolog wird also mit dem entscheidenden ersten Wort „zwîvel" der konkrete Hinweis auf die wichtigste Sache (nämlich die Ritterrüstung) im Leben eines Ritters gegeben. „zwîvel" bedeutet dann „zweierlei Fell", womit man ironisch das „innige" Verhältnis der beiden Felle kennzeichnen könnte: Harnisch und Haut oder „îser unde vel", wie Wolfram seinen Held Feirefiz sagen lässt sagt:

„ê du begundest ringen,
mîn swert lieze ich clingen
beidiu durch „îser unde vel". (Pz. 747,9-11)

Das eindrucksvollste äußere Zeichen der Ritterschaft für Parzival und jeden der von Ritterschaft spricht, ist die Rüstung. Ihretwegen hielt der Held die ersten Ritter, die in sein Leben traten bzw. ritten, für göttliche Wesen. So mächtig wie sie ihm erschienen, wollte er selbst auch sein. Deshalb musste er in den Besitz des Harnisch von Ither kommen, koste es was es wolle: „mac mir des harnasch werden niht, ichne ruoch wer küneges gâbe giht" (149,29-30) „Kann ich nicht dessen Rüstung haben, dem ich begegnet bin, so sind mir alle Königsgaben gleichgültig," sagte er zu Artus. Als er ihn wenig später ermordet hatte, „er kunde im ab gezeihen niht" (155,21) das „vel", nämlich die Rüstung. In dieser Szene wird vom Erzähler deutlich auf das „Fellabziehen" bei einer Hirschjagd angespielt.

Eine ähnliche Gleichsetzung von Rüstung und Fell - Harnisch und Haut[65] - „îser unde vel" findet man in der o. a. Szene (747,9-11). Die Übereinstimmung beider „velle" wird dadurch unterstrichen, dass der Vers mit dem Wort „beidiu" beginnt. „Beidiu", nämlich Harnisch und Haut sind gleichermaßen „Hüllen". Die erste zum Schutz vor Verletzungen, die zweite als Abgrenzung des Individuums von anderen und der Welt. Der Harnisch ist darüber hinaus Zeichen gesellschaftlicher Anerkennung. Die Haut ist Grenzschicht zwischen Individuum und Welt, durch die sich der Mensch selbst als zeitliches und räumliches Subjekt fühlt und versteht. Das menschliche Herz als Inbegriff des Menschseins wird jedoch durch Harnisch

---

[65] Spiewok: „Und ehe du dein Glück im Ringkampf versuchst, durchbohrt dir mein Schwert Harnisch und Brust." „vel" heißt nicht Brust, sondern „Fell" oder Haut. Wer das Wort „beidiu" gar nicht zur Kenntnis nimmt, verfehlt insofern den Textsinn, als er den Vergleich von Harnisch und Haut als „zweierlei Felle", als „zwi-vel" nicht erkannt hat.

und Haut - durch „zweierlei vel" - nicht nur vor äußeren Verletzungen geschützt. Es ist zugleich eingesperrt, wie in einem Vogelbauer („gebur" = Käfig) und seinem ritterlichen Schicksal ausgeliefert. Die Rüstung als Ehrenkleid kann ebenso zur Zwangsjacke werden.

Wegen seiner ausgezeichneten Stellung „als Wort im Anfang", lässt sich beim Wort „zwîvel" von vornherein eine, über das lebensweltlich Praktische hinausgehende höhere Bedeutung vermuten. Diese Ahnung bestätigt sich, wenn man den dritten Vers unter die Lupe nimmt, der mit den beiden Eingangsversen so verbunden ist:

„gesmaehet unde gezieret
ist, swâ sich parrieret
unverzaget mannes muot" (Pz. 1, 3-5):

„Verachtet und verehrt wird, was sich dem ‚mannes muot' vermählt („parrieret"), sich mit ihm gepaart hat. Was inhaltlich mit „gesmaehet unde gezieret" gemeint ist, erfährt man ebenfalls im Buch XV.

Der heilsgeschichtliche Bezug ist richtig, die entsprechende Richtungsangabe jedoch nicht auf den ersten Blick erkennbar. Wolfram hat - vermutlich nach biblischen Muster - ein „entscheidendes Wort" (und das damit gemeinte „Ding"!) an den Anfang seiner literarischen Heilsgeschichte seines Helden gestellt: Analog zu den Anfängen des Alten Testaments und Johannesevangeliums. Der Schöpfungsbericht beginnt: „Im Anfang erschuf Gott Himmel und Erde". Er endet damit, dass Gott sagt: „Lasst uns den Menschen machen nach unserm Bild uns ähnlich". Am siebten Tage ruhte er. Das erste Wort des Johannesevangeliums lautet: „Im Anfang war das Wort ... und das Wort ist Fleisch geworden und hat unter uns gewohnt". Wenn man von solcher „Entsprechung" etwas ahnt, kann „das erste Wort" des Parzivalprologs „ zwîvel" in seiner Hauptbedeutung auf keinen Fall der Begriff oder das Wort „Verzweiflung" sein! Dieser „Begriff" wäre auch ein „Fehlgriff" im Sinne des Hasenvergleichs, wie sich noch bei seiner neuen Deutung zeigen wird.

Den weiteren Überlegungen zum Anfang des Parzivalprologs möchte ich als Richtungsangabe die eigene Übersetzung und Kurzinterpretation des „vliegenden bîspels" als Eingangsrätsel voranstellen. Der Originaltext lautet:

„Ist zwîvel herzen nâchgebûr,
daz muoz der sêle werden sûr.
gesmaehet unde gezieret
ist, swâ sich parrieret
unverzaget mannes muot,
als agelstern varwe tuot.
der mac dennoch wesen geil:
wande an im sint beidiu teil,
des himels und der helle.
der unstaete geselle
hât die swarzen varwe gar,
und wirt ouch nâch der vinster var:

46

sô habet sich an die blanken
der mit staeten gedanken." (Pz. 1,1-14)

Die Übersetzung des vorangehenden Textes ist unterstrichen und die stichwortartige Deutung erfolgt in Kursivschrift; sozusagen zwischen den Zeilen. Meine Übersetzung und gleichzeitige Deutung lautet: Zwîvel - *Zweierlei Felle, ‚iser unde vel' (747,11), Harnisch und Haut -* die das menschliche Herz gefangen halten - *mhd. „herzen nâch", im eigenen Brustkorb - wie in einem „Bauer" (Käfig) - wie hinter Gitterstäben eines Vogelbauers,* sind für die menschliche Seele eine bittere Erfahrung. Gleichzeitig geschmäht und hochgeachtet - *nämlich „gesmaechet unde gezieret"(1,3) wie die Ritterrüstung als Ehrenkleid und Zwangsjacke-* sind auch sein Sinn und Verstand - *d. h. das seelische Geschehen als des mannes muot -* durch das, was schicksalhaft damit gepaart ist, wie bei der Elster die „Farben" ihres Federkleides.

Was das im heils- bzw. unheilsgeschichtlichen Sinne bedeutet, verrät der Erzähler auf dem Höhepunkt des Romangeschehens kurz vor dem Entscheidungskampf zwischen Parzival und Feirefiz in Buch XV, Vers 734,23-25. Mit dem dritten Vers „gesmaehet und gezieret" (1,3) wird gleichzeitig auf den „vraevel und die kiusche", d. h. auf die innere unauflösliche Verbindung von „Hochmut und Reinheit" im „mannes muot" eines Ritters hingewiesen. Mit Bezug auf den biblischen Sündenfall gibt der Erzähler die heilsgeschichtliche Erklärung dafür, warum Hybris und Tugendstreben auch im Leben seines Helden eine „Ehe", eingingen:

„nu bevilhe ich sin gelücke,
sime herzen der saelden stücke,
da diu vraevel bi der kiusche lac." (Pz. 734, 23-25)

Auf diesem heilsgeschichtlichen Hintergrund lässt sich der siebte Vers des Prologs und die beiden folgenden „der mac dennoch wesen geil" so deuten: Dennoch kann der Mensch froh sein, weil er an beidem, an Himmel und Hölle seinen Anteil hat, *weil nämlich die Urschuld und die Vertreibung aus dem Paradies (der saelden stücke) uns den „Erlöser geschenkt hat",* wie es im Exsultet der katholischen Osterliturgie heißt! Wie die beiden Adjektive „gesmaehet und gezieret" mit „vraevel und kiusche", so korrespondieren an den o. a. Textstellen auch die Verben „parrieret" und „biligen" („bi...lac") im Sinne von „Paarung" bzw. legalem Vollzug der Ehe. Ein „Exsultet" im Zusammenhang mit der Erbsündenlehre ist in der protestantischen Liturgie und Lehre nicht bekannt.

2.14 Interpretation des vliegenden bîspels aus lebensweltlicher Sicht

„Ist zwîvel herzen nâchgebûr
daz muoz der sele werden sûr" (Pz. 1,1-1,2)

Walter Haug hatte diese Eingangsverse einseitig aus der religiösen Perspektive Hartmanns von Aue übersetzt und so gedeutet: „Wer dem radikalen Zweifel an der göttlichen Gnade in seinem Herzen Raum gibt, der liefert seine Seele der Hölle aus". Eine solche

Deutung auf dem metaphysichen Hintergrund menschlicher Existenz bietet sich zwar an, nicht zuletzt im Kontext anderer zeitgenössischer Dichtung. Jedoch haben diese Verse eine eigene, ebenso naheliegende, lebensweltliche wie schicksalhafte Bedeutung für jeden Einzelnen. Sie zielt auf noch tiefer liegende Gefühlsschichten menschlichen Daseins in dieser Welt, z. B. auf die Selbsterkenntnis von der grundsätzlichen „Entzweiung" des Menschen mit sich selbst.

Dieser „zwîvel" ist seit der Antike ein allgemein verbreiteter hellenistisch-platonischer Gedanke. Als Verzweiflung an der eigenen Existenz ist er mindestens so bedeutsam und belastend wie ein Schuldbewusstsein im religiösen Sinn. Die bittere Erkenntnis nämlich, dass der Körper im Prinzip das Gefängnis der Seele ist. Bis in die Neuzeit hat dieser Gedanke die Menschheitsgeschichte überdauert. Dabei geht es primär gar nicht um religiöse Zweifel, Schuld oder die Gefährdung des Seelenheiles im religiösen Sinn.

Der französische Staatsphilosoph Alexis de Toqueville, der Religion nur unter gesellschaftlichen, rein anthropologischen menschlichen Gesichtspunkten betrachtete, schrieb z. B. vor 150 Jahren: „Nie wird die kurze Zeitspanne von sechzig Jahren das ganze Vorstellungsleben des Menschen ausfüllen können; das Stückwerk der Daseinsfreuden wird seinem Herzen nie genügen. Als einziges unter allen Wesen bekundet der Mensch einen natürlichen Widerwillen gegen das Dasein *und* ein unermessliches Verlangen, da zu sein; er verachtet das Leben *und* fürchtet das Nichts. Diese verschiedenen Triebe drängen seine Seele unaufhörlich zur Betrachtung einer anderen Welt, und die Religion ist es, die ihn dorthin führt."

Die Idee der „Entzweiung" kennzeichnet auch das christlich-jüdische Menschenbild: Der religiöse Gedanke, dass der Mensch als Ebenbild Gottes sich schon im Anfang durch eine Ursünde von seinem Schöpfer lossagte und deshalb – nach der Vertreibung aus dem Paradies - in seinem Herzen *schicksalhaft* zugleich gut und böse ist. In Vers 3 - wiederum eine Hl. Zahl - wird mit dem zu „Verachtenden und zu Verehrenden" (1,3 gesmaehet unde gezieret!) auf den Sündenfall im Urstand angespielt. Die Erklärung Wolframs zu dieser Aussage findet man in Buch XV, „dâ diu „vraevel bî der diu kiusche lac" (734,24-25). Der „vraevel" ist die „Tollkühnheit", mit der es der Mensch wagte, sich gegen seinen Schöpfer zu erheben. Andererseits ist es die paradiesische „Unversehrtheit" (kiusche), mit deren „Überresten" sie noch immer verbunden ist. Beide sind in der menschlichen Existenz seit der Vertreibung aus dem Paradies schicksalhaft „gepaart" (parriert), wie im Federkleid der Elster die „Farben überhaupt", nämlich die Paarung von schwarz und weiß, als das „Omne" (= weiß) und das „Nihil" an Farbe (= schwarz), m. a. W. als „Alles und Nichts". Es geht also nicht um ein akzidentielles „gut" oder „böse" sein des Einzelnen!

Auf dem Hintergrund hellenistischen Denkens ist das biblische Menschenbild sozusagen die Basis für das fiktive literarische Menschenbild des Parzivalromans. Der wesentliche Unterschied gegenüber dem griechischen und jüdischen Selbstverständnis ist der an sich paradoxe, völlig neue christliche Gedanke, dass der Mensch - an „Licht und Finsternis" teilhabend - „dennoch" froh sein kann, weil er - durch die Menschwerdung Christi - ein „Erlöster" ist. Genau das hört man sowohl im Exsultet der katholischen Osternachtsliturgie einerseits, als auch im bedeutenden *7. Vers* des Parzivalprologs (sieben als hl. Zahl!)

andererseits. Schicksalhaft ist das Christenleben durch die Gnade mit dem Himmel, durch die Urschuld aber auch mit der Hölle verbunden. Im Exsultet der Osternachtliturgie findet Vers sieben des Prologs „der mac dennoch wesen geil, wande an im sind beidiu teil, des himmels und der helle" seine Erklärung. Menschliche Schuld wird zur „felix culpa" - der glücklichen Schuld -, weil sie uns den Erlöser geschenkt hat. Durch seine Menschwerdung, den Opfertod am Kreuz und seine Auferstehung hat Jesus Christus als Messias die Menschen endgültig vom Tod befreit. Das „exsultet-Motiv" der Osterliturgie steht als Leitgedanke hinter Vers sieben des Parzivalprologs. Er gibt dem „vliegenden bîspel" dadurch einen heilsgeschichtlichen Glanz, an dem auch noch die „schwarzen *und* weißen" oder „guten *und* bösen" Menschen einen gewissen Anteil haben. Das ist eine völlig andere Sicht auf Sünde und Schuld, auf Schuldvergebung und Heilserwartung als bei Luther. Der exsultet-Gedanke ist der nachreformatorischen Theologie völlig fremd. Protestantische Gottesdienstliturgie kennt kein „Exsultet" mehr. Ein literarischer Text, der auf dem Hintergrund vorreformatorischer religiöser Tradition konzipiert ist, wird dadurch für einen nachreformatorisch geprägten Christen schwer verständlich.

Auf dem Hintergrund der biblischen Lehre von der Ebenbildlichkeit des Menschen mit seinem Schöpfer entwickelt Wolfram sein Romankonzept als Biographie *„eines Romanhelden in drei Personen"*: Parzival - Gawan – Feirefiz. Diese Figuren haben sich im Rahmen einer „dreifältigen Biographie" durch ihre „Aufrichtigkeit" bzw. „staete" zu bewähren; im Gegensatz zu einem namentlich nicht genannten „unstaeten gesellen" (1,10), (dem Antihelden „Erec"!), der „nâch der vinster vâr", d. h. zur Hölle fahren wird. Diese Figur überzieht Wolfram - noch im Prolog - mit einer radikalen Kritik zum Pseudoproblem seines „verligens" (siehe Erec-Satire 2,15– 2,22). Es handelt sich dabei um eine „vernichtende Kritik" - im Sinne Goethes - am häretischen Gottesbild Hartmanns von Aue, dem so genannten „hövischen got".

Über die Elster wird zwar die wichtige Beziehung zum elsternfarbenen Bruder Feirefiz hergestellt. Sie hat aber konzeptionell keine so große Bedeutung, als dass man nach ihr den gesamten Prologanfang (1,1-1,14) ein „Elsterngleichnis" nennen sollte. Wolfram nennt diesen Textteil - nicht zuletzt aus verrätselungstechnischen Gründen - zwar „vliegendes bîspel", vergleicht es jedoch ausdrücklich mit dem Verhalten eines Hasen und nicht mit dem der Elster: Nicht nur seiner Schnelligkeit, sondern seiner Klugheit wegen! Das Bild der Elster soll nur deutlich machen, dass der Mensch von Anfang an – d. h. schicksalhaft - mit seiner Sündhaftigkeit *und* Auserwähltheit so „gepaart" ist, wie die Elster mit ihren „zweierlei Farben" (die als schwarz und weiß keine Farben im eigentlichen Sinne sind!) ihres Federkleides: dem „Nichts" und „Alles" an Farbigkeit, was heißen soll, dass sie schicksalhaft mit der Finsternis und dem Licht „parrieret" ist. Bei diesem Wort handelt es sich wiederum um eine Äquivokation, ein Wort mit sich wandelnder Bedeutung: Es heißt sowohl „färben", als auch „sich verbinden" bzw. „paaren" (biblisch „ein Fleisch" werden!). Vieles spricht dafür, dass Wolfram den Begriff „Paarung" benutzt, um auf die schicksalhafte Einheit von gut und böse im menschlichen Herz zu verweisen. *Die Guten* und *die Bösen* - je für sich - gibt es nicht! Deshalb ist die Lehre von drei Menschentypen (gut - böse – gemischt) - ein Missverständnis des Textes!

2.15 Deutung des „zwîvel" aus vorreformatorischer Perspektive

Die preußisch-protestantische Führerschaft bei der Entwicklung der Geisteswissenschaft im 19. Jahrhundert verdient hohe Anerkennung. Wegen ihrer weltanschaulicher Orientierung ergaben sich jedoch im Umgang mit der Mittelalterliteratur des 12. Jahrhunderts, die in dieser Zeit wieder entdeckt worden war, besondere Schwierigkeiten. Das zeigt sich besonders im Umgang mit den Werken Wolframs von Eschenbach, vor allem beim „Parzival" und seinem Prolog; dann nämlich, wenn man diesen Text - achthundert Jahre später - einseitig aus dem kulturprotestantischen Selbstverständnis der Literaturwissenschaft des 19. Jahrhunderts zu übersetzen und zu deuten versucht.

Tatsache ist, dass die Dichter des 12. Jahrhunderts - insbesondere Wolfram - fest in der Lehre, Liturgie und Tradition der katholischen Kirche verwurzelt waren. Das spiegelt sich unübersehbar in seiner Dichtung wieder. Insofern wäre in der Literaturwissenschaft eine Besinnung auf die vorreformatorischen Wurzeln dieser Dichter notwendig. Ein Traditionsbruch, wie er durch die Reformation entstanden war, belastet - egal, ob man dies anerkennt oder verweigert - erheblich den Umgang mit vorreformatorisch, katholisch geprägter mittelhochdeutscher Literatur. Das wissenschaftliche Motiv für eine entsprechende Reaktion der Literaturwissenschaft sollte also lauten „back to the roots". Das mag mancher als eine Zumutung empfinden. Andererseits geht es im Grunde nur um die Anerkennung historischer Fakten.

Um einer historisch protestantisch geprägten Wissenschaft zu ersparen, über den eigenen Schatten zu springen, möchte ich hilfsweise versuchen, den Parzivalprolog aus dezidiert katholischer Perspektive, d. h. heißt auf dem Hintergrund des eigenen vorreformatorischen Glaubensverständnisses zu deuten. Auf einem alternativen, eher „oekumenischen" Hintergrund ließe sich eine Interpretation des Parzivalprologs leichter verständlich machen. Es gibt faktisch eine nicht zu leugnende gemeinsame, vorreformatorische Kirchengeschichte der abendländischen Christenheit in Lehre und Tradition. Dass Wolframs Dichtung - historisch und literarisch betrachtet - auf diesem, noch gemeinsamen vorreformatorischen Selbst- und Weltverständnis gewachsen ist, kann vernünftigerweise niemand bezweifeln.

Mit den vorhergehenden Überlegungen zur Allgemeinbefindlichkeit des Menschen in der Welt und der oben angegebenen Interpretation (bzw. Übersetzung), wie sie der Anfang des Parzivalromans (1,1-1,14) nahe legt und eine mittelalterliche Prologtheorie es vorschreibt, könnte man sich halbwegs zufrieden[66] geben, wenn man nicht mit Vers 1,15

---

[66] Nach Henning Brinkmanns Prologstudie (2001) „hat die mittelalterliche Prologtheorie ... eine zunehmend wichtigere Rolle bei der Beurteilung des ‚Parzival'-Eingangs gespielt. Diese Theorie besagt, dass die Funktion des Prologs in seinem ersten Teil darin besteht, mit dem Publikum in Kontakt zu treten...". Walter Haug schließt daraus: „Wenn dem so ist, dann erlaubt es sich nicht, anzunehmen, dass mit zwîvel schon auf die Parzivalfigur vorausgewiesen werden sollte ..." (beide Zitate aus: Walter Haug, Das Literaturtheoretische Konzept Wolframs, Eine neue Lektüre des ‚Parzivalprologs' S. 213). Nach meinem Übersetzungsvorschlag - „Zweierlei Hüllen, die das Herz umschließen, wie ein Gefängnis, sind für die Seele ein bittere Erfahrung" etc. schließt eine solche „allgemeingültige Sentenz" den Bezug zum Herzen des Helden der Geschichte keineswegs aus; zumal Wolfram mit den unmittelbar anschließenden Versen des Hasenvergleichs (1,15ff) alle vorhergehenden Verse als „vliegenden bispels" - nachträglich - in Frage stellt oder besser gesagt zu

50

rabiat aus solchen allgemeinen Überlegungen und „Höhenflügen" herausgerissen würde. Der Dichter erklärt aus heiterem Himmel, dass die vorhergehenden 14 Verse des „vliegenden bîspel", sich dem „erdenken" der „tumben liute" mit der außergewöhnlichen Schnelligkeit eines Hasen entziehen:

„diz vliegende bîspel
ist tumben liutenvil ze snel,
sine mugens niht erdenken:
wand ez kan vor in wenken
rehte alsam ein schellec hase." (Pz. 1,15-19).

Durch diese abrupte Unterbrechung wird das o. a. buchstäbliche „Erstverständnis des Textes" als allgemeine, vorläufige Einführung keineswegs annulliert, obwohl man zunächst den Eindruck haben könnte. Die „Allgemeine Einführung" in die Problematik des Parzivalromans wird vielmehr auf dramatische Weise relativiert. Im anschließenden Hasenvergleich wird nämlich definitiv erklärt, dass es sich beim vorangehenden Text nicht nur um ein Beispiel, sondern gleichzeitig um ein schwer zu lösendes Rätsel handelt. In den fünf Versen des Hasenvergleichs (1,15-1,19) werden die Bedingungen genannt, unter denen dass „vliegende bîspel" auch noch ganz anders - denn als allgemeine Einführung - verstanden werden kann: Es wird zum Schicksalsrätsel, bei dem es um Alles oder Nichts geht! Es zu lösen setzt voraus, dass man den Hasenvergleich versteht und die darin formulierten Bedingungen akzeptiert. Das war bisher nicht der Fall. Die hier vorgelegte alternative Deutung des Hasenvergleichs führt daher auch zu einem veränderten Verständnis des „vliegenden bîspels". Es zeigt sich von einer neuen Seite: So wie die äußere Rüstung eines Ritters gleichzeitig Ehrenkleid und Zwangsjacke sein kann, ist die Seele zugleich mit Hochmut (vraevel) und Unversehrtheit (kiusche) ausgestattet. Wolfram spielt in Buch XV darauf an:

---

einem Rätsel macht. Nach meiner Ansicht erfüllt das „vliegende bispel" (1,1-1,14) tatsächlich die geforderte Aufgabe, unabhängig davon, dass es darüber hinaus durch den Hasenvergleich zum Schicksalsrätsel für den Gesamtroman gemacht wird.

„nu bevilhe ich sîn gelücke,
sîme herze, der saelden stücke,
dâ diu vraevel bî der kiusche lac." (Pz. 734, 23-25)

Diese Textstelle klärt inhaltlich, was in Vers 1,3 mit „gesmaehet unde gezieret" nur formal als Beschreibung einer weiteren Art von „zwîvel" oder „Zweierleiheit" von Hüllen gemeint sein kann. Vers 1,3 des Prologs ist also ein Text mit heilsgeschichtlichem Bezug. Darin wird auf Sünde und Gnade auf Urschuld und Unversehrtheit (Urstand im Paradies) angespielt. Im Buch XV gibt es die Antwort darauf, was mit „gesmaehet und gezieret" als „zwîvel" oder „zweierlei vel" im „höheren Sinne" eines „sensus spiritualis" inhaltlich gemeint sein könnte. „Zweierlei Felle", die im lebensweltlichen Verhältnis von Individuum und Gesellschaft gleichzeitig „Ehrenkleid und Zwangsjacke" sein können, bedeuten im heilsgeschichtlichen Sinn die Teilhabe an der „Urschuld und Auserwählung". Die Ritterrüstung auf der Haut seines Trägers wird zum literarischen Bild für eine höfische, ritterlich-christliche Existenz im geschichtlichen und heilsgeschichtlichen Sinn.

3. Das Menschenbild des Parzivalromans

3.1 Das dichterische Bild einer schweren Schuld

Ohne Zweifel hatte die Kreuzzugsidee um die Wende des 12./13. Jahrhunderts erheblich an Glanz verloren; nicht zuletzt durch die militärischen Misserfolge im Kampf gegen den Islam. Für Wolfram war es ohnehin nicht genug, den Kampf gegen den Unglauben nur mit Schwert und Lanze zu führen. Er vertraute der Schärfe des Wortes und den Waffen seines Geistes.

Verwerflich schien ihm der Abfall vom Glauben, den er im literarischen Konzept seiner Dichtung reflektiert und in seinen literarischen Bildern scharf verurteilt. Es ist die schwerste Verfehlung, wie sich am Schicksal des Gralskönig Amfortas erkennen lässt. - Wolfram gestaltet es nach dem alttestamentarischen Vorbild Salomons und seiner Untreue gegen Gott, wie im ersten Buch der Könige, Kap. 10/11, ausführlich berichtet und im 2. Buch der Chronik theologisch meditiert (z. B. cap. 12,2) wird. Der biblischen Vorlage entsprechend erwartet auch den Gralskönig eine entsprechende Strafe. Selbst wenn im Romantext die „Fakten" nicht unmittelbar zu vergleichen sind, weil die Motive im literarischen Prozess einem Gestaltwandel unterliegen, ist die analoge Situation dennoch an bestimmten Zeichen zu erkennen. Der Heide Flegetanis, eine Romanfigur, ist z. B. ein Verwandter bzw. Abkömmling König Salomons. Er kommt aus dem Reich Sekundilles, einer orientalischen Königin. Er betete ein Kalb an, heißt es weiter.

Hatte nicht schon die heidnische Königin von Saba - wie Sekundille - Salomon mit Schätzen überhäuft und sein Herz ihren Göttern geöffnet? Im ersten Buch der Könige Kapitel 11,1-10 heißt es: „Der König Salomo liebte viele ausländische Weiber neben der Tochter des Pharao. Es waren moabitische, amonitische, edomitische, sidonitische und hethitische Weiber, d. h. aus den Völkern, von denen der Herr den Israeliten geboten hatte: Ihr sollt nicht zu ihnen gehen, und sie sollen nicht zu euch kommen. Sonst wenden sich bestimmt eure Herzen ihren Göttern zu. An diesen hing Salomo in Liebe." Der Herr sprach daher zu ihm: „Da es so mit dir steht und du meinen Bund und meine dir gegebenen Satzungen nicht befolgt hast, will ich dir das Königtum entreißen". Musste sich nicht Amfortas einem ähnlichen Urteil beugen?

Er hatte sich als der Hüter des Grals, „ein künec der des wunsches herre was" (616,13) auf dem Umweg über ein Liebesverhältnis mit der Königin Sekundille auf den Islam eingelassen; wie heißt es im Text „aus Liebe". Es bleibt zunächst offen, ob diese Liebe sich nur auf ihre Person oder auch auf ihren Glauben bezog. Jedenfalls übereignet Sekundille ihrem Liebhaber ein nicht näher beschriebenes, jedoch höchstes Gut, den „cram" in der Form eines ungeheuer wertvollen und unbezahlbaren „Zeltes". Liegt darin nicht auch schon eine Anspielung auf ein besonderes „Zelt" mit einer „Bundeslade" und darin aufbewahrten Gesetzestafeln? In einem Zelt hatte Gott bei den Israeliten Wohnung genommen und war mit ihnen 40 Jahre durch die Wüste gezogen. Ein Zelt ist auch das Heiligtum des Islam.

Das Zelt vor Schastel marveille war ein Würfel aus schwarzem Samt („vierecke hoch unde wit") und kann daher als Kaaba eindeutig dem Islam zugeordnet werden. Mit dem Verkauf dieses „cram", (womit auch der Inhalt des Zeltes, nämlich eine Lehre gemeint sein kann) vor Schastel marveille war ein besonderer „cramaere" beauftragt. Die Zuordnung von Zelt (Kaaba) und cramere lässt darauf schließen, dass damit wahrscheinlich Mohammed gemeint ist, von dem man weiß, dass er vor seiner Berufung zum Propheten Kaufmann war. Der „cram" stammte aus dem Besitz Orgeluses. Amfortas hatte diesen „cram" als Liebesgeschenk von Sekundille erhalten und seinerseits „aus Liebe" an Orgeluse weitergegeben.

Die Weiterverbreitung des Unglaubens und Anbetung fremder Götter war im alttestamentarischen Sinn „Ehebruch", das schwerste Vergehen, dessen sich ein gläubiger Jude, noch dazu als König des auserwählten Volkes, schuldig machen konnte: Es ist ein Treuebruch, der im biblischen Text des AT drastisch und expressis verbis „Hurerei" genannt wird! Amfortas erhält seine Strafe „an Ort und Stelle", wie ein archaisches Ritual: Das positive Zeichen des Alten Bundes, den Gott mit Israel geschlossen hatte, war die Beschneidung. Die spiegelbildliche Negativform dieses heiligen Zeichens, nunmehr als Zeichen für den Bruch des Bundes mit Gott, ist die Wunde des Amfortas! Wolfram gibt der Beschneidung als Zeichen des Bundes mit Gott bei den Juden - in der Rede Gyburcs – den gleichen Rang, wie der Taufe bei den Christen:

„der juden touf hat sunder site:
den begent si mit einem snite." (Willehalm 307,23-24)

Symbolisch wird Amfortas also für sein „Fremdgehen" bei heidnischen Göttern „adäquat" vergolten: Abraham - auch Salomon - waren Nachkommen wie Sand am Meer verheißen worden. Einer von ihnen würde sogar der Messias sein, der sein Volk Israel erlösen sollte! Das Symbol dieser besonderen Fruchtbarkeit im geschichtlichen und heilsgeschichtlichen Sinne war die Beschneidung als Zeichen der Auserwählung.

Das analoge Signum der Fülle irdischen und himmlischen Lebens - nämlich die Taufe - galt auch für das „königliche, auserwählte Volk"[67] auf dichterischer Ebene und seinen König Amfortas. Der Abkehr und dem Verrat folgen Tod, Trauer und totaler Unfruchtbarkeit als Strafe. Ein ursprüngliches Merkmal einer Heilsordnung im religiösen Sinn - die Beschneidung - wird zum Zeichen der herrschenden Verwirrung auf der Gralsebene! Und so fragt Parzival schließlich: „Oheim, was wirret dir?", d. h. „Wer oder was hat Dir den Sinn (Glauben) verdreht"? Der große „Verwirrer" ist der „Diabolus", der Teufel. Er ist hier im Spiel! Analogie und Polarität als Mittel dichterischer Gestaltung, wie sie schon im ersten Vers nachgewiesen wurden, sind hier als „Sinn und Unsinn", als Heil und Unheil nicht zu übersehen!

Amfortas' Wunde ist ikonographisch eine Analogie zur Gottferne Salomos, der sein Königtum verliert. Gleiches geschieht Amfortas und dem auserwählten Gralsgeschlecht im

---

[67] Das gilt auch für die auf Christi Namen Getauften. Im ersten Petrusbrief 2,9 heißt es: „Ihr aber seid ein auserwähltes Geschlecht, eine königliche Priesterschaft, ein heiliger Stamm, ein zu eigen erworbenes Volk".

dichterischen Konzept des Romans. Die Wunde des Gralskönigs ist in diesem Sinne ein ins Gegenteil verdrehtes Symbol für ein übernatürliches Leben, das dem Volk durch seinen Unglauben verloren ging. Nicht die Liebe zur Königin Sekundille scheint allein die Schuld des Königs Amfortas zu sein, sondern der Verrat, sein Einlassen auf ihren Unglauben (den Islam?), den sie ihm als „unbezahlbares" Geschenk (s.o.) übergab; ein Geschenk, das Amfortas danach seiner Geliebten Orgeluse, der späteren Ehefrau Gawans, zum Geschenk machte. Amfortas hatte also auch noch andere zum Unglauben verführt.[68]

Sowohl Beschneidung als auch ihr Gegenteil, die Bestrafung des Gralskönigs, haben mit Fruchtbarkeitssymbolik etwas zu tun, nicht zuletzt in jener tieferen messianischen Bedeutung, wie sie Abraham für sich und sein Volk beanspruchen durfte. Es besteht gar kein Grund die Nase zu rümpfen, wie Gottfried von Strassburg es tut („eine rede, die nicht des hoves si"!) oder Wolfram deswegen als einen „vindere wilder maere" zu bezeichnen. So „wild – fremd" ist sie in der Tat nicht; vorausgesetzt, dass man sie versteht oder auch nicht verstehen will!

Dieser mit einer solchen Formulierung angedeutete Verdacht könnte etwas mit der Auseinandersetzung um zwei gegenteilige Romankonzepte zu tun haben, wie folgende Überlegung zeigt: Wenn schon der „Ehebruch" im engeren und weiteren Sinne als Treuebruch einem „König" gegenüber, sowohl bei Gottfried von Strassburg in „Tristan und Isolde" als auch bei Wolfram Verrat war, so lassen sich Vergleiche anstellen, die nicht unbedingt zu Gunsten Gottfrieds ausfallen. In beiden Romanen ist je ein König

---

[68] Heer 2002, S. 395 und S. 402ff. Er schreibt über den Kreuzzug von 1147, an dem Eleanore, die junge Gemahlin des französischen Königs teilnahm: Raymond von Aquitanien, der ungefähr gleichaltrige Onkel der Königin von Frankreich Eleanore, ihres Vaters jüngster Bruder, war König im Hl. Land, hatte sich dem Islam genähert und seine Nichte Eleanore im weitesten Sinne verführt. Ob auch zum Islam, ist nicht bekannt. - Daraus entwickelte sich der größte höfische Skandal des 12. Jahrhunderts. Wörtlich heißt es weiter: „Eleonore will sich vom König von Frankreich, ihrem Mann danach scheiden lassen…Diesen Kreuzzug von 1147 umstrahlt ein Märchenglanz… Der erste Zauber, die erste Märchenstadt, die die Kreuzfahrer auf ihrem Zug erleben, ist Konstantinopel. Kaiser Manuel stellt seinen Gästen den Blaquerna-Palast zur Verfügung... Es erfolgt der Aufbruch nach Antiochien, der zweiten Märchenstadt. Sie erweist sich für das königliche Paar als noch gefährlicher als Konstantinopel... Hier residiert mit großem Pomp der Franke Raymond; ein Mann aus dem Süden, ein Onkel Eleanores. Die zweite Generation der Kreuzfahrer ist hier als 'Pullani' (poulains), gemischt mit Sarazenenblut und lebt auch halbsarazenisch. Diese Welt macht einen tiefen Eindruck auf Eleanore... . Hier versinken Paris, der Norden, das mönchische Wesen der nordischen Christenheit für Eleanore. Bricht sie ihre Ehe durch ein Verhältnis mit Raymond? Eine Fülle von Skandalgeschichten entsteht jetzt und folgt ihr bis über den Tod hinaus." Friedrich Heer verwendet in seinem Buch verschiedene Schreibweisen für den Namen Eleonore oder Eleanore. Der ursprüngliche Name „Elinor" ist ein arabischer, weiblicher Vorname und bedeutet „Gott ist mein Licht" (dtv-Lexikon)
Sarazenen sind für Wolfram Anhänger des Islams; nicht zu verwechseln mit „heiden" im wolframschen Sinne. Die Skandalgeschichten sind mit Sicherheit auch Wolfram bekannt gewesen, so dass er sich hier viele Anregungen für die Gestaltung seiner Figuren, z. B. Amfortas, Clinchor oder Orgeluse holen konnte. Auf dem Hintergrund historischer Fakten ist z. B. die Deutung der fiktiven Schuld des Gralskönigs Amfortas auf literarischer Ebene, dass er sich nämlich auf den Islam eingelassen habe, nicht abwegig. Ebenso wenig wie die Vermutung, dass Orgeluse (sprich Eleanore) entweder durch Raymond - auf dichterischer Ebene - durch Clinchor und Amfortas zum Islam verführt worden sein könnte.

das Opfer ehebrecherischen Verhaltens: Im Tristan König Marke, der als jämmerliche Figur zugrunde geht; im Gralsgeschehen ist es wohl Gott selbst, der als König der Könige beleidigt wird.

Königswürde und die Königssalbung haben keinen Wert mehr, wenn Gottfried mit unübersehbaren Zynismus formuliert: Die Liebenden, - gemeint ist das ehebrecherische Verhältnis von Tristan und Isolde – seien stattdessen mit „Liebe gesalbt"! Allein dadurch seien sie schon gerechtfertigt. An die Stelle menschlichen, geschichtlichen Handelns tritt das „Schicksal" in Gestalt eines Zaubertrankes. Die daraus folgende konzeptionelle Verantwortungslosigkeit bei Gottfried v. Str. führt schließlich unaufhaltsam in das Chaos.

Eine solche künstlerische Aussage mag insofern berechtigt sein, als sie beispielhaft die geschichtliche Realität im 12. Jahrhundert reflektiert, was das französische Königshaus betrifft. Mit dem Königtum auf geschichtlicher Ebene (dem Ende des angevinischen Königreiches 1204) geht auch das Königtum auf Romanebene zugrunde: Konnte Gottfried u. U. wegen bestimmter historischer Prämissen (seine Verehrung für Eleonore, der er wohl ein Denkmal setzen wollte!) auch den Roman und den damit verbundenen literarischen Konflikt nicht zu einem befriedigenden Abschluss führen? Nicht zuletzt auch wegen der grundsätzlichen Kritik Wolframs an seinem literarischen Konzept?

Bei der Motivgleichheit wird das moralisch höher zu bewertende Werk ohne Zweifel das Konzept des Parzivalromans sein. Es sei denn, man ist bereit, einen durchgehenden Zynismus Gottfrieds in seinem Werk zu akzeptieren, gerade auch deshalb, weil er exakt die reale geschichtliche Situation des 12. Jahrhunderts widerspiegelte. Wie das in der o. a. Interpretation angedeutet wird, lassen sich die Dichtungen Gottfrieds und Wolframs in diesem Sinne durchaus miteinander vergleichen. Ob ein solcher interner Vergleich, letztendlich zwischen den Dichtern zum Streit führte, bleibt eine offene Frage.

Bei Gottfried sehen wir also Niedergang des Königtums an den Folgen einer „Ehe", die - nicht zuletzt unter dem Einfluss von Magie - aus fortwährendem Ehebruch besteht. Gottfried gibt König Marke - und zeitgenössische Königsfiguren, die es vielleicht nicht anders verdient hatten – der Lächerlichkeit preis. Der Untergang des angevinischen Königreiches ist nicht zuletzt auch die Folge des Zerfalls der Sitten im angevinischen Königshaus[69], sowohl im Roman als auch in der geschichtlichen Realität.

Bei Wolfram sehen wir demgegenüber Aufstieg des Einzelnen und des Volkes zu einem neuen Königtum der Kinder Gottes durch Versöhnung mit Gott, obwohl oder gerade weil alle Menschen Sünder sind, die seinen Bund gebrochen hatten. Die Restauration eines

---

[69] Pernoud 1979, S. 259. Sie berichtet, wie König Johann, nachdem er seine Großmutter Eleonore aus einer Burg, in der sie belagert wurde, befreit hatte, sich an den Gegnern „mit wahrhaft teuflischer Grausamkeit" rächte: „Den unglücklichen Rittern blieb keine Demütigung erspart. Johann ließ sie an Karren binden und so auf ihre eigenen Güter bringen, wo sie in den Burgverliesen eingekerkert wurden." Nachdem er den Befehl gegeben hatte, seinen eigenen Neffen Arthur, der sich mit dem französischen König gegen ihn verbündet hatte, „zu blenden und zu entmannen" („Hubert de bourgh lehnte ein solches Verbrechen ab") „drang Johann, nur von einem einzigen Mann, seinem Vertrauten Guillaume de Briouse begleitet, in den Kerker ein, in dem der Jüngling saß. Er hieß ihn mitkommen, bestieg ein Boot, erdrosselte ihn und warf seinen Leichnam in die Seine."

morbiden Königtums, ein vielfach an die Adresse Wolframs gerichteter Vorwurf, ist aus dem „Parzival" nicht abzuleiten. Durch „moralische Wiederaufrüstung" hätte sein Werk allerdings indirekt, d. h. im erzieherischen Sinne zur Reform des Königtums beitragen können.

3.2   Parzival und seine Brüder

Wolfram beschreibt im Eingangsvers des Romans in der Form eines Rätselwortes (des zweideutigen Bickel - oder Rätselwortes „zwîvel") die Situation des Menschseins in dieser Welt als Zwiespältigkeit. Von Anfang an wird es als ein „Dreierverhältnis" zu seinen Doppelgängern Gawan und Feirefiz reflektiert. Parzival ist dabei der im „Zwielicht" agierende primus inter pares eines Triumvirates von handelnden Romanfiguren, die - sozusagen nach biblisch/trinitarischem Muster - als Personen mit dem Romanhelden Parzival identisch sind: Gawan als das „andere Ich", der heller strahlende Teil, eine Analogie zu Parzivals historischer Existenz. Feirefiz im Bild des gefleckten Gefieders der Elster „*als heidnische, fast unschuldige Verkörperung des zwîvels*" und als „*Parzivals früheres Ich*" aus der Vorgeschichte.[70] Parzival selbst als der Vertreter des Gralsgeschlechtes, dessen hervorstechende Bedeutung in seiner Erlösungsbedürftigkeit und Auserwähltheit als Getaufter zu sehen ist, der auf einer übergeordneten heilsgeschichtlichen Ebene existiert, die zugleich geschichtlich und metaphysisch ist und durch die Taufe ins Dasein gerufen wurde.

Ob Feirefiz nur jene „Licht- bzw. Erlösergestalt" ist, als die sie bisher beurteilt wurde, ist eine „Gretchenfrage" an den Roman. In der Forschung wurde sie bisher nicht beantwortet. Sie stellt sich jedoch im Zusammenhang mit der Gralsfrage. In gewisser Weise ist sie sogar mit ihr identisch. Sie lautet in veränderter Version: „Oheim, was wirret dir?" Amfortas war zweifellos „verwirrt", als in der zweiten Gralsszene neben Parzival auch Feirefiz vor ihm erscheint. Zu Parzival gewandt sagt er: „sîns stêns ich im vor mir niht gan;" d. h.: „Sein Erscheinen vor mir dulde ich nicht"! Warum? Hatte nicht die Heidin Sekundille Amfortas (ihren Liebhaber) durch einen „unbezahlbaren cram" verführt? Hatte dieser nicht das zweifelhafte „Geschenk" an die dadurch „verwirrte" Orgeluse weitergegeben? War nicht „Sekundille" die Ehefrau des Feirefiz', des „zweifelhaften" Bruders von Parzival? Im Namen dieser Frau, der mit „secundus" und „ille" (lat. altes Gerundiv von sequor mit partizipialer Bedeutung) etwas zu tun hat, schwingt die dubiose Vorstellung von „folgen, verfolgen, begünstigen" (im Sinne von Bestechung) mit. Das Wortteil „ille", a, ud ist ein Maskulinum und heißt in erster Bedeutung „jener", in zweiter Bedeutung jedoch „der berühmt - berüchtigte". Als Endsilbe ihres Namens klingt „ille" zwar sehr feminin. Das ändert aber nichts daran, dass wie bei allen anderen Namen im Roman, die zweite, apokryphe Bedeutung u. U. eine größere Rolle spielt und programmatische Bedeutung hat. Vermutlich auch hier. Das Verschlüsselungsprinzip ist dasselbe, wie bei den im Text verwendeten anderen Äquivokationen oder sog. „Bickelwörtern".

---

[70] Kuhn 1962, S. 149.

Außer im Elsterngleichnis ist ein weiterer Hinweis auf den Bruder im Wort „zwi-vel" enthalten: Ein „vel" ist sowohl Fell, Haut, Gefieder oder auch Pergament.[71] Feirefiz wird als elsterfarbig, ausdrücklich aber auch als ein „beschrieben Pergamint" vorgestellt. Im „Leitwort" des Prologs und dem Elsterngleichnis sind damit Zeichen einer mehr als nur möglichen „trinitarisch-literarischen" Grundkonzeption des Parzivalromans erkennbar, die durch den Text bestätigt werden:

„nu lât mîn eines wesen drî,
der ieslîcher sunder pflege
daz mîner künste widerwege:
dar zuo gehörte wilder vunt." (Pz. 4,2-5).

„Nun lasst mich einen einmal drei sein,
von denen jeder ohne Anstrengung das könnte,
was meiner Kunst (als Einzelnem) entspräche:
dazu gehörte eine außerordentliche Erfindungsgabe."[72]

Wenn Wolfram sinngemäß sagt, „angenommen, statt einmal gäbe es mich dreimal" (Spiewok), so identifiziert er sich von Anfang an mit seinem Helden Parzival, der im Verlauf des Romans tatsächlich in drei Gestalten als Parzival - Gawan - Feirefiz auftritt.[73] Darüber hinaus - und das ist m. E. ein ganz wichtiger konzeptioneller Hinweis – handelt es sich doch um eine gezielte Anspielung auf das biblisch/trinitarische Menschenbild schlechthin. - Im unmittelbar vorhergehenden Text hieß es:

„Solt ich nu wîp unde man
ze rehte prüeven als ich kann,
dâ vüere ein langes maere mite." (Pz. 3,25-3,27)

Der letzte Vers soll wohl die Unmöglichkeit andeuten, dieses christliche Menschenbild auf seine „Richtigkeit zu prüfen" oder angemessen zu beschreiben. Selbst wenn alle drei über das gleiche dichterische Können verfügten, wäre das Ergebnis nur eine völlig wirklichkeitsferne Erfindung m. a. W. ein „wilder vunt". Deshalb will Wolfram die Heilsgeschichte, als Geschichte einer Menschwerdung, auf eine neue Art erzählen: „ein maere will ich iu niuwen" (4,9), als eine fiktive literarische Heilsgeschichte. Interessanterweise verwendet Wolfram an dieser Textstelle wiederum ein Wort mit zweierlei Bedeutungen: Als schwaches Verb heißt niuwen *erneuen bzw. erneuern;* als starkes Verb hat niuwen die Bedeutung *„zerstoßen, zerdrücken, stampfen, bes. auf der stampfmühle enthülsen"*. (s. Lexer)

---

[71] „Original-Taschenlexer", vel, -lles stn. haut, fell, pergament; dünne eisdecke.

[72] Wolfram v. Eschenbach, übersetzt von Wolfgang Spiewok nach der Lachmannschen Ausgabe.

[73] Im Hinweis auf seine besondere Quelle „Kyot", der unter dem französischen Namen Guiot u. a. ein Werk mit Namen „Les Bibles" geschrieben hat, könnte die Absicht versteckt sein, die Bibel selbst als Quelle benutzt zu haben, indem er u. a. heilsgeschichtliche Aussagen der Hl. Schrift für sich als Dichter historisch/literarisch interpretierte. Auf diese Weise könnte er z. B. im Rückgriff auf die Figuren der Schöpfungsgeschichte und das Hohe Lied der Liebe aus dem NT ein Grundmuster für das Verhalten seiner drei Figuren gefunden haben. Gawans Verhalten lässt sich sehr gut aus dem Hohen Lied der Liebe interpretieren. Als „normal" kann man sein Liebesverhältnis zu Orgeluse nicht bezeichnen und verstehen.

3.3 Das fiktive Konzept einer „dreifältigen" Existenz in seiner naturgeschichtlichen, geschichtlichen und heilsgeschichtlichen Dimension durch die Gestalten Feirefiz - Gawan - Parzival.

Man darf und muss davon ausgehen, dass Wolfram gläubiger Christ war. Wenn er in seiner Dichtung ein fiktives exemplarisches Menschenbild entwerfen wollte, wird es ein biblisch-trinitarisches gewesen sein. Indem er den vorgeschichtlichen und geschichtlichen Teil der Biographie seines Helden je einer Teil-Figur als „dem Teil eines Ganzen", nämlich der irdischen Heilsgeschichte des Menschen Parzival zuordnete, gelang ihm eine einheitliche und doch „dreifältige" Grundverfassung des menschlichen In-der-Welt-Seins – und zwar „im Vorübergang von einer Gestalt zur anderen" als ein „vliegendes bîspel" zu konstruieren. Feirefiz und Gawan sind sozusagen „flüchtige Teilfiguren" der komplexen Romanfigur Parzival. Er als Repräsentant des Ganzen wirkt immer auch in seinen Vertretern mit an der Einheit des dichterischen Konzeptes, wie auch umgekehrt die „Vertreter" im Verhältnis zum „Haupthelden" fungieren. So heißt es zu Beginn des ersten Gawanbuches (Pz. VII), der Gang der Erzählung liege nun eine „Weile", d. h. „vorübergehend", in der Hand Gawans. Die „aventiure" prüfe ihn gern (ane haz) neben bzw. besser an Stelle des Herrn der „maere", Parzival.

Eine „trinitarische" Rollenverteilung im Sinne von „eins gleich drei und drei gleich eins" musste theoretisch zu Widersprüchen im Romangeschehen führen. Die Aufgabe des Dichters bestand vor allem darin, den Romanfiguren, die vom Konzept her nur „Scheinpersonen" sein konnten, wirkliches Leben einzuhauchen. Er musste ihnen Individualität und Bodenhaftung verschaffen, sie einerseits also hervorheben. Andererseits galt es, sie als Teil-Figuren des Romangeschehens aber ohne logische Probleme zu verursachen, sie wieder im Hintergrund - wie in einem Spiegel - wieder „verschwinden" zu lassen; so wie es das „Romankonzept" bzw. die Einheit von Person und Handlung der maere dies erforderte. So ist die Einführung der Figur Gawans in das Romangeschehen für die Zuhörer zunächst eine große Überraschung. Sein sang- und klangloses Verschwinden von der Bühne des Romangeschehens wird dagegen absichtlich so erzählt, dass man es kaum bemerkt. Es wird quasi verheimlicht.

„Am Ende von Buch VI scheint Wolfram den Abbruch seiner Dichtung anzukündigen. (...) An dieser Stelle verlässt die Erzählung bzw. der Erzähler den Helden Parzival und wechselt über zu den Abenteuern Gawans"[74]), als ob eine neue Geschichte begänne:

---

[74] (Bumke 1964, S. 26 und 176

„zu machen nem diz maere ein man,
der âventiure prüeven kann
unde rîme künne sprechen,
beidiu samnen unde brechen.
ich taetz iu gerne vürbaz kunt,
wolt ez gebieten mir ein munt,
den doch ander vüeze tragent
dan die mir ze stegreif wagent." (Pz. 337,23-30)

In diesem Text bestätigt sich Wolfram selbst als den Mann (im Spiegel!), der „diz maere" weitererzählen kann: allerdings unter den Bedingungen der angedeuteten Situation, die nicht schwer zu erraten ist. Diese poetologischen Bemerkungen müssen in ihrer Funktion als Einleitung zum o. a. Prolog der Gawanbücher verstanden werden. Diese Szene in der Form eines Rätsels kann man nur verstehen, wenn man sie erstens im Zusammenhang mit dem Spiegelgleichnis im Prolog (Pz. I,20) wahrnimmt, in der eine Wendung im Verlauf der maere vorausschauend angedeutet wird, und zweitens, wenn man sich selbst – in Gedanken - vor einem Spiegel stellt, um die Wirkung tatsächlich zu erproben!

Wer hat nicht schon sein „Gegenüber" im Spiegel betrachtet, um sich selbst kritisch anzuschauen oder auch sich an seinem Erscheinungsbild zu erfreuen? Wolfram erklärte schon im ersten Buch (Pz. 1,22 f.), dass der Spiegel zwar der Darstellung des „Antlitzes Raum" gibt, dieses Bild aber mit der „Wahrheit" bzw. Wirklichkeit wenig zu tun habe: „doch mac mit staete niht gesin, dirre trüebe lihte schin, *er machet kurze vröude alwar*" (Pz. 1,24-25); um es anders zu sagen, das Spiegelbild ist eine Täuschung, ein „kurzer Wahn", mhd. ein „gach wan" oder - „Gawan". Dieses Bild aus dem Parzivalprolog erinnert an den 1. Brief des Völkerapostels Paulus an die Korinther. In Kapitel 13 Vers 12 heißt es: „Denn jetzt schauen wir durch einen Spiegel im unklaren Bild, dann aber von Angesicht zu Angesicht: Jetzt erkenne ich stückweise; dann aber werde ich erkennen, so wie auch ich erkannt bin." Über diese Stelle wird die Beziehung zu einer Spiegelszene am Ende von Buch VI hergestellt, in der der Erzähler über seine Rolle im Romangeschehen „reflektiert"

Das fragwürdige Selbstbildnis eines Menschen, der sich im Spiegel betrachtet, wird von Wolfram im Epilog zu Buch VI auf folgende Weise der Romanfigur Gawan, zugeordnet und als Doppelgänger Parzivals identifiziert: Die reale Situation, auf die sich der Text dieses Prologs bezieht, ist die des Erzählers vor einem Spiegel auf dem Pferde sitzend, mit den Füßen in den Steigbügeln. Dabei spricht er die letzten acht Verse von Buch VI. Im wahrsten Sinne des Wortes handelt es sich um eine „spektakuläre" Ansage: Jetzt ist Schluss mit meiner Geschichte, soll sie doch ein anderer weiter erzählen:

„ze machen nem diz maere ein man,
der âventuire prüeven kann
unde rîme künne sprechen,
beidiu samnen unde brechen" (Pz. 337,23-26)

In den nächsten Zeilen geht diese Aussage in die Form eines Rätsels über, das man nur aus der konkreten Position eines Mannes vor und hinter, bzw. im Spiegel (lat. speculum,

Spiegelbild = imago) stehend erkennt: Der Spiegel „versammelt" eine Person als reale und virtuelle, wenn sie auf den Spiegel zugeht, und trennt sie im Abrücken von der Spiegelfläche. Das virtuelle Bild - eine neue „literarische Realität" hinter dem Spiegel bzw. auf seiner Rückseite - entsteht durch „Brechung".

Wenn nun der Erzähler sein Gegenüber im Spiegel mit dem Fortgang der maere beauftragt, wird also das weitere Romangeschehen aus „jenseitiger", d. h. virtueller Perspektive erzählt. Die reale Geschichte wird vorübergehend zum kurzen Wahn, der darin agierende Held zu „Gach-Wahn" oder Gawan. Die Geschichte Parzivals wird auf diese Weise, durch Spiegelung eine „andere", wie auch dem Erzähler aus der „anderen" Perspektive der Held des Geschehens als ein anderer erscheint mit dem beziehungsreichen Namen Gawan („kurzer Wahn"). Weil sich der Erzähler bei diesem Vorgang sozusagen in den Spiegel hineinversetzt, kann er nun aus „jenseitiger" Perspektive auf das Geschehen in der höfischen Welt blicken, so dass man annehmen darf, die Abenteuer Gawans spielen sich auf geschichtlicher Ebene ab. wobei es sich um historische Ereignisse und Figuren aus der höfischen Welt handeln könnte, die literarisch mutiert und deren Namen codiert wurden.

In der Szene vor dem Spiegel erkennt der Dichter – trotz einiger Veränderungen - sich selbst als sein virtuelles Gegenüber wieder, obwohl „den doch ander vüeze tragent" als die in den eigenen Steigbügeln stehenden. Die Probe vor dem Spiegel zeigt auch, dass ein solches Bild täuscht; z. B. ist die eigene rechte Hand beim Gegenüber im Spiegel die „andere", nämlich die linke. Das gilt auch für die Füße („andere vüeze tragent") im Steigbügel. Nur der Mund in der Mitte bleibt ein und derselbe.

Wenn man sich als Erzähler in sein Gegenüber hineinversetzt und die maere aus virtueller Perspektive weiter erzählt, erscheint nun auch die Welt als eine andere, und die Geschichte Parzivals wird zu der seines Doppelgängers als „gach wan", kurzer Wahn: „Gawan". Der so codierte neue Name Parzivals steht für jenen Teil seiner Biographie, die in den folgenden Büchern als sein höfisches Leben, oder auch als „Wahnvorstellung" erzählt wird. Kurz gesagt. „Gawan" wird zum Synonym für den geschichtlichen Teil der heilsgeschichtlichen Existenz des Romanhelden Parzival.

Die Spiegelung ist als stilistisches Mittel - als ein „samnen unde brechen" – gleichzeitig ein Beispiel für das Zusammenfügen und Trennen von Teilaspekten einer Person in ein und derselben Biographie. Ihre konzeptionell bedingte Spaltung soll literarisch und logisch auf die Trennung und Wiedervereinigung von Personen und Handlungen im Ganzen des Romankonzeptes als Spiegelung des Romangeschehens auf einer zweiten, fiktiven Ebene vorbereiten. Die dadurch erreichte Zweideutigkeit des Konzeptes tut dennoch der Dichtung keinen Abbruch, sondern ist von Vorteil, weil sie dem Anliegen des Dichters entgegenkommt, eine mehrschichtige Biographie, bzw.

Existenz seines Helden zu erschaffen und zu verstehen als ein literarisch-trinitarisches Lebenskonzept, das sich bewusst dem „einseitig" diskursiven Erkenntnisstreben verschließt.

Die Spaltung des Geschehens in einen virtuellen und realen Teil – wobei nicht immer ganz klar wird, welcher Teil der Geschichte real oder irreal ist - reflektiert nicht zuletzt die Identitätskrise Parzivals: Cundrie hatte ihm in der bekannten Verfluchungsszene den Spiegel vorgehalten, was bei ihm zu einer Bewusstseinsspaltung führte. Formale Entsprechung der dadurch verursachten literarischen Form von „Schizophrenie" ist der parallele Fortgang der maere auf zwei Bewusstseins- bzw. Romanebenen: Was der eigentliche Held der maere erlebt, wird nun in der Form eines „alter ego" und aus der „Jenseitsperspektive" eines Spiegels erzählt.

3.4 Dreiteiligkeit und Dreieinigkeit[75]

Die kühne Behauptung, Wolfram habe nicht nur ein ritterliches, sondern vor allem ein christlich/dreifältiges Menschenbild literarisch darstellen wollen, ist zwar nicht schwarz auf weiß zu belegen; zu erinnern ist in diesem Zusammenhang jedoch daran, dass es überhaupt nicht um eine religiöse Aussage geht, sondern um ein literarisch anthropomorphes Menschenbild in Analogie zu einem biblisch/literarischen Text über die Existenz eines Menschen in der Welt, mithin um eine Fiktion. Die Frage ist doch, wie es möglich sein kann, so völlig entgegengesetzte Tendenzen der Trinitätslehre, wie Dreiteiligkeit und Dreieinigkeit, als „Ebenbildlichkeit" des Menschen literarisch zu realisieren. Wenn Wolfram seinen Helden Parzival in drei Teilfiguren erscheinen lässt, die jeweils der geschichtlichen, heilsgeschichtlichen oder natur- bzw. vorgeschichtlichen Existenz einer Einzelperson zuzuordnen sind, so ergibt sich die Frage, in welcher Form diese personalisierten Teilaspekte einer Lebensbeschreibung – nämlich der des Romanhelden - formal auseinander „ent-standen" sind und als Einheit wieder „ver-standen" werden können. Einheitsstiftende Momente liegen in der Rolle der diesen Teilfiguren zugeordneten Frauengestalten.

Den verschiedenen Rollen innerhalb eines allgemeinen Menschenbildes, wie sie als die des Romanhelden in drei Personen erscheinen, entsprechen drei Frauentypen als Leitfiguren des Romangeschehens. Meine These ist, dass es sich im Parzivalroman um ein „dreifältiges" Menschenbild handelt, nicht nur, was den Einzelmenschen betrifft, sondern auch, was das Verhältnis von Mann und Frau angeht. Der Zuordnung der drei Helden Parzival - Gawan – Feirefiz entspricht daher das Verhältnis der ihnen zugeordneten

---

[75] Bumke 1970, S. 239. Er berichtet. Jean Fourquet sehe die besonderer Leistung Wolframs von Eschenbach darin, dass er die unvollendete Vorlage Chretiens zu einem „Dreiweltengedicht" ausgebaut hat, in dem die beiden Bereiche des orientalischen und arthurschen Rittertums in einem gottunmittelbaren Gralrittertum überhöht werden. Im Mittelpunkt der eigenen.
Überlegungen steht das durch und durch vermittelte Verhältnis des nach dem Bilde des dreifaltigen Gottes geschaffenen Menschen zu sich selbst, was zur Folge hat, dass von Gott nur indirekt die Rede ist, wenn überhaupt. Der Status eines Rittertums „unmittelbar zu Gott" ist auf dichterischer Ebene aus formalen Gründen nicht darzustellen, weil die literarischen Mittel dazu fehlen.

Frauenfiguren Conduiramour – Orgeluse - Sekundille. Ihre Geschichten stecken voller Zeichen, was ihre Aufgabenerfüllung in der Zuordnung zum jeweiligen Partner, als auch zum eigentlichen Romanhelden betrifft. Das beginnt bereits bei der Namengebung dieser Figuren. Es sind drei Äquivokationen, die - wie bei den Helden - eine konzeptionelle Bedeutung haben.

Gemäß den Texten und Mythen der Genesis gibt es das Bild der ersten Menschen nur als Einheit von Mann und Frau, d. h. als Menschengeschlecht; was nicht heißt, dass die trinitarische Ebenbildlichkeit für den Menschen als Einzelwesen nicht ebenfalls zutrifft. Die Ebenbildlichkeit ist – weder für den Einzelnen, noch für ein Menschenpaar als Repräsentant des Geschlechtes - ein Superadditivum, also etwas Zusammen- oder Hinzugefügtes: Es ist eine Qualität. Im Christentum ist die Ebenbildlichkeit von Mann und Frau ebenso wie ihre Einheit konstitutiv gleich und doch sui generis verschieden. Was für den Mann gilt, gilt bei Wolfram ebenso selbstverständlich auch für die Frau und umgekehrt. Mann und Frau sind im Menschenbild Wolframs völlig gleichberechtigt und gleichwertig und nicht nur das:

„man unde wipdiu sint al ein;
als die sunne diu hiute schein" (Pz. 173,1-2)

Bevor nun über die Gliederung der Gestalt des Romanhelden in drei personalen Aspekten seiner Existenz die Rede ist, darf dieser grundlegende biblische Gesichtspunkt im Verhältnis von Mann und Frau nicht übersehen werden. Im Rahmen dieser Arbeit ist es nicht möglich, das Bild der Frau ebenso gleichgewichtig und ausführlich darzustellen. Zumindest soll das, was Wolfram als den neuen Typus einer Frau skizziert, im Gegensatz zu dem, was man in der Forschung bisher als „Frauenlehre" bezeichnet hat, dargestellt werden, handelt es sich doch bei diesen Frauentypen des Romans um eine ähnliche „dreifältige Konfiguration", wie bei den Gestalten Parzival, Gawan und Feirefiz, die als „Parzival" konzeptionell das Gesamtbild des Romanhelden ausmachen. In diesem Sinne sind Condwiramours – Orgeluse - Sekundille - die den „drei" Helden zugeordneten weiblichen Teilfiguren. Sie reflektieren in personifizierter Form das Verhältnis von Frau und Mann im vorgeschichtlichen, geschichtlichen und heilsgeschichtlichen Sinne.

So wie der Mann als Geschöpf aus der Hand Gottes (gratia supponit naturam) natürlicherweise zum Gnadenkönigtum berufen ist, ist es auch die Frau. Durch sie betritt er - im gemeinsamen Sündenfall vereint - die Bühne der Menschheitsgeschichte. Wer im biblischen Sinne so mit ihr bzw. miteinander verbunden ist, hat Teil an der Gesamtmenschheit. Der Kampf um Gyburc im „Willehalm"[76] ist unter diesem Aspekt, nichts anderes als ein Kampf der Sarazenen und Christen um die gesamte Menschheit, die durch eine einzige Frau repräsentiert wird. Der „Willehalm" ist damit nicht nur eine Dichtung über den Streit zwischen Christen und Ungläubigen. Es geht im weitesten Sinne um das Heil oder Unheil der gesamten Menschheit.[77]

---

[76] Meisburger 1964, S. 72 schreibt: „Man wird also nach wie vor im grundsätzlichen vom Parzival her Wolframs Willehalm und auch (ein Versuch lohnte sich) vom Willehalm her seinen Parzival verstehen können".

[77] Es gibt wohl keinen Zweifel daran, dass die Auseinandersetzungen zwischen Christentum und Islam im

Was lag für Wolfram also näher, als dass er *die Frau und Königin des 12. Jahrhunderts*, die nicht zuletzt um ihrer Völker willen umkämpft wurde, und die sich auch ihrer „Erlösungsbedürftigkeit" wegen für die Rolle qualifiziert hatte, als Frauentypus schlechthin für die Frauengestalt des „Parzival" zu erwählen: Eleonore von Aquitanien.[78] Sie hat, wie sich zeigen lässt, im Parzivalroman als „Orgeluse" deutliche Spuren hinterlassen.

Die geschichtliche, kulturelle und literarische Wirkmächtigkeit dieser Frauengestalt des 12. Jahrhunderts ist in der Wolframforschung bisher nicht erkannt worden, geschweige denn, dass sie unter ihrem senhal, dem geheimen Decknamen als literarische Figur erkannt werden konnte. - Im dtv-Lexikon findet man unter dem Stichwort „Eleonore" den interessanten Hinweis, dass dies ein weiblicher arabischer Vorname („Elinor") sei und „Gott ist mein Licht" heißt. Über „Eleonore von Aquitanien" erfährt man in sieben weiteren Zeilen nur: „Ihr glänzender Hof vermittelte dem Norden die Troubadourpoesie"! Das ist schon alles!

Erst Regine Pernoud, eine führende französische Historikerin der Gegenwart, lässt in ihrer „historisch belegbaren Dokumentation" dieser „Frau endlich Gerechtigkeit widerfahren, die Geschichte machte, wie kaum eine neben ihr". Sie machte nicht nur Politik, sondern wurde selbst zum Kristallisationspunkt der höfischen Kultur und Literatur des 12. Jahrhunderts. Im Vorwort zu ihrer Arbeit sagt Pernoud: „An diesen zweifelhaften Ruf der Eleonore habe auch ich, wie ich gestehen muss, zunächst geglaubt, ohne es zu überprüfen ... Es ist sonderbar, dass die Nachwelt von dieser Frau, die zweimal Königin und Mutter zweier Könige war, die den Kaiser herausgefordert, den Papst bedroht und ihr Reich mit überlegenem Weitblick geführt hat, nur die Erinnerung an ein Abenteuer der Jugendzeit bewahrt hat."[79] Es handelt sich um einen Skandal, der sich in Antiochia abspielte und der die höfische Welt damals in höchste Aufregung versetzte.

In anderer Konstellation sind auch die drei königliche Frauengestalten – Obie – Antikonie - Orgeluse – im Gawangeschehen analoge Figuren zur „Dreifältigkeit" Gawans bzw. des Romanhelden. Sie repräsentieren drei verschiedene Aspekte in der Biographie einer Frau zwischen kindischen Übermut – selbstbewusster gesellschaftlicher Wirkung – innerer Zerrissenheit. Sie schwanken zwischen Obilot (dem guten Geist Obies), Antikonie (der Frau aus „Antiochia") und Herzogin Orgeluse („Herzogin" gleich „Herzensführerin"). In diesen Frauengestalten spiegelt sich das Bild bzw. die Biographie der Frau des

---

„Willehalm" nur aus einer apokalyptischen Perspektive zu verstehen sind. Auch die Romanfiguren sind in dieses Geschehen eingebunden: Mohammed sagt im Koran: „Glaubet an Allah und Seinen Gesandten und saget nicht: 'Drei'. Lasset ab - ist besser für euch. Allah ist nur ein Einiger Gott. Fern ist es von Seiner Heiligkeit, dass Er einen Sohn haben sollte." (Koran Sure 4 Vers 172) Die Antwort Wolframs ist der erste Vers seines „Willehalm", ein Gebet zur Ehren der Dreifaltigkeit: „Ane valsch du reiner, du dri unt doch einer," (1,1-2) oder „din mennischheit mir sippe git" (1,19). Auch der Hinweis auf „der rehten schrift don unde wort" (Willeh. 2,16) ist eine eindeutige und programmatische Kampfansage an den Islam zu verstehen.

[78] Pernoud 1979 schreibt auf S. 107.: „ an die Königin Eleonore' die wirklich die höchste Dame' des Abendlandes war und ihre Zeitgenossen zu einer ganzen Flora von Romanen und Geschichten inspirierte" richtet nun Bernart von Ventador seine Verse. Man sollte sich nicht darüber streiten, ob etwa Wolfram sich wegen der Verehrung Gottfrieds von Strassburg für die Königin Elea(o)nore in Tristan und Isolde sich gegen Eleonore gerichtet habe. Es sei ausdrücklich darauf hingewiesen, dass die Schreibweise des Namens sowohl Eleonore wie auch Eleanore sein kann. Es sit immer dieselbe Person gemeint!

[79] Pernoud 1979, Zitate aus dem Vorwort.

12. Jahrhunderts, Eleonore. Es „verdichtet" sich zum Menschen- bzw. Frauenbild bei Wolfram. Walter Schröder sagt. „Die drei Abenteuer Gawans (Obilot, Antikonie, Orgeluse) sind ja nicht Stationen eines vom Menschen zurückzulegenden Weges, sondern Bilder der Wesensteile der Minne. Gawan selbst erlebt keine Wandlung, sondern die Minne zeigt sich als das, was sie ist. Die Gawanhandlung ist also gleichsam eine Minnetheorie in drei Bildern."[80] Es sind Bilder der eigenen subjektiven Entwicklung einer Frau. Diese personifizierbaren „Wesensteile der Minne" konkretisieren sich in den Gawanbüchern zum literarischen Bild der Frau, nicht in einer Summe von Eigenschaften, sondern als qualitativ verschiedene Seiten ein und derselben Frau, der bedeutendsten Gestalt des 12. Jahrhunderts: Eleonore von Aquitanien!

Gawans Welt ist die geschichtliche, d. h. höfische und die Welt der Frauen! Sie stehen im Vordergrund des Geschehens. Walter Schröder beschreibt die Rolle Gawans als relativ unbedeutend: „Gawan selbst erlebt keine Wandlung, sondern ist lediglich eine Figur, die der Dichter für sein Bild benötigt. Nicht er wird zu etwas, wie Parzival". Die Frauen, mit denen er es zu tun hat, entwickeln sich! Stellvertretend für sie steht je eine Frauenfigur entsprechend ihren verschiedenen Lebensaltern. Sie gewinnt ihr Profil als „ebenbürtige" (wie Obie sagt) königliche Partnerin eines Königs. Die Rolle Gawans wird - zugunsten der Frau - schwach, weil es „um viel grundsätzlichere und umfassendere Probleme geht, als nur um Liebesabenteuer".[81] Gawan kämpft nicht zuletzt um die Seele und das ewige Heil der Frau, die er liebt. Er „lässt sich zum Erstaunen wohl auch der Zuhörer um 1200 alles gefallen"[82], sagt Rupp. Nicht nur das: Er ist bereit, auf den Kampf zu verzichten, er versöhnt die Streitenden, er betätigt sich als Arzt und Krankenpfleger, ist kinderfreundlich (Obilot); einfühlsam (in der Blutstropfengeschichte). Sein Verhalten zeigt, dass ein Held auch durchaus „schwache", m. a. W. weibliche Züge tragen kann. Das war eine für die Ritterwelt ganz ungewohnte Vorstellung! Damit die Frau als solche besonders „ groß herauskommt", werden ihr, d. h. Orgeluse bei der „Wiedervereinigung" (der identischen Figuren von Gawan und Parzival) von Artus sogar sämtliche Verdienste Gawans „gutgeschrieben".[83]

Als Doppelgänger Parzivals verschwindet Gawan nach dem Erscheinen des Königs Artus sozusagen sang- und klanglos von Bildfläche; nämlich so, wie er sie auch als virtuelle Figur in der Spiegelszene am Ende von Buch VI betreten hatte: als Vertreter Parzivals. An

---

[80] Schröder 1952, S. 427

[81] Rupp 1983, S. 6

[82] Rupp 1983, S. 7

[83] Wenn vor der Wiedervereinigung Gawans und Parzivals die Verdienste Gawans der Frau „gutgeschrieben" werden, so hat das damit zu tun, dass diese ihr vor der Spaltung schon zugedacht worden waren: Gawan hatte (Pz. 331,22-30) Parzival seinen Dienst angeboten und ihn selbst Gottes Hilfe anbefohlen: „da geb dir got gelücke zuo" (331,27). Während Parzival sich gegen Gott entscheidet (Pz. 332,1-8) hatte er seinem „alter ego", Gawan, geraten: „vriunt, an dines kampfes zit da neme ein wip für dich den strit. diu müeze ziehen dine hant; an der du kiusche hast bekannt;" (Pz. 9-12). Wörtlich und sinngemäß übersetzt heißt dies: „Freund, während du kämpfst, da übernehme eine Frau für dich den Streit: Die soll deine Hand führen"; stillschweigend zu ergänzen ist hier: „Nicht du selbst"! Insofern gehen die „Verdienste" Gawans vor der Wiedervereinigung auf die Frau über! Der andere Gedanke liegt nahe, dass „die Frau schlechthin" in die Rolle Gawans schlüpft und sich in dieser Form auf psychologischer Ebene mit Parzival wieder vereinigt.

seine Stelle tritt Orgeluse im Austausch der Figuren als „seine bessere Hälfte" (durch Gawan als „alter ego Parzivals" gerettet!) Parzival gegenüber.

Dass Gawan aus der Rolle als Stellvertreter Parzivals „aussteigt" und sozusagen durch eine Frau ausgewechselt wird, bedeutet im Romankonzept, dass dadurch auch die Spaltung im Wesen Parzivals zugunsten des Romanhelden wieder aufgehoben wird; oder anders ausgedrückt: es geschieht eine Auseinanderfaltung der Person Parzivals in drei Figuren und Rückkehr aus der (höfischen) Welt zur heilsgeschichtlichen Einheit von Mann und Frau. Die dienende Rolle Gawans im „dreifältigen" Romankonzept ist unerlässlich, weil dadurch die Mehrschichtigkeit im Wesen des „einen Helden" erkennbar wird. So hat auch der „kurze Wahn", das Erleben der höfischen Welt ein Ende. (Gach-wan in alternativer Bedeutung des Namens als „kurzer Wahn"!)

Durch das Verschwinden Gawans wird die „Herzogin" zur gleichberechtigten „Heldin". Dieser zweite Name Orgeluses lässt eine deutliche Verwandtschaft zum Namen „Condwiramours" erkennen: „Herzogin" heißt in alternativer Bedeutung „Herzensführerin"; wie „Condwiramours" ist sie die „Führerin zur Liebe". Gawan gibt sozusagen seine Romanexistenz als Vertreter Parzivals zugunsten der „Frau schlechthin" auf. Das „Hohe Lied der Liebe" klingt an: Er opfert seine Identität - als Romanfigur – aus Liebe zur Frau, die nunmehr an der Identität des Romanhelden selbst teilhat als sein weiblicher Wesensanteil. In einem „dreifältigen" Menschenbild darf die „bessere Hälfte" des Mannes nicht fehlen. Die Figur Gawans wird also geopfert, damit die Frau als fiktiver Teil der Hauptfigur sinnfällig gemacht werden kann.

Ehrismann nennt die Gawanhandlung einen „Abenteuerroman mit drei Liebschaften, die durch Zufall sich ergeben".[84] Rupp unterstreicht dagegen die Bedeutung der sieben Gawanbücher für die Parzivalhandlung insgesamt. Er beendet sein Referat mit dem gewichtigen Satz: „Ohne Gawan wäre die Dichtung 'anderthalb verzagt', sie wäre nur halb."[85] Er stellt mit Recht fest, dass es im 7. Buch „nicht um die kindliche Liebe der Obilot zu dem reifen Gawan" sondern um etwas „völlig anderes und Ernsteres" geht: „ Die ungestüme Liebe zweier junger Menschen hat eine heile Welt in völlige Unordnung gebracht." Meljakanz, der junge König, führt Krieg gegen seinen ehemaligen Vormund und zukünftigen Schwiegervater. – Ich glaube jedoch, dass Obie die treibende Kraft ist. Es heißt im Text desselben Autors weiter: „Dem achten Buch gegenüber ist man im allgemeinen noch hilfloser". Nach Meinung von Rupp geht es auch in diesem Buch nicht in erster Linie um ein Liebesabenteuer Gawans, somit auch nicht um Antikonie, sondern „wie im 7. Buch, um das falsche Verhalten eines jungen Königs, hier um das falsche Verhalten König Vergulahts".[86]

---

[84] Ehrismann, Lit. Gesch. 2. 2. 1, S. 229 (zitiert nach Walter Schröder, der dichterische Plan des Parzivalromans, S. 191)

[85] Rupp 1983, S. 17

[86] Rupp 1983, S. 5f. Der Gedanke befriedigt nicht, dass die so bedeutungsvolle Rolle und der Name einer „Frau aus Antiochia", deren sexuelle Abenteuer, einschließlich Ehebruch und beabsichtigter Scheidung (vom französischen König) in den höfischen Kreisen des 12. Jahrhunderts den größten öffentlichen Skandal verursachten, zugunsten einer dubiosen Figur vernachlässigt werden soll, mit der auch Gawan nicht fertig geworden war: Vergulaht hat in seiner Nebenrolle diese Hervorhebung nicht verdient, sie passt auch nicht in

Man könnte nun fragen, warum begegnet Gawan ausgerechnet drei bedeutenden Frauenfiguren (Obie – Antikonie – Orgeluse) der höfischen Welt? Warum Parzival nur einer, nämlich Condwiramours? Cundry ist zweifellos die Parodie einer höfischen Dame. Für den Helden ist sie eine sehr ernst zu nehmende Figur. Ob sie wirklich eine Frau ist, darf nach der Beschreibung bezweifelt werden. Außerdem weiß man, dass es sich bei ihr um eine etwas „biestige Zugabe" zu einem zweifelhaften Geschenk – dem „cram" - handelt, das Amfortas von einer „zweitrangigen" Geliebten, der Königin „Sekundille", erhielt! Fest steht jedenfalls, dass alle Frauen im Umfeld von Gawan und Parzival im Romankonzept – ähnlich wie bei den Männern – bestimmte Funktionen zu erfüllen haben. Das lässt sich an der Mehrdeutigkeit ihrer Namen ablesen. Insofern sind es, ähnlich wie die Männernamen programmatische „Bickelwörter".

Ein entscheidender Hinweis auf die Einheit der handelnden Frauenfiguren liegt im Namen „Antikonie", der „Frau aus Antiochia". Wer damit gemeint war, wusste damals in höfischen Kreisen des gesamten Abendlandes jedermann: Eleonore von Aquitanien! - Von diesem Namen und der mit „Antikonie" verbundenen inhaltlichen Assoziation ausgehend, ist es kein großer Gedankensprung mehr, zum nächsten zweideutigen Frauennamen „Orgeluse". Bei ihm handelt es sich um eine klangliche Spiegelung des Namens „Eleonore" oder arab. „Elinor"! Man muss nur die End- und Anfangsbuchstaben bzw. -silben „ore" und „el" vertauschen und durch ein „g" verbinden zu „Ore-g- el". „Orgel" oder organum heißt „Instrument" oder Orgel im engeren Sinn. Sie ist die Königin aller Instrumente und sie wird „gespielt"! Der dritte Wortteil von Orgeluse - „luse" - stammt von lat. ludere, spielen; lusum ist das Partizip dieses Verbums und heißt „gespielt". Die Frage lautet: Von wem wurde diese Frau instrumentalisiert, d. h. „gespielt" oder verführt? - Wolfram chiffriert so auf einfache Weise den „senhal", der von ihm verehrten, bedeutendsten Frau des 12. Jahrhunderts: Eleonore von Aquitanien, zweifache Königin von Frankreich und England und Herrscherin über das angevinische Reich bis zum Untergang 1214; Mäzenin aller Minnesänger und Dichter.

Für einen wachen Zeitgenossen des 12. Jahrhunderts war es kein Problem, im literarischen Konzept den historischen Kontext zu ahnen. Durch das Erscheinen der Biographie über „Eleonore von Aquitanien" (Pernoud 1979) lässt sich annähernd die gesellschaftliche Bewusstseinslage des 12. Jahrhunderts nachempfinden. Die historische Arbeit von Regine Pernoud über das Leben der „Königin der Troubadoure" bietet bis in Details eine Beschreibung dessen, was die verschiedenen Frauenfiguren des Romans als Kindheit, Jugend, und Reifezeit, m. a. W. als Teilfiguren ein und derselben Romanfigur erleben. Sie bestätigen die Annahme, dass es sich bei den drei Frauenfiguren des Gawangeschehens um ein und dieselbe Person handeln könnte, nämlich um jene „ganz außerordentliche Frau, die ihr Jahrhundert weit überragte". Wolfram ist diese Frau des 12. Jahrhundert trotz allem das Idealbild einer Frau und Königin. Selbstverständlich dürfen die Ebenen und Figuren nicht verwechselt werden. Um es deutlich zu sagen: „Orgeluse" ist nicht Eleonore; diese also auch nicht „Orgeluse"!

---

das Romankonzept.

Das Zitieren der historischen Gestalt Eleonores von Aquitanien ist z. B. nicht der Versuch, literarisches Geschehen historisch zu deuten. Vielmehr sollen geschichtliche, heilsgeschichtliche und metaphysische Bedingungen, die den jeweiligen Romanfiguren als persönliche Eigenschaften appliziert wurden, die Teilhabestruktur dieser Dichtung auch als überzeitliches und räumliches Geschehen erklären. Sie sind Beispiel eines - „an sich" zeit- und raumlosen - literarisch trinitarischen Konzeptes, denen alle Figuren des Romans zugeordnet sind. Die Zeitgenossen Wolframs als Zuhörer bedurften nicht solcher Erklärungen.

„Die Frau des 12. Jahrhunderts schlechthin", wie sie im Parzivalroman in idealtypisch und in literarisch verschlüsselter Form auftritt, war für viele Zeitgenossen durchaus erkennbar. Auch in der funktionellen Namengebung der „Teilfiguren" Obie, Antikonie und Orgeluse sind deutliche, fast biographische Hinweise auf verschiedene Lebensalter derselben Frau enthalten. In diesen und den folgenden Überlegungen geht es nur darum, das Romankonzept auf dem Hintergrund einer geschichtlichen Folie besser zu durchschauen. So ist auch die so genannte Frauenlehre Wolframs, in welcher auf diese Frau abgestellt wird, als Minnelehre nicht nur eine Theorie, wie Walter Schröder meint, sondern an geschichtlichen Figuren festgemacht, die in das fiktive Romangeschehen integriert wurden.

Die Gawanbücher, die sieben Parzivalbüchern entsprechen, sind keineswegs Episoden im Parzivalroman, sondern geben den notwendigen Spielraum, um die Entwicklung und Rolle der Frau als gleichberechtigte Heldin neben Parzival darzustellen. Nach biblischer Vorstellung sind aber Mann und Frau ein Fleisch, ein Herz und eine Seele! Es gibt also im Parzivalroman im Grunde keine zwei Helden. Gawan übernimmt nur jenen Teil im Wesen Parzivals, der dem Wesen einer Frau im Mann entspricht. Die andere Hälfte seiner Rolle ist identisch mit seinem „alter ego", nämlich Parzival. Unter diesem Aspekt kann man den Parzivalroman nicht mehr als „Doppelroman" mit verschiedenen Helden und voneinander unabhängigem Romangeschehen bezeichnen.

Wie Wolfram selbst am Anfang des 7. Buches sagt, hat die Figur Gawans als Teil Parzivals eine Stellvertreterfunktion. Sie hat darüber hinaus auch eine grundlegende Aufgabe in einem literarisch/ trinitarischen Romankonzept, insofern sie den unschuldig-weißen, der Welt zugewandten Komplex im Menschsein verkörpert. Gawan will seinem Nächsten, besonders den Frauen dienen. Parzivals dunkler Teil ist „frei" genug, sich auch gegen Gott zu entscheiden. Als „Waleise" hat er - wie es sein Name andeutet - nämlich die Möglichkeit zwischen gut und böse frei zu „wählen". Bezeichnenderweise legt er ein einziges Mal und dann auch noch in der Begegnung mit Feirefiz besonders großen Wert darauf, ein „Waleise" zu sein! Vordergründig heißt „Waleis" selbstverständlich „Mann aus Valois".

Wenn also die Brüder konzeptionell „eines Wesens" - wenn auch verschiedene Personen - sind, hat Parzival Teil am Unglauben seines Bruders, seines alter ego (Gawan). Hat dieser als Herrscher von Schastel marveille - nach dem siegreichen Kampf auf dem Zauberbett mit einem Löwen - nicht automatisch den „cram" des „Händlers" vor dem Schloss geerbt? Und zwar von einem „Kaufmann" („crâmaere") mit dem Namen Mohammed? War es nicht dieser „cram", eine Geschenk der Königin „Sekundille", der Amfortas ins Unheil gestürzt hatte? War nicht „Orgeluse" die Herrscherin dieses Schlosses, die mit einem dubiosen

68

Zauberer namens Clinchor einen Vertrag abgeschlossen hatte? War nicht „Orgeluse" selbst von diesem Zauberer wie ein Instrument gespielt bzw. verführt worden? In ihrem Verhältnis zu Gawan lassen sich die verschiedenen Aspekte einer durch Schuld in ihrem Wesen „zerrissenen" und im Bewusstsein gespaltenen Frau erkennen. „Orgeluse" wird durch die Liebe Gawans geheilt! Von einer Krankheit war aber nie die Rede! Darüber kann man nur rätseln! Beim letzten Treffen mit Artus kommt sie - im Gegensatz zu ihrem „Heiler" Gawan - noch „ganz groß heraus": Ihr werden schließlich sämtliche Verdienste Gawans „gutgeschrieben". Gawan verschwindet von der Bildfläche des Romans aus konzeptionellen Gründen. Es geschieht möglichst unauffällig beim letzten Treffen mit Artus und Parzival. Als das „Spiegelbild" Parzivals hatte er ohnehin keine eigene Identität; hatte er doch stets in diesem Sinne jede Auskunft auf die Frage verweigert, wer er sei.

Nach der konzeptionellen Wiedervereinigung der Figuren Parzival und Gawan – „Parzival ist wieder mit sich selbst eins" - übernimmt Orgeluse als Frau die Rolle Gawans mit Hilfestellung das Königs Artus, d. h. durch einen erzählerischen Trick Wolframs! Sie wendet sich nun dem eigentlichen Helden der maere Parzival zu. Dass die relative „Dreifaltigkeit" nicht ganz der des Mannes entspricht, hat mit der Schöpfungsgeschichte zu tun: Die Frau ist deshalb a priori „etwas Besseres", weil sie nicht wie „Adam" unmittelbar aus Erde, sondern aus bereits „lebendigem Material", der „Rippe", einem Bild auch für die Herzmitte des Mannes, geschaffen wurde.[87] Die jüdische Tradition kann man auch so verstehen, dass erst durch die Erschaffung Evas der Mensch aus einem golemartigen Zustand zur Verschiedenheit von Mann und Frau befreit wurde.

---

[87] Schild 1996, S. 29. Erwin Schild berichtet über eine „interessante Entdeckung" beim Studium der Thora: „Die Thora nennt den Adam nicht 'isch', d. h. 'Mann', bis ihm die Frau zugeführt wird. Erst dann erhält er im folgenden Vers diese Bezeichnung: ‚le-zot jikarei ischah ki mei'isch lukkacha zot". d. h. diese soll schah, Frau, genannt werden, denn sie wurde vom 'Isch', einem Mann, genommen" (Genesis 2,23) Bis zu dieser Stelle in der Schöpfungserzählung wird er nur 'Adam' genannt, der Erdklumpen. Es ist die Frau, die dieses 'Adam'-Geschöpf mit Menschsein begabt."

4. Das Bild der Frau im „Parzival"

4.1 Orgeluse als Romangestalt - Eleonore von Aquitanien - historisches Vorbild für eine literarische Figur?

Friedrich Heer stellt fest, Gottfried von Strassburg habe mit seiner Dichtung „Tristan und Isolde" Königin Eleonore ein Denkmal gesetzt. Die Gestalt der Isolde in seinem Tristan sei als späte Huldigung an sie zu verstehen. Die historische Gestalt dieser Königin, deren Reich etwa sechzig Jahre existierte und kurz nach ihrem Tode zusammenbrach[88], hat in der Kulturlandschaft des 12. Jahrhunderts und der folgenden Jahrhunderte eine unübersehbare Bedeutung gehabt. Sie war die Dame aus der Provence; nacheinander Königin von Frankreich und England und nicht zuletzt Schutzherrin der höfischen Kultur, welche die Dichtung im ganzen abendländischen Raum maßgeblich beeinflusste.

Es ist undenkbar, dass Wolfram sich mit der bedeutendsten Frau seiner Zeit nicht auseinandergesetzt hätte. Selbst wenn ihr Name im Parzivalroman nicht genannt wird, ist dies kein Beleg dafür, dass er sie nicht zur Kenntnis nahm. Das Gegenteil ist der Fall! Ist nicht Eleonore vielleicht jene Frau, die er im Prolog (3,7-18) zwar kritisiert, aber dennoch zum historischen Vorbild seiner bedeutenden Romanfigur Orgeluse werden lässt? Man kann in dem Vers des Parzivalprologs „die lobe ich als ich solde" (Pz. 3,13), der sich nach Ansicht verschiedener Wolframforscher auf Gottfrieds von Strassburg „Isolde"[89] bezieht, sowohl Lob als auch Tadel heraushören. Der Vers kann aber, je nach Betonung zweierlei bedeuten: „Die lobe ich, wie ich es sollte" oder ironisch „die lobe ich wie Isolde", nämlich wie eine „goldgefasste Glasscherbe"! Diese kritische Textstelle bezieht sich vermutlich nicht auf die Person Eleonores selbst, sondern auf die Art, wie ihr Verhalten dichterisch im „Tristan und Isolde" durch Gottfried von Strassburg mit nicht übersehbarem Zynismus dargestellt wird.

„manec wîbes schoene an lobe ist breit
ist dâ daz herze conterfeit,
die lobe ich als ich solde
daz safer ime golde." (Pz. 3,11-14)

Wolfgang Spiewok übersetzt: „Die Schönheit mancher Frau wird weit und breit gepriesen. Ist aber das Herz unecht, so achte ich ihren Wert dem einer goldgefassten Glasscherbe." In der Romanfigur der „herzogin" Orgeluse erkennt man unschwer Charakterzüge dieser umstrittenen Dame aus der Provence wieder. Wenn man aber bedenkt, mit welcher

---

[88] Siehe Heer 2002. Anm. 1, S. 448 „ Das 'Heilige Reich" (der Anschewin) liegt in seinen letzten Zügen. 1214, nach der Schlacht von Bouvines, sendet Philipp II. August, der Freund und Feind der Söhne Elea(o)nores, die erbeutete Reichsadlerstandarte an Friedrich II." Von 1154, der Krönung Heinrichs II. und Elea(o)nores zum englischen Königspaar in der Abtei zu Westminster bis zur endgültigen Niederlage im Jahre 1214, sind also genau sechzig Jahre vergangen, in denen das künstliche Gebilde des angewinischen Reiches existierte.

[89] Nach Aussage von Friedrich Heer soll also die Gestalt der Isolde im Tristan eine Hommage an Eleonore sein!

übermenschlichen und fast metaphysischen Anstrengung der Romanheld Gawan Orgeluse, eine der Königin Eleonore ähnlichen Gestalt, aus den Händen des Verführers zu retten suchte, darf man davon ausgehen, dass Wolfram als Schöpfer dieser Romanfigur weder die historische Gestalt der Eleonore noch überhaupt irgendeine Frau einer Schuld wegen verurteilt hätte. Er stellt sich immer wieder schützend vor seine Frauengestalten. Man könnte im Gegenteil eher vermuten, dass sich Eleonore gerade durch ihre Skandalgeschichten, die mit Sicherheit an allen großen Höfen Europas kolportiert wurden, in seinen Augen als „Vorbild" für seine Romanfigur „qualifizierte": Ihrer Erlösungsbedürftigkeit wegen; mit gleichem Recht wie Parzival.

Man sagt Wolfram eine geistige Nähe zu den mystischen und wohl auch politischen Vorstellungen eines Bernhard von Clairvaux[90] nach. Dass Wolfram eine Vorliebe für mystische dichterische Bilder hatte, konnte bereits die Analyse des Eingangsverses bestätigen. Bernhard von Clairvaux (1091-1153), der sich mit der Rolle Eleonores vor allem wegen ihres zweifelhaften Einflusses auf den französischen König auseinander zu setzen hatte und über die Gedanken- und Gefühlswelt dieser Frau, sowie die Ereignisse um sie herum genau Bescheid wusste, mag u. a. auch Wolframs Informant und gewesen sein, so dass dessen Berichte über Ereignisse und Vorstellungen, die sich um diese Frauengestalt rankten, mit in seine Dichtung einflossen und mit gewissen Variationen bei der Erschaffung seiner Figur der Orgeluse Pate gestanden haben.

Ebenso nahe liegend ist, dass Wolfram über den früheren Hofkaplan König Richards, Philipp von Poitiers, der später Bischof von Durham wurde, mehr über Eleonore und den Orient erfahren hatte. Dieser Gewährsmann nahm an den Kreuzfahrten des Königs Löwenherz teil, lebte mit anderen sogar längere Zeit auf süddeutschem Boden als Geisel für Löwenherz und begleitete später seine Mutter Eleonore auf ihrer Fahrt nach Mainz, um Löwenherz gegen eine unvorstellbar hohe Lösegeldsumme wieder frei zu kaufen. Weil der Kölner Erzbischof und die Bürger der Stadt Köln Löwenherz und seine Mutter Eleonore sehr gastfreundlich in ihre Mauern aufnahmen, erhielten Kölner Kaufleute durch den englischen König besondere Handelsvorrechte im angevinischen Reich zugesprochen.

Nachdem also der französischen König Ludwig VII. - anstelle seines verunglückten älteren Bruders Philipp - Eleonore geheiratet hatte und diese ihn in den ersten Ehejahren nach Meinung Bernhards von Clairvaux im politischen und religiösen Sinne äußerst negativ beeinflusst hatte, ging sein Bestreben dahin, diese unselige Verbindung wieder zu lösen. Bernhard betrieb also, nach Meinung des Historikers Friedrich Heer, die Scheidung des Königspaares und setzte sie mit Hilfe des Papstes mit dem fadenscheinigen Argument zu enger verwandtschaftlicher Beziehungen durch. Etwas völlig anderes als bei dem Historiker Friedrich Heer erfährt man von Regine Pernoud in ihrer preisgekrönten historischen Studie: „Königin der Troubadoure, Eleonore von Aquitanien", auf die hier Bezug genom-

---

[90] Wie Friedrich Heer 2002, S. 77ff., berichtet, hielt Bernhard von Clairvaux Eleonore für eine vom Teufel besessene Frau, weshalb er sich mit ihrem Einverständnis dafür einsetzte, dass sie vom französischen König geschieden wurde. Wie diese Scheidung hinter dem Rücken des französischen Königs eingefädelt und durchgeführt wurde, erzählt Pernoud 1997 in ihrem bereits zitierten Geschichtswerk „Königin der Troubadoure" auf den Seiten 77ff.

men wird. Hier erfährt man, dass die treibende Kraft nicht Bernhard von Clairvaux, sondern Eleonore selbst war.

Erst durch ihre Scheidung vom französischen König war die anschließende Ehe mit Heinrich II, einem Anjou, der später den englischen Thron bestieg, möglich geworden. Durch diese Heirat wurde Eleonore, ehemals französische Königin und als Herzogin von Aquitanien, die schönste und ohnehin reichste Frau der mittelalterlichen Welt, zur Mitbegründerin des Hauses Anjou, aus dem seither nur noch „Prinzen von Geblüt" das Licht der Welt erblickten, die später in viele europäische Königshäuser einheirateten.

Diese Idee des „Auserwähltseins von Geblüt" spielt in der Konzeption des Parzivalromans eine große Rolle, insofern sie dichterisch variiert auf die menschlich natürliche Existenz in der Welt übertragen wurde; nicht etwa im Zusammenhang mit der biblischen Lehre von der Gotteskindschaft aller Christen durch die Taufe, sondern zunächst in einem ganz eigenen dichterischen Sinne und zwar dem einer „natürlichen Inkarnation" des Menschen als eines von Gott selbst auserwählten[91] Volkes, das für Wolfram ein Synonym für die Menschheit überhaupt sein sollte. Das Vorbild hierfür war das Geschlecht der Anschevin.

Da das anschevinische Reich Eleonores 1214 in der Schlacht bei Bouvines noch zu Lebzeiten Wolframs wieder unterging, könnte dies ein Motiv für ihn gewesen sein, die Geschichte des Hauses Anjou als Natur- bzw. „Vorgeschichte" seines auserwählten Geschlechtes der Anschevin in die Vor-Zeit zurückzuverlegen. Hier liegt ein wesentliches Grundmotiv der Dichtung Wolframs, das nicht zuletzt mit der Begründerin und zugleich der ersten und letzten Königin des anschevinischen Reiches, mit Eleonore zu tun hat.

4.2 Die Frau im Romankonzept nach biblischem Muster

Der „zwîvel" im Eingang des Prologs hatte sich als Einheit von Begriff und dichterischen Bild enthüllt. In seiner programmatischen Funktion steht diese Einheit exemplarisch für das Romanganze. Die zwiespältige poetische Struktur des Anfangs hat Auswirkungen auf das allgemeine „Menschenbild" des Parzivalromans. Das gilt insbesondere für die Einheit und Gespaltenheit der Figur des Romanhelden in drei Erscheinungsformen: als Parzival, Feirefiz und Gawan. Es handelt sich um drei Teilfiguren, die im Rahmen eines christlichen Menschenbildes als Einheit agieren. Für einen gläubigen Christen, wie Wolfram von Eschenbach, konnte es nicht anders als biblisch trinitarisch, d. h. gemäß den Worten des Schöpfungsberichtes der Genesis verfasst sein. Das betrifft auch die Polarität des Menschengeschlechtes in der Zuordnung von Mann und Frau. In ihrer „kreativen Liebesvereinigung" - nicht zuletzt in der Form der „Generation" von Nachkommen - werden sie zum Ausdruck der Einheit von Individuum und Gesellschaft und damit zum Zeichen der trinitarischen Existenz des Einzelnen im Kontext mit dem „ganzen" Menschengeschlecht.

---

[91] „auserwählt" wegen der paradiesischen Ausstattung und weil Gottes Sohn später bei diesem Geschlecht und nicht bei den Engeln in der „Inkarnation" Wohnung nahm.

Wenn beispielsweise behauptet wurde, dass das zwiespältige Herz des Romanhelden als mystisches Bild im Eingang sinnfällig erscheint, gilt dies auch für das Herz einer noch unbekannten Heldin des Romans, bzw. der Frau überhaupt als gleichberechtigte Partnerin des Mannes. Das biblische Menschenbild Wolframs ist das der Genesis. Das gilt nicht nur für Adam als dem Erstgeschaffenen, sondern auch für das Menschengeschlecht als übergeordnete Einheit von Mann und Frau. Nicht nur der Held der „maere" ist im Prozess der Menschwerdung gemeint. Immer ist auch die Frau in diesen Prozess eingeschlossen. Nicht zuletzt ist das der Grund, weshalb schon im Prolog die „Frauenlehre" zur Sprache kommt, die sowohl für den Mann wie die Frau gilt, wie der Dichter ausdrücklich betont:

„Dise manger slahte underbint
iedoch niht gar von manne sint.
vür diu wîp stôze ich disiu zil" (Pz. 1,23-25).

Dem eher „verhüllten Teil" des Menschenbildes, der mit dem Anteil der Frau identisch ist, gebührt demnach eine besondere Aufmerksamkeit. Weil das „Bild der Frau" im „Parzival" für die weiteren Überlegungen entscheidend ist, soll es als trinitarisches Bild in einem eigenen Kapitel den weiteren Überlegungen und Analysen zum Menschenbild des Romans vorangestellt werden.

Die These bietet sich an zu sagen, Wolfram habe in seinem Parzivalroman zur Ehre der Allerheiligsten Dreifaltigkeit ein christliches, trinitarisches[92], dichterisches Menschenbild entwerfen wollen. Es gelingt ihm dadurch, dass er dem Helden seines Romans drei Aspekte seines Wesens zuordnet, die sich im Verlauf der Geschichte zum Gesamtbild des Helden ergänzen. Für dieses Gesamtbild des Menschen stehen die drei Geschlechternamen Parzivals als Anschevin-Waleise- Gralskönig, samt den dazu gehörenden Figuren Feirefiz - Gawan - Parzival.

In dieser relativen „Dreifältigkeit" einer Person, die sich zum Gesamtbild des Helden verdichtet, darf das biblische Verhältnis des Mannes zur Frau nicht übersehen werden. Erst in der Zusammengehörigkeit von Mann und Frau reflektiert sie das christliche Menschenbild, für das Parzival als Mann einsteht. Nicht nur spekulativ-theoretisch, sondern sinnfällig, denn sie sind ein „Fleisch", wie es in der Bibel und im „Parzival" heißt. - Wenn man also das Konzept eines christlich-trinitarischen Menschenbildes bei Wolfram ernst nimmt, muss man von vornherein auch der Frau im Romangeschehen eine bedeutsame Hauptrolle zubilligen, m. a. W. dem „Bild der Frau" im „Parzival" eine entsprechend größere Aufmerksamkeit als bisher schenken.

Mit Nachdruck sagt Obie dem sie umwerbenden König Meljanz:„Wem Ihr ein Lehen gegeben habt, der mag Euch dafür dienen." Ich aber will mehr! Mich soll niemand durch ein Lehen in Abhängigkeit bringen! Ich bin frei geboren, und damit jedem gekrönten Haupt ebenbürtig" (Pz. 347,1-7 Übersetzung von W. Spiewok):

---

[92] Christlich und trinitarisch muss unterschieden werden; ein christliches Bild wäre z. B. die „Nachfolge Christi". Das trinitarische Bild ist umfassender. Unnötig daran zu erinnern, dass von der Hl. Dreifaltigkeit hier nicht ausdrücklich die Rede ist, sondern nur von ihren Spuren im Schöpfungsprozess des Menschen!

„‚Swem ir iht lîht, der diene ouch daz,
sprach si.' ‚min zil sich hoehet baz.
ichne will von niemen lêhen hân:
min vrîheit ist sô getân,
ieslîcher crône hôch genuoc,
die irdisch houbet je getruoc'" (Pz. 347, 1-7)

Die abhängige Existenz einer Frau von „Königs Gnaden" wird damit nicht nur infrage gestellt, sondern von vornherein radikal abgelehnt. Diese Worte legt Wolfram seiner Figur in den Mund, was bedeutet, dass die Frauen keinesfalls als Randfiguren des „eigentlichen" Romangeschehens zu betrachten sind. Wenn von den Hauptfiguren des Romans, Parzival, Gawan und Feirefiz betont wird, dass sie „eins" seien, und damit eine dichterische Gestaltungsabsicht im o. a. Sinne unterstrichen wird, darf man davon ausgehen, dass für Wolfram dieses Gestaltungsprinzip uneingeschränkt auch für die Frau als „Teil" des ganzen Wesens des Romanhelden gilt. Beide, der Romanheld als „dreifältiger" Mann und die Romanheldin als Frau, werden je für sich und als Einheit als Typus dargestellt. Demzufolge haben auch beide den Weg von Schuld und Sühne zu gehen.

Es muss also nach einem „Gegenpart" zur Rolle des Romanhelden in Gestalt einer Frau gefahndet werden, in dem die Rolle der Frau als Typus ebenfalls in drei Aspekten dargestellt wird. Vom Namen und Verhalten her käme als erste Teilfigur einer zunächst hypothetischen Romanheldin „Obie" infrage. Dieser Name ist aus dem Lateinischen abgeleitet (lat. obio, ii, itum, entgegengehen). Als möglicher Imperativ von obire (entgegengehen) signalisiert der Name „Obie" das „Entgegengesetzte" und „Trotzige" ihres Wesens. Der Eintritt dieser Frau in die höfische Gesellschaft ist ähnlich gestaltet wie der Parzivals mit der Ausnahme, dass es sich nicht gerade um Mord, bzw. Brudermord handelt. Dennoch wird durch das Aufbegehren, bzw. Trotzverhalten einer jungen liebestollen Frau ein Krieg ausgelöst, der absolut widersinnig ist und viele Menschen das Leben kostet. Wie bei Parzivals Erscheinen am Hofe hinterlässt ihr Eintritt in die höfische Gesellschaft eine Blutspur:

„swelh wert man da den lip verlos,
Obien zorn unsanfte er kos
wande ir tumbiu losheit
vil liute brahte in arbeit." (Pz. 15-18)

Die keineswegs belanglose Episode ist gestaltet nach dem „Formprinzip" von Analogie und Polarität. Die Tat des Ungehorsams wird „wiederholt". Der „Täter", bzw. „Held" ist jedoch dieses Mal eine Frau! Im Fortgang der anschließenden Gawanbücher mit den Abenteuern Antikonies und Orgeluses wird es zu einem thematischen Vorspiel des Romanganzen. In drei aufeinander folgenden, sich in der Dramatik steigernden dichterischen Bildern, werden die verschiedenen Seiten des Wesens einer Frau dargestellt, analog zu den Abenteuern des Helden der maere unter seinen drei verschiedenen Namen. Verbirgt sich nicht hinter den drei programmatischen, bzw. funktionellen Namen Obie-Antikonie-Orgeluse das Frauenbild des 12. Jahrhunderts, deren historisches Vorbild Eleonore von Aquitanien gewesen sein könnte?

Die Historikerin Regine Pernoud beschreibt Eleonore als junge Königin von Frankreich: „Für einen unvoreingenommenen Beobachter (wie Wolfram) war kein Zweifel möglich. Hinter allen diesen Entscheidungen, diesem Wirrwarr von privaten Missverständnissen und öffentlichen Gewalttaten, von Familienzwisten und Lehnshändeln stand Eleonore. In ihren kleinen Händen hielt sie die Fäden zu dem Knäuel, das sie in mutwilliger Kleinmädchenlaune verwirrt hatte."[93] Genau das entspricht dem Bild der „liebestollen" Obie.[94] Darüber hinaus verstärkt sich in der Übernahme eines *„Schwesternmotivs"* von der historischen auf die fiktive dichterische Ebene der Eindruck, dass Eleonore tatsächlich die „Patin" der Orgeluse im Parzivalroman gewesen sein könnte: Regine Pernoud berichtet von einem Feldzug Ludwigs VII. gegen Poitiers, den er auf Veranlassung Eleonores unternommen hatte und von „barbarischen Maßnahmen" (S. 28), die nach der Eroberung der Stadt ergriffen wurden. Sie waren nur durch das Eingreifen des Abtes Sugar von St. Denis gemildert worden, ganz gegen den Willen Eleonores! „Alles, was Ludwig unternimmt, verrät ihren Einfluss" schreibt R. Pernoud, und fährt fort: „Für Ludwig fingen die Schwierigkeiten erst jetzt an. Bei der Rückkehr von dem Feldzug, auf dem Eleonore ihren Gemahl begleitet hatte, brachte sie ihre jüngere Schwester mit; in den Urkunden wird sie Petronilla, zuweilen aber auch Aelith genannt. Sie war ein Mädchen im heiratsfähigen Alter und hatte ein Auge auf Raoul de Vermandois, einen der Vertrauten des Königs geworfen. Dieser war schon Ratgeber des letzten Königs gewesen und von Ludwig gerade zum Seneschall ernannt worden. Ein gut aussehender Mann ... vergaß Raoul ganz, dass er eigentlich verheiratet war. Und zwar ausgerechnet mit der Nichte des mächtigen Grafen der Champagne, Thibeaut von Blois. Jeder, der auch nur ein bisschen über die Verhältnisse im Königreich Bescheid wusste, sah voraus, dass über diese Geschichte eine ganze Provinz in Flammen aufgehen konnte. Was auch prompt geschah."[95]

Über ihren enormen Einfluss auf den jungen und verliebten König berichtet Regine Pernoud weiter: „Ludwig war nicht imstande, sich den flehentlichen Bitten von Eleonore zu widersetzten, die sich mit aller Kraft für ihre liebestolle Schwester einsetzte". Das hatte unübersehbare Folgen. Im Konzil, das 1142 auf den Gütern des Grafen von Blois in Lagny abgehalten wurde, wurden sowohl das jung verheiratete Paar, sowie die dem König gefälligen Bischöfe, welche die frühere Ehe des Raoul de Vermandois annulliert hatten, mit dem Kirchenbann belegt. Ludwig unterstützte jedoch auf Betreiben Eleonores weiterhin seine exkommunizierte Schwägerin in einem Krieg, der mit der Katastrophe von Vitry endete, in der 1300 Bewohner dieser Stadt in der Kirche (trotz des in der Kirche geltenden Asylrechtes!) verbrannten. Zuvor hatte der König noch versucht, einen eigenen „Kandidaten" für einen freigewordenen erzbischöflichen Stuhl zu ernennen, und zwar seinen eigenen Kanzler, einen gewissen ‚Cadurc'. Man stand daher in den Kreisen des französischen Hofes nicht an, diese unbesonnen Streiche Ludwigs VII. dem Einfluss seiner Gemahlin zuzuschreiben, und das sicher zu Recht."

---

[93] Pernoud 1979, S. 27
[94] Matthias Lexer, mhd. Taschenwörterbuch „tol", dol adj. Töricht, unsinnig toll (aber auch!) von stattlicher Schönheit"
[95] Pernoud 1979 S. 30

Bernhard von Clairvaux hatte schon mehrmals Ermahnungen an den König gerichtet, „doch der junge Mann hatte sich taub gestellt. Diesmal wird sein Ton strenger: 'Angesichts der Gewalttaten, die Ihr unaufhörlich begeht', schreibt Bernhard an Ludwig VII., 'fange ich an zu bereuen, dass ich bisher Euer Unrecht immer der Unerfahrenheit Eurer Jugend zuschrieb. Von jetzt an bin ich fest entschlossen, nach meinen schwachen Kräften, die ganze Wahrheit zu sagen ... Ich werde also laut verkünden, ... dass Ihr Mord auf Mord häuft, Brände anlegt und Kirchen zerstört, dass Ihr die Armen aus ihren Behausungen treibt und euch mit Entführern und Räubern einlasst."[96]

Wolfram erzählt im Roman von einem Fürsten, der zwei Töchter hatte. „Eine war so wunderschön, dass ihr zur liebenswerten Edelfrau nur das angemessene Alter fehlte" (Pz. 345,19-23). Im Originalton heißt es weiter:

„si heizet Obîe,
ir swester heizet Obilôt.
Obîe vrumt uns diese nôt." (Pz. 345,24-26)

„Obies wegen ist das ganze Unheil über uns gekommen."[97]

Das Motiv einer liebestollen Frau mit einer kleinen Schwester erscheint auch im Parzivalroman, aber in einem milderen Licht. Obilot[98], die jüngere Schwester, noch ein Kind, wird zum guten Geist ihrer Schwester stilisiert, während diese selbst ihren Hass austobt, dem auch Gawan ausgesetzt ist:

„nu hoeret von Obîen sagen.
diu bôt ir hazzes genuoc
Gâwân, der in âne schulde truoc:
si wollte im werben schande." (Pz. 360,6-9)

„Laßt mich nun wieder von Obie erzählen. Sie war Gawan ohne jeden Grund feindlich gesinnt und wollte ihn um jeden Preis demütigen."

Trotz der Katastrophen, die Obie heraufbeschworen hatte, entschuldigt Wolfram sie: „Von minne noch zornes vil geschiht: nune wîzet es Obîen niht". (Pz. 366,1-2) „Durch unerfüllte Liebe geschehen noch viele Zornausbrüche, Obie weiß es nur nicht"!

Der Name „Antikonie"[99] steht für die „Frau aus Antiochien". Es besteht kein Zweifel, dass man wegen der Skandalgeschichten um die Person Eleonores in höfischen Kreisen des

---

[96] Pernoud 1979 S. 32.

[97] Übersetzung der o. a. Textstellen von Wolfgang Spiewok.

[98] Die Namen „Obie" und Obilot stimmen im ersten Teil überein, während der Schluss beider Worte sich widerspricht. Bei „Obilot" handelt es sich ähnlich, wie im Falle „Obie", um eine funktionelle Namensgebung. Die zweite Namenshälfte von „Obilot" ist „lot". „lot" heißt Blei, hat aber gemäß Lexikonauskunft „überhaupt mit gießbarem Metall" etwas zu tun. Im Prozess der Verflüssigung durch Feuer, wird das Metall gereinigt. Die zweite Bedeutung des Wortes ist demgemäss: „lot stf. reinigung, brand des edlen metalles, vollgewichtigkeit desselben". („Original Taschenlexer"). Gemäß dieser Wortbedeutung ist die Figur der „Obilot" funktional ihrer Schwester „Obie" zugeordnet als „reinigendes" Element, bzw. als deren guter Geist.

[99] „mit lobe wir solden grüezen
die kiuchen unt die suezen

12./13. Jahrhunderts wusste, wer mit der „Frau aus Antiochia" gemeint war. Wolfram spricht sie auf dichterischer Ebene frei!

Das Wort „Antikonie" selbst ist ein Kunstwort. Es stimmt von der Anzahl der Silben mit dem Namen „Orgeluse„ überein: An-ti-ko-nie - Or-ge-lu-se. Der Name „Orgeluse" wiederum stimmt mit der Anzahl der Buchstaben in „E-le-o-no-re" überein, darüber hinaus noch in auffallenden Buchstabenkombinationen wie „ore" und „el". Insofern lässt der funktionelle Name „Orgeluse" auf seine Trägerin besondere Rückschlüsse zu: „Orgeluse" ist zusammengesetzt aus den Doppelsilben „orge" und „luse". „orge" kann die Abkürzungsform sowohl von (lat.) „organum", (gleich „Werkzeug" oder „Instrument") oder (lat.) „orgia" sein, was „Geheimnis" bedeutet. Wahrscheinlich sollen beide Bedeutungen assoziiert werden, was nicht zuletzt aus dem „e" als Endbuchstabe der Silbe „orge" hervorgeht. Dieser „e"-Laut vermittelt akustisch zwischen dem „a" von „org$\underline{a}$num" und dem „i" von „org$\underline{i}$a". Der zweite Teil des Wortes, „luse", stammt von (lat.) „lusum" ab und ist Partizipialform von „ludere", spielen. Im lateinischen Lexikon ist die, in diesem Zusammenhang bemerkenswerte Art des Spielens (von „ludere") ausdrücklich angegeben: „ludere" (pila, alea), d. h. „spielen" mit Waffen und Würfeln. („pila" sind Wurfspieße des römischen Fußvolkes und „alea" die Würfel des Schicksals). Die erweiterte Interpretation des Namens „Orgeluse" vor diesem etymologischen Hintergrund wäre also: Eine Frau, die in ihrer Rolle als Instrument benutzt (gespielt) wird, mit einem Geheimnis (orgia) zu tun hat, von Kriegslust (pila) getrieben wird und schicksalhafte Verwicklungen (alea) willkürlich auslöst.

In den Wörtern Eleonore und Orgeluse stimmen nicht nur die Anzahl der Buchstaben überein, sondern auch ganze Silben, sodass verwandtschaftliche Beziehungen noch deutlicher werden. Deswegen ist zu vermuten, dass Wolfram entsprechend dem komplexen Bild der „verdraehten"[100] Frau, das er für sein Konzept brauchte, die Anfangs- und Endsilbe des Namens „Eleonore" auch optisch „verdraehen" wollte, so dass daraus „Orgeluse" entstand.[101] Die letzte prägnante Buchstabengruppe „ore" (von Eleonore) vor die erste Silbe gesetzt lautet: „ore-el". Diese Silben können nur getrennt gesprochen werden; bilden also kein zusammenhängendes Wort. Wenn man von den beiden aufeinander folgenden sich abstoßenden „e" eines eliminiert (Elision) und durch einen Mitlaut ersetzt, entsteht aus den zwei getrennten Silben die akustische Verbindung zu einem neuen Wort „Orgel" (lat. „das Instrument" oder Werkzeug). „Orgeluse" ist also die Frau, die im Romangeschehen von einem Verführer wie ein Instrument gegen den Helden Gawan

---

Antikonîen,
vor valschheit die vrîen (Pz. 427,5-8)
Wenn man das „ie" nicht wie im o. a. Fall getrennt spricht, haben alle drei Namen (Eleonore – Antikonie - Orgeluse) die gleiche Anzahl von Buchstaben.

[100] Original-Taschenlexer:
1. „draehen", draen swv. Intr. Sich drehend bewegen, wirbeln. tr. drehen, drechseln;
2. „draehen", draejen, draen swv. intr. hauchen duften. tr. riechen

[101] Mit denselben dichterischen Mitteln arbeitet Gottfried von Strassburg: Durch Verdrehung der beiden Silben wird aus TRISTAN dem Romanhelden der Spielmann TANTRIS! Ein Rätsel für die Zuhörer, aber auch für die Figuren des Romans selbst: Es wird als solches erkannt und gelöst! Hier handelt es sich also um ein im 12. Jahrhundert bekanntes und gebräuchliches Verfahren, eine Handlung zu chiffrieren. Der Zwang dazu ergab sich aus der Absicht Wolframs und auch der Notwendigkeit, eine Ähnlichkeit mit noch lebenden Personen seiner Zeit zu vermeiden.

„ausgespielt" (lusum) oder als Werkzeug gegen den eigenen Willen gebraucht (usus, lat. Gebrauch) wird (vgl. Pz. 427, 5-8).

Im Parzivalroman wird analog zur Skandalgeschichte des 12. Jahrhunderts, in der Eleonore die Hauptrolle spielt, und die im „Parzival" ihren Niederschlag findet, eine der zweifelhaftesten Figuren des Romans, nämlich Clinschor, als Herzog des Landes Terre de Labur (656,14) vorgestellt. Er führt zunächst ein untadeliges Leben (656,20). Als er jedoch die Ehefrau des Königs zum Ehebruch verführt und in flagranti dabei ertappt wird, bestraft ihn dieser eigenhändig: „ze eim kapûn mit eime snite wart Clinschor gemachet" (Pz. 657,8-9). Diese Figur steht in einer zweifelhaften Beziehung zu Orgeluse. Wolfram führt nicht im Einzelnen aus, was sich zwischen dem „herzog" (Clinschor) und der „herzoginne", (Orgeluse) abgespielt hatte und was Amfortas damit zu tun hatte.

Als ein „Fürst dieser Welt", der das literarische Vorbild für Clinschor gewesen sein könnte, käme Raymond der „Fürst von Antiochia" in Frage. Er war der um acht Jahre ältere „Oheim" Eleonores. Es geht das Gerücht, er sei auf historischer Ebene der Verführer der französischen Königin Eleonore gewesen, die ihren Mann auf dem Kreuzzug 1146/47 begleitete. Sowohl Friedrich Heer als auch Regine Pernoud berichten davon aufgrund verlässlicher historischer Quellen.

Raymond war der jüngste Bruder ihres Vaters und Spielgefährte ihrer Jugendzeit gewesen. Der Verdacht, dass sie als junges Mädchen für ihn „geschwärmt" und später heimlich geliebt habe, liegt nahe. Hatte sich Eleonore nicht zuletzt deshalb so intensiv an den Vorbereitungen zum Kreuzzug beteiligt, um ihn wieder zu sehen?[102] Und hatte dieser Onkel Eleonores aufgrund seiner sarazenischen Lebensweise (wie Friedrich Heer schreibt) nicht auch andere heidnische Frauen gehabt, die ihn so beeinflussten, wie seinerzeit König Salomon? Deutlich skizziert Friedrich Heer die Verhältnisse in Antiochia so: „... in ihr leben Muslims, Griechen, Christen und Franken. Hier gibt es Kirchen, Moscheen und Harems."[103] Diese geschichtlich verbürgten Ereignisse aus der unmittelbaren Nähe Eleonores waren Wolfram sicherlich bekannt. Sie haben in dichterischer Form in bestimmten Charakterzügen von Figuren und Szenen innerhalb der Dichtung ihren Niederschlag gefunden. Wesensmerkmale und Ähnlichkeiten im Verhalten der Königin Eleonore sind in der Figur der Orgeluse wieder zu erkennen:

1. Clinschor war vom Typ her ein „Verführer" auf verschiedenen Ebenen. Er hatte die Ehefrau eines Königs, nämlich Iblis, verführt und war deswegen kastriert worden. Auch Orgeluse, die ihm nicht zuletzt durch Amfortas' Schuld in die Hände gefallen war, war ihm hörig.[104]

---

[102] Pernoud 1979, S. 48 „Vermutlich hat die Aussicht auf ein Wiedersehen mit ihm auch manches zu dem Eifer beigetragen, den Eleonore an den Tag legte." Eine Seite vorher heißt es: „Eleonore wird etwas Entscheidendes erleben."

[103] Heer 2002, S. 40

[104] Heer 2002, S. 403: „Bricht sie ihre Ehe durch ein Verhältnis mit Raymond? Eine Fülle von Skandalgeschichten entsteht jetzt und folgt ihr bis über den Tod hinaus"

2. Hatte nicht der Verführer Raymond einen Ehebruch auf höherer Ebene begangen, als er Eleonore - sprich Orgeluse - möglicherweise mit Lehren des Islam bekannt machte oder sie zum Islam verführte[105], weil er selbst dieser Religion zuneigte. War Orgeluse nicht in einer ähnlichen Situation, als sie ein Liebesverhältnis mit König Amfortas begann.[106] Dieser hatte sich vorher mit einer anderen heidnischen Frau (Sekundille) und Königin eingelassen hatte. Thiery Galand, ein Tempelritter und enger Berater des französischen Königs, wurde, weil er Eunuche war, oft hinter seinem Rücken von Eleonore verspottet. Nachdem sie sich mit Raymond, dem König von Antiochia, eingelassen hatte, gab ausgerechnet er, ein Eunuche dem französischen König Ludwig II. den Rat, seine Gemahlin mit Gewalt aus Antiochia und den Händen Raymonds zu entführen. Hier erscheint in der Nähe Eleonores ein Kastrations- und Entführungsmotiv, auf das im „Parzival" angespielt wird.

Ein Jahr nach dem Abzug der Franzosen aus Antiochia verliert Raymond im Kampf mit Nurredin sein Leben. Sein Haupt wird dem Kalifen von Bagdad als Siegestrophäe zugesandt. Eleonore erfährt vom Tode ihres geliebten „Oheims" auf der Rückreise. Nicht zuletzt durch ihr fehlgeschlagenes Liebesabenteuer mit ihm und durch seinen Tod psychisch außerordentlich belastet, erkrankt sie schwer in Sizilien. Durch sein militärisches Fehlverhalten im Hl. Land war ihrem Ehemann Ludwig II. sicherlich eine Mitschuld am Tod dieses Anschevin zuzuschreiben.[107]

Auf Romanebene sind psychische Defekte im Verhalten, insbesondere die Rachegelüste Orgeluses, nicht zu übersehen. Dass diese Frau nicht sie selbst sein konnte, sondern durch einem Verführer („durch ableitens list des Grals") irritiert, vom rechten Glauben abgefallen oder zumindest vom Islam angetan war, ist durchaus denkbar. Sowohl das Verhalten Eleonores[108] auf geschichtlicher Ebene, wie das der Herzogin Orgeluse auf Romanebene lassen Ähnlichkeiten erkennen.

---

[105] Dass Eleonore außer ihrem arabischen Vornamen (dtv-Lexikon: Eleonore, arab. Ellinor 'Gott ist mein Licht', weiblicher Vorname) eine Vorliebe für islamische Motive erkennen ließ, berichtet Regine Pernoud. Eleonore ließ für die bevorstehende Hochzeit ihres Sohnes Richard Löwenherz in Jerusalem einen Waffenrock anfertigen, der mit silbernen Mondsicheln besät war. Richard heiratete tatsächlich auf Zypern. Sie hätte es - nach Behauptung von Regine Pernoud - auch gern gesehen, wenn eine ihrer Töchter (die Witwe des Königs von Sizilien) den Bruder Saladins geheiratet hätte. Richard Löwenherz hatte diese Heirat schon in die Wege geleitet, ohne seine Schwester gefragt zu haben!

[105] Heer 2002, S. 403

[107] Wenn eine Frauenfigur im Romangeschehen von Wolfram Iblis genannt wird, so könnte das, in Übereinstimmung mit Bernhard von Clairvaux, der in Eleonore eine Teufelin sah, geschehen sein. Iblis ist der Höchste der Engel, der Gott nicht gehorchte, als Er zu den Engeln sprach: „Gehorchet Adam", und sie alle gehorchten; nur Iblis nicht." (Koran Sure 2,35) Als Fußnote dazu steht geschrieben: „Iblis ist ein Name, der oft mit Satan identisch ist." in: Der Koran, vollständige Ausgabe 6. Auflage 1992 Heyne Sachbuch Nr. 19/185

[108] Pernoud 1979, S. 209. Die Historikerin Pernoud berichtet, dass Eleonore für ihren Lieblingssohn Richard Löwenherz, der in Jerusalem Berengaria heiraten wollte, als Hochzeitsgewand einen „Waffenrock aus rosenfarbenem Samt mit silbernen Halbmonden bestickt" hatte machen lassen. Der Halbmond ist ein deutliches Zeichen ihrer Sympathie für den Islam. Ein solches Symbol auf dem Hochzeitsgewand eines Kreuzfahrerkönigs ist eine ungewöhnliche Ausstattung, die den Zeitgenossen sicher aufgefallen ist. Die Vermutung, dass Eleonore ihre Neigung zum Islam von ihrem „halbsarazenischen" Verwandten Raymond übernommen hatte, ist wahrscheinlich. Mit ihm hatte sie nach verlässlichen Aussagen von Historikern in jungen Jahren in Antiochia einmal Ehebruch begangen.

Was Wolfram ebenfalls erkannt hatte: Im Kampf um diese Frau als Königin, ob Eleonore oder Orgeluse, ging es auf geschichtlicher Ebene; nicht nur um Liebe zwischen zwei Personen, sondern um das Schicksal ganzer Völker und ihren Glauben, um Islam oder Christentum.[109] Der französische König entführte Eleonore, mit Gewalt aus der Stadt Antiochia, „ohne sich von seinen fränkischen Verwandten zu verabschieden" so Friedrich Heer. Es handelte sich um eine regelrechte Entführung, die Eleonore ihrem Mann nie verzieh. Auf Romanebene erscheinen die Entführung und Trennung Orgeluses von dem „heimlichen" Geliebten ihrer Jugend, Cidegast, in einem ähnlichen Licht.- In welcher Form Orgeluse als „die Frau von Welt" auf Romanebene als Verführte (von Amfortas) und auch als Verführerin (Gawans) im Dienste eines übergeordneten Bösen eine zentrale Rolle spielt, wird nicht geklärt. Es lässt sich nur ahnen.

In der höfischen Dichtung gab es die feststehende Regel, den Namen der heimlich „Angebeteten" nicht zu enthüllen. Wollte man wissen, welcher Dame ein Troubadour seine Verse gewidmet hatte, war man also immer schon auf Spekulationen angewiesen. Wolfram nennt jedenfalls nicht den Namen der von ihm verehrten Dame. Abgesehen davon, hätte er sein Werk wahrscheinlich, so wie Johann Sebastian Bach signiert: Soli Deo Gloria! Die Zuneigung zu seinen Helden und Heldinnen wird überhöht von seiner Verehrung für die Allerheiligste Dreifaltigkeit. Das schließt jedoch nicht aus, dass eine Frau, wenn auch nicht expressis verbis genannt[110], als „Heldin" der Geschichte mit im Spiel ist und zwar aus folgenden Gründen, die z. T. schon genannt wurden:

1. Wenn die These richtig ist, dass Wolfram ein „dreifältiges", d. h. fiktives Menschenbild gemäß den Aussagen der Genesis schaffen wollte, darf aus logischen Gründen auch nach einer „Heldin", bzw. dem Namen einer Frau in Analogie zum Romanhelden gesucht werden; d. h. die Frau darf in diesem Menschenbild nicht fehlen.

2. In der höfischen Dichtung wird die Identität der verehrten Dame immer durch eine Chiffre, d. h. einen „Senhal" ersetzt. Man bleibt deshalb bei der Identifizierung der Herzensdame eines Dichters auf Vermutungen angewiesen. Andererseits haben Namen im Romangeschehen immer auch eine Signalfunktion; nicht etwa nur als Nebeneffekt. Das gilt für die Zuordnung von Feirefiz-Parzival-Gawan zu der biblisch relativen „Dreifältigkeit" des „einen" Helden der maere „Parzival": Sein Name ist „rehte enmitten durch", d. h. „dreiteilig". Was dem Manne „recht" ist, gilt billigerweise auch für die Frau. In den Geschichten von Obie-Antikonie-Orgeluse werden ebenfalls drei Aspekte des unbekannten Wesens einer einzigartigen Frau literarisch dargestellt. Sie erinnern an drei verschiedene

---

[109] Zwei Könige, der französische und englische, kämpften um diese Frau und das, was sie repräsentierte: Ihr Volk, bzw. ihr Reich, das größer war, als beide zusammen. Die Idee der Frau, die für ein ganzes Volk steht, hatte also für Wolfram einen ganz konkreten Hintergrund in dem Sinne: Wer die Königin hat, hat auch das Volk. In diesem Sinne kristallisiert sich auch der Kampf zwischen Christentum und Islam im „Willehalm" um eine einzige Frau: Gyburc, mit früherem Namen „Arabella", die schöne Araberin. Sie steht stellvertretend für die Menschheit, um die im 12. Jahrhundert mit dem „Antichristen" in der Person „Mohammeds", der Endkampf im apokalyptischen Sinne ausgetragen, aber - literarisch - nicht entschieden wurde: Dieses Werk Wolframs blieb unvollendet!

[110] Man muss dazu sagen, dass Sigune den Helden bei der ersten Begegnung mit seinem Namen bekannt macht; allerdings wird er in einem Atemzuge zum Konzept uminterpretiert: „der name ist rehte enmitten durch".

Entwicklungsphasen im Leben einer bekannten historischen Gestalt, die bereits als junges Mädchen, als „Herzogin" und als zweifache Königin in der höfischen Welt des 12. Jahrhunderts bekannt war: Eleonore von Aquitanien. Obwohl in einem zweifelhaften Licht stehend, hat Wolfram sie zur ungenannten Heldin des Romans gemacht.

3. Die Ehefrau Parzivals, oberflächlich dem Helden der Geschichte am nächsten stehend, trägt den Namen Condwiramours. Sie ist an keiner Stelle des Romans in Schuldzusammenhänge verwickelt. Der Name Conduir-amour, „Führerin zur Liebe" verweist ebenso auf eine „Herzogin" oder Herzensführerin hin. Obwohl die Frauenfiguren nicht so scharf profiliert sind, wie die der Romanhelden, ist zu vermuten ist, dass es sich bei ihnen, dem Romankonzept gemäß, ebenfalls um identische Figuren handelt, wie bei Parzival und seinen „Stellvertretern".

Um an diesem Punkte ein Missverständnis zu vermeiden: Das Anliegen der vorangehenden Überlegungen war es nicht, die Identität der Figuren von Orgeluse und Eleonore zu belegen. Hier werden nicht historische und literarische Ebenen verwechselt. Es ging nur darum, dem Bild des Helden der maere ein „Bild der Frau" zuzuordnen, das dem des Romanhelden als gleichberechtigte Partnerin entspricht. Dieses neue Frauenbild ist konzeptionell im Parzivalroman angelegt.

Jene Bücher des Parzivalromans, in denen überwiegend Frauen das Geschehen bestimmen, heißen merkwürdigerweise Gawanbücher. Abgesehen von dem Aufbruch nach Ascalun und der ihm aufgetragenen Gralssuche durch Vergulacht, ist Gawan immer derjenige, der ohne eigenes Verschulden in Kämpfe verwickelt und immer nur reagiert. Das Kampfgeschehen, in dem Gawan den Romanhelden Parzival vertritt, wird fast regelmäßig von Frauen ausgelöst und entscheidend bestimmt, exemplarisch durch die drei Frauengestalten Obie-Antikonie-Orgeluse. Die traditionell „Gawanbücher" genannten Teile des Parzivalromans könnte man deshalb als „Frauenbücher" des „Parzival" bezeichnen. Sie erfüllen jedenfalls diese Funktion. Die Namen der drei Frauen Obie, Antikonie, Orgeluse, sind eine dreiteilige Chiffre für die Frau als Typus. Wie die drei Seiten eines „Triptychons", verhüllen sie im „dreigefalteten" Zustand das Bild der Frau des 12. Jahrhunderts wie ein Rätsel. Dadurch wird das „dreifältige" Bild des Romanhelden zum „ganzen" Menschenbild des Romans als einer übergeordneten Einheit von Mann und Frau.

Man hat immer wieder in der Geschichte des 12. Jahrhunderts nach historischen Vorbildern für bestimmte Gestalten des Romans gesucht. So wurde beispielsweise Gachmuret aufgrund besonderer Merkmale mit Richard Löwenherz verglichen. Zweifellos hat sich der Dichter von historischen Gestalten anregen lassen. Das gilt nicht nur für Männer, sondern gleichermaßen für Frauengestalten. Man darf freilich nicht den Gestaltwandel übersehen, durch den sie zu einer literarischen Figur auf Romanebene wurden. Das gilt insbesondere für die zweifache Königin Eleonore.[111]

Eine genaue Erkenntnis der Ereignisse um diese Frau des 12. Jahrhunderts, die wesentlich zu den o. a. Überlegungen und Analysen beigetragen haben, sind exakten Untersu-

---

[111] Kaufmann, Pamela, Die Herzogin, Roman, Scherz- Verlag 1997 Klappentext des o. a. Buches.

chungen der französischen Historikerin Regine Pernoud zu verdanken. Regine Pernoud schließt ihr mit dem Grand Prix Historia ausgezeichnetes Buch über Eleonore mit den Worten: „Hier in Fontevrault erwarb Eleonore, die alle Höhen und Tiefen der irdischen Liebe gekannt hat, endlich die Liebe, die alles verwandelt. Damit gewann ihr Antlitz jenen Ausdruck überirdischer Entrücktheit, den wir auf dem Bildwerk (Grabmal) sehen. Sie war es wohl mehr wert als jede andere, dass ihr vergeben wurde, weil sie viel geliebt hatte."[112] Mit dieser Anspielung auf Maria-Magdalena, die über Biographisches hinausgeht, erfasst die Historikerin bildhaft die menschlichen Spannungen im Leben dieser großen Frau als Sünderin und Heilige in einer Person. Gerade deshalb mag deren Biographie für Wolfram geeignet gewesen sein, sie als Frau schlechthin der Gestalt des Romanhelden selbst zuzuordnen.

Interessant wäre als Abschluss eine Zusammenstellung von parallelen Stellen aus der historischen Biographie und dem Roman. So könnte man z. B. auf unterschiedlichen Ebenen den Spuren folgen, die Orgeluse hinterließ („er vant al bluotec ir sla, als ein hirze waere erschossen da." Pz. 507,25f). Auf einer von ihnen fand Gawan sie („da vand er, des in niht verdroz, ein also clare vrouwen". Pz. 508,15 -16).

An anderer Stelle heißt es über die Schönheit Orgeluses: „ouch sagt uns diu âventiure von ir, sie waere ein reizel minnen gir, ougen süeze ân smerzen." (Pz. 508,27-29) „Eine Lockspeise der Liebe, eine ungetrübte Lust der Augen" (W. Spiewok). Auf historischer Ebene war Bernhard ihr begegnet. Regine Pernoud beschreibt dieses Treffen als ein „merkwürdiges Tête-à-tête! Eine lebenslustige Königin und ein Heiliger; Eleonore von jugendlicher, sehr fleischlicher Schönheit". Über den Heiligen „wissen wir, dass Bernhard ein schöner Mann war, der in seiner Jugend 'der Welt gefährlicher war, als die Welt für ihn', wie Wilhelm von Saint Thierry berichtet ... . Bei dem denkwürdigen Treffen war Bernhard jedoch vierundfünfzig Jahre alt und hatte bereits einen völlig verwandelten, nach innen gekehrten Ausdruck".[113] Hier begegnen sich Schönheit und Askese, körperliche und seelische Schönheit.

Vor Schastel marveille berichtet der dubiose crâmaere dem Besucher Gawan über merkwürdige Dinge in seinem Zelt: „Schon manches Jahr sitze ich hier, und niemand - *nur die Damen aus der Burg* - haben gewagt, meine Waren zu betrachten" (Pz. 563, 19-23). Im Text heißt es noch genau, „dass nie ein Mann wagte zu schauen". Das hatte vermutlich seinen Grund darin, dass die meisten Männer nicht lesen konnten. So konnten sie auch nicht durch „gefährliche Bücher mit Irrlehren" in Berührung kommen. Über Eleonore heißt es: „Wenn sie Ovid auf lateinisch gelesen hat, so wird sie dieses Latein erst aus der Bibel und aus den Kirchenvätern gelernt haben".[114] Sie war daher auch in der Lage, sich in den von Wolfram zitierten „latinischen buochen" (m. E. die erste Koranübersetzung) selbst über den Islam zu orientieren und diesen mit dem Christentum zu vergleichen.

---

[112] Pernoud 1979, S. 263
[113] Pernoud 1979, S. 40/41)
[114] Pernoud 1979, S. 23)

Ähnlich aufschlussreiche Textstellen lassen sich über Antikonie auf dichterischer Ebene und in der Biographie zusammenstellen, z. B. über ein heißes Liebesabenteuer in P. 407,2-10 und die Darstellung derselben Geschichte in der Biographie Pernouds (1979, S. 61-69). Im engen Rahmen der vorliegenden Arbeit muss auf Einzelheiten verzichtet werden. Jedenfalls gibt es für das Verhältnis von Roman und Biographie (Pernouds) eine nicht zu übersehende Parallelität von Personen und Ereignissen, die den Verdacht erhärten, dass Eleonore als „die Frau des 12. Jahrhunderts" als Figur in den Parzivalroman Eingang gefunden hat. Es wäre erstaunlich, wenn Wolfram als Dichter diese Frau literarisch nicht zur Kenntnis genommen hätte.

5. Das Bild des Mannes. Die drei Namen Parzivals.

Im Anfangsvers (1,1-2) des Parzivalprologs ist - in einem Bild verhüllt - das ganze Programm des Romans enthalten. In Verbindung mit den folgenden, insgesamt sieben Versen, handelt es sich um ein Schicksalsrätsel. Bei einer zweiten Versgruppe des Prologs, ebenfalls durch die Siebenzahl ausgezeichnet, wird konzeptionell Bedeutendes angekündigt. Wolfram spricht von einen „wilden vunt", einer außergewöhnlichen dichterische Erfindung. Dem Hörer der maere wird darin eigentlich etwas Unvorstellbares zugemutet. Der Text und der anschließende Deutungsversuch können das belegen.

„nu lât mîn eines wesen drî,
der ieslîcher sunder pflege
daz mîner künste widerwege:
dar zuo gehörte wilder vunt
ob si iu gerne taeten kunt,
daz ich iu eine künden wil.
ein maere wil ich iu niuwen," (Pz. 4,6-9)

Es geht um einen Fund in einem bis dahin noch nicht betretenen Neuland dichterischer „Erfindung" (unentdecktes Land = Wildnis, daher wilder vunt) und zwar im angeblichen Kontext der wiedergefundenen Quelle einer „Schrift" durch Kyot. Im Bild der „Schrift-Quelle" ist der Sachverhalt verschlüsselt, dass Wolfram sich einerseits auf die Hl. Schrift und andererseits auf die aus der Bibel in den Koran übernommenen und entstellten Teilstücke bezieht; dies aber nicht sagen konnte oder wollte, weil es seinem Grundanliegen der literarischen Apologie eines christlichen Menschenbildes widersprach. Unter Umständen wäre es aber auch für ihn selbst gefährlich gewesen, sich durch Veränderung eines sanktionierten Textes zu einem literarischen „Quasi Konzept" von Christentum (dem Gralskomplex) dem Verdacht der Häresie auszusetzen. Die Annahme, dass Gottfried von Strassburg das „zweifelhafte" biblische, d. h. fiktive Konzept Wolframs durchschaut haben könnte, ist nicht von der Hand zu weisen.

Wenn von Kläden Gottfrieds Kritik an seinem Dichterkollegen im 19. Jahrhundert als „maßlos übertrieben" bezeichnet, so wird er Gottfried damit nicht ganz gerecht. Er hätte Wolfram beispielsweise beim Namen nennen können. In seinem bekannten Wortspiel als Replik auf den „wilden vunt" Wolframs bezeichnet er ihn lediglich als den „vindaere wilder maere". Man nimmt an, dass sowohl Gottfried als auch Wolfram „Kleriker", mithin Fachleute waren, und die Dichterfehde im Grunde nicht nur eine literarische, sondern auch eine theologische Auseinandersetzung gewesen sein könnte. Vielleicht ist sie mitentscheidend dafür gewesen, dass Gottfried seinen „Tristan" nicht zu Ende führen konnte, weil er sich letztlich von Wolframs Dichtung im religiösen, moralischen und dichterischen Sinne überzeugen lassen musste.

Im beherrschenden Wort des Prologanfangs „zwîvel" wird nicht nur die zwiefältige Position der Romanfiguren Gawan und Parzival, sondern „ineins" auch noch das der dritten Hauptfigur, nämlich des Feirefiz reflektiert. Zur zweiten Silbe des Wortes zwîvel „vel", gibt das

Lexikon[115] folgende Auskunft: „vel,-lles haut, fell, pergamint." Es schwingt darin die Bedeutung von „Pergament" als der stofflichen Basis von Schriftlichkeit mit. Schon von Anfang an soll gezeigt werden, dass diese Figur es auf irgendeine Weise mit einem Wort bzw. vielen Wörtern oder Schriften zu tun haben könnte. Mit dem besonderen Hinweis auf Schriftlichkeit wird z. B. für die vielen Worte des Koran deren Anspruch auf Wahrheit verknüpft. Soll etwa die Affinität zu „Schriftlichkeit" als etwas „Außerordentliches" schon von vornherein dieser Figur appliziert werden? Als der dritte Teil Parzivals ist Feirefiz also mitnichten ein „unbeschriebenes Blatt". Er ist expressis verbis ein „geschriben permint". Parzival erinnert sich an diese „Beschreibung" seines Bruders im Entscheidungskampf in Buch XV. Auf dessen Frage:„ Wenn du tatsächlich einen Bruder hast, „so sage mir, wie ist er getân?" (747,22) Wie sieht er aus?

„dô sprach herzeloyden kint,
als ein geschriben permint,
swarz und blanc her unde dâ,
sus nannte mir in Ekubâ." (Pz. 747,25-28).

Somit taucht Feirefiz literarisch schon im Anfang als „Wort" und „Partner" an der Heils- bzw. Unheilsgeschichte Parzivals auf; genau gesagt, als sein personifizierter „zwîvel". Seine große konzeptionelle Bedeutung wird unmittelbar im Anschluss an die Verfluchungsszene durch die Heidin und nahe Verwandte Janfuse und durch die Prophetin Ekuba bestätigt.

Die offizielle „Geburtsanzeige" nimmt schon vorher auf diese Besonderheit Bezug:

„diu vrouwe an rehter zit genas
"einem riet sin ungenuht daz

Als ein agelster wart gevar
sin har und ouch sin vel vil gar." (Pz. 57,15,16 u. 27,28)

Wolfram beschreibt ihn auch später noch als „beschrieben Pergamint". Es geht, um es hier kurz als Zielvorstellung anzugeben, um eine literarisch „dreifältige" Konzeption eines Menschenbildes nach dem Motto des Erzählers: „nu lât mîn eines wesen drî". Der Elster ist es durch ein Schicksal bestimmt, schwarz und weiß ineins zu sein. (1,6). Das Wort „Farbe" provoziert in der Regel die Vorstellung von Buntsein. Der Elster ist jedoch vom Schöpfer das Schicksal widerfahren, nach dem Prinzip des „Alles oder Nichts" mit „Farben" ausgestattet worden zu sein, die keine sind. Dafür ist sie selbst nicht verantwortlich: Weiß ist die Präsens aller Farben und schwarz ihre völlige Abwesenheit. Die „Farbe des Lichts" steht gegen das „Nichts" an Licht. In diesem Sinne korrespondiert die Elster mit dem Bild des „zwîvels".

---

[115] Lexer 1992

5.1 Feirefiz

5.1.1 Die Gestalt des Feirefiz in der bisherigen Forschungsgeschichte

Die Gestalt des Feirefiz war in der Forschungsgeschichte immer schon eine rätselhafte, eher lästige Figur, der man sich zuweilen gern entledigt hätte. Sie hat jedoch eine Schlüsselfunktion für das Konzept und das Verständnis des Romanganzen. Für diese These spricht auch die Tatsache, dass das Romangeschehen am Anfang und am Ende durch die sog. Feirefizbücher eingerahmt wird. Darin wird über Feirefiz und seine Bedeutung für Parzival berichtet. Man ist zwar überzeugt, dass es sich bei diesen Büchern um Wolframs ureigene dichterische Leistung handelt. Nichtsdestoweniger hat man sie in der Forschung ausgesprochen stiefmütterlich behandelt, obwohl sie der Vorlage Chretiens als Dichtung eine andere, völlig neue Qualität gegeben haben. Noch ist nicht geklärt, was Feirefiz damit zu tun hat. Diese Figur ist bis heute ein Rätsel.

In der Phase der religiösen Deutung des Parzivalromans, die fast siebzig Jahre zurückliegt, ist man nicht immer redlich mit dieser Figur umgegangen. Für die folgenden Überlegungen ist es hilfreich, sich ihrer zu erinnern. Zu diesem Zweck möchte ich einige merkwürdige Aussagen stichwortartig kommentieren: Keferstein sieht die Bedeutung des Feirefiz vor allem in ihrer Beziehung zu Parzival und urteilt abschließend: „Die Bedeutung des Feirefiz für Parzivals Entwicklung ist damit klar. *Sie erschöpft sich im Zweikampf*".

Diese Aussage geht, wie auch die folgende, auf ein Missverständnis der Feirefizhandlung zurück. Keferstein behauptet: „Wie gegenüber Gawan so erweist sich *Parzival* auch gegenüber Feirefiz als christlicher Ritter. Auch hier zeigt *er* sich im Kampf als solchem glänzend gewachsen, *bricht ihn aber sofort ab*, als er hört, dass Feirefiz vor ihm steht, als er sich damit bewusst wird, dass dieser Kampf gegen die triuwe im besonderen und gegen die Ordnung menschlichen Zusammenlebens in der Ritterwelt verstößt."[116]

In ihrem Buch „Die drei göttlichen Komödien des Abendlandes"[117] gibt Gertrud Bäumer eine ausgezeichnete Interpretation zum „Parzival". Allerdings wird auch von ihr Feirefiz in seiner Rolle nicht erkannt, wenn sie sagt: „Aber sein (Parzivals) Schwert zerbricht bei einem Schlag auf den Helm, der seinen Gegner zu Boden schlug. Es ist das Schwert, das er dem roten Ritter raubte - ein Gottesurteil! Aber Feirefiz wird nun zum Vertreter ritterlicher Humanität: Er schlägt - bescheiden und in französischer Sprache - vor, den Kampf abzubrechen, in dem er zugleich Parzival zugesteht, dass sein Schlag - ohne das Versagen des Schwertes - ihn gefällt haben würde."

Gegenüber Keferstein, Bäumer und allen, die diesen Kampf für eine „Bewährungsprobe" Parzivals halten, möchte ich auf den Text selbst verweisen: Im schwersten aller Kämpfe hat Parzival sein Schwert, das aus der Beraubung Ithers stammte, verloren: *Nicht Parzival bricht den Kampf ab*; nicht *er* wird sich - verdienstvoll - bewusst, dass der Kampf gegen

---

[116] Keferstein 1937, S. 699
[117] Bäumer 1949, S. 51

die triuwe verstößt. Nicht Parzival wird zum „Vertreter ritterlicher Humanität". Die entscheidenden Verse im Text und Feirefiz selbst sagen etwas ganz anderes. Sie lauten:

„dîns strîts ich wênec angest hân.
stüend ich gar blôz, sît ich hân swert,
du waerst doch schumpfentiure gewert;
sît dîn swert zebrosten ist.
al dîn werlicher list
mac dich vor tôde niht bewarn,
ine well dich anders gerne sparn;
ê du begundest ringen
mîn swert lieze ich clingen
beidiu durch îser unde vel." (Pz. 747,1-11)

„All deine Kunst könnte dich nicht vor dem Tode bewahren, wenn ich dich nicht anders schonen wollte..." Parzival ist am Ende seines Weges angekommen. - Was mag er fühlen, der nur zu siegen gewohnt ist, der gedankenlos anderen dasselbe Schicksal bereitet hatte, das ihm nun bevorsteht? Hilflos steht er dem Mann gegenüber, der in diesem Augenblick für ihn Herr über Leben und Tod ist. Von Bewährung kann keine Rede sein. In der Gestalt des Feirefiz steht ihm nun sein Richter gegenüber. Wird er ihn richten? - Die ehrliche Beurteilung dieser Textstelle entscheidet noch über ein anderes zentrales Problem, die Frage nämlich: Hat Parzival sich wirklich aus eigener Kraft in diesem Kampf den Zutritt zum Gral und zum Gralskönigtum verschafft, wie es kurz danach von der dubiosen Botin Cundry verkündet wird? Diese „frohe Botschaft" war zeitgleich mit dem Ende des Kampfes auf dem „Display" des Grals als Schrift erschienen und sofort durch Cundry weitergegeben worden. Parzival hat, um es nochmals deutlich zu sagen, sein Gralskönigtum seinem Bruder Feirefiz zu verdanken: Feirefiz hatte nämlich - ohne zu wissen, wen er vor sich hatte - seinen Bruder verschont, d. h. ihm das Leben geschenkt, das er mit einem einzigen Schwertstreich - „beidiu durch iser unde vel" - hätte beenden können. Parzival verdankt sein Leben und sein Königtum seinem heidnischen Bruder Feirefiz. Daran gibt es nichts zu zweifeln! Fällt die endgültige Entscheidung über das Gralskönigtum nicht vielleicht an ganz anderer Stelle?

5.1.2 Feirefiz, der Bruder Parzivals; Heide - Anschevin - Mahdi

„Heidnisch" heißt nach heutigem Sprachgebrauch ungläubig oder unchristlich. Das Wort „Heide" hat einen nicht genau definierbaren, eher negativen Beigeschmack. Er haftet auch der Figur des „edlen Heiden" an. Andererseits bestehen berechtigte Zweifel, ob Wolfram den Begriff des „Heiden" nur im spezifisch religiösen, d. h. negativen Sinn verstanden wissen wollte. Das Wort hat bei ihm nicht nur eine enge religiöse, sondern primär literarische Bedeutung. Kriemhild Sproedt[118], die das Verhältnis von Christentum und Heidentum

---

[118] Sproedt 1964, III S. 68 und 55

im Parzivalroman anhand der beiden Figuren Gachmuret und Belakane untersucht, bemerkt „das Zwiespältige, das die Einstellung Wolframs den Heiden gegenüber charakterisiert". Sie weist darauf hin, was für die folgenden Überlegungen sehr wichtig ist, dass das Heide-Sein bei Wolfram offenbar auch „etwas von der Religion Ablösbares" sein kann. Immerhin ist Feirefiz der leibliche Halbbruder des Romanhelden.

Feirefiz ist meiner Überzeugung nach nicht zuerst ein Ungläubiger, sondern erst einmal der „Fremde". Diese Fremdheit im metaphysischen Sinne ist im literarischen Konzept des Parzivalromans von großer Bedeutung. Mockenhaupt meint dazu: „Dass Magie und Astrologie herangezogen werden, kann nicht wundernehmen ...;, nur das heidnische Element erfordert nähere Aufmerksamkeit". Die Auskünfte, welche die Schrift selbst gibt, sind nicht sehr zahlreich; jedoch wird auf die spärlichen Angaben ein Nachdruck gelegt, der keinen Zweifel darüber aufkommen lässt, dass das „Heidnische" in unserem Epos dem Dichter sehr wesentlich erschien."[119] Damit weist schon Mockenhaupt, dessen eigentliches Anliegen „die Frömmigkeit im Parzival Wolframs von Eschenbach" (1942) war, schon frühzeitig auf die literarische Bedeutung der Figur des „Heiden" hin.

Im Zusammenhang mit seiner Kritik an der Arbeit von Kriemhild Sproedt aus dem Jahre 1964 weist Bumke[120] auf die „einschlägigen Arbeiten zum Heidenproblem von Comfort, Denecke, Haake, Jones, Jordan, Skidmore Stein, u. a." hin. Diese Untersuchungen stammen sämtlich aus der Vorkriegszeit, einer Zeit also, in der „das Interesse der Parzivalforschung noch ganz auf die religiöse Problematik gerichtet war". Das „Heidenproblem" wurde eher religiös als literarisch angegangen. Diese religiöse Ausrichtung der Forschung hatte nach seiner Ansicht u.a. auch zur Folge, dass in „den großen Parzivalinterpretationen jener Zeit (ist) von Gawan selten oder gar nicht die Rede" (S. 190) war. Die Forschung konnte insofern weder der Gestalt Gawans noch der des Feirefiz gerecht werden. Die folgenden Überlegungen richten sich besonders auf die literarische Bedeutung dieser beiden Romanfiguren.

Die Kritik einer einseitig religiösen Deutung der Hauptfigur des Romans darf nicht als literarischer „Säkularisierungsdrang" verstanden werden. Nur dadurch, dass auch Feirefiz und Gawan im Gesamtkonzept ihre fiktiven, literarisch zu verstehenden Rollen übernehmen, können sie als „Dreieinigkeit" in einem tieferen und durch Form vermittelten Sinne, die ihnen zugedachten beispielhaften Strukturen auf literarischer Ebene wahrnehmen. Erst dadurch vermittelt können sie auch die, dem Roman zugedachte apologetische Funktion in der Auseinandersetzung mit dem Islam übernehmen.

Über die „heiden" und damit auch über Feirefiz klärt uns nicht zuletzt Wolfram selbst in der sog. Toleranzrede Gyburcs im „Willehalm" auf; man vergleiche hierzu die Aussagen in den Versen 306,29; 307,9-10, 307,21 etc. Dies zeigt: Wolframs dichterische Vorstellungen von „Heiden" schlechthin; haben mit unseren landläufigen relativ wenig zu tun!

---

[119] Mockenhaupt 1942, S. 160 und 162
[120] Bumke, 1970, S. 190

Der elsternfarbene Feirefiz hat also von Anfang an mit dem Helden der maere zu tun. Das sollten die Zuhörer unbedingt im Gedächtnis behalten! Das gescheckte Gefieder der Elster beschwört gleich im Anfang des Prologs das Bild von Parzivals Halbbruder, Feirefiz, herauf. Dieser Heide besitzt nicht nur eine - durch „Verschriftlichung heiliger Wörter" - erzeugte schwarz-weiß gefleckte Haut. Er darf nach Hugo Kuhn geradezu „als heidnische, fast unschuldige Verkörperung des ‚zwîvels' und Parzivals 'früheres Ich' angesprochen werden."[121]

„Fast unschuldig" wird er mit seiner Art von „Heiligkeit" auf Romanebene zum Heilsbringer (Mahdi) bzw. „Erlöser" seines Bruders; wohlgemerkt nur auf Romanebene. Darüber hinaus ist er nicht nur „Parzivals früheres Ich", sondern auch Repräsentant einer „früheren Existenz" des Anschevingeschlechtes *vor dem dichterischen* Sündenfall Parzivals, dem Mord an Ither.

Was hier wie die Überziehung des Ansatzes von Hugo Kuhn klingt, soll als These den folgenden Überlegungen vorangestellt werden. Um der einseitigen „Übertreibung" im Sinne von „Verchristlichung" einer Romanfigur zu entgehen, sollte man notwendigerweise gleichzeitig von dessen Gegenteil sprechen. Der „Heiligkeit" entspricht als polare „Ergänzung" eine mit der Gestalt des Feirefiz verbundene „Unheiligkeit" im christlichen Sinne. Vorab war dies schon mit dem Ausdrucks „Mahdi" angedeutet worden. Er stammt aus dem Koran.

Feirefiz ist innerhalb des Romangeschehens zwar eine literarische Figur mit „Erlöserfunktion"; aber durchaus nicht im christlichen Sinne. Als „gemachter Sohn" (faire fiz!) könnte er durchaus als das islamisch geprägte „Gegenbild" zur Gestalt Jesu im Christentum verstanden werden. Auf Romanebene ist er eh schon das fiktive, „gemachte" Geschöpf seines Dichters. Dem entspräche wesentlich die Figur eines geschaffenen Propheten, als der Jesus im Koran erscheint: als „gemachtes Ding"! Wenn diese Parallele stimmt, kann „Feirefiz" durchaus als ein „gemachter Sohn"[122] und als „zweifelhafter" Vertreter des Unglaubens verstanden werden. Dem entspräche auch der dunkle elsternfarbige Anteil seines Erscheinungsbildes.

Wenn Wolfram in auffallender Weise wiederholt von *Feirefiz als dem Anschevin* (764,16;-765,28;-760,9;-793,3;-794,6;-808,9;-812,2;-815,26;-820,9;) und von *Parzival als dem Waleisen* (763,21;-749,14;-759,26;) redet, so entspricht das einer bestimmten dichterischen Absicht. Die außergewöhnliche Betonung des Anjou-Motivs hatte Willem Snelleman veranlasst zu glauben, Wolfram habe dem historischen Haus Anjou seinen Parzivalroman widmen wollen. Andererseits macht er – wie er sagt – die folgende „merkwürdige" Fest-

---

[121] Gellinek 1976, S. 158

[122] In der Verkündigungsszene im Koran spricht Maria: „Mein Herr, wie soll mir ein Sohn werden?" Er sprach: So ist Allahs (Weg), Er schafft, was ihm gefällt. Wenn er ein Ding beschließt, so spricht er zu ihm: ' Sei!', und es ist." (Sure 3,48) In derselben Sure 3 Vers 60 heißt es: „Wahrlich, Jesus ist vor Allah wie Adam. Er erschuf ihn aus Erde, dann sprach Er zu ihm: „Sei!", und er war." Wegen dieser Koranauffassung über seinen Messias trägt Feirefiz m. E. die Bezeichnung „gemachter, bzw., geschaffener Sohn". Es könnte sein, dass Wolfram ihn in dieser Form, also ohne Anspruch auf eine Gottessohnschaft als Romanfigur in sein Konzept übernommen hat. Die Christen werden in Sure 3 Vers 65 noch aufgerufen, in Jesus Christus nur ja Allah „keinen Nebenbuhler an die Seite" zu stellen!

stellung, was das Verhältnis von Parzival und Feirefiz betrifft: „Diese Wiedererkennungsszene enthält von der Seite Parzivals her doch wohl etwas Merkwürdiges. Dass Feirefiz sich Anschevin nennt, ist selbstverständlich; wenn er kein Heide wäre, könnte man sagen, er sei auf diesen Namen getauft worden. Bei Parzival liegt die Sache jedoch anders. Noch niemals zuvor hatte Parzival sich selbst „Anschevin" genannt, er war immer der „Waleis", wenn er mit dem Namen seines Geschlechtes bezeichnet wurde; auch der Dichter hatte ihn vor diesem Kampf noch *nie mit diesem Namen bezeichnet*; - wie er es übrigens nachher auch kein einziges Mal mehr tut. Dem *Bruder* gegenüber legt Parzival dem Namen Anschevin einen derartigen Wert bei, als ob er selbst immer unzertrennlich mit diesem Namen verbunden gewesen wäre."[123]

Inwiefern Wolfram „die zugleich mit dem Hause Anschouwe eingeführten Persönlichkeiten...(und) das Ganze der Parzival-Gralsgeschichte in eine andere Sphäre hinübersetzt"[124], soll Gegenstand der anschließenden Überlegungen sein. Dazu bedarf es der literarischen Vermittlung. Deshalb ist der folgenden Kritik Schwieterings an der Arbeit Snellemans zuzustimmen: „Die bedeutsame Funktion des Anjoumotivs im Gesamtgefüge des Werkes und im Bezugsfeld des Höfischen beschränkt sich auf Dichterisches, eine nach außen gerichtete Tendenz politischer, zweckhafter Art liegt durchaus fern."[125]

Das stammesgeschichtliche Bewusstsein Parzivals (und des Ritterstandes), von den Germanen übernommen, wird im Roman personifiziert in der Figur seines Bruders Feirefiz, eines „Anschevin". Dieser Geschlechtername Parzivals und die dazu gehörige Figur sind komplexe dichterische Bilder, die im Roman eine wichtige Rolle spielen.

Zum Zwecke der Realisation seines Romankonzeptes überträgt Wolfram durch eine literarische Metamorphose die im 12. Jahrhundert vorgefundene politische Idee von der Auserwähltheit der Nachkommen aus dem Hause Anjou auf die dichterische Ebene und auf die gesamte Menschheit. Alle Nachkommen aus diesem Geschlechte waren ja bekanntlich ausnahmslos „Prinzen von Geblüt" und damit potentiell im historisch politischen Sinne Könige. Dies geschieht nicht aus purer Bewunderung für das geschichtliche Haus Anjou. Vielmehr handelt es sich um eine *Parodie dieser politischen Idee im literarischen Gewande*. Wolfram schafft sich auf diese Weise ein „auserwähltes Geschlecht" auf Romanebene. Es ist das auserwählte Geschlecht der Anschevin, das ein durch Parodie transformiertes historisches Vorbild hat und damit zugleich Kritik eines angemaßten oder eines vom Volk dem Hause Anjou zugebilligten politischen Status von „natürlicher Auserwähltheit" ist, nämlich „Prinzen von Geblüt" zu sein.

Nicht nur aus künstlerischer, sondern auch aus religiöser Perspektive ist ein produktiver Umgang mit historischen Vorlagen und Motiven durchaus berechtigt. Für Wolfram ist die gesamte Menschheit „natürlicherweise" ein „auserwähltes Volk", denn jeder Mensch ist ein Geschöpf aus Gottes Hand, er ist seine „handgetat", wie Wolfram Gyburc, die Frauengestalt aus dem „Willehalm" sagen lässt. Selbst durch den Sündenfall im Paradies ging diese

---

[123] Snelleman 1941. S. 56
[124] Snelleman 1941, S. 74
[125] Schwietering 1946

„natürliche Auserwähltheit" nicht gänzlich verloren gegangen. - Danach hat Gott ist in der Gestalt Jesu selbst bei den erlösungsbedürftigen Menschen Wohnung genommen, was den Zorn der bösen Geister geweckt hatte: Alle Menschen sind Brüder Jesu und damit Gottes Söhne und Töchter, „Prinzen von Geblüt". Zur Anschauung „auserwählt" waren sie schon vor der Inkarnation des Menschensohnes: als Geschöpfe aus der Hand Gottes! Erst durch die Taufe werden sie Mitglieder des Gralsgeschlechtes.

Weil das „auserwählte Volk Gottes" des biblischen Alten Bundes von Adam abstammte, musste auch der Romanheld Parzival, wenn er denn König des Gralsgeschlechtes werden sollte, zum Menschengeschlecht der Anschevine gehören, also natürlicherweise von Adam abstammen. Gemeint ist damit nur die natürliche, blutsmäßige Abstammung von Adam (über Gachmuret und seinen Stammvater Mac Adam (Macadan). Es handelt sich also nicht um verwandtschaftliche Beziehungen zum Gralsgeschlecht. Dem erst durch die Taufe ins Dasein gerufenen Gralsgeschlecht, gehörten Parzival und Amfortas an, Feirefiz nicht! Nach Wolframs Auffassung ist zunächst einmal die gesamte Menschheit von Natur aus das auserwählte Volk der „Anschevin", d. h. in wörtlicher Übersetzung: das Geschlecht der zur „Anschauung" Bestimmten, ob es gesündigt hatte oder nicht! Gemeint ist die natürliche, blutsmäßige Abstammung Parzivals als auch Feirefiz' aus dem Menschengeschlecht überhaupt, das durch die Schöpfungstat Gottes im Paradies a priori schon geheiligt war. Auf dieser Ebene eines angenommenen Urstandes sind Parzival und Feirefiz als Brüder gleich, mit dem Unterschied, dass Feirefiz zeitlich vor Parzival und der durch ihn verursachten Urschuld (der Mord an Ither)[126] geboren wurde, weshalb er auch relativ vollkommen erscheint.

Feirefiz' und auch Parzivals Stammbaum mussten, damit diese Prämissen des Romankonzeptes erfüllt wurden, deshalb beide bis auf Adam zurückgeführt werden; dichterisch kein Problem, da beide ja denselben Vater Gachmuret hatten. Analog zu Abrahams Auswanderung, wird also der Stammvater des Anschevingeschlechtes Mazadan (Mac Adam = Sohn des Adam) von einer Fee Terdelaschoy (Erde der Freude, Paradies!) in das Land Frimurgan entführt (56,1-24). Man lebte in relativer Vollkommenheit unter Bedingungen, die annähernd auch den historisch empfundenen Jenseits- bzw. Paradiesvorstellungen im Islams entsprachen. Auf diese Weise erhält Parzival, was für das Romankonzept ungeheuer wichtig ist, einen „vollkommenen" Bruder aus der „Vor-Zeit", welcher ihm letztendlich in einem apokalyptisch anmutenden Kampfgeschehen als „Richter" gegenübertritt und ihm sein Leben und das Gralskönigtum schenkt.

Der Sinn dieser Konstruktion lag u. a. darin, den Kampf zwischen Christentum und Islam als einen Bruderstreit darzustellen, der mit dem Neid der Stammväter von Juden und Arabern seinen Anfang nahm. Gemeint sind die beiden Söhne Abrahams Isaak und Ismael. Isaak, der Sohn der Freien Sara, bekam von seinem Vater die Verheißung. Seine Nachkommen wurden zum „Auserwählten Volk" der Juden, in dem der Messias geboren wurde. Ismael als der ältere Sohn Abrahams und Magd Hagar fühlte sich zurückgesetzt.

---

[126] Eine Modellvorstellung hierfür findet sich ebenfalls im Koran: „wenn jemand einen Menschen tötet, ... so soll es sein, als hätte er die ganze Menschheit getötet" (Sure 5,33). Eine Erbsünde nach biblischer Lehre ist im Islam nicht bekannt.

Auf Veranlassung Saras wurde er mit seiner Mutter aus dem Vaterhaus vertrieben. In seinen Nachkommen, zu denen Mohammed gehört, versucht nun der ältere Sohn Ismael vermeintliches Unrecht gegenüber den Juden und Christen, wieder „gut" zu machen, d. h. nach Wolframs Vorstellung, die Heilsgeschichte und den Heilsplan Gottes mit seinem Volk zu korrigieren. Dieser Streit wird nach Ansicht des Erzählers durch jene Engel geschürt, die wegen der Menschwerdung des Gottessohnes auf die Menschen neidisch waren.

Für Wolfram kam der Neid durch die vertriebenen Geister auf die Erde; auch der Neid der Nachkommen Ismaels auf Juden und Christen. Als Motiv spielt es im Koran eine große Rolle. Während Wolfram die Menschen als Verführte[127] betrachtet, unterstellt Mohammed den Juden und Christen, dass sie auf Muslime neidisch seien (Sure 2 Vers 110); dass sie „aus gegenseitigem Neid" (Sure 2 Vers 214) untereinander uneins seien. Derselbe Vorwurf wird wiederholt (in Sure 3 Vers 20). Er warnt auch vor dem Neid in den eigenen Reihen: „Dass ihr nicht sprechet: 'Nur zu zwei Völkern vor uns ward die Schrift niedergesandt, und wir hatten in der Tat keine Kunde von ihrem Inhalt'" (Sure 6 Vers 157). In der vorletzten Sure heißt es: „Sprich: Ich nehme meine Zuflucht beim Herrn der Morgendämmerung; und vor dem Übel des Neiders, wenn er neidet." (in Sure 113 Vers 2 und 6)

Beeindruckend sind natürlich auch die Metaphern, die Mohammed in der Sure 18 (die Höhle) findet. Seine Worte beziehen sich hier auf das Leben der Christen in den Katakomben in den ersten dreihundert Jahren. Im Koran heißt es: „Und sie blieben dreihundert Jahre lang in ihrer Höhle, noch neun hinzugefügt" (Sure 18 Vers 26). In den Versen 61 bis 72 dieser Sure 18 werden methodisch und metaphorisch nacheinander und stellvertretend für das Ganze so bekannte christliche Symbole ausgetilgt, wie der „Fisch" (ICHTHYS: Jesus-Christus-Gottes Sohn-Erlöser) und das „Schiff" bzw. ein Boot als Symbol für die Kirche.

Auf dem Wege, den Mohammed mit Moses (und Jesus?) wandert, wird in einem geschichtlichen Rückblick metaphorisch das Personalproblem zwischen Judenchristentum und Islam geregelt: „So zogen sie weiter, bis sie einen Jüngling trafen, den er erschlug. (Moses) sprach: „Hast du einen unschuldigen Menschen erschlagen, ohne dass (er) einen anderen (erschlagen)? Fürwahr, du hast Entsetzliches getan!" (Sure 18,75). Mohammed klärt Moses über das Verhältnis von Judenchristen und Muslimen zu ihren Eltern (Abraham) so auf: „Und was den Jüngling anlangt, so waren seine Eltern Gläubige, und wir fürchteten, er möchte Schmach über sie bringen durch Widersetzlichkeit und Unglauben (Sure 18,81). „So wünschten wir, dass ihr Herr ihnen zum Tausch (ein Kind) gebe, besser als dieser an Lauterkeit und näher in (kindlicher) Zuneigung." (Sure 18, 82). Wer dieses Kind sein soll, ist für den Kenner des Korans natürlich keine Frage!

Da wir voraussetzen müssen, dass Wolfram den Koran genau und nicht nur in Auszügen kannte, so wird ihm dieser, auch von Moses als „entsetzlich" eingestufte Brudermord nicht

---

[127] Scheeben 1985, S. 227. Für die „systematische Bekämpfung des Christentums mit allen Waffen der Lüge und Verleumdung" findet Scheeben eine „tiefste Erklärung", die aus dem Munde Wolfram stammen könnte: „Die Leidenschaften der Menschen würden dieselben wohl nie, wenigstens im großen und ganzen, dahin führen, so gegen sich selbst zu wüten und das, was die höchste Zierde ihres Geschlechtes ausmacht, zu bekämpfen; nur durch die List und den Betrug des Neiders können sie dahin gebracht werden."

entgangen sein. Mit der Tötung des „älteren Sohnes" der gläubigen Eltern ist hier ganz klar das Juden-Christentum gemeint. Wenn Wolfram in seinem zweiten großen Werk, dem „Willehalm", den Stil seiner Dichtung radikal verändert, so mag das mit der o. a. Erkenntnis über die Einstellung des Islam zum Christentum zu tun haben.

Im „Parzival" versucht er noch, den Weg zu gehen, der ihm im Römerbrief von Paulus vorgezeichnet wurde. Für das Verhältnis zwischen Christen und Muslimen orientiert sich Wolfram am Verhältnis von Juden und Christen, wie Paulus es beschreibt. Selbst Jude, sagt er über sein Volk: „Durch ihren Fall ist das Heil zu den Heiden gekommen" (1 Röm. 11,11); und weiter: „Denn wenn schon ihre Verwerfung Versöhnung für die Welt bedeutet hat, was wird dann ihre Aufnahme anders sein als Auferstehung von den Toten" (1 Röm. 11,15). Und: „Im Hinblick auf das Evangelium sind sie allerdings Feinde (Gottes) um euretwillen, im Hinblick auf die Auserwählung aber sind sie die Lieblinge um der Väter willen."

Wolfram wollte das Glaubensproblem, d. h. die geistige Auseinandersetzung mit dem Islam, ähnlich verstehen. So wie im Anfang die Heidenchristen durch den Unglauben der Juden zum Glauben kamen, sollte die Christenheit des 12. Jahrhunderts durch den Unglauben der arabischen Muslime, der Brüder der Juden, in der Auseinandersetzung mit ihnen ihren Glauben besser erkennen und lieben lernen, trotz der Bedrohung, die auf politischer Ebene von ihm ausging. Der Parzivalroman stellt sich dieser Aufgabe. Wolfram reflektiert das Problem von Glauben und Unglauben, wie oben gesagt, auf dichterischer Ebene. Er erschafft in der Figur des Feirefiz das Bild eines relativ vollkommenen Bruders Parzivals. Durch Erinnerungen an Aussagen der Bibel konnte man assoziieren, dass ein „Messias" gekommen sein musste. Sicher sein konnte man nicht, denn diese Figur war eher mit den Merkmalen eines „Mahdi" ausgestattet. Einerseits kann Feirefiz mit Hugo Kuhn als „heidnische, fast unschuldige Verkörperung des zwîvels" und als Parzivals „früheres Ich" angesprochen werden.[128] Andererseits ist die „Elsternfarbigkeit" dieser Gestalt unübersehbar! Es besteht kein Grund, die Augen davor zu verschließen. Das gilt besonders im Zusammenhang mit der Schuldfrage, die sowohl Parzival als auch Amfortas betrifft.

Für die Christenheit war das Erscheinen des Islams im 6. Jahrhundert eine gewaltige Erschütterung, dazu ein großes psychologisches und religiöses Problem. Wie konnte Gott es zulassen, dass knapp sechshundert Jahre nach der Geburt seines Sohnes Jesus Christus und nach weiteren sechshundert Jahren der „Antichrist" im 12. Jahrhundert mit solcher Machtfülle zu einer existentiellen Bedrohung für das christliche Abendland werden konnte? Dass Mohammed seinen christlichen Zeitgenossen als „Antichrist" erschien, hatte seinen Grund nicht allein in den kriegerischen Auseinandersetzungen, sondern in seiner Lehre. Jesus wird zwar im Koran auch als Prophet verehrt, wodurch sich viele täuschen ließen. Als Christus und Gottes Sohn ist er aber der „Nebenbuhler" Allahs.

So kann es nicht ausbleiben, dass auf dem Höhepunkt des Gralsgeschehens erhebliche Zweifel an der Figur des Feirefiz aufkommen. Der „offene Schluss", von dem Joachim

---

[128] Kuhn 1962, S. 149

Bumke spricht, ist also in Wirklichkeit keiner, m. a. W die Geschichte geht nahtlos über - in die geschichtliche Realität des 12. Jahrhunderts, mithin in die Entscheidungs- bzw. Gralsfrage an das Publikum: „Was verwirrt euch an dieser Geschichte?"

Die Ursünde im religiös reduzierten Sinne[129] geschieht, wie Trevricent erzählt, nicht durch Adam, sondern Kain, als er die Mutter Erde durch den Brudermord an Abel zu ersten Mal mit Blut befleckt hatte . Durch diese Tat verlor sie ihr „magetum". Trevricent klärt Parzival darüber auf:

„einem riet sîn ungenuht
daz er durch gîteclîchen ruom
sîner anen nam den magetuom" (Pz. 463,24-26)

Wenn man den Bericht von der Mordtat Kains in der Bibel (Gen 4,8-10) mit dem gleichen Bericht der Genesis des Helianddichters, durch den Wolfram sicherlich auch beeinflusst wurde, vergleicht, stellt man fest, was in der Bibel in etwa 12 Zeilen berichtet wird, schwillt im Heliand (Genesis Vers 616-685) auf einen Umfang von ca. 70 Doppelversen an. In aller Anschaulichkeit wird berichtet:

„Da ging er hin zu seinem Hause. Er hatte Heilloses verübt,
Böses an seinem Bruder: Er ließ ihn auf dem Boden liegen
in einem tiefen Tale, triefend von Blut (Heliand 616-618) ...
Nun liegt er da,
von Wunden bewältigt; er tat doch kein Weh dir an,
schuf dir keinen Schmerz, den du nun erschlagen hast,
zu Tode getroffen. Nun träuft sein Blut,
es versickert im Sande."[130] (Heliand 637-641)

Mit all dem hat Feirefiz nichts zu tun; ist er doch vor der Zeit geboren! Er hat zwar noch Anteil an der Unversehrtheit und dem „Wunderbaren" der Figur Adams, kann aber trotzdem nicht, wie Parzival und die anderen Mitglieder der Gralsfamilie, die in Sünde verstrickt sind, den Gral sehen, weil er nicht getauft ist!

Feirefiz ist als Romanfigur in erster Linie „heide", aber ein Heide im dichterischen Sinne. Für ihn gilt die Ausnahme von der Regel, wonach „heidnisch" dasselbe wie „ungläubig sein" heißt! Ungläubige werden von Wolfram als Sarazenen identifiziert. Feirefiz[131] ist

---

[129] Dieses modifizierte Verständnis von Urschuld hat Wolfram wahrscheinlich aus dem Koran entlehnt. Darin wird über eine Schuld Adams nicht berichtet, er bleibt unschuldig: „Und als dein Herr zu den Engeln sprach: ‚Ich will einen Statthalter auf Erden einsetzen" (Sure 2,31) und die Engel mussten ihm gehorchen (Sure 2,35). Über den Brudermord Kains heißt es: „Doch sein Sinn trieb ihn, seinen Bruder zu töten; also erschlug er ihn und ward der Verlorenen einer." (Sure 5.31) Diese Stelle wird im Koran so kommentiert: „Aus diesem Grunde haben Wir den Kindern Israels verordnet, dass wenn jemand einen Menschen tötet - es sei denn für (Mord) an einem andern oder für Gewalttat im Land -, so soll es sein, als hätte er die ganze Menschheit getötet; ..." (Sure 5,33). Dieses Verständnis einer Schuld, die als „Urschuld" alle betrifft, liegt auch der Bewertung der Ermordung Ithers zugrunde. Insofern begeht Parzival eine allgemeine Schuld.
[130] Heliand und die Bruchstücke der Genesis, aus dem altsächsischen und angelsächsischen übersetzt von Felix Genzmer, Reclam Stuttgart 1989, S. 209f
[131] Feirefiz hat einerseits den Status eines Gerechten der „Vor- Zeit", anderseits ein noch „ungeformtes"- weil zeitloses- religiöses Bewusstsein, das aber bereit ist, das göttliche Wort anzunehmen.

„heide" in dem bereits oben zitierten besonderen qualitativen Verständnis eines „Anschevin": ein zur Anschauung Erwählter aufgrund der ersten Inkarnation, so, wie es Gyburc im Willehalm in ihrer sog. Toleranzrede erklärt:

„hoeret eines tumben wîbes rât,
schônet gotes handgetât!
ein heiden was der êrste man,
den got machen began.
nû gelobuet, daz Elîas und Enoch
vür heiden sint behalten noch.
Nôê ouch ein heiden was,
der in der arken genas.
Jôp vür wâr ein heiden hiez,
den got dar umbe niht verstiez.
nû nemt ouch drîer künege war,
der heizet einer Kaspar,
Melchîor und Balthâsan;
die müezen wir vür heiden hân,
diene sint zer vlüste niht benant:
got selb enpfie mit sîner hant
die êrsten gâbe ane muoter brust
von in. die heiden hin zer vlust
int alle niht benennet.
wir hân vür wâr bekennet,
swaz müeter her sît Even zît
kint gebâren, âne strît
gar heidenschaft was ir geburt
etslîchez der touf hiet umbegurt.
getoufet wîp den heiden treit,
swie daz kint der touf hab umbeleit". (Willehalm 306, 27 -308, 22)

Es handelt sich in der oben angeführten Aufstellung einschließlich der Hl. Drei Könige ausschließlich um Personen aus dem alten Testament, die noch heute in der katholischen Kirche als Heilige verehrt, nicht angebetet werden. Sie alle werden als „heiden" bezeichnet und sind doch Heilige! Insofern kann man nicht davon ausgehen, dass „heide" immer Ungläubiger bedeuten muss!

Weil das so ist, kann man die o. a. Worte Gyburcs aus ihrer so genannten „Toleranzrede"[132] keineswegs für Toleranzvorstellungen im Sinne der lessingschen Ringparabel in Anspruch nehmen, wonach es „gleich-gültig" ist, ob jemand Jude, Muslim oder Christ ist,

---

[132] Westreiche 1996, S. 409: „ Höhepunkt und Herzstück des ganzen Willehalm ist die Barmherzigkeitsrede, jene 5 Dreißiger 306-310, die den Ruf Gyburcs begründeten. Diese Rede ist eine laientheologische Meisterleistung und in der höfischen Dichtung vollkommen konkurrenzlos". In einer Fußnote bemerkt er dazu: „Der Terminus 'Toleranzrede', der sich in der Forschung eingeschlichen hat, ist gänzlich unbrauchbar: von Toleranz ist keine Rede." Auch der Hauptthese "Gyburc ist kein Mythos" ist zuzustimmen.

um sein jenseitiges Ziel zu erreichen. Noch viel weniger plädiert Wolfram für eine „Gleich-Gültigkeit" von Islam und Christentum, sowohl im „Parzival", wie im „Willehalm":

„nu weret ere unde lant,
daz Apollo und Tervigant
und der trügehafte Mahmet
uns den touf iht under tret" (Willehalm 17,19-22)

Wenn Gyburc als liebende Frau für ihre heidnischen Verwandten spricht, so hat das überhaupt nichts mit einem Verständnis für deren „Unglauben" zu tun. Sie leidet dieses Unglaubens wegen für ihre ganze Verwandtschaft und für das Volk, deren Königin sie einmal war. Als ehemalige Arabella und nunmehr christliche Gyburc repräsentiert sie als königliche dichterische Gestalt alle Menschen als Geschöpfe Gottes, ob sie nun gläubig oder ungläubig sind. Dadurch wird sie zu einer Stellvertreterfigur für die ganze Menschheit, um die zwischen Islam und Christentum ein Kampf auf Leben und Tod entbrannt ist.

5.1.3 Feirefiz, der „Messias"

Wenn man nun von der Rolle des Feirefiz annehmen darf, dass sie im Romankonzept vorübergehend eine Art Messias– bzw. Erlöserfunktion hat, obwohl Feirefiz kein Christ und noch ungetauft ist, so hat das vielleicht etwas mit dem Verständnis eines „Messias" oder Mahdi im Sinne des Islams zu tun: „Dem gesamten Islam gemeinsam ist der Glaube an die Wiederkunft des Mahdi am Ende der Welt, der die Gläubigen auf den rechten Weg und die Gerechtigkeit zur Herrschaft führen und den Tag des Gerichtes vorbereiten wird. Diese Rolle des Mahdi wird manchmal Mohammed selbst, manchmal Jesus, manchmal aber auch al-Chidr zugeschrieben, dem geheimnisvollen Gefährten des Moses. Die schiitische Frömmigkeit und Lehre hat sich dieser Vorstellung des Mahdi als des Herrn des Jüngsten Tages bemächtigt und sieht in ihm entweder Ali selbst oder einen seiner Nachkommen. Sein Gehilfe an diesem Tage wird JESUS sein".[133] Für die Christenheit ist Jesus jedoch der vom Tod auferstandene Gottessohn.

Aus diesem Grunde ist es nicht erstaunlich, wenn Wolfram sich die Gelegenheit, eine „relativierte" Erlöserfigur, wie er sie für sein Romankonzept im Grunde braucht, vom „Antichristen" entlehnt, um damit gleichzeitig dessen Glaubensvorstellungen zu parodieren, wie man das auch bei einigen anderen Gralsmotiven nachweisen kann. Auf diese Weise ist es möglich, folgende Funktionen einer dichterischen „Erlöserfigur" zu erfüllen:

1. Sich als „Bruder" eines Menschen formal erkenntlich zu machen.
2. In seinem Kampf - einem Gottesurteil gleich - als Richter zu erscheinen;
3. Gnade walten zu lassen.

„Die Überlieferung lehrt, dass im Vorspiel zum Jüngsten Gericht Mohammed Fürbitte für die gläubigen Sünder seines Gemeinwesens einlegt, und dass auch Jesus wiederkehren wird, 'dessen Name der Messias ist'. An einigen Stellen wird sogar gesagt, dass Jesus

---
[133] Gardet 1961, S. 86

'der Sohn Mariens', das 'Wort Gottes' ist, das in 'den Schoss Mariens kam', dass er 'gestärkt wurde durch den Geist der Heiligkeit', und dass dieser Jesus von Gott beauftragt wird, die große *Gerichtsversammlung* zu leiten."[134] In den „prophetischen" Ankündigungen, mit denen Parzival auf die Gralssuche durch Cundry und Janfuse geschickt wird, spiegeln sich die Aussagen deutlich wieder, die sich auf Feirefiz als den möglichen Heilsbringer beziehen.

Die Hoffnung auf einen solchen „Messias" wird im „Parzival" durch einige „prophetische" Gestalten des Romans geweckt. Die Worte der Heidin Janfuse (328,1-17), die man gelegentlich als Beweis für den Götzendienst der Heiden („man bettet in an als einen got" 328,14) betrachten kann, so Benedikt Mockenhaupt, haben meiner Meinung nach im Rahmen des Romankonzeptes vor allem die Aufgabe, auf eine zu erwartende dichterische „Erlöserfigur" hinzuweisen. Die Szene, in der die Heidin Janfuse auftritt, schließt sich an die äußerlich unverständliche Verwünschungsszene mit Cundry an. Die szenischen und literarischen Umstände sind so: Parzival ist durch die Gralsbotin Cundry verflucht worden: „Vor Gott im Himmel seid ihr für die Hölle bestimmt - aber auch auf Erden wird man euch zur Hölle wünschen ... ihr Bann des Heiles, ihr Fluch des Glückes!"[135] Artus und einige Damen der Runde versuchen, Parzival zu trösten (Pz. 327,22-26). Nur eine einzige Gestalt der ganzen höfischen Szenerie scheint nach ihrer Reaktion verstanden zu haben, dass hier ein strenges, ein metaphysisches Urteil über Parzival gesprochen worden war (Pz. 330,10). Es ist die geheimnisvolle „Heidin" Janfuse. Allerdings gehört sie zu einer anderen Welt: „Swie vremde er mir hie waere, ich kom ouch her durch maere" (Pz. 329,1-2). Cundry hatte den „Sünder" Parzival verflucht, ihm aber im Zusammenhang mit der Verfluchungsszene Hoffnung auf seinen vollkommenen und starken Bruder Feirefiz gemacht: „iuwer bruoder wunders pfligt genuog: ja ist beidiu swarz unde blanc der küngin sun von Zazamanc" (Pz. 317,8-10). Die Heidin Janfuse greift diese Worte Cundrys auf und überhöht sie sozusagen zu einer prophetischen Aussage:

„diu heidenin zum Wâleis sprach
'Cundrîe nante uns einen man,
des ich Iu wol ze bruoder gan.
des craft ist wît unde breit.
zweier crône rîcheit
stêt vorhteclîche in sîner in siner pflege
ûf dem wasser und der erden wege.
Azagouc und Zazamanc,
diu lant sint creftec, ninder cranc.
sîme rîchtuom glîchet niht
an den bâruc, swâ mans giht,
und âne Tribalibot.
man bettet in an als einen got." (Pz. 328 1-14)

---

[134] Gardet 1962, S. 174, In der Fußnote die Koranverse: 3,46; 2,88; und 254 vgl. 4,172)

[135] „Parzival", Übersetzung von Fink und Knorr, Jena 1940 S. 185

Es findet sich sogar eine prophetische Voraussage in einer, dem biblischen Sinne nach analogen „Hl. Schrift": „Sein Name wird groß sein unter den Völkern". Es ist die Botschaft, die Gachmuret seiner ersten Frau Belakane hinterlässt:

„diu schrift ir sagen begunde
'Hie entbiutet liep ein ander liep'... (Pz. 55,20-21)
werde unser zweier kindelîn
an dem antlütze einem man gelîch,
deiswâr der wirt ellens rîch.
erst erborn von Anschouwe.
diu minne wirt sîn vrouwe:
sô wirt aber er an strîte ein schûr,
den vîenden herter nâchgebûr." (Pz. 55, 28-34)

Unter dem Aspekt der Verkündigung eines „Erlösers" steht auch die Aussage der heidnischen „Prophetin" Ekuba (Pz. 747,28), von der Parzival über seinen Bruder im Voraus schon etwas erfahren hatte.[136] Im Endscheidungskampf zwischen ihm und Feirefiz, der für Parzival schon verloren war, weil sein Schwert geborsten war, fragt Feirefiz in der dadurch entstehenden Kampfpause nach dem Namen seines Gegners. Weil Parzival sich nicht zu erkennen geben will, stellt sich Feirefiz zuerst mit seinem Namen vor: ich bin Feirefiz von Anschevin. Daraus entwickelt sich ein Streitgespräch, weil nun jeder von beiden diesen Namen für sich beansprucht. Bevor der Kampf weitergeht, wirft Feirefiz aus ritterlicher Gesinnung sein Schwert, das ihm in jeden Fall den Sieg gesichert hätte, weit von sich mit den Worten: „Dies Schwert soll keinem von uns gehören" und fährt dann fort:

„helt, durch dîner zühte vlîz,
sît du bruoder megest hân,
sô sage mir, wie ist er getân?"
tuo mir sîn antlütze erkannt,
wie dir sîn varwe sî genannt'
dô sprach Herzoloydens kint
'als ein geschriben permint,
swarz und blanc her unde dâ,
sus nante in mir Eckubâ.
der heiden sprach: 'der bin ich'" (Pz. 747,20-29)

Diese „prophetischen" Voraussagen belegen, dass es im Romankonzept ein „Messiasbild" gibt. Es erklärt auch die Figur eines „edlen Heiden", die lange vor ihrem Erscheinen angekündigt wird, weil sie eine „Erlöserrolle" spielen soll. Nachdem der „Fremde" in seiner

---

[136] Lexikon für Theologie und Kirche, Bd. 4 S. 1292 (Hab. 1,12-2,5) :„Ekuba" scheint eine spielerische Variante des Prophetennamens „Abakuk" zu sein. Das Grundanliegen gerade dieses Prophetenlebens heißt „Leben durch Glauben". und erweist sich somit schon im Namen als ein beziehungsreiches Vorbild für Parzival. - Andererseits könnte der Name Hekuba auch eine Anspielung auf eine griechische Tragödie von Euripides sein. Er schrieb 415 vor Christus „DieTroerinnen". „Hekuba ist die Gemahlin des Königs Priamos von Troja... kam nach der Zerstörung Trojas als Sklavin in die Hände der Griechen." (dtv-Lexikon) Sie steht zusammen mit ihrer Tochter Kassandra für das Martyrium der Frauen von Troja. Zwei Frauen, die auch Unheil signalisieren könnten.

ganzen „natürlichen, paradiesischen Ausstattung" und Vollkommenheit als Bruder Parzivals vorgestellt und sogar im Voraus als Heilsbringer angekündigt wurde, erwartet der Zuhörer der maere, dass er in irgendeiner Form seinem Bruder hilft. Das geschieht in Buch XV. Feirefiz kommt also mit „großer Macht und Herrlichkeit" aus einem „Jenseits" daher, um seinen Auftrag (innerhalb des Romangeschehens) zu erfüllen. Er erscheint in einer Form, die eine gewisse Affinität zu den typischen Messiasvorstellungen und -erwartungen im Judentum und Islam hat. Wolfram bedient sich zu diesem Zwecke und hilfsweise der durch und durch historischen Vollkommenheits- bzw. Paradiesvorstellungen des Koran. Und in der Tat kommt es auf dichterischer Ebene zu einem Erlösungskampf, der zugleich einer Gerichtsszene ähnelt. Wolfram selbst macht sich zum Herold seines „Heliand" und gesteht gleichzeitig, dass er ihn gar nicht genug loben kann:

„ez ist wunder, ob ich armer man
die richeit iu gesagen kann,
die der heiden für zimierde truoc." (Pz. 735,9-11)

Er erzählt von seinem Reichtum, der alles in den Schatten stellt, von dem „glänzenden Schein", der ihn umgibt, von „Minne" und „Ruhm", von einem wunderbaren „ecidemon", von einem Meer, wo er den „Anker" geworfen hat, von 25 Heeren usw. Er kann nicht genug tun, die „Vollkommenheit" des fremden Helden zu schildern. Die aufgezählten Bilder und Begriffe haben ein derart symbolisches Gewicht, dass Zuhörer mit noch unverfälschtem Sinn für die Wirklichkeit von Symbolen sofort erkennen konnten: „Er" ist es, der da kommen soll! Wenn auch nur auf der Handlungsebene der maere!

Viel mehr noch als an seinem Auftritt und der seltsamen Hautfarbe ist Feirefiz an den ihn umgebenden „Zeichen seiner Heiligkeit" zu erkennen. Das Auffälligste ist das Helmzimier „ecidemon". Julius Schwietering hat sich intensiv mit der Bedeutung des Zimiers bei Wolfram befasst. Er glaubt, „dass die Zimiere von Parzival I und II denen der übrigen Bücher gegenüber eine fortgeschrittene Phase der Entwicklung darstellen, was sich jedoch nicht aus ihrem in mancher Hinsicht anfechtbaren kompositionellen Zweck, sondern im weit höheren Grade aus ihrer ikonographischen Bedeutung ergibt,"[137] Dem Drachen- bzw. Schlangenzimier des Feirefiz misst er wohl einen apotropäische Kraft bei, aber keine ikonographische Bedeutung. In der Tat ist der Drache ein Symbol, das in ein apokalyptisches, Schrecken erregendes Szenario passt, jedoch eher dem Antichristen als einem „Erlöser" zugeordnet werden muss. Die Klanggestalt des Wortes „ecidemon" lässt auf das griechische Wort Daimon schließen, das „Gott, Gottheit, göttliches Wesen, Dämon"[138] bedeutet. Eine andere Spur führt auf einen biblischen Bericht aus dem Alten Testament, wo von Schlangen die Rede ist, die das Volk bedrohen (Numeri 20,14): An der Grenze des Landes Edom, wird den Israeliten der Durchzug durch dieses Land verweigert; es muss zurück in die Wüste und einen großen Umweg machen. Unterwegs wurde das Volk ungeduldig (Num. 21,4-6), haderte mit Gott und empörte sich gegen Moses. Da sandte Gott brennende Schlangen unter das Volk, und viele starben. Im Bild der brennen-

---

[137] Schwietring 1925, S. 554
[138] Langenscheidts Taschenwörterbuch der griechischen Sprache von Prof. Dr. H. Menge, Berlin 1958 Stichwort „Daimon"

den Schlangen erscheint der Unglaube, der sich im israelitischen Volk infolge der Begegnung mit heidnischen Völkern breit machte, deren Gebiete die Israeliten durchzogen. Moses entzieht diesem Unglauben den Boden, indem er die eherne Schlange anfertigen lässt und sie erhöht. „Wenn dann jemanden ein Schlange biss, so blieb er am Leben, wenn er nur zur ehernen Schlange aufblickte." (Numeri 21,4). Vor diesem Hintergrund ist das „ecidemon" zugleich Zeichen des Unglaubens und der Rettung. In dieser doppelsinnigen Bedeutung spielt es gewiss auch eine entscheidende Rolle im Endkampf: Bezeichnenderweise trägt Parzival das Schwert aus der Beraubung Ithers. Mit dieser Waffe geht er auf seinen Bruder zu und fügt ihm, beziehungsweise seinem Symbol, dem Helmzimier Ecidemon, schwerste Wunden zu. Schließlich nimmt er alle Kraft zusammen und schlägt Feirefiz zu Boden (Pz. 744,12): „ecidemon dem tiere, was geteilet mit der strit" (Pz. 756,24). Beim letzten und mächtigsten seiner Hiebe auf das Haupt des Feirefiz war Parzivals Schwert ebenso wie das doppeldeutige Symbol auf dem Haupt des Gegners zerbrochen. Wie durch ein Wunder (Deus ex machina) steht Feirefiz wieder auf. Als der „Auferstandene" steht er nun vor Parzival, dessen Leben nun in seiner Hand liegt, weil nur Feirefiz noch sein Schwert in der Hand hat. In dieser Position will ihn der Dichter als „Richter" bestätigen, wenn er Feirefiz über 85 Verszeilen hinaus, fast drei Triaden lang (744,20-747,15!) weiterhin das Schwert in der Hand halten lässt. Feirefiz jedoch lässt „Gnade" walten. Das Helmzimier als Zeichen des Zweifels und der Bedrohung ist zerstört. Hier stellt sich die vielleicht entscheidende Frage: Haben sich in diesem Kampf nicht sowohl Parzival als auch Feirefiz verwandelt?

Wie in der Darstellung des kultischen Gralsgeschehens kommt es auch im apokalyptisch anmutenden Endkampf zwischen Parzival und Feirefiz darauf an, in Entsprechungen und Widersprüchen zur religiösen Heilsgeschichte parodistische Motive zu erkennen. Die Übernahme von zweifelhaften, historisierten Jenseits- oder Paradiesvorstellungen des Koran auf die literarische Ebene des Parzivalromans ermöglichte beispielsweise eine „Kritik", indem man sie ironisch kommentiert und z. B. als Gerücht weiter erzählt: „man sagte mir, diz sage ouch ich, daz vor dem grâle waere bereit" (238,8ff). Im o. a. Endkampf wird auch Feirefiz als profaner „Messias" parodiert - besser gesagt - travestiert.[139]

Wolfram benutzt diese satirischen Formen der Textgestaltung als indirektes Mittel der religiösen Auseinandersetzung. Parodieren oder travestieren heißt ja nicht - wie im landläufigen Sinne - etwas nur „lächerlich machen". Es ist nicht zu übersehen, dass mit einem, aus dem Islam entlehnten Messiasbild, Feirefiz im Romankonzept eine wichtige Rolle spielt. Einerseits übernimmt sie den eher negativ erscheinenden „schwarzen" Anteil der Rolle an der Seite Parzivals, andererseits hat sie die positive Aufgabe, in einem dichterischen Bild den Bedingungszusammenhang von „Natur und Gnade" der christlichen Gnadenlehre als das Verhältnis von Anschevin und Gralsgeschlecht zu veranschaulichen. Darüber hinaus „befreit" Feirefiz seinen Bruder Parzival in einem ganz radikalen Sinne von der Wahnvorstellung, alles mit roher Gewalt erreichen zu können. Um Haaresbreite wäre

---

[139] Ein anderes Beispiel für Parodie und Travestie als Mittel literarischer Gestaltung ist der „Don Quijote" als Satire auf den Ritterroman, der dadurch seiner Form nach kritisiert wird (Cervantes).

er zu Tode gekommen, wenn ihm nicht ein gnädiges Schicksal in der Gestalt des Bruders das Leben neu geschenkt hätte.

Auf die vorhergehenden Überlegungen zurückblickend stellt sich die Frage. Hat Feirefiz überhaupt mit „Erlösung" im christlichen Sinne etwas zu tun? Sie ist berechtigt, weil Analogien nicht zu übersehen sind? Er ist jedoch keine christliche Erlöserfigur, durch die Parzival „erlöst" wird.

5.2 Gawan

5.2.1 Gawan als Komplementärfigur - das „alter ego" Parzivals

Das Verhältnis der beiden Romanfiguren Gawan und Parzival hat der Wolframforschung immer wieder Rätsel aufgegeben. „Die Romanstruktur wurde erst in letzter Zeit zum Thema von Untersuchungen - und damit findet Gawan mehr Beachtung ... In neueren Untersuchungen sind zahlreiche Bezüge zwischen Parzival-Geschichte und Gawan-Episoden herausgearbeitet worden. Dabei wird wiederholt die Frage gestellt, ob die Komplementärfigur so viel Erzählraum braucht, wie die Hauptfigur. Diese Frage nach den Textproportionen wird von Romanisten wie von Germanisten diskutiert. Die Antworten stimmen im Tenor oft erstaunlich überein: die Gawan-Episoden nehmen einen unverhältnismäßigen Umfang ein."[140]

Für Dieter Kühn ist das ein Argument, den Parzivaltext bei seiner Neuübersetzung um etwa ein Fünftel zu kürzen. Dabei fällt auch die entscheidende Begegnung mit Vergulacht unter den Tisch, die von der Romankonzeption her sehr wichtig ist, wird doch Gawan erst durch Vergulachts zweifelhaftes Verhalten bedingt, zwangsweise auf die Gralssuche geschickt, auf denselben Weg also, auf dem Parzival bereits unterwegs ist, und ihn im Hintergrund fortan immer begleitet.

Der etwas sorglose Umgang mit den Gawanbüchern im Parzivalroman hat vielleicht noch einen anderen Grund: „Verglichen mit dem ‚berühmt-berüchtigten' Prolog, mit dem Wolfram seinen ‚Parzival' eröffnet, hat der Epilog von Buch VI (337, 23-30) als Vorbereitung für die Gawanbücher, in der Forschung ein verhältnismäßig geringes Interesse gefunden.- Wie die Untersuchungen bzw. Kommentare zeigen, bietet der Gawan-Prolog selbst (338,ff.) zwar eine Anzahl von Textstellen, die kontrovers diskutiert wurden, und z. T. noch strittig sind. Der Gedankengang scheint gut verständlich zu sein und im übrigen - anders als der Hauptprolog - kaum literaturtheoretischen Zündstoff zu enthalten."[141] Hat man da etwas übersehen?

Diese halbwegs heile Welt änderte sich, nachdem Walter Haug sich auf dem Marburger Kolloquium 1990 über „Probleme der Parzival-Philologie" zu „Wolframs Prolog in den

---

[140] Kühn, S. 231
[141] Haug 1990, S. 227

Gawan-Büchern" äußerte. Die Ergebnisse dieser Analyse kann man in der Diskussion nicht übersehen! Jedenfalls sind sie für die folgenden Überlegungen insofern von Bedeutung, als diese in eine ganz andere Richtung zielen. Walter Haug bezieht die Aussagen des Gawan-Prologs und das, was er selbst an Ergebnissen daran erarbeitet hat, lediglich auf die interne Auseinandersetzung zwischen Wolfram und Gottfried von Strassburg: „Der Gedanke drängt sich auf, dass Wolfram hier den Lügenvorwurf an Gottfried zurückgibt und die Wahrheit für sich in Anspruch nimmt".[142]

Diese These ist - bei dem literarischen Aufwand - einfach zu bescheiden! Bemerkenswert ist, dass der Autor selbst in einer Fußnote auf mögliche „Widersprüche" hinweist und sagt, was man „dieser These entgegenhalten" könnte. Meiner Meinung nach ist in „diesem Verständnis des Gawan-Prologes das Richtige" getroffen, bis auf die Schlussfolgerung, diese Bemühungen seien nur gegen Gottfried von Strassburg gerichtet gewesen. Dieser Effekt mag eine untergeordnete Rolle gespielt haben. Im Hinblick auf die Ergebnisse seiner Analyse des Gawan-Prologs möchte ich auf der Spur bleiben, die Walter Haug so angegeben hat: „An diesen Fragen, die die gängigen Interpretationen offenlassen, scheint sich jedenfalls eines zu ergeben, nämlich, dass sich das Problem des Gawan-Prologs nur lösen lässt, wenn man fragt, wie sich die literaturtheoretische Position, die in ihm zum Ausdruck kommt, zu derjenigen des Prologs zum I. Buch verhält. Es dürfte deutlich geworden sein, dass die Argumentation des ersten Prologs nicht einfach zu Beginn des VII. Buches nochmals aufgenommen und variiert wird, sondern dass der Eingang zu den Gawan-Büchern in einer völlig veränderten Perspektive steht."[143] So ist es!

Zusammenhang und Unterschied zwischen beiden Prologen möchte ich nicht mit wissenschaftlichen Argumenten belegen, sondern ihn, wie das schon bei der Analyse des ersten Prologs geschah, „anschaulich" machen. Mit einem Blick in den Spiegel - als szenisches Requisit im Epilog von Buch VI - will ich mich in der Methode der Form der Dichtung „anschmiegen", um damit einer Idee Lachmanns zu entsprechen. Auf diese Weise lässt sich die Darstellung wesentlich kürzen:

1. Im ersten Parzivalprolog ist der „zwîvel" ein Kennwort, das sich in seiner Fernwirkung über den ganzen Roman erstreckt. Das Herz im Inneren des Romanhelden wird wie ein „Bauer" (Vogelbauer) von den Rippen des Brustkorbs und der Haut umschlossen (soweit das dem Text nach meiner Interpretation zugrunde liegende Bild!). Dieses Herz im Eingang des „Parzival" kann Zeichen der literarischen, vorgeburtlichen Existenz des Romanhelden schon im Anfang des Romans sein.

2. Der Epilog von Buch VI beginnt mit Worten:

„ze machen nem diz maere ein man"
der âventure prüeven kann
unde rîme künne sprechen,
beidiu samnen unde brechen.

---

[142] Haug 1990, S. 227
[143] Haug 1990, S. 224

ich taetz iu gerne vürbaz kunt,
wolt ez gebieten mir ein munt,
den doch ander vüeze tragent
dan die mir ze stegreif wagent" (Pz. 337,23-30)

Diese Verse dienen der Vorbereitung des Prologs von Buch VII, in dem Gawan als Stellvertreter Parzivals erscheint. Im Epilog von Buch VI tritt der Erzähler in einer Spiegelszene „aus sich selbst heraus" in einen gegenüberliegenden virtuellen Raum. Das ist zwar nur eine Illusion; jedoch als solche vor einem Spiegel sinnlich erfahrbar zu machen! Der Erzähler und sein Gegenüber - beide auf einem Pferde und in Steigbügeln - stehen sich als Bild und Spiegelbild einander gegenüber (337,27-30) Der erste Erzähler, mit seinem Gegenüber nach wie vor identisch, bleibt im realen Raum zurück. Über den Fortgang der âventiure wird mit dem Prolog von Buch VII an umgehend aus virtueller Perspektive weiter erzählt. So wie der Erzähler „im Spiegel" ein „anderer" ist, wird auch der Held aus virtueller Perspektive ein „anderer": zum „alter ego" Parzivals d. h. zu „Gawan"! Das heißt „kurzer Wahn". Mit diesem Namen wird auf den Gottesshass Parzivals als mögliche Bewusstseinsspaltung angespielt. In den Gawanbüchern wird das höfische Leben als „Wahnsinn" erlebt und gespiegelt. In dieser Welt ist tatsächlich sehr vieles „verkehrt". Darüber wird in den sechs Gawanbüchern kritisch berichtet. Der Prolog beginnt mit sieben Versen:

„Der nie gewarp nâch schanden,
eine wîle zuo sînen handen
sol nu diese âventiur hân
der werde erkande Gâwan.
die prüevet manegen âne haz
derneben oder vür in baz
dan des maeres hêrren Parzival." (Pz. 338,1-7)

Der wichtigste Vers dieser Gruppe ist der mittlere: Mit ihm beginnend möchte ich eine eigene Übersetzung vorlegen: „Der als ehrenhaft bekannte Gawan, der nie in seinem Leben Schande auf sich lud, soll jetzt den Gang der Aventiure für eine Zeit in seine Hände nehmen. Sie prufet ohne Feindseligkeit besser (baz, comp. von wol) jemanden anders anstelle (derneben oder vür) des Herren der maere Parzival."[144] In dieser Übersetzung spürt man vielleicht den Grund, warum Wolfram es für ratsam („besser") hielt, seine Kritik am höfischen Leben und an Königen und Königinnen zu verschlüsselt (d. h. an einem „Stellvertreter") vorzutragen. Sein Vorwurf ist hart: „wer soll sinnes wort behalten; es enwellen die wîsen walten?" (Wer soll denn den Sinn wahrer Worte bewahren, wenn es nicht kluge Menschen täten?) Gemeint war natürlich die feudal herrschende Oberschicht, nicht nur Gottfried von Straßburg.

Allgemein bekannt war, dass Friedrich II. als Zeitgenosse Wolframs eine große Vorliebe für die arabische Lebensart, Kunst und Weltanschauung hatte. Seine Leibgarde bestand

---

[144] „Den Gang dieser Erzählung wird nun für eine Weile ein allzeit ehrenhafter Ritter bestimmen, ich meine den edlen Herrn Gawan. Neben Parzival, ihrem eigentlichen Helden, stellt meine Erzählung nämlich gern auch andere Menschen und ihre Schicksale vor." (Spiewok)

aus Arabern. In seiner Verwaltung, im Heer- und Marinewesen hatten Muslime die höchsten Positionen inne. Es wäre verwunderlich, wenn er als weltbekannter Freigeist und höchst gebildeter Kaiser sich nicht auch für den Islam interessiert hätte. Er schrieb über die Kunst der Beizjagd ein Buch in lateinischer Sprache („ars venandi cum avibus"). Es wäre verwunderlich, wenn ihm nicht auch die erste lateinische Übersetzung des Koran (1143) aus Toledo bekannt gewesen wäre. Außer ihm gab es Richard Löwenherz, ein Freund Saladins oder Fürsten und Kleinkönige in Spanien und dem Hl Land (z. B. Raymond in Antiochien), die dem Islam durchaus gewogen waren. Mit den „falschen lügenhaften Geschichten" könnten durchaus auch Lehren aus dem Koran gemeint gewesen sein, vor denen Wolfram aus gutem Grunde warnen wollte:

„valsch lügelîch ein maere;
daz waene ich baz noch waere
âne wirt ûf eime snê,
sô daz dem munde wurde wê,
derz ûz vür wâhrheit breitet:
sô hete in got bereitet
als guoter liute wünschen stêt,
den ir triuwe ze arbeite ergêt." (Pz. 338,17-24)

„Falsche Lügengeschichten sollte man obdachlos im Schnee sitzen lassen, und jeder, der sie als Wahrheit verbreitet, müsste vor Kälte mit den Zähnen klappern" (Spiewok). Er fügt noch hinzu: Wer sich mit Eifer um solche Werken bemüht, muss wohl geisteskrank sein. „swem ist ze sölchen werken gach"... „daz muoz in lêren cranker sin" (338, Verse 25 und 28).

Gawan handelt nie unüberlegt in einer Gesellschaft, die im Spannungsverhältnis von Glauben und Unglauben lebt. Er glaubt an die Minne und seine Geliebte Orgeluse. Sie glaubt an „Nichts". Der Unglaube scheint ihr besonderes Problem zu sein. Sie traut niemandem, weder sich selbst noch Gawan. Dieser kämpft um ihre Liebe; immer wieder riskiert er ihretwegen sein Leben. In seiner Rolle hat er es mit ihrem Unglauben und mit ihr als Frau zu tun! Hatte Ihr Unglaube vielleicht mit jenem „crâm" zu tun, den sie von Amfortas als Geschenk erhalten hatte, der ihn ins Unglück gestürzt hatte? Hatte auch sie sich fremden Göttern oder einem fremden Glauben zugewandt, von Amfortas dazu verführt? Wie bereits gesagt, ist im unmittelbaren Anschluss an den Prolog von Buch VII ausdrücklich von einer „valsch lügelich maere", von einer Lug- und Truggeschichte die Rede. Dies könnte ein apokrypher Hinweis auf ein bestimmtes Buch sein, das aber nicht genannt wird. Deshalb auch die Mahnung an die Edlen, sich auf solche Unwahrheiten nicht einzulassen. Dass es sich bei diesen unglaublichen Geschichten möglicherweise um den Islam handelt, geht erst aus der weitern Verlauf der Analyse des Textes hervor.

Es ist natürlich klar, dass sich Wolfram ärgert, wenn die Geschichten des Orients, etwa Suren aus dem Koran, mehr Anklang finden als seine eigene Dichtung, die ja Apologie des Christentums sein will. Das Schlimme ist, „dass selbst edle Leute die Lügengeschichten der Wahrheit vorzögen" meint Wolfram[145] und auch Walter Haug vermutet im selben Zusammenhang: „Die Lügendichtung, die er dabei aufs Korn nimmt, kann auch von daher schwerlich ein unverbindlicher Unterhaltungsroman sein ... Worauf oder auf wen schießt sich Wolfram hier dermaßen aggressiv ein?" Es sei erlaubt, trotz der ein wenig veränderten Sinnrichtung, dennoch die Worte Haugs aufzugreifen: „Sollte dieses Verständnis des Gawan das Richtige treffen, so hätte man damit ein ebenso bedeutsames wie bislang verkanntes Stück Wolframscher Poetologie vor sich".[146] Mit Bezug darauf möchte ich die Frage stellen: In welchem Sinne ist Gawan eine Komplementär - bzw. eine Spiegelfigur zu Parzival?

Wolframs Thema schlechthin ist das trinitarische Menschen- und Gottesbild. Nicht etwa in dem Sinne, dass darüber bloß spekuliert werden sollte, sondern eher indirekt und aus der Perspektive des ersten Schöpfungsberichtes der Heiligen Schrift: Dort heißt es: „Und Gott erschuf den Menschen nach seinem Bilde, nach seinem Bilde erschuf er ihn als Mann und Frau." Die Frage bzw. das dichterische Problem ist: In welcher Form spiegelt sich diese von Gott im Schöpfungsakt vorgesehene Menschwerdung im Prozess des Selbst- und Weltverstehens wider und zwar unter den Bedingungen des Sündenfalles? Eine solche Entwicklung vollzieht sich im Romangeschehen auf den drei Ebenen menschlicher Existenz: auf individueller, mitmenschlicher und heilsgeschichtlicher Ebene, m. a. W. als Selbstfindung, Weltfindung und Gottfindung.

Die im Roman auftauchenden Figuren sind den jeweils unterschiedlichen Ebenen zuzuordnen und in diesem Sinne die sinnfälligen, wenn auch nur virtuellen Spiegelbilder ein- und desselben Helden (d. h. der drei verschieden Personen eines Wesens). Im Buch VI wird beschrieben, wie Parzival in die Artusrunde aufgenommen wird, und damit sein erstes Ziel, den höchstmöglichen Grad der Selbstverwirklichung in der höfischen Gesellschaft erreicht hat. Er ist der Gleiche unter Gleichen in einer Welt, die sich wie auf einer Insel der Seligen in ihrer diesseitigen Vollkommenheit nur selbst bespiegelt.

Da bricht plötzlich wie ein Blitz aus heiterem Himmel, Cundry, eine fremdartige Gestalt aus einer anderen Welt, in diese geschlossene Gesellschaft ein und sprengt sie durch die Verfluchung eines ihrer Mitglieder. Das Ausmaß der dadurch hervorgerufenen Katastrophe scheint, außer dem Betroffenen selbst, kaum jemand richtig zu bemerken. In der Tat prallen in dieser Begegnung zwei völlig verschiedene Welten- bzw. Weltwirklichkeiten aufeinander: Die Welt, in der wir als Menschen in Raum und Zeit, im raum-zeitlichen Neben- und Nacheinander leben, und jene Welt, die anscheinend das gleichzeitige Erleben von Diesseits und Jenseits als eine Einheit im seelischen Geschehen bewirken und Anfang und Ende unserer Geschichte in einem Punkt versammeln kann, die man in Anlehnung an den Begriff „Ewigkeit", eine „Schau", wie die Theologen sagen, nennen könnte, die Vergangenheit und Zukunft in einem einzigen Punkt sammelt. Es geht Wolfram in der Tat um die Beschreibung eines metaphysischen Ereignisses auf geschichtlicher

---

[145] Haug 1990, S. 223f
[146] Haug 1990, S. 228

Ebene. Die Darstellung bedarf einer historischen Dimension, weil eine andere für uns gar nicht wahrnehmbar wäre.

In einem poetischen Bilde aus dem Film Orphée von Jean Cocteau aus dem Jahre 1949, das sich für eine Beschreibung der Verfluchungsszene anbietet, möchte ich, nicht zuletzt deshalb, weil Wolfram am Ende des sechsten Buches selbst dazu eine Anleitung gibt, anschaulich machen, was hier vor sich geht: In jenem Film wird dargestellt, wie Orpheus aus der Welt in die Unterwelt gelangt, und in zwei Welten gleichzeitig lebt, denkt und handelt. Wenn sich der Held der Geschichte ins Jenseits begeben, oder umgekehrt wieder aus der Unterwelt emporsteigen möchte, tritt er vor einen großen Spiegel, der, wenn man ihn mit den Händen berührt, wie eine Wasseroberfläche zittert, wodurch die Konturen der „beiden" in verschiedenen Welten sich gegenüberstehenden Personen verschwimmen und sich der Spiegel wie ein Tor in die andere Welt öffnet. Der Spiegel ist die durchlässige Grenze. Bei diesem Übergang, einer „Handlung", muss man Handschuhe anziehen. Ein „Chauffeur" als Todesbote, der dem Filmhelden behilflich ist, sagt: „Mit diesen Handschuhen werden Sie durch den Spiegel schreiten, wie durchs Wasser. Mit den Händen voran! Nicht versuchen zu verstehen, nur glauben!" Im Jenseits angekommen fragt Orpheus: „Wo sind wir hier"? „Dies ist der Übergang" antwortet der Chauffeur, „er besteht aus den alten Geschichten aller Menschen." Und ein wenig später zu Orpheus gewandt: „Wir haben hier andere Begriffe, als die, die Sie kennen". Bei diesen Grenzüberschreitungen im Filmgeschehen werden Erzähler und handelnde Personen mit ins „Jenseits" genommen und umgekehrt virtuelle Figuren ins Diesseits geholt. Beide Welten in diesem Film sind „gleichgültig" und wirkmächtig. In den Filmszenen soll angedeutet werden, dass man als Mensch in verschiedenen Welten zu Hause sein kann.

5.2.2 Der Epilog von Buch VI - eine Szene vor dem Spiegel

Wolfram von Eschenbach hatte versucht, etwas Ähnliches, wie die o. a. Geschichte von „Orpheus in der Unterwelt" „auf die Reihe zu kriegen". Freilich war er dabei auf rein akustische, d. h. literarische Mittel angewiesen. Bereits im Prolog hatte er eine solche Absicht bekundet; gleichzeitig aber auch auf die damit verbundenen Verständigungsschwierigkeiten („wilder vunt") aufmerksam gemacht:

„nu lât mîn eines wesen drî,
der ieslîcher sunder pflege
daz mîner künste widerwege:
dar zuo gehôrte wilder vunt,
ob si iu gerne taeten kunt
daz ich iu eine künden will.
si heten arbeite vil." (Pz. 4,1-7)

„Angenommen, statt einmal gäbe es mich dreimal, von denen jeder für sich das leistete, was meinem Können gleichkäme: selbst dann gehörte eine außerordentliche dichterische

Phantasie dazu, und sie hätten Mühe genug damit, wenn sie auch kundtun wollten, was ich allein euch jetzt erzählen will."[147]

Durch diese Art der Ankündigung im Prolog wird das Publikum also schon vorweg auf eine gewisse Mehrgleisigkeit bzw. Parallelität im weiteren Verlauf der Geschichte aufmerksam gemacht. Im Blick auf die poetologische Szene des Erzählers vor dem Spiegel mit dem Epilog von Buch VI waren sie also nicht unvorbereitet. Ganz konkret hatte der Erzähler schon auf andere Weise im Prolog die Zuhörer auf Spiegelungen bzw. Spaltungsphänomene - wie das „samnen unde brechen" (Epilog Buch VI) aufmerksam gemacht:

„zin anderhalb an dem glase
geleichet und des blinden troum:
die gebent antlitzes roum.
doch mac mit staete niht gesîn
dirre truebe lîhte schîn:
er machet kurze vröude alwâr." (Pz. 1,20-25)

„Es ist wie der Spiegel und der Traum eines Blinden, die ja nur ein flüchtiges, oberflächliches Bild geben, ohne greifbaren Gegenstand dahinter."[148]

Niemand im Publikum konnte sich beklagen, unvorbereitet mit dem Phänomen einer Spiegelung bzw. Spaltung im Romangeschehen bzw. im Übergang von Buch VI nach Buch VII konfrontiert zu werden. Dennoch handelte es sich auch für sie und jeden anderen Hörer oder Leser um etwas ganz Neues, eine völlig neuartige dichterische Erfindung. Wolfram nennt sie „wilder vunt". An diesem Ausdruck und dem damit verbundenen Sachverhalt hatte Gottfried von Straßburg seinen ganzen Ärger ausgelassen; ging es doch auch um die Einzigartigkeit eines literarischen Konzeptes.

Im Epilog von Buch VI, der im Grunde mit dem Prolog von Buch VII im Zusammenhang zu lesen ist, stellt der Erzähler seine literarische „Erfindung" vor[149]: Cundry, die Botin aus dem fiktiven „Jenseits" im Parzivalroman war aus der Gralswelt an die Oberfläche der geschichtlichen Welt gekommen und hatte Parzival wegen seines Fehlverhaltens beim ersten Gralsbesuch verflucht. Das hatte ihn innerlich zutiefst getroffen und zu einer Bewußtseinsstörung geführt. Körperlich nach wie vor in der höfischen Welt anwesend, war er seelisch durch seinen Gotteshass in einer an Wahnsinn grenzenden Verzweiflung in eine gottferne Welt willentlich abgetaucht.

In dieser Szene geht es um die sinnfällige, literarische Darstellung dieses Überganges, von einer geschichtlich realen in eine sinnfällige, virtuelle, undurchsichtige Gegenwelt. Zu diesem Zweck musste Wolfram im Medium der Sprache eine zweite, mit Parzival identi-

---

[147] Spiewok 1981, übersetzt von Sp.
[148] Spiewok 1981
[149] Die Aufdeckung von „Realien", die diesem Text zugrunde liegen und bei der Deutung eine große Rolle spielen, ist eigentlich eine Selbstverständlichkeit. Mit „Einfältigkeit" oder „Unwissenschaftlichkeit" im Umgang mit einem literarischen Text hat das nichts zu tun. - Das Problem der Bewusstseinsspaltung, über das man sich auch in wissenschaftlichen Abhandlungen ausbreiten kann, wird im Epilog zu Buch VI literarisch auf eine sinnfällige, anschauliche Szene vor einem Spiegel reduziert. - In der Tat eine geniale Erfindung: ein „wilder funt".

sche Figur erschaffen, um parallel verlaufende physische und metaphysische Bewusstseinsprozesse des „einen Helden" als Spaltung anschaulich zu machen. Physisch meint hier das Geschehen auf geschichtlicher, höfischer Ebene. Metaphysisch ist die heilsgeschichtliche Ebene eine durch die Taufe geschaffene und durch Schuld demolierbare Realität.[150] Hier liegt wohl das Motiv für das Auftauchen einer zweiten, mit Parzival identischen Figur. In dieser Szene wird Gawan in das „alter ego" Parzivals verwandelt. Um den Text zu verstehen, bedarf es von Seiten des Publikums der von Wolfram geforderten „stiure". In diesem Fall handelt es sich um die subjektive, gedankliche „Beisteuer" in Form eines Spiegels. Er wird gebraucht als notwendige Requisite zum Verständnis des Epilogs am Ende von Buch VI. Mit Hilfe dieser Realie - und ihrer Symbolik - ist es relativ leicht, den an sich äußerst komplexen Vorgang der Darstellung einer Bewusstseinspaltung so zu reduzieren, dass man den Sinn der poetologischen Aussagen des Epilogs von Buch VI durchschauen oder auch nur erraten kann.

Parzival und Gawan - Bild und Spiegelbild - sind also annähernd identisch, handeln jedoch auf verschieden Ebenen der Wirklichkeit. Sie sind im Prozess der Wahrnehmung im Bewusstsein des Hörers jedoch auch austauschbar. Wolfram stellt sich als Erzähler mit den letzten Zeilen des sechsten Buches (Pz. 337,23-30) in Gedanken vor einen Spiegel und verhandelt mit seinem virtuellen Gegenüber. Sein alter ego im Spiegel ist ja ein „anderer Mann", der etwas von Dichtung versteht und, was ebenso wichtig ist, der sich mit seinen Füßen in den Steigbügeln und auf dem jenseitigen Boden einer irrationalen, anderen Welt bewegt. So ist auch seine Bedingung für den Fortgang der Geschichte erfüllt, dass „diesen Mund andere Füße tragen, als die, die in meinen Steigbügeln stehen" (Text 337,23-30). Der Erzähler erteilt also seinem „Konterfei" (frz. contrefait!) im Spiegel den Auftrag die Geschichte Parzivals in der anderen Perspektive weiter zu erzählen. Insofern wird die Geschichte Parzivals aus „jenseitiger", virtueller Perspektive als die Geschichte Gawans sozusagen als „kurzer Wahn" in der höfischen Welt erzählt.

Die Folge davon ist, dass sich die anschließenden Abenteuer Parzivals in einem metaphysischen und nur andeutungsweise geschichtlichen Raum im „Hintergrund" der Geschichte Gawans abspielen. Der Epilog von Buch VI kann auch verständlich machen, was der Dichter meint, wenn er sagt, dass der „andere" Mann die âventüre „prüeven", d. h. über ihre Wahrheit befinden kann: Ist er doch vor und im Spiegel derselbe, dem er dies zutraut. Neben dem Erzähler ist auch der Romanheld vor und im Spiegel ein und dieselbe Figur. Der Spiegel ist das Medium, in dem er „beidiu samnen und brechen" (Pz. 337,26), also versammeln und trennen kann, je nachdem, wie es dem Erzähler gefällt, mit seinem Helden und der Welt, in der er gerade lebt umzugehen. Er kann die Figuren jeweils aus einer gegenüberliegenden Perspektive des Spiegels betrachten und darüber erzählen. Und was besonders wichtig ist: Er kann sie wieder zusammenführen, d. h. ihre Spaltung beenden. Das hat für den Fortgang der maere wichtige Folgen:

---

[150] Diese durch die Taufe erlangt Lebenswirklichkeit der Gnade hat nach Lehre der Kirche zugleich eine zeitliche und überzeitliche Qualität. Die Zeitlichkeit ist darin enthalten. Das ist der Grund, weshalb Parzival hin und wieder schemenhaft im Hintergrund der Gawangeschichte auftaucht.

„ze machen nem diz maere ein man,
der âventure prüeven kann
unde rîme künne sprechen,
beidiu samnen unde brechen.
ich taetz iu gerne vürbaz kunt,
wolt ez gebieten mir ein munt,
den doch ander vüeze tragent
dan die mir ze stegreif wagent" (Pz. 337,23-30)

Für die Übernahme der Rolle eines „alter ego" im Verhältnis zu Parzival hatte sich Gawan oder Gauvain, wie er bei Chretien noch hieß, bestens „qualifiziert", hatte er doch, wie es einem Helden geziemt, stets die richtigen Fragen gestellt und weitgehend die Probleme der Gralswelt, in der er selbst die Hauptfigur war, lösen können. Außerdem war er schon der berühmteste Ritter der Tafelrunde bevor Parzival auftauchte.

Auch das wichtige „Wahn-Motiv" in der Verbindung mit dieser Figur hatte Wolfram in der Vorlage bei Chretien gefunden und übernommen. Guigambresil, die Parallelfigur zu Kingrimursel im Parzivalroman hatte Gauvain zu Unrecht beschuldigt: „du hast meinen Herrn getötet, und dies, ohne ihn zum Zweikampf herausgefordert zu haben" (Chretiens 4760). Er hatte ihn herausgefordert: „ in vierzig Tagen wolle er ihn vor dem König von Escavalon des gemeinen und üblen Verrats überführen" (4790). Gauvain nimmt den Kampf an und macht sich umgehend auf den Weg. Ihm war „freies Geleit" zugesagt worden. - Das erfährt man in der Szene, auf die es im folgenden ankommt:

Unterwegs begegnet Gauvain mit seinem Tross einer unbekannten vornehmen Jagdgesellschaft. Der Jagdherr, den er nicht als König erkennt, lädt ihn auf sein Schloss ein. Er gibt ihm als Begleiter einen Vasallen mit, der Gauvain - auf Geheiß des Landesherrn - seiner Schwester wärmstens empfehlen soll. Auf diese Weise gerät Gauvain also auf das Schloss, dessen früheren Herrn er getötet haben soll. - Er verliebt er sich sofort in dessen Tochter, bzw. die Schwester seines Gastgebers.

Beim Flirt miteinander werden sie jedoch von einem „Verräter" beobachtet, der Gauvain (als angeblichen Mörder) erkennt. Er schlägt Alarm, und die Bürger der Stadt greifen die Burg an. Mit Hilfe seiner neuen Freundin und der schweren Figuren eines Schachspiels, die sie eigenhändig auf die Angreifer schleudert, gelingt es Gauvain, sich so lange ihrer zu erwehren, bis der König mit seinem Gefolge von der Jagd heimkehrt. Nach weiteren verbalen Streitereien wird der Kampf beendet. Guigambresil, der Gauvain zum Zweikampf herausgefordert und ihm seinerseits sicheres Geleit zugesichert hatte, ist mit im Gefolge. Er erkennt Gauvain, „Et dist trois paroles en vain", und sagte nur drei Worte voll Wahn: Herr Gawan, Herr Gawan, (6140) ich hatte Euch freies Geleit zugesichert, aber doch nur unter der Bedingung, dass Ihr Euch niemals erkühnen solltet, eine Burg oder eine Stadt meines Herrn zu betreten." (6145).

Guigambresil verändert sozusagen mit diesem „Donnerwetter" den Namen Gauvains, den er nun „Ga-wain" (kurzer Wahn) nennt, um damit zu sagen „Du bist wohl wahnsinnig. Ich hatte Dir freies Geleit zugesichert, aber doch nicht so etwas!" Wolfram nimmt dieses

„Wahn-Motiv" aus der Vorlage auf und verändert es qualitativ so weit, dass es im Konzept des Parzivalromans mit der Figur des „Gawan" („gach oder ga- wan) als Spaltungsmotiv eine tragende Rolle übernehmen kann. Genial erfindet er dazu im Epilog von Buch VI („ze machen nem diz maere ein man" 337,25-30) eine passende, anschauliche Spiegelszene für seine „zweite" Erzählerfigur, was zur Folge hat, das die „maere" sich von diesem Zeitpunkt an „gleichzeitig" in zwei Räumen, in einem realen und einem virtuellen abspielt und aus gegensätzlichen Perspektiven weiter erzählt wird.

Die Spaltung der Erzählerfigur hat zur Folge, dass Parzival real als sein eigenes „schizophrenes Ego", als „kurzer Wahn oder „Gawan" weiter agiert. Er wird erzählerisch weiter aus dem virtuellen Raum begleitet. Der Anfang von Buch VII hat zunächst keinen anderen Sinn, als dieses neuartige literarische Konstrukt mit dem Schein von Plausibilität so zu kaschieren, dass es als Konzept nicht stört. Im Grunde ist der Erzähler auf beiden Seiten des Spiegels, d. h. im realen und virtuellen Raum derselbe, was auch für den Helden gilt.

Auf diese radikale Veränderung gegenüber dem Konzept seines Vorgängers Chretien hatte Wolfram schon am Schluss des Parzivalprologs aufmerksam (4,2-8) gemacht. Nicht ohne Grund geschieht dies mit sieben Versen, deren erster lautet: „nu lât mîn wesen eines drî". Es geht nämlich um eine neue, „dreifältige" Art des Erzählens. Wolfram hatte sie einen „wilden vunt" genannt und hatte damit bei Dichterkollegen Anstoß erregt. Wenn er nun diese Versgruppe mit „ein maere will ich iu niuwen," abschließt, heißt das nicht nur „ich will die Vorlage meines Vorgängers erneuern". Diese Bemerkung hat einen schwerwiegenderen Sinn: „niuwen" ist ein Wort mit sich wandelnder Bedeutung; eine Äquivokation.[151] Als starkes Verb heißt es auch zerstoßen und zerdrücken. Wolfram will damit sagen: Ich will die „alte Geschichte" im Kern so verändern, dass von ihr nur noch die „Hülsen" als ihre alten Reste übrigbleiben. Der Übergang von Buch VI zu Buch VII und das Verhältnis von Vorlage und Parzivalroman, das hier kurz erörtert wurde, sind dafür ein prägnanter Beleg.

In seiner neuen Rolle braucht Gawan dem Range nach als „alter ego" Parzivals, auf sein altes Ansehen nicht zu verzichten. Dass er im Parzivalgeschehen mit einer angeblichen Schuld aus seinem früheren Heldendasein - einem Mord - konfrontiert wird, hat in erster Linie konzeptionelle Gründe, die den nahtlosen Fortgang der Geschichte gewährleisten sollen. Vergulacht, der hinter diesem Vorwurf des Mordverdachtes steht, ist nämlich derjenige, der Gawan nach seinen Abenteuern in Ascalun auf die Gralssuche schickt, wenn auch auf dubiose Weise. Es stellt sich zwar im Laufe der Geschichte heraus, dass Gawan unschuldig ist, zunächst aber macht er sich auf den Weg. Zwischendurch gibt es viele unterschiedliche Abenteuer zu bestehen.

Eine Wende in den Gawan-Abenteuern - konzeptionell vorprogrammiert - tritt ein, als er gegen Ende des achten Buches durch Vergulacht verpflichtet wird, für ihn auf Gralssuche zu gehen. Vergulacht seinerseits war jedoch von Parzival besiegt und selbst verpflichtet worden, den Gral zu suchen. Diese Aufgabe überträgt er in geradezu erpresserischer

---

[151] Lexer: „niuwen, nûwen stv. III u. sw.. zerstossen, zerdrücken, zerreiben, stampfen, bes. auf der stampfmühle enthülsen."

Weise auf Gawan und entlässt ihn damit aus der Gefangenschaft. Die Gralssuche erreicht für Gawan mit dem Bestehen der Abenteuer auf Schastel marveille und der Befreiung einer höfischen Gesellschaft aus der Gefangenschaft eines Zauberers seinen ersten Höhepunkt, bevor Gawan als Romanfigur nach dem „fast tödlichen" Ausgang im Kampf mit Parzival später - nämlich im Gespräch zwischen Artus und Feirefiz - von der Bildfläche wieder sang- und klanglos verschwindet.

Der oben beschriebene, enge konzeptionelle Zusammenhang der beiden Hauptfiguren des Parzivalromans kommt in der Dichtung selbst anschaulich zum Ausdruck. Wenn Gawan im Grunde „Parzival in anderer Gestalt ist", relativiert sich die Frage nach der Wertigkeit der Gawanbücher im Verhältnis zu den „eigentlichen" Parzivalbüchern. Es wurde immer wieder gefragt, „ob die Komplementärfigur so viel Erzählraum braucht, wie die Hauptfigur.... Die Gawanepisoden nehmen einen, unverhältnismäßigen Umfang' ein."[152] Aus diesem Grunde hat Dieter Kühn in seinem Buch „Der Parzival des Wolfram von Eschenbach" den „Parzivalroman um etwa ein Fünftel gekürzt. Und das aus Überzeugung", heißt es. Darunter waren auch „einige Kürzungen in den Gawan-Episoden" (Op.cit. S. 232). - Ich glaube nicht, dass es sich bei den Gawanbüchern um eher „belanglose oder nebensächliche Ereignisse", also Episoden handelt, die zu vernachlässigen oder auszusondern wären. Damit brächte man das Ganze aus dem Gleichgewicht. Für jeden erkennbar ordnen sich die Parzival- und Gawanbücher achsensymmetrisch um das neunte Buch, in dem die Gesamthandlung mit der Bekehrung (Metanoite) des Romanhelden eine Wende macht. Wenn im Blick auf Gawan an seiner Rolle herumgerätselt wird, so gibt der Dichter selbst in der o. a. poetologischen Spiegelszene, im Epilog, darauf die Antwort.

Welche Rolle Gawan nach dem dichterischen Konzept spielt, steht ihm zugegebenermaßen nicht auf der Stirn geschrieben. Handelt es sich doch bei der dichterisch nachempfundenen „Spaltung" bzw. Zuordnung von zwei (mit Feirefiz sind es drei) „Personen" zu einem menschlichen „Wesen" - dem Helden Parzival - in der Tat um einen Reflex auf das in jeder Hinsicht größte Rätsel, mit dem es der Mensch überhaupt zu tun hat: um das Geheimnis der Trinität. Durch seine Ebenbildlichkeit ist der Mensch diesem Geheimnis verbunden. So muss - und das ist der Glaube Wolframs - sich eine „relative Dreifaltigkeit" auch in der Kreatürlichkeit des Menschenlebens irgendwie wiederfinden, wenn man denn fest daran glaubt, dass der Mensch das Abbild oder Ebenbild seines dreifaltigen Schöpfers ist.

Wenn es schon prinzipiell unmöglich ist, dass der Mensch als Geschöpf seinen Schöpfer durch theologische oder philosophische Spekulation überhaupt erkennen kann, so darf er sich zumindest selbst die Frage stellen, was es denn für ihn bedeutet, wenn im Schöpfungsbericht heißt: Gott schuf den Menschen nach seinem Bilde, nach seinem Bilde erschuf er ihn, als Mann und Frau erschuf er sie! Die Suche nach dem Gral ist nicht zuletzt deshalb im dichterischen Konzept Wolframs auch die Suche nach dem Selbstverständnis des Menschen als Geschöpf.

---

[152] Kühn, 1991 S. 232

5.2.3 Die Kämpfe Gawans

Die Gestalt Gawans und die Rolle, die er im Romangeschehen einnimmt, sind bis heute ein Rätsel geblieben. Diese Figur hat manchem Erklärungsversuch ebenso widerborstig wie erfolgreich widerstanden. In diesem Sinne äußert sich z. B auch Dieter Kühn.[153] In der Tat stellt sich bis in die Gegenwart immer noch die „Frage, wie dies Nebeneinander vom Dichter gemeint sei." (J. Bumke). Ob meine Deutung eine Antwort auf diese Frage sein kann, sei dahingestellt.

W. J. Schröder und Wapnewski hatten versucht, das mit der Figur Gawans verbundene Interpretationsproblem durch die Erklärung zu lösen, „dass Gawan im Grunde nur eine andere Erscheinungsform von Parzival sei, dass Parzival in der Zeit seiner Zerfallenheit mit Gott in der Gestalt Gawans auftrete." Mein Vorschlag geht in eine ähnliche Richtung. J. Bumke hielt dies für eine „imponierende strukturelle Deutung", die „jedoch am Inhalt und Ton der Gawanerzählung keine Bestätigung findet", weshalb „dieser Gedanke in der neueren Literatur kaum wieder aufgegriffen worden" sei. Bei meinem neuen Deutungsversuch zur Rolle und Funktion Gawans habe ich mich allein am Text, d. h. am Inhalt und Ton der Gawanerzählung orientiert.

In der Tat handelt es sich beim Übergang von Buch VI nach Buch VII um die Einführung oder Vorbereitung der Hörer auf einen Sachverhalt, der überhaupt nicht zu beschreiben, sondern primär auf ein szenisches Bild angewiesen ist. Deshalb hat eine Realie aus dem Lebenskreis der Menschen, nämlich ein „Spiegel" hier eine Aufgabe zu übernehmen, für die es kein anderes Medium gibt. Insofern gilt auch hier - allerdings aus einer anderen Perspektive das, was Lachmann meint, wenn er von Unübersetzbarkeit des Originaltextes spricht: Wie will man ein Bild übersetzen? In der Übersetzung müsste also in jedem Falle die Bildhaftigkeit erhalten bleiben, selbst wenn der Text dadurch holprig würde.

In Situationen, in denen Unsagbares gesagt werden soll, greift Wolfram, wie es auch in der Bibel immer wieder geschieht, auf Bildhaftigkeit und Dinglichkeit zurück, um „Unsagbares" dennoch zu erzählen. Es ist schon fast eine Regel, nach der Wolfram verfährt. Was im Bild oder als Ding relativ einfach erscheint, kann sogar in seiner symbolischen Aussagekraft das Wort übertreffen. Die Bedeutung der Realien im Text kann man gar nicht hoch genug einschätzen, wie sich an vielen Beispielen belegen lässt: zwîvel, nachgebur, Elster, Hase, Spiegel, Rüstung oder vel sind solche Dinge mit einem hohen Symbolwert.

Seit der Festlegung der germanistischen Philologie auf strikte Wissenschaftlichkeit ihrer Methode betrachtet sie es sicherlich nicht mehr ausdrücklich als ihre Aufgabe, Rätsel zu lösen. Nun ist der Parzival sozusagen ein einziges großes Rätsel und soll es nach der Absicht des Dichters wohl auch sein. Für das, was man an diesem Text entdeckt oder versteht, gibt es in der Regel keine „stringenten Argumente". Da solche Argumente bei einer Analyse wolframscher Dichtung also schwer zu finden sind, vermutet Bernd Schirok mit Recht: „Entweder entsprachen die Forderungen nach stringenter Argumentation nicht den mittelalterlichen Vorstellungen, oder die ursprüngliche Stringenz war durch nachträgli-

---

[153] Er nimmt aus diesem Grunde bei seiner Übersetzung „einige Kürzungen ... in den Gawan-Episoden" vor.

che Überarbeitungsvorgänge zerstört worden." Eine subjektiv künstlerische Interpretation des Parzival, die auf stringente Argumente verzichtet, mag also näher liegen, wie dies auch die Vermutungen von Schröder und Wapneski bestätigen.

„Der nie gewarp nach schanden", der niemals tat, was schändlich war (338,1), mit diesem einleitenden programmatischen Worten des ersten Gawanbuches wird der Held also in seiner neuen Rolle vorgestellt. Wolfram bezieht damit von vornherein Stellung zugunsten Gawans, der kurz zuvor von Kingrimursel noch des „heimtückischen Mordes" und eines „Judaskusses" bezichtigt worden war. (Pz. 321,10-11) Eine derartige Ehrenerklärung war für den „eigentlichen" Helden der Geschichte, Parzival, noch nie abgegeben worden! - In der Verfluchungsszene (Buch VI) hatte Cundry, die Unheilsbotin aus dem Jenseits, Parzival den Spiegel vorgehalten, in dem er sich selbst nicht mehr erkennen konnte. Er verlor in dieser Aktion Cundrys die Identität, d. h. die Übereinstimmung mit sich selbst in einer Art Bewusstseinsspaltung. Als Folge dieses Identitätsverlustes (Schizophrenie) erscheint Parzival von Buch VII an - dem dichterischen Konzept gemäß - als Gawan. Diese Teilfigur bleibt der höfischen, d. h. geschichtlichen Welt zugeordnet, die andere der heilsgeschichtlichen Welt des Gralsgeschehens.

Bei der Analyse der Gawanrolle kann man die Vielzahl der Kämpfe, in die er verwickelt ist, nicht in allen Einzelheiten analysieren. In diesen Kämpfen, die er stellvertretend für Parzival übernimmt, spiegelt sich im Grunde seine Auseinandersetzung mit Fehlern und Schwächen der gesellschaftlichen Umwelt und seiner Zeit. Die Begegnungen sind dadurch gekennzeichnet, dass sie sozusagen fallweise typisches Fehlverhalten thematisieren, wobei weibliche Figuren in der Regel die Auslöser sind. Gawan selbst erscheint durchgehend als Idealfigur, an der das Verhalten anderer gemessen wird, wie das übrigens nach dem Prinzip der „Quaternität" in den alten Artusgeschichten schon üblich war, nur dass dann jeweils zwei Paare miteinander verglichen wurden.

Parzival hat es in seinen Kämpfen dagegen hauptsächlich mit eigenen Fehlern und den sich daraus ergebenden Folgen zu tun, die sein seelisches Gleichgewicht erschüttern. Die Begegnungen Gawans mit den Figuren der höfischen Gesellschaft sollen hier - bis auf Orgeluse - nur kurz angesprochen werden.

1. Parallel zum Mord an Ither durch Parzivals wird Gawan, entsprechend dem Romankonzept, ebenfalls mit einem Mordvorwurf konfrontiert; allerdings ungerechterweise, wie sich aber erst später herausstellt. Welchen Sinn diese Anschuldigung im Romankonzept hat, war bereits oben erläutert worden. Wenn man das Grundkonzept nicht berücksichtigt, handelt es sich um eine nur sehr schwer zu verstehende Verleumdung.
2. Auf dem Wege nach Askalon wird Gawan in eine Reihe von Kämpfen verwickelt. Vor Bearosche gerät er in eine Auseinandersetzung, die durch die Liebe zweier junger Menschen ausgelöst wurde: Obie ist der Typ einer noch unreifen jungen und teilweise recht ungezogenen Frau, die einen ebenso jungen, unreifen und rabiaten Mann liebt. Beide können ihre Liebe zueinander noch nicht in der höfisch geeigneten Form zum Ausdruck bringen. Bei dem Versuch, sich ihre Liebe zu gestehen, kommt ihnen ein Kind zur Hilfe. Es ist die kleine Obilot.

3. Gawan wird der Ritter Obilots, eines liebreizenden Mädchens, noch im kindlichen Alter, das ihm ihre Minne anträgt. Gawan zögert zunächst, diese Minne zu akzeptieren:

„ê daz ir minne megt geben,
ir müezet vünf jâr ê leben:" (Pz. 370,15-16)

In diesem Augenblick erinnerte er sich jedoch daran, wie Parzival den Frauen mehr Glauben schenkte als Gott:

„nu dâhte er des, wie Parzivâl
wîben baz getrûwet dan gote:
sîn bevelhen dirre magde bote
was Gâwân in daz herze sîn." (Pz. 370,18-21)

Entscheidend für das Verständnis der Rollenverteilung zwischen Gawan und Parzival ist die möglichst wörtliche Übersetzung der beiden letzten o. a. Verszeilen:

„Seiner Empfehlung war diese Magd
eine Botin in das Herz Gawans."

Mit anderen Worten: Für seinen Auftrag, war das Mädchen die Botin in Gawans Herz. Wenn man es noch genauer wissen möchte, kann man den letzten Vers auch als „Spiegelung" betrachten und die Verszeile Wort für Wort auch rückwärts lesen:

„sin herze, daz in Gawan was"!
„Sein (Parzivals) Herz das in Gawan war" als Spiegelung von Pz. 370,21

In Gawans Brust schlägt also das Herz Parzivals. Die Basis dieser Identität ist die Liebe zur Frau schlechthin. Sie ist der Spiegel, in dem sich beide Figuren vereint finden. Gawan übernimmt also diese Aufgabe, weil er sich in Erinnerung an Parzival dazu verpflichtet fühlt. Nach seinen siegreichen Kämpfen müssen seine Gegner dem Kind, das er auf dem Arme trägt, die Unterwerfung geloben, nicht zuletzt deswegen, weil aus dem Munde des Kindes „Gott spricht":

„got uz ir jungen munde sprach:
ir bete bedenhalp geschach" (Pz. 396,19-20)

4. In seinen Kämpfen vor Bearosche begegnet Gawan auch Meljakanz, einem Menschen, der als „Vergewaltiger" der Frauen bekannt ist. „Man sollte ihn töten", heißt es im Text und in der Tat reitet Gawan ihn im Kampfe nieder:

„Meljacanz wart getretet,
durch sin cursit gewetet
maneg ors daz sit nie gruose enbeiz:" (Pz ... .)

Meljakanz entkommt jedoch mit Hilfe seiner Freunde. Im Fortgang der Geschichte taucht derselbe Ritter plötzlich wieder als „Edler" auf. Das gilt eigentlich für alle geschilderten bösen Typen außer Clinchor: Sie sind - wie alle Menschen - gut und schlecht in einer

Person. Wolfram beschreibt zwar ihre Schwächen und Fehler, verdammt oder verurteilt sie aber letztlich nie.

5. Auf dem Wege nach Askalon begegnet Gawan dem König Vergulacht, der auf der Jagd ist. Dieser schickt ihn mit einem Boten zu seiner königlichen Schwester Antikonie; wie sich nachträglich herausstellt, um ihn zu überlisten. Gawan und Antikonie finden Gefallen aneinander. Es kommt zum Austausch von Zärtlichkeiten, die jedoch für Gawan ein fatales Ende nehmen sollten. Unter dem Vorwand, er habe die Schwester des Königs vergewaltigen wollen, wird er angegriffen. Antikonie, die Schwester des Königs, steht jedoch zu ihrem Freund Gawan und rettet ihn unter Einsatz ihres eigenen Lebens vor dem Tode.

6. In dieser Situation lernt Gawan den Mann, der ihn im Auftrag des Königs Vergulacht zum Zweikampf auf Leben und Tod herausgefordert hatte, als einen wirklich ehrenhaften Mann kennen. Kingrimursel kommt gerade noch rechtzeitig, um Gawan in der größten Not und im Kampf gegen seinen eigenen Lehnsherrn beizustehen. Kingrimursel ist ein Edelmann von Format und ein Vorbild der Treue!

7. Ein weiterer Menschentyp mit dem Namen Liddamus ist der Berater des Königs Vergulacht. Er ist ein Schwätzer und Liebediener, ein Feigling und Geldmacher, ein Tagespolitiker und Opportunist (entsprechend der Bedeutung seines Namens: *lid*-damus, d. h. wir geben Leid!). Ihm „verdankt" Gawan es schließlich, dass er, gegen das Gelöbnis für König Vergulacht, den Gral zu suchen, freigelassen wird. Auf diese Weise kann Gawan sich retten. Der macht sich also, dem Romankonzept gemäß, auf den Weg zum Gral und zu Begegnung mit seiner anderen „Hälfte", zu seiner Wiedervereinigung mit ihr.

8. Vergulacht selbst ist hinterlistig, mordlustig, erpresserisch, gewalttätig und: er ist ein Anschevin! Wie sich erst später herausstellt, ist er sogar mit Gawan verwandt, weshalb der vereinbarte Kampf nicht stattfinden muss. Von Geburt aus gehört Vergulacht zum auserwählten Geschlecht und das macht ihm nur Schande:

„Daz mich riuwet Gandîn
der künec von Anschouwe,
daz ein sô werdiu vrouwe,
sîn tochter, ie den sun gebar,
der mit ungetriuwer schar
sîn volc hat sêre strîten." (Pz. 410,22-27)

Nichtsdestoweniger taucht auch er später in der höfischen Gesellschaft wieder als ein ehrenwerter Mann auf.

9. Urians, dem Gawan auf seinem Wege zum Gral als erstem begegnet, ist der, den er einstmals vor dem Tode rettete. Urians hatte nämlich eine Frau vergewaltigt und war dafür zum Tode verurteilt worden. Gawan hatte ihn durch seine Fürsprache bei der betreffenden Dame gerettet. Obwohl Gawan ihm, den er in großer Not am Wege findet, auch noch seine Wunden verbindet, stiehlt Urians das Pferd Gawans. Er muss sich deswegen und seiner Heilkünste wegen auch noch von Orgeluse verspotten lassen. Urians ist sozusagen die Undankbarkeit und Unehrenhaftigkeit in Person, ein Dieb und ein Vergewaltiger.

10. Gramoflanz ist der Mörder Cidegasts, des edlen Gatten der Orgeluse: ein Entführer und Erpresser, der es im Kampf, großmäulig wie er ist, nur mit vier bis fünf Gegnern gleichzeitig aufnimmt. Man merkt dem Erzählton des Dichters an, dass er ihm gern selbst eine Tracht Prügel verabreicht hätte.

11. Abschließend kann man sagen, dass in diesen Begegnungen mit Gestalten aus der Gesellschaft an Beispielen allgemeine und typische Schwächen der damaligen ritterlichen Gesellschaft vorgeführt und kritisiert werden. Keiner der kritisierten Figuren wird jedoch endgültig verurteilt oder aus der ritterlichen Gesellschaft ausgestoßen. Die Botschaft und der Grundtenor der Geschichten ist immer wieder, so auch hier: Wir alle sind gleichermaßen Sünder mit großen Fehlern und Schwächen behaftet und können aus eigener Kraft gar nichts tun. Nichtsdestoweniger sind wir auserwählt: alles ist Gnade, und an ihr kann jeder teilhaben, wenn er will.

5.2.4 Gawan und das Schicksal der Menschen auf Schastel marveille oder die gesellschaftliche Perspektive der Schuld Parzivals.

Die mitmenschlichen Auswirkungen der Schuld Parzivals scheinen für Wolfram im dichterischen Konzept einen besonderen Stellenwert zu haben. Parallel gilt das übrigens nach der Lehre der Kirche auch für die Urschuld Adams, die im heilsgeschichtlichen Sinne für die gesamte Menschheit eine verheerende gesellschaftliche Wirkung hatte.

Dass die persönliche Schuld des Individuums eine Auswirkung auf seine Mitmenschen hat, hängt damit zusammen, dass der Mensch von Anfang an nicht als Einzelwesen, sondern als gesellschaftliches Wesen erschaffen wurde: „denn es ist nicht gut, dass der Mensch allein sei", heißt es im ersten Schöpfungsbericht. Insofern steht Eva als die „Partnerin" Adams stellvertretend für die gesamte Menschheit, weil sie die Beziehung des Einzelnen (Adam) zum Ganzen (Menschheit) herstellt. So sagt Herzeloyde auf dem Turnier von Kanvoleis jenen Rittern, die weniger Glück als Gachmuret hatten, damit sie sich nicht gekränkt fühlten:

„ieslîcher nem mîns wunsches war:
wan si sint mir alle sippe
von dem Adâmes rippe." (Pz. 81,30-32,1-2)

„Jeder von ihnen möge meinen Wunsch erkennen,
sind sie mir doch alle durch Adams Rippe verwandt geworden."

Damit diese Meinung nicht etwa nur als humoristische Bemerkung Wolframs abgetan werden kann, soll hier noch aus dem Willehalm ein Zitat herangezogen werden, das diesem inhaltlich entspricht. Wolfram weist auf diese qualitativ verstandene Beziehung von Teil und Ganzem in einer besonders kritischen Grenzsituation hin. Nach der Schlacht zwischen den Sarazenen und einem Christenheer findet Willehalm auf dem Felde seinen sterbenden Neffen Vivianz, bindet ihm seinen „verhauenen" Helm ab.

„und sprach alsus mit jâmer grôz:
dîn verh was mir sippe.
sît Adâmes rippe
wart gemachet zu einer maget". (Willehalm 62, 1-3)

Die Frau bzw. die Jungfrau Maria ist nach mittelalterlichem Verständnis - vor allem im Hinblick auf ihr zu erwartendes Kind - immer schon die Mittlerin des Einzelnen zum Geschlecht. So liegt der Gedanke nahe, dass es im Kampf zwischen Thybalt und Willehalm um Gyburc, bzw. Arabella nicht nur um eine Frau, sondern um das Wichtigste, um den Urtypus aller Frauen und Menschen stellvertretend im Kampf des Islams mit der Christenheit um die Menschheit schlechthin geht: Ums Ganze! So auch im Parzival. In der zweiten Gralsszene spielt deshalb weder die persönliche Schuld Parzivals, nämlich die Ermordung Ithers, noch die damit zusammenhängende Unterlassung der Mitleidsfrage, die sich auf das Schicksal des Gralskönigs und seines Volkes bezieht, eine Rolle.

Nun hat die Unterlassung des „schuldigen Guten", was auch nach heutigem Verständnis Schuld ist, nicht nur eine Bedeutung für das Gralsvolk und seinen König, sondern auf geschichtlicher Ebene für die ganze höfische Gesellschaft: nicht zuletzt auch aus Gründen der vollkommen Symmetrie beider Seiten der Parzivalfigur im Romankonzept. Dem Schicksal des Gralsvolkes entspricht auf geschichtlicher Ebene die Situation der auf der Burg Schastel marveille eingesperrten höfischen Gesellschaft, die aus irgendeinem Grunde daran gehindert wird, ihr Leben in Freiheit und Liebe zu leben.

Wenn das aber zutrifft, dann hat die gesellschaftliche Bedeutung der Schuld Parzivals eine viel größere Dimension, als ihr auf den ersten Blick zukommt, woraus sich die Frage ergibt: Was hat eigentlich Parzival mit der höfischen Gesellschaft auf Schastel marveille zu tun? Lässt sich hier eine Beziehung erkennen?

Wie der oben zitierte Satz belegt, hat der Mensch es von Anfang an mit seinem Nächsten zu tun. Insofern steht Eva als die „Partnerin" Adams für die gesamte Menschheit, die in statu nascendi mit jedem Individuum verbunden ist. Die persönliche Schuld Parzivals hat im Romankonzept also eine unmittelbare Auswirkung auf alle Mitmenschen. Dies ist vermutlich der Grund, warum die Mitleidsfrage so hochgespielt wurde, wie man aus heutiger Perspektive meinen könnte. „Hochgespielt" bezieht sich in diesem Zusammenhang auf den Begriff „Mitleid", der mit einer „Frage" kombiniert, hochstilisiert wurde. Man kann durchaus der Meinung sein, wie die folgende Überlegung zeigen soll, dass dies nicht unbedingt der zutreffende Begriff sein könnte, mit dem die wirkliche Sachlage des Gralsproblems inhaltlich und formal getroffen wird. Weil sich dieser Terminus jedoch eingebürgert hat, soll er vorläufig weiterverwendet werden.

Durch diese „Unterlassung des Guten", der Mitleidsfrage nämlich, - das ist hier die These - ist das Schicksal Parzivals mit dem des Königs Amfortas und seinem Volk untrennbar verbunden, und dieser Schuldzustand hat wiederum mit dem Schicksal der Menschen auf Schloss marveille zu tun. Was die persönliche Schuld Parzivals betrifft, so geht Cundry nur indirekt darauf ein. Sie sagt: „Der Ruhm der Tafelrunde wurde zunichte gemacht, als man Herrn Parzival aufnahm, der äußerlich wie ein Ritter aussieht, nach dem Mann, der vor

Nantes gefallen ist, nennt ihr ihn den Roten Ritter; doch beide sind nicht zu vergleichen." (Pz. 315,3-13)

Wenn man nun den seelischen bzw. heilsgeschichtlichen Zustand berücksichtigt, in dem sich Parzival gemäß den Worten der Verfluchung befand, so konnte er aus Gründen seiner degenerierten Erkenntnisfähigkeit die Mitleidsfrage eigentlich gar nicht stellen. Parzivals Verfassung kann man im übertragenen Sinn mit dem Äußern Malcreatures in Beziehung setzen. (Pz. 518,1 u. 520,1) Dessen abartige Erscheinung hatte mit der Sünde der Adamstöchter, einer Art Erbsünde, zu tun, sodass deren Nachkommen nicht so gestaltet sind, wie Gott den Menschen ursprünglich erschuf, sondern in ihrem ganzen Wesen und Aussehen deformiert zur Welt kommen. „Sie verändern die Gestalt, die Gott uns im Schöpfungsakt gab." (Pz. 519,17)

Wenn der Mord an Ither eine Urschuld ist, so ist Parzival dadurch nicht nur allein seelisch deformiert. Die Folge dieser Tat wirkt sich dann auf alle anderen Menschen aus. Sie hat eine mitmenschliche Seite: ist Erbschuld doch gerade dadurch gekennzeichnet, dass sie ausnahmslos alle trifft, auch jene, die subjektiv völlig unschuldig sind, wie z. B. die Kinder und Jungfrauen auf Schastel marveille. Parzival wird also nicht wegen seiner persönlichen Schuld verflucht, sondern deswegen, weil er im Hinblick auf Amfortas und sein Volk die Frage nicht stellte bzw. nicht stellen konnte.

Weil er also durch den Mord an dem Roten Ritter (er wollte ja so sein wie jener rote Ritter, weil er ihn für Gott hielt, wie er vorher schon die anderen Ritter, die er zum ersten Mal in seinem Leben gesehen hatte, für Götter gehalten hatte!), die Situation nicht erkennen konnte, war es ihm nicht mehr möglich, spontan und authentisch auf die Situation Amfortas` zu reagieren.

Um welche Frage geht es denn eigentlich? - Sicher nicht um eine Frage „an sich", um eine bloße Formsache. Eine Frage in solch oberflächlichen Sinne wäre etwa „How are you?" Noch schlimmer wäre es zu fragen, „Oheim, wie geht es dir", wenn man die Worte Sigunes bedenkt, dass Amfortas sich nur noch „lent", weder reiten noch gehen, noch liegen oder stehen konnte. (Pz. 251,16-18) Daher lautet die Frage, die Parzival später stellt, auch ganz anders!

Der Sinnrichtung nach kann sich die Frage, wie ich glaube, nur auf einen Sachverhalt beziehen, wie er andeutungsweise auch durch die Frage an Faust anvisiert wurde, als nämlich Gretchen sein merkwürdiges Verhalten nicht mehr verstehen konnte. Von ihrem Gefühl geleitet, fragt sie ihn spontan: „Heinrich, wie hältst du`s mit der Religion?" Sie bemerkte „instinktiv", dass mit ihrem Geliebten etwas nicht „in Ordnung" war. Aus gutem Grund ist ihr unheimlich zumute, hat sich doch Faust auf ein Bündnis mit dem Teufel (dem Diabolus, deutsch, Verwirrer) eingelassen. In Wolframs Sprache hätte die Gretchenfrage vermutlich so oder ähnlich klingen können. Es wäre die Frage analog zu Parzivals veränderter Frageform beim zweiten Gralsbesuch: „Oheim, was wirret dir?"

Wenn schon ein merkwürdiger Sachverhalt zwingend eine Frage erfordert, so kann diese Frage gleichzeitig nur dann eine „Antwort" auf die Situation und damit eine Lösung bzw." Erlösung" sein, wenn sie einen aufklärenden Sinn hat, m. a. W.: Der inhaltliche Bezug der

Frage ist entscheidend. Der Sinn der Frage innerhalb des Romans bleibt ein Rätsel, das es immer wieder zu erraten gilt, sowohl für den zeitgenössischen wie den heutigen Hörer der maere. Wer die Rätselhaftigkeit der Frage nicht empfindet, hat also auch nicht die Chance, den Sinn des Gralsgeschehens zu erraten, bzw. zu verstehen. Trotz gewisser Schwierigkeiten muss es zu lösen sein, sonst wäre es kein Rätsel! Selbst der Zeitgenosse Gottfried von Strassburg hatte Schwierigkeiten, die er nicht lösen konnte oder wollte:

„Die erwähnten Märenfänger
brauchen auch noch Exegeten
als Begleiter der Geschichten,
unsereins versteht sie nicht."[154]

Die Krankheit des Amfortas hatte nicht nur mit ihm selbst, sondern mit seinem ganzen Volk zu tun, und das nicht nur auf metaphysischer Ebene des Gralsvolkes, sondern auch auf geschichtlicher Ebene, eben für die Menschen auf Schastel marveille. Bei der Unterlassung der Frage ging es also nicht nur um das Gralsvolk, sondern auch um die Menschen auf geschichtlicher Ebene, auf dem Schloss Chlinchors. Auch sie waren durch die Unterlassung der Frage Parzivals nicht gerettet worden.

So, wie Gawan auf persönlicher Ebene das Spiegelbild Parzivals ist, so ist auf gesellschaftlicher Ebene die gefangene höfische Gesellschaft auf der Burg Clinchors das Spiegelbild der Gesellschaft auf der Gralsburg. Hier liegt der Grund, warum im unmittelbaren Zusammenhang mit der Verfluchung Parzivals auf das Schicksal der vier Königinnen und vierhundert Jungfrauen von Cundry hingewiesen wird und nach einem „anderen" Ritter verlangt wird, der sie erlösen könnte. (Pz. 318,13-19) Aus dem Verhalten Cundrys unmittelbar nach der Verfluchungsszene ergibt sich womöglich vorab ein Hinweis auf einen Sachverhalt, auf den die alles entscheidende Frage gerichtet sein müsste, wenn sie denn jene erlösende Wirkung haben sollte. Diesem Hinweis nachgehend, könnte man der Lösung des Rätsels ein wenig näher kommen:

„wider vür den wirt sie kêrte
ir maere si dâ gomêrte". (Pz. 318, 11-12)

Wenn man diese Stelle aber nun so übersetzt: „dann wandte sie sich wieder an den Gastgeber und sprach von anderen Dingen," (Spiewok), ist man schon auf der falschen Fährte. „ir maere si da gemerte", kann man sinngemäß auch so übersetzen: Ihre Geschichte - die sie gerade erzählt hatte, wurde noch erweitert, bzw. vertieft - gerade nicht durch Belanglosigkeiten, wenn das auf den ersten Blick auch so aussieht, sondern durch das dazugehörige Beispiel, in dem die Folgen des Nichtfragens am Schicksal von vier Königinnen und vierhundert Jungfrauen, die auf der Burg des Zauberers Clinchors gefangen gehalten wurden, dargestellt wird. Die Wirkung einer Schuld auf metaphysischer Ebene wird damit auf geschichtlicher Ebene „reflektiert". Cundry verbindet diesen Bericht mit einem Aufruf zur Befreiung an die Ritterschaft:

---

[154] Kühn 1991, S. 225

„si sprach: ist hier kein ritter wert,
der ellen prîses hât gegert,
und darzuo hôher minne?" (Pz. 318,13-19)

Verwundert fragt man sich: Warum reagiert Parzival nicht darauf? Diese Geschichte hat doch allem Anschein nach etwas mit der Verfluchung bzw. der unterlassenen Mitleidsfrage zu tun. Man kann davon ausgehen, dass Cundry, nachdem sie durch ihre Verfluchung eine Katastrophe angerichtet hatte, nicht plötzlich anfing, irgendetwas „anderes" Belangloses zu erzählen. Schastel marveille hat im Kontext der Verwünschung noch eine besondere Bedeutung:

Zwischen der Verwünschung Parzivals und der maere von den Damen auf Clinchors Burg Schastel marveille hört man einen zweideutigen Satz Cundries, der an seine Adresse gerichtet ist:

„waer ze Munsalwaesche iu vrâgen mite,
in heidenschaft ze Trabonite
Diu stat hât erden wunsches solt:
hie hete iu vrâgen mêr erholt." (Pz. 316,29-317,2)

„Hättet ihr in Munsalwaesche gefragt, so hättet ihr mehr gewonnen als die unermesslich reiche Stadt Trabonit im Heidenland, in der alle irdischen Wünsche erfüllt werden können."

Parzival hätte vermutlich durch die - angeblich - richtige Frage auch noch die Königin des Landes Sekundille und dazu ihren „crâm" gewinnen können. Das war zuvor schon seinem Vorgänger Amfortas „gelungen". Weil er aus Liebe auch ihren Glauben - den unbezahlbaren „crâm" - annahm, hatte er sich selbst ins Unglück gestürzt: Seinen christlichen Glauben und seine, durch die Taufe erworbene metaphysische und geschichtliche Existenz als Gralskönig verraten. Dies hatte er zeichenhaft am eigenen Leibe erfahren. Über diesen Zusammenhang wusste Parzival zum Zeitpunkt des ersten Gralsbesuchs noch nichts. Er hatte sich aus reiner Liebe zu seiner Frau Conduiramurs bisher der Sünde des Ehebruchs enthalten und war nicht zuletzt dadurch vor dem gleichen Schicksal verschont geblieben. Weil Parzival „selbstverständlich" seiner Frau und sich selbst treu blieb, konnte und wollte er die „anzügliche" und unmoralische Frage Cundries nicht verstehen. Er hatte wohl eine andere Vorstellung von „hoher minne" als sie.

Durch ein zweifelhaftes Liebesverhältnis des Gralskönigs Amfortas mit Sekundille, einer Königin aus dem Heidenlande und der Weitergabe ihres „crâms" als Geschenk an Orgeluse, hatte er sein Gralskönigtum ruiniert. Was zwischen beiden geschehen war, verrät Wolfram andeutungsweise im „Willehalm", und zwar im Zusammenhang mit einer Liebesszene zwischen Willehalm und Gyburc nach der ersten verlorenen Schlacht. Beide hatten auf christlicher wie auf heidnischer Seite viele nahe Verwandte und Freunde verloren und waren zutiefst traurig. In dieser unheilvollen Situation finden sie in Liebe zueinander:

„sô geltic si lâgen.
dô der milde Amfortas
in Orgelusen dienest was,

ê daz er von vreuden schiet,
und der Gral im sîn vole bereit,
dô diu küneginne Sekundille
(daz riet ir herzen wille) rienen=beklagen,bejammern
mit minne an in ernannte
und im Kundrîen sante
mit einem alsô tiuweren krâm,
den er von ir durh minne nam
und in vürbaz gap durh minne" (Willehalm 279, 12-23)

„Sie lagen so versöhnt (wörtlich: einander so vergeltend) da, wie der gütige Amfortas, als er noch in Diensten Orgeluses stand, ehe er von aller Freude Abschied nehmen musste, und der Gral sein Volk versorgte: als nämlich die Königin Sekundille, (in ihrem Herzen beklagte sie das später) ihn mit ihrer Minne auserwählte und Cundry mit einen überaus teuren „crâm" zu ihm sandte, den er aus Liebe zu ihr annahm und aus Liebe auch weitergab." Und weiter heißt es an dieser Stelle im „Willehalm" dass „aller kronen gewinne möchten sicherliche nicht widerlegen" einen „also tiuren cram". Im Ausdruck „crâm" ist die abwertende Einschätzung als „Kram" unschwer erkennbar.

Hier wird signalisiert, dass es sich beim „cram" um das „Unbezahlbare schlechthin" handeln muss. Wolfram verrät expressis verbis zwar nicht, um was es sich dabei handelt; dennoch weiß jeder Zeitgenosse aus dem Zusammenhang des Textes, was gemeint sein könnte. Des Rätsels Lösung findet man auch heute noch, wenn man die dichterischen Bilder auf ihre logischen Beziehungen untereinander untersucht.

Selbst Gawan erfährt sehr spät, erst nachdem er Orgeluses Liebe errungen hat, von ihr etwas über das Verhältnis mit Amfortas und über den unseligen „crâm":

„ûf Gramoflanzes tôt
enpfing ich dienst, daz mir bôt
ein künec der des wunsches hêrre was.
her, der heizet Amfortas.
durch minne ich nam von sîner hant
von thrabonite daz crâmgewant,
daz noch vor iuwer porten stêt
dâ tiurez gelt engegen gêt.
der künec in mîme dienst erwarp
dâ von mîn vröude gar verdarp" (Pz. 616,11-20)

„Um Gramoflanz zu töten nahm ich die Dienste eines Königs an, der im Besitz des Höchsten Gutes (des wunsches herre = summum bonum = der christliche Glaube nach Auffassung des MA.) war. Mein Herr, der König heißt Amfortas. Aus Liebe nahm ich aus seiner Hand das „Kramgewand", das noch vor eurem Burgtor steht. Es ist unbezahlbar. In meinem Dienst traf den König ein Unheil, das mir alle Freude verdarb."

Entscheidend bei der sinngemäßen Übersetzung dieser Aussage Orgeluses ist die Zeile (Pz. 616,18): „da tiurez gelt entgegen get". Es handelt sich nicht um Waren, „die so kostbar sind" (wie es in der Reclamübersetzung von Spiewok heißt) und auch nicht nur um Waren „im Gegenwert von sehr viel Geld", wie Dieter Kühn übersetzt. Im Text steht sinngemäß: Das „crâmgewant von Thrabonit" war schlechthin unbezahlbar! „Unbezahlbarkeit" war und ist das herausragende Kennzeichen des „crâms", wie man in Buch 11 (563,1-12) erfährt:

„der crâm was ein samît,
vierecke, hôch unde wît.
waz dar inne veiles laege
derz mit gelte widerwaege,
der bâruc von Baldac
vergulte niht daz drinne lac:
als taete der katolicô
von Ranculat:dô Kriechen sô
stuont daz man hort dar inne vant,
da vergulte ez niht des keisers hant
mit jener zweier stiure.
daz crâmgewant was tiure." (Pz. 563,1-12)

Die Frage spitzt sich also zu: Was war das für ein Liebesgeschenk, das er von der Heidenkönigin Sekundille erhalten und aus Liebe an Orgeluse weiterverschenkt hatte? Um den weiteren Gedankengang besser nachvollziehen zu können, sei zunächst an dieser Stelle eine zeitgeschichtliche Zwischenbemerkung erlaubt: Auch im Parzivalepos werden zwei der brennendsten Probleme der Zeit widergespiegelt. Sie prägten das öffentliche Bewusstsein der Verantwortlichen jener Zeit: „die Vereinigung von Christentum und Rittertum" und das damit verbundene Ziel: Der „Kampf gegen den Islam."[155]

Gawan reitet also vor die Burg Schastel marveille, dem Ort, an dem hunderte Menschen gefangen gehalten wurden und findet - als Behüter und Wächter des „crâms" - vor dem Burgtor, den dazu gehörigen „craemer", den Kaufmann Mohammed. (Pz. 562,23-24) Sein „crâm" - wenn es denn ein Laden oder ein Zelt war - hatte das bereits zitierte merkwürdige Aussehen (Pz. 563,1-2).[156] Es handelt sich dem Text zufolge um einen riesigen Würfel, der mit einem Samtstoff überzogen war. „Würfel" in arabischer Sprache heißt „Kaaba". In dieser Form und unter diesem Namen ist er das höchste Heiligtum des Islam in Mekka. Als islamisches Heiligtum ist diese Würfelform als „Oppidum Quadratum", der Heiligen Stadt aus der Apokalypse nachempfunden: „Ich (Johannes), sah die heilige Stadt, das neue Jerusalem, hernieder steigen aus dem Himmel von Gott her ... und ich hörte rufen: ‚Sehet das Zelt Gottes unter den Menschen'! (Apokalypse 21,2 und 3). Weiter heißt es im selben Kapitel der Apokalypse: „Die Stadt ist im Viereck gebaut, ihre Länge so groß wie ihre Breite; ... ihre Länge, Breite und Höhe sind gleich" (Apokalypse 21,16). Dieses Bild eines islamischen Heiligtums stammt aus einer christlicher Quelle. Aus der Anhäufung solcher Merkmale konnte jeder Zuhörer im 12. Jahrhundert verstehen, was gemeint war:

---

[155] Kühn 1991 S. 351

[156] Original-Taschenlexer „wit", adj. weit, von großer ausdehnung (mit gen. des masses; weithin wirksam und bekannt.

1. Der Krämer ist der „Kaufmann" Mohammed, der in der Tat vor seiner Berufung zum Propheten Händler war.
2. Der Kramladen ist der Form nach die Kaaba mit „Schätzen" des Orients im weitesten Sinne des Wortes. Auf keinen Fall mit Geld oder Gütern käuflich zu erwerben!
3. Das „schlechthin Unbezahlbare" an diesem „crâm" ist der Islam selbst.

Im Zusammenhang mit dieser Textstelle gibt das Wort „crâmere" bzw. „cram-maere" ein Rätsel, dessen Lösung in die o. a. Richtung zielt und sie bestätigt. Es handelt sich ein Würfelspiel mit Worten: Indem nämlich ein bzw. zwei Wörter im Gegeneinander von Metrik und Rhythmus eines Verses sinngemäß so gegeneinander ausgespielt werden, dass sie in einem Wort als zwei erscheinen, und umgekehrt als zwei zu einem verbunden sind, je nachdem wie sie „fallen". Es wäre auch verwunderlich gewesen, hätte Wolfram nicht gerade mit dem „Würfel" als dem Sinnbild des Islam eines seiner beliebten Sprach-„Würfel"-Spiele[157] gemacht: „crâmaere", ist das „Leitwort" für die Lösung des o. a. Rätsels und die Bestätigung für die richtige Lösung der in diesen Zusammenhang verwendeten Metaphern. Es geht nämlich um die gewollte Zweideutigkeit der Würfelmetapher „crâmaere" und „cram-maere" die durch die rhythmische Verschiebung ihrer Betonung im Rahmen eines metrisch vorgegeben Versmasses zu einer Sinnverschiebung im Text genutzt wird:

„er vant den crâmaere,
und des crâm niht laere". (Pz. 562,23)

Dasselbe Wort wird im Text kurz darauf in normaler Schreibweise und Betonung wiederholt, dann aber so geschrieben:

„der craemer sprach an allen haz." (Pz. 564,18).

Die Betonung des Wortes für craemer oder crâmaere liegt, sowohl bei der dreisilbigen als auch der zweisilbigen Form, *immer* auf der ersten Silbe! Im Wörterbuch ist die erste Silbe der dreisilbige Form „crâmaere" sogar noch mit einem Dehnungszeichen versehen, d. h. sie wird nicht nur betont, sondern auch noch, was ausdrücklich vermerkt wird, gedehnt gesprochen! Die folgenden Silben sind im normalen Sprachgebrauch unbetont.

In regelmäßiger Wortbildung wird also mit einem Umlaut aus dem Wort „crâm" der „craemer " gebildet. Im zwingenden Rhythmus der o. a. Verse wird jedoch, von der an sich üblichen Betonung und Umlautbildung abweichend, das ursprüngliche Umlaut-„ae" von der ersten auf die zweite Silbe des Wortes verschoben. Die erste Silbe wird zum kurzen „cra" oder cram, entgegen der Schreibweise im Text. Innerhalb des Versmaßes ist nun die ursprünglich betonte und gedehnte erste Silbe auf die unbetonte Stelle im Metrum geraten und die ursprünglich schwache zweite Silbe „mae" auf den Schwerpunkt, d. h. an die erste Stelle des nächsten Metrums geraten. Aus der zweiten Silbe, die auf diese Weise besonders betont und durch ein schwaches „e" ergänzt wird, entsteht ein neues Wort: „maere".

---

[157] Bumke 1990, S. 245. „Ich sehe keinen Zufall darin, dass er (Wolfram) so häufig Würfelmetaphern benutzt ... bei ihm herrschen Assoziationen vor".

Dem Wort „crâmaere" als Klanggestalt wird so eine völlig andere Sinnrichtung appliziert: Wenn nämlich durch die Versform der normale Schwerpunkt des Wortes „crâmaere" auf die zweite Silbe verschoben wird, erscheint die erste Silbe automatisch kurz, weil sie, der Metrik des Verses gemäß, noch dem vorhergehenden Wort zugerechnet wird. Es entstehen also aufgrund der metrischen und rhythmischen Gliederung zwangsläufig aus crâmaere zwei Wortteile: als Grundwort das neue Wort „maere" und als Bestimmungswort das nunmehr kurz gesprochene „cram".

Weil nun „maere" sich mit „laere" im zusammengehörenden Verspaar reimt, wird die erste Silbe des Wortes „crâmaere" erheblich geschwächt, d. h. zeitlich und akustisch verkürzt. Dadurch und noch dazu durch die Stellung im vorhergehenden Metrum an unbetonter Stelle stehend geschwächt, entsteht daraus ein kurzes „cram". Das Schwergewicht und damit der Sinn des ursprünglichen Wortes verlagert sich also innerhalb des Verses auf „maere". Die erste Silbe von crâmaere" wird zu „cram" mit kurzem „a", d. h. Krampf („kram, -mes stm. krampf" Original-Taschenlexer)[158]; die zweite Silbe zu maere, d. h. Geschichte.

„er vant den cramaere
und des crâm nicht laere."

Dem Rhythmus des Verses (hier ein Trochäus) entsprechend, werden aus der ersten Zeile nur die vier Silben „vant-den-mae-re", in der zweiten Zeile die Silben „und-cram-lae-re" betont. Wegen des erforderlichen Gleichklanges im Endreim, in den Wortsilben „laere" und „maere", und durch den Rhythmus des Verses bestimmt, erfolgt im entscheidenden Wort „crâmaere" eine Weichenstellung in Richtung auf den hintergründigen, wirklichen Sinn dieser Textstelle.

Die wegen des Versmaßes nunmehr unbetonte, kurze Vorsilbe „cram", versorgt akustisch mit dem Konsonanten „m" zeitgleich die nächste Silbe „maere" so dass das Wort maere entsteht. Aus dem betonten „crâm" wird das kurzsilbige „cram", das Krampf bedeutet. Das Wort assoziiert auf diese Weise einen neuen Sinn: „Krampfgeschichte". Dem geschriebenen Wort „crâmaere" ist also durch die Versform akustisch und sicherlich in bestimmter Absicht ein nicht zu überhörender negativer Beigeschmack untermischt worden: Der Kaufmann des 12. Jahrhunderts schlechthin, derjenige, den jeder in der Christenheit des 12. Jahrhunderts kannte, ist nach Wolframs Ansicht demnach ein „Verkäufer von Krampfgeschichten". Sie werden in der zweiten Gralsszene als „gemach" kritisiert. Wie die Texte vorgetragen wurden, weiß man heute nicht mehr. Jedem Vortragenden blieb es vorbehal-

---

[158] Im Etymologischen Wörterbuch der Brüder Grimm steht zum Stichwort „Krampf": ahd. krampho, zu krimphan> krümmen verbiegen verdrehen". Eine „Kramme" ist nach heutigem Sprachgebrauch ein gebogenes bzw. „verbogenes" Stück Draht, mit dem man z. B. Stacheldraht an Zäunen befestigt. In dem Wort „cramaere" wird also auch auf die Tatsache angespielt, dass wichtige Geschichten des AT und NT durch Mohammed „verdreht" bzw. „verbogen" wurden, so z. B. die Geschichte Abrahams in den Suren 2,126; 3,97 und 598, die Mosesgeschichten in den Suren 18,17 und 18,70 und darüber hinaus alle wichtigen Geschichten aus dem Leben Jesu: Zur Verkündigung der Geburt Jesu vgl. Koran Suren 3,48; 3,60; zum Abendmahlsbericht Sure 5,113-115, zum Kreuzestod Jesu Sure 4,158; zur Gottessohnschaft Jesu Sure 2,117, 3,60; 3,125; 10,69; 18,5; 19,36; 19,89; 19,93; 21,17; 22, 23; 23, 92; 25,3; 30,36; 37,153, 39,5; 43,82 zur Dreifaltigkeit Sure 4,172; 5,74; 5, 117; 9,31. Dies nur als Hinweis, um die wichtigsten „Veränderungen", bzw. „Verdrehungen" zwischen Koran und Evangelium zu belegen! Die Textstellen können hier nicht alle zitiert werden.

ten, ihn - bezogen auf die o. a. Zweideutigkeit, „oberflächlich" oder auch hintergründig, mehr oder weniger deutlich zu artikulieren, vorausgesetzt, er selbst hatte das Wortspiel erkannt.

In diesem Wort „crâmaere" spiegelt sich, je nachdem von welcher Seite man es wie beim Würfelspiel betrachtet, eine nicht überhörbare Doppeldeutigkeit:
1. Optisch betrachtet, so wie man es auch im Lexikon wahrnimmt, heißt es „Krämer". Als geschriebenes Wort behält es seinen Sinn.
2. Dem Versmaß entsprechend betont, also akustisch realisiert, wird aus „crâmaere" mit Betonung auf der ersten Silbe nun eine „cram"-maere. Auf diese Weise kann es die Bedeutung „krumme" oder „verdrehte Geschichte" annehmen.
3. Bis ins 12. Jahrhundert gab es eine unvergessene Geschichte, die jener Krämer nach Meinung Wolframs, einmal selbst erzählt hatte. Mohammed, jener Kaufmann, war zeitweise selbst verunsichert und gab durch Selbstzweifel Anlass, an seinen Worten zu zweifeln. Er war vorübergehend der Meinung, bei seinen Eingebungen gewissen Halluzinationen zu erliegen.[159]
4. Ganz konkret lieferte er durch sein demagogisches Verhalten in der Auseinandersetzung mit den nestorianischen Christen eine Geschichte, die in der Christenheit nicht vergessen war. Sie ist, wie ich glaube, der Grund für die o. a. Interpretation: In einem Streit mit den Nestorianern um den rechten Glauben beschränkte Mohammed sich nicht auf eine religiöse Auseinandersetzung, sondern kam auf die Idee, das „Gottesurteil der gegenseitigen Verfluchung" vorzuschlagen und sich ihm zu unterwerfen. Auf diese Weise wollte er sich bestätigen lassen, ob das Christentum oder der Islam, d. h. die eine oder die andere Lehre, die richtige sei.
5. Nach Meinung Wolframs und aus heutiger Sicht kam es nicht zu einer ehrlichen Auseinandersetzung um den rechten Glauben, sondern Mohammed inszenierte damit einen historisch belegten großen „Krampf". Hier mag der Grund für eine solche Bewertung durch Wolfram liegen.

Anstelle eines ursprünglich mit den nestorianischen Christen vorgesehenen Glaubensgespräches schlägt er ihnen also überraschend „für den folgenden Morgen das Gottesurteil der gegenseitigen Verwünschungen" vor.[160] Und tatsächlich entziehen sich ja auch die Nestorianer diesem Gottesurteil."[161] Ein solche Entscheidung lässt sich aus guten Gründen nachvollziehen, wenn man an die heute noch teilweise übliche Lynchjustiz aufgebrachter Volksmassen denkt: Das „sichere" Ergebnis des von Mohammed vorge-

---

[159] Gardet 1961, „Mohammed, der fürchtete, Halluzinationen zu erliegen, vertraute sich Chadîdja an. Diese glaubte an ihn und an seine Offenbarung" SS. 11 und 19
[160] Gardet 1961, S. 29: „Mohammed wirft ihnen vor, dass sie die Gottheit Jesu bekennen, und fordert sie auf, zum Islam überzutreten. `Rede und Gegenrede werden erbittert`, und der Prophet schlägt für den folgernden Morgen das Gottesurteil der gegenseitigen Verwünschungen vor. Aber am anderen Tag erklären die christlichen Anführer, dass sie auf das Gottesurteil verzichten ...". Warum wohl?
[161] Gardet 1961, S. 30 Anm. Nr. 4. Louis Gardet schreibt 1958: „Man versteht den Sinn des geschichtlichen Vergleichs, den Louis Massignon unternimmt, indem er über die Jahrhunderte hinweg die Weigerung der Nestorianer des Nadschran mit der Aufforderung des Franz von Assisi zu einem Gottesurteil am Hofe des Sultans in Beziehung setzt. Aber dieses Mal war es der islamische Herrscher, der der Probe auswich." - Obwohl dieser mit Sicherheit nicht um sein Leben fürchten musste!

schlagenen Verfahrens war vorauszusehen, womit einer Vollstreckung des Gottesurteils nichts mehr im Wege gestanden hätte! Den Nestorianern Feigheit vorzuwerfen, ist ungerecht: Als Mitglied einer relativ kleinen Verhandlungsdelegation in dem dubiosen Verfahren der „gegenseitigen Verwünschung" umgehend zum Märtyrer zu avancieren, ist nicht jedermanns Sache!

Franz von Assisi, der große Zeitgenosse Wolframs, kommt bei seinem Besuch am Hofe des Sultans Saladin im Jahre 1219, also zu Lebzeiten Wolframs, abermals auf diese Geschichte zurück. Er erklärt sich bereit, die Probe aufs Exempel zu machen. Doch dieses Mal verzichtet die andere Seite. Als Zeitgenosse des heiligen Franziskus und Anhänger seiner Ideen dürfte auch Wolfram ein solcher „Kampf" - in seinen Augen nichts anderes als ein „Krampf" erschienen sein. Vielleicht liegt hier auch der Grund, warum er den besagten Krämer in Erinnerung an diesen Krampf, auch in seinem Parzival, „nebenbei bemerkt" sagen lässt: „Warum sollte ich noch weiter darüber sprechen"! Das Gespräch wird also auch hier verweigert!

„der crâmer sprach ân allen haz
hêrre ich selbe und all mîn habe
(waz möcht ich mêr nu sprechen drabe?)
ist iuwer sollt ir hie genesen". (Pz. 564,18-21)

Der „Händler" konnte also auch dieses Mal „in aller Freundschaft" das Angebot machen, auf ein näheres Gespräch zu verzichten, wusste er doch aus der historischen Erinnerung, dass die Christen, - wie er hoffte auch Gawan - dieses Mal versagen würden. Darüber hinaus wusste er schon im Voraus, was dem Helden bevorstand, wenn er sich denn auf ein derart lebensgefährliches Abenteuer einließ. Er wusste, dass der Held Gawan sein Abenteuer, wie bei jenem historischen „Gottesurteil" im islamischen Sinne, nicht überleben werde. Er war sich sicher, dass Gawan die Qualen des Zauberbettes, wo die versammelte Bosheit der verdammten Geister bereits auf ihn wartete, nicht überstehen würde.

Wie das gemeint ist, wird aus der Genesis des Heliand erkennbar und zwar durch die Schilderung, wie Gott den übermütigen König der Engel bestrafte:

„er warf ihn in den Grund der Qual,
nieder ins *Vernichtungsbett*, und gab ihm einen Namen fortan,
sagte, dass dieser höchste heißen solle Satan fortan" (Genesis 108-111)

Der Krämer steht jedoch, Wolfram zufolge, in Diensten des Zauberers Clinchor. Walter Blank setzt Clinchor in Beziehung zu dem Zauberer Merlin: „aus dem Teufelssohn im physischen Sinn, Merlin, der durch die Taufe und das Gebet der Mutter jedoch zum Propheten geworden ist, wird bei Wolfram ein Teufelssohn nach Gesinnung und Verhalten, Clinchor".[162]

---

[162] Blank 2004, S. 330.

Blank wendet sich allerdings in einer Fußnote „gegen eine einseitige Bewertung Clinchors als eines reinen Bösewicht", wie Therese Holländer[163] dies in ihrer Arbeit tut, mit dem Argument, dass es schwer falle, „eine solche Figur gegen die gesamte Überlieferung ins Negative umzubiegen". Jedenfalls schwingt sich Clinchor „durch Nigromantie zu einem widergöttlichen Herrscher zwischen Himmel und Erde auf (Pz. 658,26ff)"[164] und steigt damit in die Rolle des Antichristen, die aus zeitgenössischer Perspektive als Personifikation des Islam angesehen werden muss.

Man kann sich kaum vorstellen, dass die unvorstellbare Bedrohung des Abendlandes durch den Islam nicht in irgendeiner Form auch im Parzival ihren Ausdruck gefunden hätte. Ganz „abwegig ist die - auf Stapel fußende - Deutung von Schastel marveille als Teufelsburg" aber nicht, wie Joachim Bumke Oswald Woytes[165] Erläuterungen zum Parzival kommentiert. Die Interpretation der o. a. Textstelle im Zusammenhang mit der vorgeschlagenen Lösung des Rätsels um das Wort „crâmaere" im o. a. Kontext kann im Gegenteil sehr wohl zur Erhellung der Situation in und um Schastel marveille beitragen.

Im Parzivalroman und „Willehalm" geht es im wesentlichen immer um das Höchste Gut, den Glauben. Die Verteidigung des Glaubens mit militärischen Mitteln auf dem Hintergrund einer fragwürdig gewordenen Kreuzzugsideologie ging in der Entstehungszeit beider Romane ihrem Ende entgegen. Man entschied sich im Kampf gegen den Islam für die Auseinandersetzung mit theologischen und philosophischen Argumenten. Wolfram versuchte es auf literarische Weise. Als mögliche Form der Apologie des Christentums könnte sie nicht zuletzt deshalb die wirksamste sein, weil die Hl. Schriften von Christentum und Islam selbst „Offenbarungsliteraturen" sind.

Die Gefahr für das Christentum war gerade deshalb groß, weil Mohammed aus Elementen des jüdischen (AT) und christlichen (NT) Glaubens durch literarische „Vereinfachungen" (Parodierung jüd./christl. Glaubenwahrheiten) seinen Anhängern ein reduziertes und rationalisiertes Gottesbild anbieten konnte. Wegen scheinbarer Nähe zum Christentum und Missverständnissen bezüglich dessen, was mit „Trinität" aus christlicher Perspektive gemeint sein könnte, waren Simplifikationen für schlichte Gemüter besonders akzeptabel. Das zeigte sich im Abfall vieler judenchristlicher Gemeinden rund um das Mittelmeer. Nicht zuletzt war es Mohammed selbst, der als Religionsstifter dieser Entwicklung mit dem Schwert Nachdruck verlieh. Gewaltanwendung war auch dem Christentum nicht fremd; allerdings mit dem entscheidenden Unterschied, dass ihr Religionsstifter Jesus Christus ausdrücklich jede Gewaltanwendung untersagte. Zu Petrus, der dem Knecht des Hohenpriesters ein Ohr abgeschlagen hatte, sagte er: „Stecke dein Schwert in die Scheide. Denn alle die zum Schwerte greifen, werden durch das Schwert umkommen." (Matthäus 26, 51). Vor Pilatus bestätigte Jesus seine Lehre von der völligen Gewaltlosigkeit: „Mein Reich ist nicht von dieser Welt" (Johannes 18,36)

---

[163] Holländer 1927, S. 4,
[164] Holländer 1927, S. 331, Anm. Nr. 6
[165] Zitiert nach Bumke 1970, S. 123

5.2.5 Gawan und Orgeluse, die Frau seines Lebens

Gawans Begegnungen mit weiblichen Wesen verlaufen entwicklungsgeschichtlich und literarisch betrachtet in einer idealtypischen Form. Er begegnet der Frau nacheinander als: Kind - Dame- und Geliebte. In der Form, wie die Liebesabenteuer einander folgen, liegt eine zunehmende Steigerung der Intensität seiner der Beziehungen zur Frauen:

1. Zuerst die Begegnung mit dem fünfjährigen Mädchen Obilot. Ihre natürliche Vollkommenheit und kindliche Unschuld „zwingt" Gawan in seinen Bann. Aus ihrem Mund vernimmt er die Stimme seines Gewissens, als die Stimme Gottes, aber auch die Parzivals, der ihm geraten hatte, sich den Frauen zu widmen.

2. Die Frau als Dame, das Gegenbild zur Gestalt des Ritters, nämlich die königliche Dame Antikonie. Sie entspricht in ihrem Auftreten, ihrer Selbstdarstellung und dem Verhalten einer höfischen Figur aus dem Haus der Anschevin, das z. B. auch im Orient residierte, z. B. am Hofe in Antiochien, wo Raymond König war.

3. Der wichtigste und dritte Frauentyp für Gawan ist die „Herzogin" Orgeluse, seine spätere Geliebte und Gemahlin. In der Namensfindung ist auch hier die Parallelität zur Frau Parzivals unverkennbar: „Herzogin" bedeutet im übertragenen Sinn dasselbe wie „Condwiramours", nämlich Herzensführerin. Für diese Frau setzt er sein Leben ein, um sie und ihre Liebe zu gewinnen. Seine größte Schwierigkeit besteht darin, sie aus den Fängen eines Zauberers zu befreien. Ihr unerklärliches und zum Teil widerwärtiges Verhalten scheint in einem bösen „Zauber" (wie oben angedeutet) seinen Grund zu haben.

Diese Frau ist für Gawan von existentieller Bedeutung im persönlichen, gesellschaftlichen und religiösen Sinne. In seinen Kämpfen um sie spiegelt sich nicht zuletzt auch der Kampf zwischen Christentum und Islam wieder, insofern die Frau als Bild für die Christenheit aufgefasst werden kann, wie in der Apokalypse 12,1, oder im späteren Roman Wolframs, wo Willehalm und Thybalt um Arabella kämpfen. Diese „schöne Araberin" heißt nach ihrer Taufe Gyburc.

Die Annahme, dass es sich bei Gawans Kämpfen um seine Geliebte Orgeluse, ebenfalls um eine Auseinandersetzung mit dem Islam (um die „Frau" schlechthin) gehandelt haben könnte, wird nahe gelegt durch das dubiose absolut unbezahlbare „Geschenk", das sie von ihrem ehemaligen Geliebten Amfortas erhielt, und das allem Anschein nach der Islam gewesen sein könnte. Gawans Aufgabe war es, sie von den Zwängen dieses Geheimnisses zu befreien. Ohne einen solchen Hintergrund des Verhaltens wären die bis zur Selbstverleugnung gehenden Liebesbeweise Gawans für diese Frau ganz und gar nicht verständlich. Gawan handelt nach dem in der Hl. Schrift vorgegeben Muster im Hohen Lied der Liebe. Seine Minne ist heilsgeschichtlich motiviert. Durch ein trinitarisches Konzept sind die Gawanbücher untereinander und mit der Figur Parzivals verbunden. In ihnen spielen Frauen die entscheidende Rolle.

5.2.6 Gawan und Parzival, Wiedervereinigung beider Figuren und Abgesang für Gawan

Wenn Wolfram seine Idee von der trinitarischen Grundverfassung des menschlichen In-der-Welt-Seins dichterisch veranschaulichen und an *einer* Person dadurch explizieren wollte, dass er die vorgeschichtliche, geschichtliche und heilsgeschichtliche Dimension einer christlichen Existenz je einer „Teilfigur" des „einen" Menschen (Parzival) zuordnete, so durfte dieses abstrakte Konzept im Romangeschehen selbst keine großen Widersprüche hinterlassen. Seine Aufgabe bestand darin, diesen „Scheinpersonen" einerseits eine gesellschaftliche Existenz und Bodenhaftung zu verschaffen. Andererseits mussten sie, ohne dem Grundkonzept zu widersprechen oder logische Probleme zu verursachen, möglichst unauffällig wieder aus ihren Rollen aussteigen können, um die Einheit der Hauptperson mit ihren „Teilfiguren" (Gawan und Feirefiz) für das Romangeschehen zu gewährleisten. Wolfram bestätigt sich und den Zuhörern am Ende des sechsten Buches selbst als den Mann, der dies kann, bevor die Spaltung der Person Parzivals in Buch VII tatsächlich erfolgt:

„ze machen nem diz maere ein man,
der âventiure prüeven kann
unde rîme künne sprechen
beidiu samnen unde brechen" (Pz. 337,23-26)

Dieser Satz im Kontext mit der bereits bildhaft vorgestellten und kommentierten Szene vor dem Spiegel ist notwendig, damit die Zuhörer verstehen, worum es im Text geht. Er ist logischerweise auf die Spaltung der Hauptfigur des Parzivalromans in zwei Figuren zu beziehen. Um das Wirken der beiden Figuren auf den unterschiedlichen Ebenen darzustellen, führt Rupp den Begriff der „Spielräume" ein. „Man könnte folgende Spielräume nennen:

1. einen ritterlich-höfischen Spielraum;
2. einen stark religiös bestimmten, ritterlichen Spielraum;
3. einen Raum, der meist vergessen oder übersehen wird, den Spielraum Gottes."[166]

Diesen Spielräumen ordnet Rupp die Hauptfiguren des Romans zu. „Dann ist Parzival nicht nur im zweiten Raum zu Hause, er gehört auch in den ersten, in den Raum, der natürlich vorwiegend von der Gestalt Gawans beherrscht wird." (Rupp)

Eine ähnliche, von mir als „dreifaltig im relativen Sinne" gekennzeichnete Gliederung war gewählt worden, um damit einer „Vereinzelung" der Figuren zu begegnen. Das war sicherlich auch die Absicht von H. Rupp. Demgegenüber meine ich jedoch, dass Feirefiz, von dem im oben angeführten Zusammenhang nicht gesprochen wird, als Teil mit zum einheitlichen Schema von „Dreifältigkeit"[167] gehört. Er spielt seine Rolle sowohl im o. a.

---
[166] Rupp 1983, S. 10

[167] Es geht an dieser Stelle um ein literarisches Schema von Dreifaltigkeit; daher der Ausdruck „dreifältig". Darin lässt sich auch Feirefiz einordnen, obwohl er an anderer Stelle dem Islam zugerechnet wird, der die Dreifaltigkeit radikal ablehnt.

dritten „Spielraum" als auch im „Vorraum" der Geschichte (nämlich der Natur- bzw. Urgeschichte) des Romans, in dem nicht nur die Geschichte der Anschevin, die mit der Naturgeschichte der Menschheit identisch zu sein scheint, sondern auch die dichterische Heilsgeschichte aller drei Figuren (Feirefiz - Gawan - Parzival) ihren Anfang nimmt. Man darf nicht übersehen, dass die Leiblichkeit des Menschen sowohl auf Romanebene, als auch in der religiösen Heilsgeschichte eine elementare Bedeutung hat: In Analogie zur gesamten Sakramentenlehre der Kirche und mit dem für sie geltenden theologischen Fundamentalsatz „gratia supponit naturam".[168]. Das Christentum selbst hat mit Menschwerdung im elementarsten Sinne, mit Leiblichkeit des Menschen und der Menschwerdung des Gottessohnes zu tun. Im Johannesevangelium heißt es mit nicht zu überbietender Deutlichkeit: „In principio erat verbum" und „Et verbum caro factum est". Voraussetzung für die Inkarnation ist die erste Menschwerdung Adams; so, wie für ein analoges „Christus-ähnlich-werden" die Leiblichkeit des Menschen Voraussetzung der sakramentalen Teilhabe in der Taufe und anderen Sakramenten ist. Kritisch zu der o. a. Gliederung in drei „Spielräume", ist anzumerken, dass bei Rupp damit die „niedrigste" aber existentiell wichtigste Stufe von Menschwerdung, die natürliche Leiblichkeit des Menschen als Spielraum nicht vorkommt. Sie spielt jedoch im „Parzival" und in der Sakramentenlehre der Kirche eine entscheidende Rolle, als „conditio sine qua non".

Das Schema der „Spielräume" müsste also insofern erweitert werden, als jede der drei Figuren eine Vor- bzw. Naturgeschichte hat. Durch ihren Vater Gachmuret haben Feirefiz und Parzival eine gemeinsame Stammes- bzw. Naturgeschichte als Anschevine. Für Parzival ist der Übertritt in die höfische Geschichte durch eine literarische „Sollbruchstelle" gekennzeichnet. Sein Mord an Ither soll konzeptionell als „Urschuld" und damit als Zeitenwende im Roman fungieren. Dadurch wird die höfische Geschichte von „der Zeit davor" getrennt. Diese „Vorzeit" lässt sich als eine, „noch von Sünden freie", paradiesische Welt erklären. Feirefiz lebt in dieser imaginären Vorzeit.

Parzival gerät durch seinen unbedingten Willen ein „Rittergott" zu sein, in die durch Sünde und Schuld gekennzeichnete geschichtliche (nachparadiesische) Zeit der höfischen Welt. Weil Parzival als Christ getauft ist, hat er ebenfalls Anteil an einer übergeordneten, heilsgeschichtlichen Form des Lebens, die weder zeitlich noch räumlich begrenzt ist: Er lebt dadurch zugleich in einer parallelen, weder zeitlich noch räumlich begrenzten heilsgeschichtlichen Welt. Auf literarischer Ebene ist es die Gralswelt. Der dichterischen Idee und dem Roman tut es keinen Abbruch, wenn an einigen Stellen das biblische, metaphysische Schema verschiedener Zeiten, oder das Muster einer „dreifältigen" Rollenverteilung der Figuren durchschimmert. Das Erkennen eines literarischen Konzeptes, das sich ohnehin dem einseitig rationalen Zugriff entzieht, kann dem Anliegen Wolframs nur dienlich sein. Jedenfalls tut es der Hochachtung vor dem großartigen Werk keinen Abbruch.

---

[168] „Gnade setzt die Natur voraus". Wolfram ging es um Rehabilitation der Leiblichkeit. Es wäre unchristlich und unlogisch zu sagen „gratia supponit naturam", um im gleichen Atemzuge zu behaupten, die Natur sei jedoch von Grund auf schlecht. Rehabilitation deshalb, weil sich unter dem Einfluss, bzw. dem Eindringen griechischen Denkens (Materie = schlecht, Geist = gut!) in die Theologie und christliche Glaubenslehre eine nicht übersehbare Leibfeindlichkeit und ein unchristlicher Dualismus breit gemacht hatten, die zu einer Reihe von Irrlehren im 12. Jahrhundert geführt hatte (z. B. Albigenser).

Die gesellschaftliche Wiedervereinigung der in getrennten Rollen eine „wile" agierenden Hauptfiguren (Gawan und Parzival) zu einer Person, geschieht auf dem Fest von Joflanze und zwar in einem Gespräch zwischen Artus und Feirefiz: Nachdem der Heide Feirefiz mit den Worten: „nu hoere ouch min komen" in mehr als dreißig Zeilen (Pz. 767,29-768,30) ausführlich die Geschichte seiner Heerfahrt erzählt hatte, ergreift Artus das Wort. Er hatte allen Grund über die großen Heldentaten seines Neffen Gawan begeistert zu berichten:

„ich wil dich dienstes wissen lân
daz selten groezer ist getân
ûf erde deheinem wîbe,
ir wunneclichem lîbe.
ich meine die herzoginne." (Pz. 769,5-9)

Diesen Dienst hatte Gawan auf sich genommen. Man hätte erwartet, dass er dafür von Artus wenigstens mit Namen genannt worden wäre, hatte er doch Orgeluse unter Einsatz seines Lebens befreit, während sie ihm in ihrer Verblendung stets die größten Schwierigkeiten bereitet hatte. Sein Name wird jedoch weder von ihm, noch dem Erzähler überhaupt erwähnt. Im Gegenteil: Artus spricht plötzlich „von *ihrem* Krieg" („er sagte ir urliuge gar" Pz. 769,15) und meint damit Orgeluse. Dann berichtet er weiter von zwei Kämpfen wie folgt:

„unt von den zwein strîten
die Parzivâl sîn bruoder streit
ze Jôflanze ûf dem anger breit".

Artus' Interesse richtet sich nun unmittelbar auf Parzival. Ohne noch einen Gedanken an Gawan zu verschwenden bittet er Feirefiz, er möge sich doch bei Parzival selbst erkundigen, welchen Gefahren er sonst noch ausgesetzt war:

'unt swaz er anders hât ervarn
da er den lîp niht kunde sparn,
er sol dirz selbe machen kunt.
er suochet einen hôhen vunt,
nâch dem grâle wirbet er.'" (Pz. 769,18-25)

Genau an dieser Stelle ist die Weiche gestellt, auf der das bisher parallel verlaufende Geschehen wieder zusammengeführt wird. (Reclamübersetzung 769,12-20). Artus erzählt von allen möglichen Leuten, spricht jedoch mit keiner einzigen Silbe mehr von Gawan. Er wird überhaupt nicht mehr erwähnt! Das ist höchst erstaunlich! . Artus erzählt von Gawans Heldentaten, als ob Parzival sie vollbracht hätte. Damit ist die Rolle Gawans mit der seines „alter ego" Parzival wieder vereint.

Als Zuhörer bemerkt man zwar, dass an dieser Stelle irgendetwas „nicht stimmt", dass Gawan z. B. sträflich übergangen wurde. Wegen der Unübersichtlichkeit der Situation übersieht und überhört man leicht, dass hier nicht nur ein Rollentausch, sondern die Wiedervereinigung zweier Figuren stattfand. Es bedeutet: Gawan ist in seiner Stellvertreterfunktion ab sofort wieder mit Parzival vereint. Er ist vom Erzähler aus dem „Spielraum"

131

seiner Rolle entlassen worden. Parzival gibt wieder allein den Ton an. Seine Gespaltenheit ist teilweise (für den Part Gawans) wieder aufgehoben. Die „Scheidung" Parzivals von Feirefiz erfolgt später.

Gawan, als Figur ein „Teil" Parzivals, entspricht - so wie seine Geschichte verlaufen ist - vermutlich jenem Anteil in der Struktur des seelischen Geschehens bei Parzival, den man auf dem Hintergrund des trinitarischen Konzeptes als den weiblichen Anteil, in seiner Liebesfähigkeit bzw. seinem Einfühlungsvermögen bezeichnen könnte. Vielleicht ist es jener trinitarische Anteil, wie man ihn auch im Schöpfungsbericht erkennen kann, und zwar in dem Satz: „Er erschuf den Menschen … als Mann und Frau erschuf er sie", womit auf die natürliche Einheit beider hingewiesen wird. Eine solche Vorstellung ist uns auch heute nicht mehr total fremd, weist doch die moderne Psychologie aus folgendem Grunde darauf hin: Jeder Mensch, ob Mann oder Frau, hat in diesem Sinne einen männlichen und weiblichen Anteil in seinem Wesen. Nicht zuletzt auch deshalb, weil man sich in seiner Verschiedenheit sonst wahrscheinlich überhaupt nicht verstehen könnte.

Gawan ist im Parzivalroman der „Frauenheld" der höfischen Welt im wirklichen und spiegelbildlichen Sinne des Wortes: Held der Frau und Frau des Helden. Der spiegelbildliche Teil seiner Rolle stimmt mit der seelischen Struktur Parzivals überein; sie ist im Romankonzept sogar mit derjenigen Parzivals identisch, weshalb Gawan ihn in seinem allgemeinen, „biblisch" bedingten Verhältnis zur Frau vertreten kann. Es handelt sich nämlich um eine vom biblischen Schöpfungsbericht vorgegeben Polarität[169] von Mann und Frau als dem einem Wesen Mensch, aber auch eine auf tiefenpsychologischem Hintergrund interessante literarische Lösung, die seelische Struktur, d. h. hier, die Polarität des seelischen Geschehens im Leben des Romanhelden Parzival auf der Romanebene darzustellen.

Und wenn die großen Verdienste Gawans - ohne ein Wort über ihn selbst zu verlieren - ganz seiner Liebe in der Gestalt einer Frau, nämlich Orgeluse zugesprochen werden, und er selbst wie ein Schattenbild[170] verschwindet, so kann das auch bedeuten, dass die irdische Minne- gemäß dem Hohen Liede der Liebe bei Paulus-, um die sich Gawan, (anstelle Parzivals) bis zur Selbstaufgabe bemüht hat, in der Wiedervereinigung des Gestalten Gawans und Parzivals zu einer Person, mit dem Bemühen Parzivals um den Gral selbst, auf eine Stufe gestellt werden. Die Heilung Orgeluses (durch Gawan = Parzival!) steht in einem direkten Zusammenhang mit der Heilung des Amfortas. Auf dieser Ebene werden also irdische Minne, (als die höchste Form der Nächstenliebe und der

---

[169] Gen. 1,27 „Und Gott schuf den Menschen nach seinem Bilde, nach seinem Bilde schuf er ihn, als Mann und Frau erschuf er sie."

[170] In diesem Zusammenhang ist an die erste Begegnung Gawans und Parzivals in der Blutstropfenszene zu erinnern. Bereits zweimal hatte Parzivals Pferd seinen Reiter durch eine Wendung in Kampfposition gebracht (sodass die Blutstropfen nicht mehr in seinem Blickfeld lagen und ihn fesselten!) und ihn damit aus unmittelbarer Lebensgefahr gerettet. Aufgrund seines Einfühlungsvermögens bemerkte Gawan, dass Parzival durch Minne, d. h. von seiner mystisch anwesenden Frau Condwiramurs (Pz. 282,28-283,23) im Bild der Blutstropfen im Schnee gebannt, also hilflos war („sus hielt er als er sliefe"). Indem er das Bild der Blutstropfen mit einem Tuch verhüllte, entriss er symbolisch die Frau dem Bewusstsein Parzivals. Unter umgekehrten Vorzeichen kehrt sie bei der Entlassung Gawans aus seiner Rolle in das Bewusstsein Parzivals zurück.

Liebe zur Menschheit überhaupt; die Frau steht bei Wolfram als Bild für die Menschheit schlechthin!) und die Gottesliebe in den beiden Figuren wieder vereint. Nächstenliebe, in dieser besonderen Form der Liebe zur Frau, und Gottesliebe sind so gesehen identische Formen der einen umfassenden Liebe, wie es auch im Liebesgebot heißt: „Du sollst den Herrn deinen Gott lieben ... ein zweites ist diesem gleich, liebe deinen Nächsten, wie dich selbst!" Der dem Manne am nächsten stehende Mensch ist die Frau und umgekehrt! Die Liebe erscheint so im trinitarischen Licht als die eine Gottes- und Nächstenliebe, die auch im elementarsten Sinne Selbstliebe, als Einheit von Mann und Frau, sein darf.

Ihr Ausgang und ihr Ziel ist das Urbild der Liebe, die Trinität. Nach ihrem Bilde wurde der Mensch geschaffen. An anderer Stelle war bereits gesagt worden, dass der Text des Parzivalromans mit dichterischen Mitteln verschlüsselt einen Hinweis auf die Art des Kampfes gibt, den Gawan auf der Burg Schastel marveille zu bestehen hatte. Es geht um die Befreiung seiner Geliebten, die als Typus der Frau stellvertretend für die ganze Menschheit steht. Gawan hat sie aus den Händen des Versuchers Chlinchor und des „Antichristen" befreit.

Es ist anzunehmen, dass Wolfram seine Zeit als apokalyptische erlebt hat, nicht nur wegen des Niedergangs von Papst- und Kaisertum, sondern auch wegen der drohenden Ausbreitung des Islam. Die Erfolglosigkeit der Kreuzzüge und die Zerrissenheit der Christenheit konnte bei jedem sensiblen Zeitgenossen des 12. Jahrhunderts Endzeitstimmung auslösen. Schon im Alptraum Herzeloydes wird auf das apokalyptische Bewusstsein der Zeit reflektiert. Nicht zuletzt wird es von Wolfram im Willehalm dichterisch als eine Zeit des Endkampfes thematisiert. Der Kampf Gawans um Orgeluse hat durchaus Züge des Kampfes, den Willehalm um Arabella, bzw. Gyburc führt. In den Kämpfen um diese beiden Frauen geht es im Grunde um nichts anderes als den Kampf zwischen Islam und Christentum um die Menschheit, die in diesen Frauengestalten verkörpert ist.

Wie Eva Urtyp der gesamten Menschheit ist, ist es Gyburc für die Menschheit des 12. Jahrhunderts. Die Figur des Clinchor allein psychologisch zu erklären, dass sie etwa nur Rache für die eigene verletzte Ehre zu nehmen wolle, fällt dem modernen Leser zwar leicht, bemerkt Walter Blank: „Dennoch verschärft sich dadurch die Frage noch mehr, weshalb Wolfram eine so widersprüchliche Figur offenbar großteils neu entworfen und eine so wichtige Funktion wie die Erlösung von Schastel marveille im Gawan-Handlungsstrang des Romans mit ihr verknüpft hat."[171]

Walter Blank geht weiter der Frage nach: „Inwiefern erklärt sich die Erweiterung und Umgestaltung der Figur aus Wolframs Konzeption des Parzival selbst?" Er stellt fest, dass es zwischen der traditionellen Zaubererfigur Merlin aus der Artussage und Wolframs Clinchor Beziehungen gibt, und dass die „Abkommenschaft Merlins von einem Teufel seit Gottfried von Monmouth ... ungebrochen in der französischen Artustradition weitergeführt wird."[172] Auch bei Wolfram wird, nach Blanks Meinung, Clinchor „ein Teufelssohn nach

---

[171] Blank 2004
[172] Blank 2004, S. 323, Anm. 3.

Gesinnung und Verhalten."[173] Diese Figur jedoch zu einem „reinen Bösewicht" zu erklären, wie dies in einer stoffgeschichtlichen Untersuchung durch Therese Holländer[174] geschieht, lehnt Walter Blank ab.

Wenn nicht selbst als Teufel, so doch mindestens als sein Advocatus spielt Clinchor seine Rolle, er, der sich „durch Nigromanzie zu einem widergöttlichen Herrscher zwischen Himmel und Erde" (658,26ff.)[175] gemacht hat. Wenn diese Figur beim Brechen des Zaubers völlig aus der Erzählhandlung verschwindet, sozusagen „vernichtet" wird, so hat das mit demjenigen zu tun, der ihm den Auftrag für seine Rolle gab, dem Teufel nämlich, dem Wolfram den Kampf angesagt hat. Für Wolfram war der „Antichrist" seiner Zeit Mohammed, der in der Verkündung des Korans stets präsent war. Sein Vertreter auf literarischer Ebene ist Clinchor. Das ist, wie ich glaube, auch die Erklärung auf die von Walter Blank eingangs seines Beitrages gestellte Frage: „Inwiefern erklärt sich die Erweiterung und Umgestaltung der Figur aus Wolframs Konzeption selbst?"[176] Diese Frage hatte Walter Blank in seinem Beitrag offen gelassen. Meine Antwort auf die gestellte Frage möchte ich versuchsweise wie folgt kurz begründen:

Nach der oben geschilderten Wiedervereinigung der Rollen zu einer einzigen Person auf Romanebene wäre zu vermuten, dass Parzival eigentlich im Besitz der Lebenserfahrungen Gawans sein müsste. Erfahrungen, die er beispielsweise bei seinen Kämpfen auf Schastel marveille, in der Auseinandersetzung mit Clinchor oder mit dem Vertreter des Islam, dem „Kaufmann" Mohammed gemacht hatte. Dieser hatte vor der Burg in einen Zelt seinen „unbezahlbaren cram" angeboten, den sich bisher nur einige von den 400 gefangenen Frauen in der Burg angesehen hatten. Als Sieger im Kampf auf Schastel marveille war er sogar selbst - per Vertrag zwischen Orgeluse und Clinchor - in den Besitz dieses dubiosen „crâm" gelangt. Es ist derselbe „crâm", der schon einmal als Geschenk Sekundilles an Amfortas das größte Unheil angerichtet hatte. Das war dem Publikum bekannt. Ob Parzival es auch wusste? Warum bleibt Gawan - im Unterschied zu Amfortas - von der unheilvollen Wirkung dieses „crâm" verschont? Dem Publikum stellt sich daher die grundsätzliche Frage: Was hat es überhaupt mit diesem „crâm" auf sich? Was ist das für ein Ding? Darüber erfährt man vom Erzähler leider nichts.

Vielleicht gibt die spätere Heilung des Amfortas in der zweiten Gralsszene darüber eine Auskunft. Wolfram vergleicht später die Erlösung des Amfortas mit einer Totenerweckung. Der Befehl, mit dem Jesus bei der Erweckung des Lazarus den Tod aus dem Leib seines Freundes vertrieb, lautet gemäß griechischer Urfassung: „Heraus da!" (aus dem toten Körper nämlich!) Die übliche Übersetzung: „Lazarus komm heraus aus dem Grabe", ist vom griechischen Text her gesehen nicht möglich! Diese Bemerkung ist hier angebracht, weil Wolfram auf Romanebene in Analogie zur Totenerweckung durch Jesus, von der Erweckung eines toten Stieres durch den Hl. Silvester spricht. Weil Parzival, wie gerade gesagt, die Gottferne und die damit verbundene Bewusstseinsspaltung durch seinen

---

[173] Blank 2004, S. 323, Anm. 3
[174] Holländer 1927, S. 4
[175] Blank 2004, S. 331
[176] Blank 2004, S. 322, Anm. 2

„Bruder" Gawan (auch am eigenen Leibe?) erfahren hat, ist er vielleicht in der Lage, die heilsverheißende Frage an Amfortas so zu stellen, dass dieser gar keine Antwort mehr darauf geben muss, um geheilt zu werden. Die „Antwort" ist die Heilung! Wolfram jedenfalls schweigt sich in diesem Punkte aus, weil er, auch als Erzähler, seinem Helden keine Hilfestellung geben darf. Aus der das Publikum natürlich interessierenden Frage: „Was bedeutet, oder was ist der „crâm" eigentlich?", könnte man folgern, dass dieser, weil er ja das Unglück verursacht hatte, auch bei der „Erlösung" des Amfortas noch von Belang sein könnte. Die gezielte Frage nach der Bedeutung des „crâm" sollte auch Parzival im Auge behalten, um auf die Frage richtig zu reagieren. Für ihn gleicht die „Erlösungsfrage" der Lösung eines „Halslösungsrätsel", bei dem es auch für ihn selbst um Kopf und Kragen geht. In der Analyse der zweiten Gralsszene beziehe ich mich auf diese Vorüberlegungen.

Durch Sekundille und wegen der „irreführenden Kunst des Grals" („durch ableitens list vome gral") waren Amfortas selbst und durch ihn Orgeluse offensichtlich zum Islam verführt worden. Wie im alten Bund Salomon von seinen heidnischen Frauen zu fremden Göttern verführt wurde, ist Amfortas durch seine Liebe zu Sekundille mit diesem „crâm", in Berührung gekommen. Er hatte ihn als „unbezahlbares" Geschenk angenommen und an Orgeluse weiter verschenkt. War dies etwa auch der Grund für ihre völlige Verstörtheit? Aufgrund verschlüsselter Angaben im Text kann man ahnen bzw. erraten, dass es sich bei diesem „Liebesgeschenk" um den Islam gehandelt haben könnte. Amfortas' besondere Schuld war nicht nur die Annahme, sondern auch die Weitergabe dieses „crâm" an Orgeluse gewesen. Wegen seines „Ehebruchs" im Verhältnis zu Gott und der Verführung Orgeluses zum Islam wurde Amfortas bestraft; nicht etwa, weil er diese Frau liebte. Eine solche Strafe für den König und sein ganzes Volk wäre auf bloß geschichtlicher Ebene durch ein Liebesverhältnis zu einer edlen Frau sicherlich nicht verständlich und gerechtfertigt gewesen! Aus dieser Perspektive ist, wie H. Rupp richtig feststellt, die „Heilung der Orgeluse (ist) die Parallele zur Heilung des Amfortas."[177]

5.3 Parzival

5.3.1 Das dichterische Bild des Gralsgeschlechtes vor seinem konzeptionellen Hintergrund

Parzival ist Weltritter und „Waleise" wie Gawan. Von Natur aus ist er Angehöriger des zur Anschauung bestimmten Geschlechtes der Anschevin, wie Feirefiz. Im heilsgeschichtlichen Sinne wurde er durch die Taufe Angehöriger des Gralsgeschlechtes. Alle Mitglieder dieses auserwählten Geschlechtes sind in irgendeiner Weise in schwere Schuld verstrickt, angefangen bei Herzeloyde, Sigune, Trevricent Amfortas und Parzival selbst. Das Schuldigsein scheint geradezu eine Qualifikation in diesem Geschlechte zu sein! Vielleicht deshalb, weil Schuldig-Werden-Können mit menschlicher Freiheit zu tun hat, ein

---

[177] Rupp 1983, S. 17

Thema, das bereits in den ersten Versen des Prologs angesprochen und im Text mit Doppelpunkten signalisiert wird:

„der mac dennoch wesen geil:
wande an im sint beidiu teil
des himmels und der helle" (Pz. 1,7-9)

Das Gralsgeschlecht lebt also in einem mystischen Verhältnis von schwerer Schuld und Auserwähltsein, das in einem tieferen Sinn zu den konstitutiven Bedingungen menschlicher und christlicher Existenz gehört. Durch die Taufe gehören zwar alle Christen dem auserwählten Gralsgeschlecht an, was jedoch nicht ausschließt, dass sie im wirklichen Leben gleichzeitig in tiefe Schuld verstrickt sein können.

Bisher war von den prototypischen Stellvertretern des Anschevin- und Artusgeschlechtes Feirefiz und Gawan die Rede. Nun soll vom Helden selbst gesprochen werden, der im Unterschied zu seinen beiden Stellvertretern den Namen Parzival trägt. Das ist zwar sein Eigenname. Als solcher ist er aber auch „Teil" der anderen Personen seines „Wesens"; denn sein „name ist rehte enmiten durch". Funktionell sind die Geschlechternamen seiner „Brüder" auf ihn selbst vereint. Parzival ist also Anschevin, Waleise und Gralsritter in einer Person. Damit werden in seinem Namen jene Bereiche integriert, in denen seine Brüder stellvertretend für ihn eine Rolle spielen. Sie werden im Namen „Parzival" sowohl auf einen „Nenner" gebracht, als auch unterschieden, insofern sie schwerpunktmäßig je besonderen Bereichen Natur (Feirefiz), Kultur (Gawan) und Übernatur (Parzival) zugeordnet werden können. Die zunehmende Komplexität in der vereinheitlichenden Bewegung besteht darin, dass Parzival eine „Natur" wie Feirefiz, eine Kultur (höfische Welt) wie Gawan und seine „Übernatur" (Gnadenleben) wie ein Sünder und Erlöser hat. Er ist dadurch eine „mittlere" bzw. „vermittelnde Existenz". In dieser komplexen „Dreifältigkeit" steht er in der Spannung zwischen Individuum und Gesellschaft, zwischen sich und der Welt und zwischen Himmel und Hölle.

Die These, dass Wolfram im „Parzival" ein trinitarisches Menschenbild entwerfen wollte, bei dem die drei Geschlechternamen Parzivals als dichterische Bilder eine entscheidende Rolle spielen, bringt es mit sich, dass auch Strukturfragen des dichterischen Konzeptes gestreift werden. Die Annahme, dass der Parzivalroman eine dreiteilige Struktur habe, ist nicht neu; ebenso wenig, wie die Zusammengehörigkeit bzw. Identität der handelnden Personen, die schon des öfteren konstatiert wurde. Hugo Kuhn spricht von Feirefiz als „Parzivals früheres Ich"[178] und Schröder stellt fest: „Gawan ist Parzival auf der Ebene des realen Ritterlebens." Mit Strukturfragen solcher Art haben sich Walter Johannes Schröder und H. Rupp befasst. Sie werden hier erwähnt, weil beide Forscher, wenn auch ganz unterschiedlich, von einem „dreiteiligen" Aufbau des Parzivalromans ausgehen. Es soll damit auf eine gewisse Affinität der Überlegungen hingewiesen werden. Von Schröder und Kuhn stammt der Gedanke der Identität der handelnden Figuren, der ausgeweitet wurde auf die Identität von Parzival, Gawan und Feirefiz,. Von Rupp wurde in Anlehnung an seine „Hilfsvorstellung" von den „drei Spielräumen" die Vorstellung von drei Handlungs-

---

[178] Annalen der dt. Literatur 1962, S. 149

ebenen entwickelt, auf der die Romanhelden in unterschiedlicher Rollenverteilung als Romanfiguren agieren. Die Arbeiten dieser Forscher haben entscheidende Anregungen gegeben. Im Ergebnis unterscheiden sie sich jedoch in wesentlichen Punkten bis hin zu unüberbrückbaren Gegensätzen.[179] Die These, dass der Parzivalroman eine dreiteilige Struktur haben könnte, weil dem Bild des Romanhelden ein trinitarisches Menschenbild zugrunde liegt, ist also nicht ganz neu und nicht abwegig.

Wenn an dieser Stelle auf andere Deutungen Bezug genommen wird, die eine „Dreiteiligkeit" des dichterischen Konzeptes konstatieren, soll dies nicht schon als Beleg für eine „trinitarische" Romanstruktur in Anspruch genommen werden. Im Ausdruck „dreifaltig" wird in der Regel eine religiöse Vorstellung assoziiert. Weil es also im Hintergrund um das größte religiöse Geheimnis der Christenheit geht, fällt es schwer, sich dazu ein analoges literarisches Modell vorzustellen. Und das kann nur eine literarische Fiktion sein. Da es sich beim Abbild der Hl. Dreifaltigkeit - dem Menschen nämlich - immer um ein unergründliches Rätsel handelt, kann die literarische Reproduktion eines solchen Rätsels auf Romanebene ebenfalls nur als Rätsel erzählt und gedeutet werden. Die drei Namen Parzivals (Anschevin, Waleise, Parzival) und die ihnen zugeordneten Figuren und deren Programme sind solche Rätsel, wie sich aus dem Text belegen lässt. Die Zuordnung der Figuren zu einer Person ist keine unnötige Abstraktion, sondern eher eine Versinnlichung von etwas völlig Abstraktem. Erika Essen spricht von der Einheit der drei handelnden Romanfiguren: „In den Geschehensträgern Gawan, Feirefiz, Parzival erscheinen drei Ursprünge menschlichen Daseins, die in der Gesamtgestalt einer großen Ergänzungsfigur zueinander bezogen sind in einer umfassenden Einheit".[180]

So bedeutet „dreifaltig" ja nicht nur „dreiteilig", sondern paradoxerweise auch „dreieinig." Dreieinigkeit" innerhalb der Dichtung zu belegen, ist natürlich das Problem schlechthin! Wie immer Wolfram dieses Problem dichterisch gelöst hat oder man als Zuhörer es verstehen will: von der Ausgangsthese her ist es „selbstverständlich", dass die Teilbilder des Romanhelden, die „a priori" zusammengehören, obwohl die ihnen zugeordneten und von ihnen ausgehenden Handlungstendenzen zunächst auseinanderstreben, „a posteriori"

---

[179] Schröder 1952, S. 182 behauptet: „Denn der Gral ist der Ort der Seele. Er ist das eucharistische Brot, Symbol der Gegenwart Christi in der Welt, und was beim Gralsbesuch Parzivals geschieht, ist nichts anderes als das Sakrament des Herrn". Meinem Verständnis nach möchte der Dichter seine Zuhörer bzw. Mitmenschen davon überzeugen, dass der Gral und alles, was ihn umgibt, im Vergleich mit der Lehre des Christentums selbst, nichts anderes als ein Bild - „ehrlich gesagt" eine Illusion ist. Die Kritik an Schröders Aussage wird deshalb vorgetragen, weil seine Arbeit in diesem Punkte der Zielsetzung der vorliegenden Arbeit diametral widerspricht. - Trotz vieler Anregungen die ich auch den Arbeiten von Heinz Rupp entnommen habe, möchte ich aber auf einen gravierenden Unterschied aufmerksam machen: Die Idee von den „drei Spielräumen" des Parzivalromans ist überzeugend. „Gott spielt im Roman mit", sagt Heinz Rupp. Dagegen ist nichts einzuwenden! Wenn es aber weiter heißt: „Gott hat seine Hand im Spiel. Er führt die Fäden", so geht mir das „gegen den Strich", d. h. gegen das eigene Konzept, weil bei der Rollenverteilung im sog. „dritten Spielraum", den ich ebenfalls für den wichtigsten halte, die menschliche Freiheit eliminiert wird! Gott spielt mit dem Menschen keineswegs wie mit Marionetten! - Im vorliegenden Versuch einer „trinitarischen Konzeption" wird demgegenüber der Schwerpunkt auf die Tatsache gelegt, dass eher der Mensch (wenn auch nur in einem „relativ freien" Verhältnis zu Gott existierend!) seinem Schöpfer „übel mitgespielt" hat! Der Mensch hat durch sein eigensinniges böses Verhalten die Heilspläne Gottes „vorübergehend" ruiniert. Eine solche Vorstellung entspricht der kirchlichen Lehre (gemäß biblischer Darstellung) und vor allem dem Anliegen des Dichters.

[180] Essen 1967, S. 139

wieder zusammengeführt werden müssen. Das bedeutet auch, dass sie in einem (einigen) Bild des Helden miteinander verknüpft sein müssen, wenn sie dem Konzept eines trinitarischen Menschenbildes entsprechen sollen. Es geht ums „samnen unde brechen" im Verlauf der maere, wie der Dichter selbst sagte. Nicht zu übersehen ist, dass das, was im Romangeschehen zeitlich und räumlich nacheinander („dreiteilig") abläuft, als gleichzeitig verlaufend vorgestellt werden muss.

Je mehr sich das Romangeschehen im Fortgang der aventure um den Romanhelden konzentriert, umso mehr „verdichtet" sich auch die ihn umgebende „quasi religiöse Atmosphäre". Diese „dichterische Religiosität" ist, auch wenn sie als „trinitarisch" verstanden werden soll, eine auf Romanebene konzipierte Parallele zur religiösen Wirklichkeit selbst; m. a. W.: im Parzivalroman sind alle Vorstellungen und Metaphern aus dem religiösen Bereich dichterisch überformt. Es sind also historische und damit menschliche und raumzeitlich zu verstehende literarische Bilder auf religiösem Hintergrund. Der Ausdruck „trinitarisches Menschenbild" oder „trinitarische Konzeption" könnte leicht den Eindruck erwecken, als handele es sich beim „Parzival" um eine religiöse Dichtung. Es handelt sich eher um eine dichterische Religiosität mit dem Ziel einer Verständigung über das Christentum, indem sie analoge Denkstrukturen kreiert, um dadurch ein wirkliches Verständnis von christlicher Existenz in der Welt zu vermitteln oder zu erlernen.

Wenn also von Trinität, Urstand und Urschuld die Rede ist, dann nur in Analogie zur ihrer „objektiven" Wirklichkeit, die, weil sie geoffenbart wurde, nur geglaubt werden kann. Sie bleibt nach wie vor das Geheimnis schlechthin! Das Wort „nur" beeinträchtigt nicht die Bedeutsamkeit der christlichen Glaubenswirklichkeit, weder auf dichterischer noch religiöser Ebene. Es gibt jedoch, soweit man sieht, keine andere Möglichkeit, als ihr poetisch glaubend zu begegnen, gerade dann, wenn es um Offenbarung, d. h. Offenbarungsliteratur geht! - Auf dichterischer Ebene muss jedoch nicht alles „orthodox" sein. Man darf und soll hier sogar seine Zweifel haben, weil das der menschlichen Konstitution in dieser Welt entspricht. Das ist Wolframs These aus dem programmatischen Eingangsvers der Dichtung!

Es ist also wichtig, auf diesem Unterschied zwischen religiöser und dichterischer Wirklichkeit aus konzeptionellen Gründen zu bestehen; nicht zuletzt deshalb, weil das Motiv für die sog. „Lüge" Trevricents und des „offenen Schlusses" (durch den alles bis dahin Gehörte in einem ganz andere Licht erscheint, wie Bumke sagt) des Parivalromans darin enthalten ist: Dieser Unterschied motiviert die Zuhörer, auf dem Höhepunkt der Parzivalhandlung mit der „Lüge" Trevricents und der damit verbundenen Enttäuschung fertig zu werden und am Ende der maere das auf verschiedenen Ebenen Gesagte miteinander zu vergleichen und die Ebene, auf der man selbst glaubt, mit jener zu vergleichen, die man nach Meinung des Dichters für unglaubwürdig halten soll, weil die Gralsgeschichte eine maere, ein Märchen ist:

Diese Beschränkung auf eine relative, nur dichterische Wirklichkeit des Religiösen im Romanganzen ist keinesfalls ein Ausweichen vor der Realität. Sie dient dem weiter gesteckten Ziel des Dichters[181], der Erkenntnis nämlich, dass nur aus einer „metakritischen", literarischen Distanz zum eigenen Glauben eine Apologie der christlichen Existenz überhaupt gegenüber anderen Offenbarungsliteraturen und Religionen möglich sein kann. Nur dadurch, dass Wolframs Parzivalroman selbst keine religiöse Literatur ist und sein will, gewinnt sie den notwendigen „dritten Standpunkt". Gewinnt nur so auch den notwendigen Abstand zu jener Religion, die sie verteidigen (z. B. das Christentum), oder auch mit dichterischen Mitteln zurückweisen will (den Islam)! Als „heilsgeschichtliche Biographie" hat der „Parzival" eine nach Inhalt und Form vergleichbare poetische Struktur zu den Schriftreligionen. Er bedarf dieser „vergleichbaren" poetischen Strukturen, um überhaupt eine kritische Wirkung im Sinne von Apologie, d. h. einer Verteidigung des Christentums erzielen zu können. In einer „Summe wider die Heiden" von Thomas von Aquin wird mit großem Aufwand an theologischem und philosophischem Sachverstand und Argumenten im Grunde „nur" die Position der Christenheit selbstkritisch geklärt. Der eigene Glaube mag dadurch verstärkt werden; aber nach außen wird damit nur ein Verteidigungswall „wider die Ungläubigen" errichtet. Eine Apologie mit ausschließlich rationalen wissenschaftlichen Argumenten ist ein ungeeignetes Mittel zum Zwecke einer religiösen Auseinandersetzung. Wer eine religiöse Wirkung auf der Überzeugungsebene der christlichen Zuhörer sowie Andersdenker oder Ungläubiger erzielen möchte, bedarf einer das Gefühl ansprechenden poetischen Basis, von der aus er tiefere Schichten zwischen den Religionen überhaupt erst erreichen und danach eventuell vermitteln kann.

Die Tatsache, dass der „Parzivalroman" als mittelalterliche Literatur der Form nach eine Vermittlerfunktion zwischen „brüderlich-feindlichen" Religionen übernehmen konnte oder sollte, ist gerade für das Romankonzept von großer Bedeutung. Das hätte exakt dem Anliegen des Abtes von Cluny, Petrus Venerabilis, entsprochen, der aus diesem Grund die erste lateinische Übersetzung des Koran aus dem Arabischen organisiert hatte: Sinngemäß hatte er gefordert: Man wolle oder solle sich nicht mehr mit Waffen bekriegen, sondern mit Argumenten auseinandersetzen. - Der Umstand, dass der „Parzival" gerade nicht eine „religiöse", sondern weltliche Dichtung ist, die zwischen Glaubensfronten vermitteln könnte, ist nicht nur bemerkenswert, sondern entscheidend.

Das lässt auch die Frage zu, ob es auf zeitgeschichtlicher Ebene des 12. Jahrhunderts eine königliche Gestalt gegeben hat, die durch Verrat am christlichen Glauben durch Hinwendung zum Islam - und nach ihrer literarischen Metamorphose - auf Romanebene das Problem des Gralskönigtums verursacht haben könnten. Eine solche Figur könnte beispielsweise Raymond der Onkel Eleonores gewesen sein. Er war Fürst von Antiochien und „Kreuzritter". Von ihm weiß (Friedr. Heer!) man, dass er dennoch dem Islam grundsätzlich nicht abgeneigt war. Durch einen „geistigen Ehebruch" des Bundes mit dem Gott das Alten und Neuen Testamentes - dessen äußere Zeichen Beschneidung und Taufe sind - könnte es auf literarischer Ebene zum Bild der „Wunde des Amfortas" gekommen

---

[181] Augustinus 1961, S. 37. Von Balthasar schreibt in der Einleitung: „Die Funktion des Vorbilds innerhalb der geschlossenen endlichen Ordnung, der Hilfe im gemeinsamen zeitlichen Bereich ergänzt sich durch die Funktion der ebenso notwendigen „Erziehung" der Guten durch die Verfolgung seitens der Bösen, der Erziehung der Gläubigen durch die Ungläubigen, eine Selbstverständlichkeit für die Schüler Jesu." In diesem Sinne folgt Wolfram den Anregungen Augustins.

sein. Das wäre zu bedenken; denn das Bild der Schuld des leidenden Gralskönigs steht (ohne diesen Hintergrund) im krassen Missverhältnis zu dem, was vordergründig z. B. als „Ursache" angegeben wird, als ein (verbotenes) Liebesverhältnis zu einer heidnischen Königin. Er hatte ihren „crâm" angenommen. Hinter diesem Wort verbirgt sich das Geheimnis. Nicht die Liebe zu einer Frau, sondern der Abfall vom Glauben war die eigentliche „causa deficiens"[182] dessen, was sich im Bild der Schuld des Gralskönigs zeigt; vergleichbar etwa dem „Apfelbiss" in der Genesis, der ebenfalls vordergründig den bösen Willen, der keine „Ursache" im eigentlichen Sinne ist, verschleiert. Die Dichtung des 12. Jahrhunderts ist nicht zuletzt auch eine Spiegelung des tatsächlichen politischen und religiösen Verhaltens und Fehlverhaltens der höfischen Gesellschaft. Ein böser Wille allein (z. B. Hybris), steht auf metaphysischer Ebene schon für die Tat.

Auch Parzivals Schuld als Angehöriger des Gralsgeschlechtes, der Mord an Ither, ist die Folge einer Hybris. Er raubte eine Rüstung, um in dieser Hülle; in seinem „zweiten vel", ein „Rittergott" zu sein. Diese Schuld löste auf der innerweltlichen, durch die Taufe geschaffenen Wirklichkeit des Gralsgeschlechtes, der historischen und metaphysischen Teilhabe am Corpus Christi Mysticum[183] nämlich, jene „versagenden" Wirkungen aus, von denen im Roman gesprochen wird: Verwandlung von Person-Sein in „Nicht-Person- Sein" und Beeinträchtigung der Erkenntnisfähigkeit. Dieser Zusammenhang von historischer Schuld und metaphysischer Wirkung gilt selbstverständlich auch in umgekehrter Richtung: Insofern könnte das Bild der Wunde des Amfortas die metaphysische Wirkung eines sündhaften Verhaltens auf historischer Ebene sein. Dann darf wohl auch nach der wirklichen Schuld eines Amfortas gefragt werden, mindestens so intensiv, wie nach der Schuld Parzivals: Gibt es etwa eine königliche Gestalt auf historischer Ebene, die wegen ihres zweifelhaften Verhaltens selbst oder durch ihre Taten - nach entsprechender dichterischer Metamorphose zu einer Romangestalt geworden - als Figur oder Bildmotiv in den Roman gelangt sein könnte, weil sie z. B. eine schwere Schuld auf sich geladen hatte, etwa durch einen Abfall vom Glauben oder Annäherung an den Islam?[184] Nicht umsonst spricht Wolf-

---

[182] Wolfram hält sich hier an die Lehre des Hl. Augustinus von den zwei Ursachen, der eigentlichen Ursache, die im Sinne der Natur eine positive Erscheinung bewirkt, im Gegensatz zur causa deficiens (eine Pseudo-Ursache!), die die Wirkung der causa efficiens (der eigentlichen Ursache) bis zum Gegenteil des Guten minimiert. Augustin spricht deshalb von „versagenden Ursachen". Sie „wirken" durch „Aufhebung der Erscheinung". Siehe Augustinus 1961, S. 22 und S. 76

[183] Es wird oft übersehen, dass es sich bei der Lehre von der Teilhabe am Corpus Christi Mysticum, also der Mitgliedschaft der Christen an der Taufgemeinschaft der Kirche als fortlebender Christus, um eine zeitliche, jedoch „gleichzeitig", metaphysische Existenz handelt, die für den Einzelnen erst durch die Taufe begründet wird. Die geheimnisvolle Wirklichkeit der Taufe und des Glaubens durchdringt nach Lehre der Kirche auch die zeitliche Existenz des Menschen. Für Augustinus ist seine irdische Zeit in der metaphysischen „Zeit" (die eine andere, noch unbekannte Qualität hat) aufgehoben. Deshalb spricht er nicht von der Geschichte des Menschen, sondern von der Geschichtlichkeit der Gottesbürgerschaft. Der Christ lebt also „vorübergehend" in zwei Welten „gleichzeitig": In der Zeit und „außerhalb", d. h. bereits in der „Ewigkeit", die die Zeit als eine völlig andere Form der Existenz umhüllt.

[184] Für einen Vergleich bieten sich hier gleich mehrere Figuren an: Der Sache des Islams sehr nahe standen: der Kreuzritterkönig von Antiochien, Raymond, Richard Löwenherz, der vorgeschlagen hatte, seine Schwester Johanna mit Saladins Bruder Malik-al-Adil zu verheiraten, ohne sie vorher gefragt zu haben. Zusammen sollten sie Jerusalem regieren" (in: Pernoud 1979, S. 213); der deutsche Kaiser Friedrich II, der auf Sizilien eine arabische Verwaltung installiert und selbst eine muslimische Leibwache hatte; Eleonore von Aquitanien. Selbst ein Bischof von Toledo hatte sich um das Jahr eintausend dem Islam so weit angenähert, dass er exkommuniziert wurde.

ram von einer maere, die valsch lügelich ist (338,17), vor der er die „Edlen" eindringlich warnt: „Wenn einer auf solche Dichtungen aus ist, die Schande nach sich ziehen, und wenn ein Edler dies fördert, so muss er von dürftigem Geist sein" (338,25-28).[185] Eine solche Frage, die hier nicht weiter vertieft werden kann, soll lediglich auf einen immerhin möglichen Realitätsbezug auch in der Figur des Amfortas aufmerksam machen.

Wenn hier durch die starke Betonung des Unterschiedes zwischen dichterischer und religiöser Ebene der Eindruck entstanden sein sollte, dass beide Ebenen nichts miteinander zu tun hätten, so ist dieser falsch: Beide Ebene sind nicht unmittelbar, sondern durch einen künstlerischen literarischen Formprozess verbunden, auf den es hier entscheidend ankommt! Wenn man also einerseits sagen kann, dass der „Parzival" keine religiöse Dichtung ist, sondern eine dichterische Analogie zu einer (oder zwei!) Religionen, so bedarf diese Behauptung andererseits des Belegs, vor allem, wenn man dazu noch glaubt, im Roman ein „dreifältiges" Menschenbild identifizieren zu können.

Zusammenfassend lässt sich die These vertreten: Das Programm ambivalenter dichterischer Bilder mit quasi religiösen poetischen Strukturen im Parzivalroman hat die Aufgabe, in einer möglichen Auseinandersetzung die Unterscheidung des christlichen Glaubens vom Unglauben zu erlernen und einzuüben. Zu diesem Zweck wurden Vorbild und Gegenbild werden von Wolfram in didaktischer Absicht auf „mittlerer Ebene" des Romans einander zugeordnet. Wolframs Vorbild ist hier wiederum Augustinus. Dieser spricht von der „notwendigen 'Erziehung' der Guten durch die Verfolgung seitens der Bösen, der *Erziehung der Gläubigen durch die Ungläubigen, eine Selbstverständlichkeit für die Schüler Jesu.*"[186] Die zentralen dichterischen Leitbilder des Parzivalgeschehens sind von vornherein zweideutig konzipiert. Das gilt z. B. für die Lehre der Kirche (Corpus Christi Mysticum), die Engellehre, den Urstand, die Urschuld, die Messiasfigur, und die Lösung der Gralsfrage. Diese Bilder sind gleichzeitig Rätselaufgaben, die den Handlungsrahmen des Romans sprengen, weshalb er dadurch einen „offenen Schluss" bekommt, m. a. W. kein Ende hat! Das Geschehen geht (nach der sog „Lüge„ Trevricents, die in Wirklichkeit der Widerruf einer Lüge ist) nahtlos in die religiöse und politische Wirklichkeit des 12. Jahrhunderts über und muss deshalb noch einmal ganz von vorn gelesen werden! Dieses programmatische und absichtlich zweideutige dichterische Bild- und Bildungsprogramm ist nicht ohne Grund Gegenstand heftigster Kritik Gottfrieds von Strassburg gewesen. Die Nichtübereinstimmung von „don unde wort" und die rätselhafte Übereinstimmung von gleich und ungleich im selben dichterischen Bild - im Bild des Gral sind Christentum und Islam „vorübergehend" der literarischen Form nach auf einen Nenner gebracht - waren in der Tat revolutionäre dichterische Leistungen.

---

[185] Übersetzung von Walter Haug 1990, S. 220
[186] Augustinus 1961, S. 37 Zitat aus der Einleitung von Urs von Balthasar

5.3.2 Das Gralsgeschlecht und die Lehre der Väter

Im Rahmen dieser Überlegungen soll nicht vorab die Lehre der Väter über die „Dreifaltigkeit" referiert werden. Es geht, wie bereits gesagt, nicht um ein Gottesbild oder um die Hl. Dreifaltigkeit, von der man ohnehin nichts anderes „wissen" kann, sondern um den Menschen, insofern er nach biblischer Lehre als Geschöpf das Ebenbild Gottes ist. Das wurde ihm in der Hl. Schrift und durch die Menschwerdung Jesu geoffenbart. Wie kann man sich als das geschöpfliche Ebenbild Gottes so verstehen, wie es die Dichtung vermitteln will.

Die weitere Frage ist: Wie kommt ein mittelalterlicher Dichter zu dem notwendigen religiösen Hintergrundwissen, das ihn befähigte, literarische Bilder von solcher Dichte zu schaffen, wie man sie bei Wolfram vorfindet? Heinz Rupp hat sich intensiv in einer Untersuchung mit der deutschen religiösen Dichtung des 11. und 12. Jahrhunderts befasst. Er stellt fest, dass im allgemeinen in diesen mittelalterlichen Werken Gedanken ausgesprochen werden, „die seit der Patristik zum Allgemeingut der christlichen Theologie gehören ... Die Dichter schöpfen ihre Gedanken aus ihrem Wissen - einem Schulwissen -, ohne sich im allgemeinen Rechenschaft darüber abzulegen, woher diese Gedanken stammen, ob sie mit einer theologischen Richtung vereinbar sind oder nicht."[187] Sentenzensammlungen waren im Mittelalter gefragte Hilfsmittel des Schulbetriebes." Bis ins 12. Jahrhundert bestand die kirchliche Exegese in der Weitergabe der in besonderen Sammlungen ('catenae') zusammengestellten Vätererklärungen".[188] Auf dem Hintergrund dieser Väterlehre werden die meisten dichterischen Bilder verständlich, nicht etwa, weil sie in allem der Lehre entsprechen, sondern weil man vor dem religiösen Hintergrund den Sinn des Gestaltwandels der Motive besser verstehen kann. In einem literarischen Bild wird das „Unsagbare" auf andere Weise artikuliert.

Mit Hilfe der Väterlehre lässt sich das, was unter dem dichterischen Bild und Namen „Anschevin" und „Waleise", über Natur und Kultur menschlicher Verhältnisse bereits gesagt wurde, auf die dritte, qualitativ höhere Ebene des Gralsgeschlechtes transformieren. Parzival ist, wie es die beiden zugeordneten Figuren zeigen sollen, von Natur aus „Anschevin", durch Kultur ein „Waleise", darüber hinaus aber zugleich Gralsritter, der die natur- und kulturgeschichtlichen Bedingungen seiner „Brüder" in sich und auf sich selbst „vereint" und „überhöht". Dadurch werden die natürlichen und gesellschaftlichen Verhältnisse, in denen Feirefiz und Gawan leben und auf denen die christliche Existenz Parzivals fußt, aus der „nachträglichen" Perspektive des Gralsgeschlechtes („nach" Wiedervereinigung der Rollen!) auf höherer Ebene qualitativ verändert, sowohl im positiven als auch im negativen Sinne:

1. Was bei Gawan vordergründig als „gesellschaftliche" Vollkommenheit (sein Liebesverhältnis zu Orgeluse) erscheint, wird aus der Perspektive des Grals zum Hohen Lied der Liebe. Wenn die „Urschuld" Parzivals auf dichterischer Ebene, nämlich der Mord an Ither,

---

[187] Rupp 1971, S. 275 ff
[188] dtv-Lexikon Stichwort „Exegese", „Katenen, seit dem 6. Jahrhundert nachweisbare Aneinanderreihungen von Erklärungen der Kirchenväter zu bibl. Texten..."

als größtmögliche negative „gesellschaftliche" Beziehung, nämlich als ihre Vernichtung, als Auslöschung von Leben dargestellt wird, entspricht dem auf dichterischer Ebene die größtmögliche Gegenform einer positiven gesellschaftlichen Beziehung, nämlich die Liebesvereinigung von Mann und Frau als Liebesbeziehung, die den Geschlechtsakt nicht ausschließt. Sie findet in der Erschaffung einer neuen menschlichen Existenz, d. h. in der Zeugung eines neuen Menschen, ihren leibhaftigen Ausdruck. Tod durch Neid und Leben durch Liebe stehen sich diametral gegenüber. Zwischen diesen beiden Polen existiert, wie in der Väterlehre, der Romanheld!

2. Wenn in der Gestalt des Feirefiz einerseits die „Natur" des Menschen, seine blutsmäßige Abstammung und seine Leiblichkeit überhaupt zur Grundlage von Übernatur, das heißt zur Grundlage jeder sakramentalen Wirklichkeit erklärt wird, schließt das andererseits nicht aus, dass diese „elsternfarbige Figur" aus der Gralsperspektive als leibhaftiger Bruder Parzivals gleichzeitig seine dunkle Seite offenbaren muss, indem er in der Rolle des Verführers bzw. Vertreters des Unglaubens erkannt wird. Feirefiz ist in der Tat „elsternfarbig" im weitesten Sinne des Wortes, und der Dichter ist bezüglich seiner Farben konsequent.

Die Bedeutung des Gralsgeschlechtes und seines Königtums kann man am besten aus dem Verhältnis von Amfortas und Parzival verstehen und zwar im Zusammenhang mit der dramatischen Szene, in der die „alles" entscheidende Frage der Fragen gestellt wird. Als bloße Schuldfrage wurde sie bisher meistens vom dramatischen Gesamtgeschehen der Frageszene abgekoppelt und sozusagen für sich erörtert als Unterlassungssünde Parzivals. Von der Schuld Amfortas' und dem Sachverhalt, auf den die Frage zielte, wurde in der Regel gar nicht oder nur wenig gesprochen. Demgegenüber kann man den Schuldkomplex, durch den Parzival und Amfortas irgendwie geheimnisvoll miteinander verbunden sind, auch ganz anders betrachten und zwar aus der Perspektive eines Heilszustandes, von dem der Schuldzustand des Gralskönigs Amfortas „nur" eine Abweichung ist. Nicht zuletzt deshalb ist es möglich, weil Gott indirekt „irgendwie" mit im Spiel ist: Es geht ums Ganze!

Dadurch wird die zu stellende Frage Parzivals zu einer Frage nach dem „Stand der Dinge", d. h. nach der Ordnung, wie sie von Gott geschaffen wurde und nicht zu einer Frage nach einer „Quasi-Ursache", der Sünde des Amfortas, durch welche die heilbringende Wirkung der guten Schöpfung zum „Versagen" gebracht wurde, die jedoch im Schuldzustand noch der guten Natur angehört. Diese Frage nach der gestörten Ordnung ist deshalb primär. Sie betrifft die Ordnung des Ganzen, in dem die Schuld des Amfortas als „Teil" des Ganzen, trotz allem, aus übergeordneter Perspektive, auch noch „schön"[189]

---

[189] Augustinus, 1961, S. 54 „Denn keine Natur ist an sich böse, und mit dem Wort böse bezeichnen wir nur den Mangel des Guten. Aber von der Erde bis zum Himmel, vom Sichtbaren bis zum Unsichtbaren ist alles Gute verschieden, das eine besser als das andere und darum ungleich, weil alles da sein sollte. Gott aber, obwohl großer Künstler in großen Dingen, ist doch auch in kleinen nicht kleiner, und was klein ist, muss man nicht nach seiner Größe, die dem Kleinen abgeht, sondern nach der Weisheit des Künstlers beurteilen... Denn wie ein Gemälde mit der schwarzen, an rechter Stelle angebrachten Farbe, so ist das Weltall, könnte man es nur überschauen, auch mit den Sünden schön, wie sehr ihnen auch, für sich allein betrachtet, ihre Hässlichkeit Schande macht ..."

sein kann, so seltsam das klingen mag. Die Frage nach einem subjektiven Fehlverhalten ist sekundär. Von ihr ist deshalb keine Aufklärung zu erwarten! Die Frage lautet für Wolfram im Sinne Augustins: Was ist aufs Ganze gesehen an der Sünde des Amfortas „schön"? Was ist das Ganze? Wer oder was hat diese Ordnung gestört? Deshalb fragt Parzival: Was wirret Dir?

Was sein Bemühen um Einsicht betrifft, musste Parzival sich also bei seiner Frage auf die Ganzheit des Gralskomplexes einstellen. Sie wird zu einer Frage, die nicht nur über das Schicksal des Amfortas entscheidet, sondern zur Frage nach einem „Summum bonum", dem „höchsten Gut" wird, dessen Gegenpol sich als der „unbezahlbare crâm" entpuppte. Durch die richtig gestellte Frage wird damit auch über ihn selbst - Parzival - entschieden, ob er des Gralskönigstums würdig ist. Die Erlösungsfrage für Amfortas ist zugleich die Initiationsfrage, mit der Parzival über seine Anwartschaft auf das Gralkönigtum entscheidet.[190] Durch die richtig gestellte Frage kann er beweisen, dass er das Geheimnis des Grals „verstanden" hat. Weil das Böse nach der Lehre des Hl. Augustinus keine eigene Existenz hat, sondern in einer von Gott erschaffenen Welt nur der kontingente Gegenpol des Guten ist, verhalten sie sich wie Frage und Antwort zueinander. Im Bild des „Versagens" der guten Natur hat sie sich für den „Versager" Amfortas in ihr Gegenteil verwandelt. Parzival stellt dem „Versagen" seine Bereitschaft gegenüber, durch richtiges Fragen die Ordnung wieder herzustellen und erhält die Antwort in Form der Heilung des Amfortas. Indem also die Frage nach dem „Stand der Dinge" richtig gestellt wird, wird die versagende[191] Wirkung der Sünde, die als Schuldzustand ablesbar ist, wieder aufgehoben, rückgängig gemacht.

Parzival hatte also wohl zu überlegen, wie er die Frage richtig stellen muss, damit sie diese Wirkung erzeugt, und betet nicht zuletzt deswegen „dristunt" (drei Stunden?) vor dem Gral auf dem Boden liegend. Es ging ja nicht etwa darum, überhaupt zu fragen im Sinne bloß technischer Ausführung. Hätte Parzival falsch gefragt; z. B. Was hast Du, Amfortas, getan?, so hätte Amfortas in seiner verminderten Erkenntnisfähigkeit sagen könne: „Nichts"! Er hätte damit sogar Recht gehabt: Er hatte sich selbst „das Nichts" getan, so wie die Elster im Elsterngleichnis sich das „Nichts an Farbigkeit" angetan hatte: „als agelster varwe tuot"! Den ersten Schritt hatte er freiwillig getan; den zweiten - zurück - konnte er nicht mehr tun, weil er das Ganze aus den Augen und dem Sinn, verloren hatte. Im „Versagen alles Guten" aus Stolz oder Hochmut, war ihm das Nichts „zuteil" geworden.

Hätte Parzival also nach der Sünde bzw. Schuld gefragt, hätte er nach der „causa deficiens", die nach Lehre Augustins keine „wirkliche" Ursache ist, und damit nach einer

---

[190] Man vergleiche hierzu meine Deutung des zweiten Gralsbesuchs als „dinc". Der gral ist zwar ein zauberhaftes „dinc", eine Art „Speisemaschine", wie J. Bumke mit Recht etwas ironisch kommentiert. Ein „dinc" ist aber auch Gericht in einem ganz anderen Sinne: Eine Gerichtsverhandlung. In diesem Sinne habe ich die zweite Gralsszene gedeutet.

[191] Die Wunde des Amfortas ist ein „Selbst-Versagen" dessen, was ursprünglich „zugesagt" worden war. (Augustinus) - Schuld ist nicht die Wirkung einer „Ursache", sondern eine durch „eigenwilligen" Gebrauch entstandene Beeinträchtigung eines ursprünglich Guten, sozusagen ein Nicht-wirksam-werden-können eines Urstandes der Gnade. Amfortas hatte von einer guten Sache schlechten Gebrauch gemacht. Dennoch gehören gut und böse zusammen, wie Teil und Gegenteil zum Ganzen.

„Nichtigkeit" (im heideggerschen Sinne nach dem „nichtenden Nichts") gefragt und nicht der „wirklichen Ursache" der Schöpfung alles Guten, nach Gott. Bei einer falsch gestellten Frage hätte sich weder für Amfortas noch für Parzival irgendetwas geändert! Die magische Wirkung der Frage besteht darin, dass sie eine „Umkehrfrage" sein musste: Nicht nach dem Bösen, sondern nach der wirklichen „Ursache alles Guten" nach dem Schöpfer-Gott war zu fragen: „Wer es war, der schuf, wodurch er schuf und weswegen er schuf"![192] Erst durch diese Form der Frage konnte bzw. kann der Bann gebrochen und der Schleier des Geheimnisses um das vordergründige Gralsgeschehen, das eine „maere" ist, durchbrochen werden.

Ohne ein Gefühl für die besondere Dramaturgie der Entscheidungsszene kann man sie im o. a. Sinne nicht verstehen. Es wird hier nämlich nicht nur formell etwas erledigt oder theoretisch abgehandelt; es geht um Sein oder Nichtsein:

1. Das erste, worum Amfortas seinen Neffen bittet, ist nichts anderes als Beihilfe zum metaphysischen Selbstmord! Er ist „todkrank"!
2. Amfortas will Feirefiz aus ihm bekannten Gründen partout nicht sehen! Er ist nicht um ihn besorgt, ob er etwa vom langen „Herum-Stehen" vor ihm müde Beine bekommen hatte!
3. Parzival gerät durch die Reaktion seines kranken Oheims total aus der Fassung und weint vor Erschütterung!
4. Er liegt lange („mit ausgestreckten Armen und in Kreuzesform") der Länge nach ausgestreckt vor dem Gral![193]

Die eigenartig klingende Frage: „Oheim, was wirret dir"? wird, sozusagen über den Kopf des kranken Gralskönigs hinweg gestellt. Sie wird zu einer Frage nach der Ordnung bzw. Unordnung eines Gralskönigtums überhaupt und damit nach dem gegenwärtigen Zustandes als der negativen Metamorphose eines ursprünglichen Standes der Vollkommenheit (bzw. Gnade). Nachdem Parzival also in einem Akt der Umkehr sich selbst gewandelt hatte, konnte er erkennen, wie und wodurch Amfortas ruiniert worden war: Durch Zauber, Lüge und Verführung. Erst durch die neue Form der Frage erlöst Parzival seinen Oheim. Er selbst erhält im Erkennen des Geheimnisses für sich die Bestätigung, dass er nunmehr der Würde eines Gralskönigs gerecht geworden ist. Um welches Geheimnis, um welche Frage geht es also wirklich bei der Erlösungsfrage?

---

[192] Augustinus 1961, S. 55 „Wenn aber göttliche Güte nichts anderes ist als göttliche Heiligkeit, ist es gewiss auch aufmerksames Nachdenken und nicht dreiste Verwegenheit, die Vermutung auszusprechen, dass in dem andeutenden Bericht über die göttlichen Werke, wenn wir hören, wer es war, der schuf, wodurch er schuf und weswegen er schuf, in geheimnisvoller Redeweise, um unsern Scharfsinn zu üben, auf die Dreieinigkeit hingewiesen wird." (XI, 21-24)

[193] Gellinek S. 161. Er sagt: „Parzival liegt nun mit ausgestreckten Armen in Kreuzesform, also der äußersten Demutsgebärde, auf dem Boden in Richtung Gral. Und wir sollen uns jetzt daran erinnern, dass der Gral beim ersten Mal just dann sprechend wurde, als alle in der gleichen Gebärde wie hier Parzival auf dem Boden *lagen* (483,19)." Mit Recht bemängelt er, dass diese Textstelle in traditionellen Übersetzungen mit dreimal „auf die Knie fallen" nur „unvollständig wiedergegeben wird", und die „volle Bedeutung von venje", und dieser Textstelle nicht erkannt wurde. Auf S. 162 heißt es: „Es genügt dem Dichter, dass der Held jetzt außer sich ist"

5.3.3 Deutungsversuch der Gralsfrage auf dem Hintergrund der Väterlehre: Die Erneuerung des Urstandes durch die Taufe

Die kirchliche Lehre vom Urstand und der Erbsünde bestimmen das Bild der trinitarischen Existenz des Christen in entscheidender Weise. Weder die Schwere der Schuld Parzivals noch die unvorstellbare Größe seiner Auserwählung sind ohne den Hintergrund mittelalterlicher Theologie, wie sie in der Väterlehre vorliegt, zu verstehen. Wichtig ist vor allem die Lehre vom Sündenfall, der schon im Himmel mit der Empörung der Engel beginnt und in die „Neidlehre" übergeht. Durch den Neid der Engel auf die Menschen kam, (nach Lehre der Väter!) das Böse in die Welt. Deshalb konnte das religiöse Urschuldmotiv der Hybris (sein zu wollen wie Gott) und dessen Wirkung (Tod und Vertreibung) von Wolfram ohne große Probleme auf der dichterischen Ebene in das Neid- und Mordmotiv umgewandelt werden. Dieses Neidmotiv spielt auf der dichterischen Ebene eine ähnlich große Rolle, wie auf der wirklichen politisch/ religiösen Ebene in der Auseinandersetzung zwischen Christentum (genauer Juden- Christentum) und Islam. Es ist der Neid wegen der „Auserwähltheit" in den „brüderlichen" Beziehungen von Kain und Abel; Isaak und Ismael; Juden und Arabern; Christentum und Islam.

Von diesem formal der dichterischen Ebene angepassten Gedankengang her gilt in einem relativ eng gefassten Rahmen meine Aufmerksamkeit der Väterlehre. In einem Vergleich ergibt sich ein relativ leichter Übergang von deren Verständnis zur Dichtung und umgekehrt von der Dichtung auf die Väterlehre. Den hier eingeschlagenen Weg der Reduktion von der dichterischen auf die religiöse Ebene ist Wolfram natürlich in umgekehrter Richtung gegangen, was zum Beispiel zu dem Gestaltwandel des Urschuldmotivs und vieler anderer Motive (Engel- Messias- Gralsmotiv) geführt hat.

Die konkrete Frage ist beispielsweise, was haben die natürliche Bedingtheit des Menschen (die Leiblichkeit als Leib-Seele Einheit) und seine kulturelle (dass er von Anfang an ein gesellschaftliches Wesen ist) mit dem Status eines Gralsgeschlechtes zu tun? Man kann die Frage für die dichterische Ebene auch konkreter so stellen: Auf welche Weise sind Gawan- Feirefiz- und Parzival als Figurenkomplex miteinander verbunden?

Man ist versucht, diesen schwierigen trinitarischen Komplex sowie den Zusammenhang von Natur und Gnade zu umgehen. Wenn man aber von der Grundthese ausgeht, dass Wolfram in der dichterischen Auseinandersetzung mit dem Unglauben ein trinitarisches Menschenbild entwerfen wollte, und die drei Geschlechternamen Parzivals und die dazugehörenden Figuren Feirefiz, Gawan und Parzivals entsprechende dichterische Bilder sein sollen, so stellt sich zwangsläufig die Frage nach einer möglichen relativen trinitarischen Konzeption.

Dass die Lehre der Väter für Wolfram eine entscheidende Bedeutung gehabt hat, steht zweifelsfrei fest. Ob sie selbst richtig oder falsch ist, soll hier nicht diskutiert werden. Es steht jedem Kritiker frei, sie ohne Gefahr für sein Seelenheil als „Spekulationen" zu betrachten. Diese Lehre ist m. W. nie als lehramtliche Meinung der Kirche offiziell sanktioniert worden. Sie gehört jedoch seit alters her zur kirchlichen Tradition, mit deren Hilfe man den Zusammenhang von Urstand und Urschuld zu deuten versuchte. Wolfram hat sie akzeptiert und sie als Hintergrundinformation für die Konzeption seines dichterischen Bildes des Gralsgeschlechtes benutzt.

Darüber hinaus gibt es im Text des Parzivalromans zahlreiche und unübersehbare Hinweise auf den paradoxen Zusammenhang von „drei und eins" und „eins und drei", so dass man, trotz aller Unzulänglichkeit davon sprechen muss; selbst auf die Gefahr hin, dass derartige Sprechversuche als Buchstabierübungen eines „Hexeneinmaleins" gedeutet werden könnten. Eine solche „Spekulation" im Sinne des Wortes, wie Wolfram es versteht, wird sich schon deshalb nicht wie eine Hybris darbieten, weil es nur um den Menschen als „Abbild" Gottes geht, mit andern Worten um nichts anderes, als um das Selbstverständnis des Menschen aus weltlicher, dichterischer Perspektive vor dem heilsgeschichtlichen und selbstverständlichen Hintergrund des religiösen Bewusstseins des 12./13. Jahrhunderts. Was heute weitgehend vergessen und verdrängt wurde, war im 12. Jahrhundert noch Allgemeingut, nämlich die Kenntnis der Väterlehre. Vor diesem Hintergrundwissen der Zuhörer ergaben sich ganz andere Möglichkeiten, dichterische Bilder zu verstehen und Metaphern einzuordnen. Bei dieser sog. „Lehre der Väter" handelt es sich um nichts anderes als den Versuch, in Bildern das Geheimnis der eigenen Existenz als Ebenbild Gottes zu verstehen. Diese religiösen Vorstellungen haben sicherlich bei der Konzeption der dichterischen Bilder des „Parzival" Pate gestanden. Bei modernen Deutungsversuchen mittelalterlicher Literatur sollte man bedenken, dass Wolfram von religiösen Vorstellungen seiner Zeit ausgehen konnte, die heute sowohl der noch abendländisch orientierten Gesellschaft als auch Literaturwissenschaft des Mittelalters weitgehend abhanden gekommen sind.

Ebenso kann eine historisch bedingte „protestantische" Mentalität, derer man sich bei seiner wissenschaftlichen Arbeit im Umgang mit mittelalterlicher Literatur nicht bewusst ist, hinderlich sein, weil Einstellungen grundsätzlicher Art[194] nicht mehr übereinstimmen. Im Rückgriff auf die Väterlehre und neuere bekannte katholische Lehrmeinungen zu diesem Thema soll also deswegen das notwendige vorreformatorische noch gemeinsame christliche Hintergrundwissen des 12. Jahrhunderts skizziert werden, bevor man (im 21. Jahrhundert!) daran gehen kann, Bildhintergrund des Gralskomplexes, zu dem mehrere dichterische Bilder gehören, aus einer möglichst annähernd zutreffenden zeitgenössischen Perspektive des 12. Jahrhunderts zu beleuchten.

---

[194] Das Problem unterschiedlicher Mentalitäten, die dem Verständnis historischer Zusammenhänge im Wege stehen, ist seit etwa zwanzig Jahren besonders in den französischen historischen Wissenschaften bewusst geworden. Neuerdings wird das Mentalitätsproblem auch in der Germanistik erkannt und im Zusammenhang mit der Interpretation mittelalterlicher Literatur diskutiert. Der Mentalitätsunterschied, wie er sich im Umgang mit historischen Texten als Hindernis erweist, kann bei der Wahrnehmung künstlerischer Texte (Dichtung) deshalb nicht so stark ins Gewicht fallen, weil dem Text in der Regel, wie beim „Parzival" durchgehend, dichterische Bilder zugeordnet sind. Dieser Kontext stabilisiert erstens den gemeinsamen Sinn; darüber hinaus ist es wahrscheinlich, dass Bilder, und das gilt mit Sicherheit auch für dichterische Bilder, primär tiefer liegende und gefühlsmäßig strukturierte Erfahrungsschichten des Bewusstseins ansprechen. Bei ihnen handelt es sich eher um archaische Strukturen, die sich im Zeitabstand von einigen Jahrhunderten nicht so stark verändert haben dürften, wie dies auf der rationalen Wahrnehmungsebene der Fall ist. Nichtkünstlerische Texte waren immer schon auf „oberflächliches", diskursives Erkennen abgestellt. Das Mentalitätsproblem im Umgang mit Dichtung und dichterischen Bildern verschiebt sich allerdings auf eine andere Ebene. Es stellt sich die Frage, ob man wegen des Fehlens elementarer mittelalterlicher Wahrnehmungsmuster überhaupt noch ein mittelalterliches dichterisches Bild erkennen kann oder nicht.

Wenn unter dem Stichwort des „Auserwählten Geschlechtes der Anschevin„ die stammesgeschichtliche Auserwähltheit (jeder ist auserwählt, weil er von Natur aus Mensch ist!) thematisiert worden war, so soll nun im Rückgriff auf die Lehre der Väter, so weit zum Verständnis aus christlicher Perspektive erforderlich, etwas über den ursprünglichen Schöpfungsauftrag Adams, wie ihn die Kirchenväter sahen, das Wichtigste in Kürze referiert und kommentiert werden. Es geht um die Verbindung von Natur und Übernatur, zunächst im natürlich-paradiesischen und danach in dem durch die Taufe „erneuerten" Zustand des Gnadendaseins.

Der Bruch des Treubundes mit Gott ist von Wolfram nach dem Muster des ersten Sündenfalles gestaltet. Wenn es auch bisher keine offiziellen kirchlichen oder sogar dogmatischen Erklärungen darüber gegeben hat, wie sich der Sündenfall abgespielt haben könnte, so hat dies die Christenheit nicht daran gehindert, nach einer Erklärung zu suchen. Wolfram bezieht sich auf Erklärungsversuche Kirchenväter.

5.3.4 Die „Positivierung des Sündenfalles"

So, wie sich aus heutiger Sicht die Komplexität der Hauptfigur und die innere Dreiteiligkeit der Handlung im Aufbau des Romans als eine Applikation des Trinitätsgedankens darstellt, so ist auch der Schuldkomplex der Gralsfamilie im Bild des leidenden und erlösten Amfortas eine „Anwendung", bzw. Übertragung des Sündenfallberichtes der Genesis auf die literarische Ebene des Romans. Sie zeigt, wie das Böse in die Welt kam, nicht als Folge irgendwelcher mythischer Götterkämpfe, sondern im Zusammenhang mit der vom Schöpfer zugestandenen Entscheidungsfreiheit, die zum großen „Versagen" führte.

Nun ist das Verhältnis von Sünde und Schuld im Konzept des Augustinus und auch Wolframs, was das Fehlverhalten des Gralsgeschlechtes betrifft, nicht allein im Sinne der Felix-culpa-Formel zu beschreiben. Jakob Taubes sagt: „Erstaunlich bleibt für uns, wie verborgen die Geschichte von Adams Sündenfall in den biblischen Büchern bleibt. Gesetz und die Propheten, aber auch die Evangelien rekurrieren nicht auf die Geschichte von Adams Fall. Es scheint, dass erst die messianische Reflexion des Paulus über den 'zweiten Adam' die Erzählung der Genesis zitierbar macht"[195] (als Felix-culpa-Formel). Diesen christologischen Ansatz bei der Interpretation des Verhältnisses von Urstand und Urschuld findet man weder bei Augustinus[196] noch bei Wolfram, weshalb die Versuche, die Gestalt Parzivals als ein Bild der „Nachfolge Christi" zu identifizieren, immer etwas Gewaltsames an sich haben, obwohl von der geschichtlichen Situation her, d. h. dem Armutsideal der Zeit entsprechend (Franziskus, Elisabeth von Thüringen), ein solcher Vergleich sich anbieten mag.

---

[195] Taubes 1981. S. 116

[196] Augustinus 1961, S. 34 spricht von der „verblüffenden Tatsache ... dass der größte katholische Theologe und zumal 'Geschichtstheologe' in diesen 22 Büchern auch nicht einmal das Symbol eines 'christlichen Roms' aufscheinen lässt."

Die andere Möglichkeit der „Positivierung des Sündenfalles" ergibt sich für Augustinus aus seiner Optik der Weltgeschichte als der einzigen möglichen Geschichte als Heilsgeschichte. Statt sie ausschließlich als Sündenfall- und Erlösungsgeschichte zu sehen, spricht er davon, dass die Sünde im Gesamtkonzept Gottes zwar „hässlich" und das Böse schlechthin ist, aber dennoch aufs Ganze gesehen „schön" ist. Das Positive am Sündenfall ist nicht, wie im Fall der „Felix-culpa-Interpretation das absolut Böse, das unmittelbar den Erlösungsplan Gottes aktualisiert, sondern ein Teil, bzw. das „Gegenteil" des Guten als polarem Gegensatz in der „Schönheit" der vom dreifaltigen Gott geschaffenen Welt. In diesem Verständnis sind Schuld und Unschuld „kontingent", d. h.: aus der Perspektive der Schuld muss man nur den Blick in die Gegenrichtung lenken, um den anderen Pol ins Blickfeld zu bekommen, eine Zustandsänderung (Schuld als Zustand[197]) wird durch Richtungsänderung der glaubenden Wahrnehmung (als Schau) möglich. Dieses Verständnis der Kontingenz von Schuld und Unschuld (Gnade) ist für die Interpretation des Schuldkomplexes, in den das Gralsgechlecht verwickelt ist, von großer Bedeutung. „Die innere Verschmelzung von Verstehen und Auslegen führte aber dazu, dass das dritte Moment am hermeneutische Problem, die *Applicatio,* ganz aus dem Zusammenhang der Hermeneutik herausgedrängt wurde ... wir meinen im Gegenteil, dass die Anwendung ein ebenso integrierender Bestandteil des hermeneutischen Vorgangs ist, wie Verstehen und Auslegen." In einer Fußnote auf derselben Seite bemerkt Gadamer hierzu ausdrücklich: „Diese klare Aussage wird leider in der hermeneutischen Diskussion von beiden Seiten oft ignoriert"[198] Deshalb sollte hier mit Hilfe der Rekapitulation der wesentlichen Aussagen der Väterlehre der Zusammenhang von Urbild und literarischen Abbild belegt werden. Besondere Beachtung gebührt dem Zusammenhang von Trinitätslehre und Lehre vom Sündenfall gemäß den Aussagen der Väterlehre, weil dieser Kontext auch für das Verständnis des dichterischen Konzeptes entscheidend ist. Ebenbildlichkeit und Schuldzustand korrespondieren auf heilsgeschichtlicher Ebene. Sie werden wie auf literarischer Ebene durch dichterische Bilder vermittelt.

---

[197] Marquard 1981, S. 65. Marquard verfolgt in einer unnachahmlich geistreichen Art das Schicksal der Felix-culpa-Formel von Leibnitz durch die Geistesgeschichte des 19. Jahrhunderts hindurch bis zu Kierkegaard, indem er durch eine ironische Version diese religiöse Glaubensformel in ein Ursache - Wirkung - Schema verwandelt und auf alle möglichen geschichtlichen Situationen anwendet. Das ist natürlich „faktisch" hoch interessant, aber nur in „Grenzen" akzeptabel, weil man zugeben muss, das man mit einem historischen Passe par tout (bonum durch malum Schema) historische Phänomene nachträglich nicht „rahmen" kann. Ein religiöses Bild lässt sich nicht von der heilsgeschichtlichen Ebene unmittelbar auf die geschichtliche Ebene projizieren. Ohne den Unterschied der Ebenen zu beachten, kritisiert Odo Marquard also auch Kierkegaard, der „in seiner Krankheit zum Tode (1849) Wert darauf (legt d. V.), 'dass die Sünde nicht eine Negation, sondern eine Position ist'; denn zwar 'benutzt man in der Logik das Negative als die anspornende Macht, die alles in Bewegung bringt' aber verharmlost die Sünde zur Mephistopheles-Rolle eines 'Teils von jener Kraft, die stets das Böse will und stets das Gute schafft'; demgegenüber gilt: die Sünde ist Faktizität, die nicht durch Teleologisierung aufgelöst werden kann. Der paradoxen Faktizität des Sündenfalls aber entspricht die paradoxe Faktizität des göttlichen Heilshandelns; daraus folgt: Die Faktizität in diesem Sinne ist eine neuzeitliche Position, die man z. B. nicht auf mittelalterliches Denken und Dichten rückübertragen kann. Auch die Interpretation mittelalterlicher Literatur ist unter dieser Perspektive nicht möglich, weil die Mentalität dieser Zeit eine ganz andere war. Der Begriff der „Wirklichkeit als Faktizität" ist dem mittelalterlichen Denken fremd. Das schließt nicht aus, dass man Geschichte wahrnehmen kann als „das, was passierte"; aber nicht so unvermittelt, wie das mit dem Begriff „Faktizität" simuliert werden soll.

[198] Gadamer 2007, S. 313

Zusammenfassend lässt sich sagen: Trinitätslehre und Sündenfallgeschichte stehen nach Lehre der Väter in einem ursächlichen Zusammenhang. Das dichterische Konzept Wolframs spiegelt, diesen Kontext von Auserwähltheit und Schuldfähigkeit, der mit Freiheit zu tun hat. Der Mensch als Ebenbild göttlicher Liebe sollte am innersten Leben der Trinität teilhaben und zwar im Liebesvollzug des Menschen selbst. Adam, der „Mensch aus Erde", wird durch Eva zum Mann. Beide zusammen bilden erst das ein Menschengeschlecht. Die von Gott vorgesehene Teilhabe am göttlichen Leben, nicht zuletzt durch Weitergabe dieses Lebens, seine höchste Potenz, wurde ihm nach Lehre der Väter zum Verhängnis.

Das Gralsgeschlecht, durch die Taufe zum neuen Bund mit Gott berufen und zum Glied am geheimnisvollen Leibe des fortlebenden Christus geworden, hatte sich - auf literarischer Ebene - analog zum ersten Menschenpaar verhalten: Seine neue Existenz wiederum durch „Böswilligkeit" (Hybris) aufs Spiel gesetzt. Was beim Sündenfall Adams im Paradies nicht revidierbar war, wurde jedoch beim literarischen „Sündenfall" des Gralskönigs durch Umkehr im Glauben wiederherstellbar: Durch die richtig gestellte Frage Parzivals. Schon damit weicht der Roman vom religiösen Hintergrundschema ab.

Die „Todsünde" des Amfortas - als Glaubensabfall in ein dichterisches Bild gehüllt - ist also heilbar. Damit ist, anders als in der Heilsgeschichte, eine direkte Umkehr möglich. Wenn denn eine Auslegung nach der Lehre der „Alten Väter" stimmt und von den Zuhörern als Anwendung der Heilsgeschichte auf literarischer Ebene erkannt wurde, ist die entscheidende Gralsfrage nicht mehr nur an Amfortas zu richten: Alle sind gefragt; vor allem auch Parzival selbst. Wer aus dieser Sicht den Text der zweiten Gralsszene genau liest stellt fest, dass die erste Frage in der Gralsszene tatsächlich an Parzival gerichtet ist. Sie klingt vordergründig, hat es aber in sich: „wan lât ir in varn an sîn gemach?" (795,19), wie sich noch herausstellt.

Unter Bezug auf die Lehre der Kirche heißt es in der Laiendogmatik von Birngruber über die Ausstattung Adams im Urstand: „Zu einem ganz klaren Verständnis der Begriffe sei nochmals darauf hingewiesen, dass Adam der erste Mensch und Gnadenmensch, die heilig machende Gnade nicht als ein persönliches Geschenk von Gott erhalten hatte, sondern als ein Erbgut, das er zugleich mit dem natürlichen Leben in der geschlechtlichen Zeugung weiter vererben sollte. Seine Kinder sollten als Gotteskinder geboren werden, mit dem Odem Gottes versehen, wie Adam."[199] Die Liebesvereinigung der Menschen als natürlicher und gesellschaftlicher Akt war von Gott also als Gnadenakt geplant gewesen. Er hätte also in seiner übernatürlichen Wirkung dem entsprochen, wie Gott selbst sein Leben weitergab und was nach dem Sündenfall, nach der Lehre der Väter, in der Taufe[200] mit dem Gläubigen geschieht: Weitergabe göttlichen Lebens. „Was ist geeigneter", sagt der heilige Anselmus, „zum Beweise der Größe der göttlichen Güte und der Fülle der Gnade, die er dem Adam gewährte, als der Umstand, dass, wie Adam das Sein seiner

---

[199] Birngruber 1955, S. 146

[200] Die Frage muss unbeantwortet bleiben, ob durch die Taufe (auf übernatürlicher Ebene) nur der Urstand wiederhergestellt wird, oder ob durch die Menschwerdung, den Tod und die Auferstehung Jesu Christi eine Erneuerung dieses Urstandes auf noch höherer Ebene gemeint ist. In der kirchlichen Liturgie heißt es: „Du hast den Menschen in seiner Würde wunderbar erschaffen und noch wunderbarer erneuert!" Das ist eine Glaubensfrage.

Nachkommen in seiner Gewalt hatte, dass sie das, was er von Natur aus war, durch ihn sein sollten, es so auch von der Freiheit seines Willens abhing, sie so aus sich hervorgehen zu lassen, wie er selbst war, reich an Gerechtigkeit und Glückseligkeit. Das also war ihm verliehen".[201] Das war sicherlich nicht nur ihm allein als Adam verliehen, sondern gleichermaßen seiner Frau.

Wenn Wolfram also von Trinität spricht und Schuld, Sünde oder andere religiöse Termini gebraucht, werden sie in einem auf Dichtung reduzierten Verständnis verwendet, also nur in Analogie zu ihrer religiösen Bedeutung. Selbst wenn er davon spricht, dass Gott das „niht länger geruochte", dass Parzival mit dem Schwert Ithers kämpfte und deswegen „eingreift", ist das nur analoges Sprechen und auf die dichterische Ebene bezogen. Nicht zuletzt deshalb darf die Gralsfrage nach Sünde und Schuld auf die Ebene des politischen Handelns im 12. Jahrhundert ausgedehnt werden, weil sie nicht nur religiöse Schuld im engeren Sinne sein will. Parzival ist von Natur aus ein „Anschevin", durch Schuld und Taufe Mitglied des „erlösungsberechtigten" Gralsgeschlechtes.

Nachdem Parzival also im Kampf mit Feirefiz erkennen musste, dass rohe Gewalt und Kampf letztendlich nicht zum Ziele führen, sondern er, wie alle anderen Menschen auch, im ritterlichen Zusammenleben auf die „Gnade" eines anderen angewiesen ist, durch die ihm das Leben erhalten blieb, ist er offen für jene Frage, die er selbst stellen muss, um einen anderen zu erlösen; eine Frage, die aber auch ihn selbst betrifft, nämlich: Was bedeutet das Leiden des Amfortas für mich? Erst in der Begegnung mit Amfortas erkennt und versteht Parzival schließlich die metaphysische Wirklichkeit eines Sündenzustandes, der auch seine eigener war. Das Bild des leidenden Amfortas ist, so überraschend es klingen mag, das ins Gegenteil verkehrte Spiegelbild einer ursprünglichen „natürlich-übernatürlichen" Gnadenausstattung im Zustand vor der Erbsünde. Wolframs Anliegen ist es, seinen Mitmenschen nicht nur das Bild einer schweren Schuld zu zeigen, sondern auch eine Ahnung von der unvorstellbar hohen Würde der Leiblichkeit und seiner Wertschätzung der Leiblichkeit des Menschen zu vermitteln. Anlass zu Reflexionen darüber gibt das Bild des leidenden Amfortas!

Das christliche Verständnis von Leiblichkeit einschließlich der Sexualität ist in der Frühzeit eigentlich nie fragwürdig gewesen, von Abweichlern im 12. Jahrhundert (Albigenser) und in der Neuzeit (z. B. Jansenisten) einmal zu schweigen. Hinter der Lehre vom „Apfelbiss", durch den Adam unser aller Heil verlor, steckt nach Meinung der Kirchenväter und auch nach der modernen Theologie ein ganz anderer Sachverhalt.

5.3.5 Die Erneuerung des Urstandes durch die Taufe und die Teilhabe am Corpus Christi Mysticum

Parzival, durch Abstammung aus dem Geschlecht der Anschevin zur Anschauung berufen, wird durch die Taufe zu einem Glied der Gralsfamilie als Gralskönig legitimiert. Seine Menschwerdung überhaupt (wie die aller Menschen) ist die erste, seine Taufe die zweite

---
[201] Scheeben 1958, S. 254

Stufe der Erwählung zum Königtum. Wie Christus im heilsgeschichtlichen Sinne ein zweiter Adam, ist Parzival, wie jeder Christ, ein zweiter, „alter Christus". Als Gralskönig repräsentiert er das allgemeine Ich des neuen Volkes, so wie jeder König des 12. Jahrhunderts sich selbst als Repräsentant der Einheit aller Menschen seines Reiches verstand. Dieses allgemeine Ich Parzivals hat in der heilsgeschichtlichen Genealogie des Gralsvolkes einen schwarz-weiß gescheckten Anteil an der Figur des Feirefiz als Zusammengehörigkeit von Natur und Gnade im mystischen Leib Christi, als welcher sich die Christenheit versteht.

Durch die Taufe wird nach Lehre der Kirche der Mensch neu geboren. Diese Geburt hat eine neue Weise menschlicher Existenz zur Folge, so wie die natürliche Art und Weise des Geborenwerdens der Anfang jeder menschlichen Existenz ist. Ein Täufling steigt im Akt der Taufe als „Heide" ins Wasser und taucht als ein Wiedergeborener[202], als ein „alter Christus" aus dem Wasser wieder auf. Er hat also über seine leib-seelische Existenz - seine leibliche Natur - hinaus, eine weitere Seinsweise geschenkt bekommen, von der es keine sinnliche Erfahrung geben kann. Er ist Mitglied des Gottesvolkes und damit Glied am mystischen Leibe Christi, der Kirche, geworden. Dies ist keine Existenz, die man sich als bloße Addition von zwei Naturen vorstellen darf, setzt doch das Gnadenleben die menschliche Natur voraus, gemäß dem Fundamentalsatz der Gnadenlehre der Kirche „Gratia supponit naturam". Die menschliche Natur – literarisch die Zugehörigkeit zum Anschevingeschlecht - ist Voraussetzung für die Erweckung zu einem neuen göttlichen Leben im Menschen. Auf dichterischer Ebene ist es das Gralsgeschlecht. Alle Menschen gehören zum „auserwählten Geschlecht", weil sie als Menschen und durch einen göttlichen Schöpfungsakt aus ihm hervorgegangen sind. Genau das will Wolfram im dichterischen Bild der „Anschevin" als dem „Auserwählten Geschlecht" der Menschen beispielhaft darstellen. Weil Gott schon bei der Erschaffung des Menschen als dreifaltiger Gott wirkte, kann Augustinus sagen: „anima naturaliter christiana est."

Weil also der menschliche Leib in diesem und im zukünftigen Leben als „Teil" eines Ganzen von größter Bedeutung ist, hat Wolfram ihm im Geschlecht der Anschevin und in der Figur des Feirefiz, der diesen Teil der persönlichen Struktur Parzivals repräsentiert, besonderen Ausdruck gegeben. Nicht zuletzt auch deshalb, weil die Ursünde die Leiblich-

---

[202] Heer 2002, S. 413. Friedrich Heer weist darauf hin, dass der Gedanke der „Wiedergeburt" auch in der politischen englischen Romantik eine große Rolle spielte: „Einst hatte die reiche irisch-keltische Klosterkultur des frühen Mittelalters die reiche heidnische Sangeskultur und Dichtung einbezogen in ihr keltisches Christentum. Jetzt im 12. Jahrhundert ging es darum, die politisch und seelisch vitale keltische Welt, die von Wales, Irland, Schottland her den angewinischen Königen Englands so schwer zu schaffen machte, ein neues Mal tiefer und intimer zu verbinden mit der Kirche, dem Christentum, der politischen Herrschaft und dem Lebensgefühl der neuen Könige und Ritter. Der „höfische" Ritter des angewinischen Reiches ist ein 'Wiedergeborener', ein 'neuer Mensch', der magisch und mythisch eingeweiht in die Lebensgemeinschaft mit König Artus und seinen Rittern eintritt; und auf diese Weise kommuniziert (im sakramentalen Sinn) mit den heilsstarken Helden der einen keltischen und angelsächsischen Vergangenheit wie mit den großen Aufgaben, die sich das Reich der Gegenwart und Zukunft stellt: das Reich der Plantagenets, das nach Süden und Osten und über das Mittelmeer reicht und das England als Geldquelle und Menschenwiege nützt und braucht."

keit des Menschen nicht restlos ruiniert hat, wie seine Seele. Augustinus sagt: „Die da meinen, alle Übel der Seele stammen vom Leibe, befinden sich im Irrtum."[203]

5.3.6 Natur und Übernatur bei Feirefiz und Parzival

Die Zuordnung beider Figuren zu verschiedenen Welten erfolgt bereits in den beiden ersten Büchern des „Parzivals", in denen die Abenteuer Gachmurets erzählt werden: Seine beiden Söhne werden mit einem geringfügigen, aber wesentlichen Zeitunterschied geboren: Feirefiz in einem „Jenseitsraum", sozusagen in der „Vor-Zeit", Parzival im noch unkultivierten „Vor-Raum" der Geschichte, in der Wüste Soltane. Als Feirefiz erst zwölf Wochen unter dem Herzen Belakanes lebte, verlässt Gachmuret sie bereits wieder, um kurz darauf die Königin Herzeloyde zu heiraten, mit der er seinen zweiten Sohn Parzival zeugt. Noch vor dessen Geburt hat er das „Diesseits" bereits wieder verlassen, um im relativen „Jenseits" dem Baruc von Bagdad seine Dienste anzubieten.

Parzival und Feirefiz werden in verschiedenen Zeiten und Welten geboren. Vom dichterischen Konzept her könnte man sie – trotz des Altersunterschiedes von ca. 12 Wochen als „Zwillinge" bezeichnen. Die höfisch geschichtliche Existenz Parzivals nimmt – aus dem Vor-Raum kommend - mit einem Mord ihren Anfang in der höfischen Welt. Analog zum biblischen Brudermord Kains markiert Parzivals Urschuld den Grenzübertritt aus naturgeschichtlicher Vor-Zeit in die höfische Geschichte. Im Koran tritt übrigens der Brudermord Kains an die Stellen der Erbsünde Adams.

Nach dem oben angedeuteten Rollenverhältnis zwischen den Romanfiguren könnte dies eine Zeitenwende bedeuten: zwei Weisen menschlicher Existenz nehmen ihren Anfang: Parzival durch seine Geburt auf naturgeschichtlicher Ebene und die Taufe auf heilsgeschichtlicher Ebene. Dadurch wird er zum Mitglied des Gralsgeschlechtes. Feirefiz ist zwar durch Geburt ein Anschevin, existiert aber nur auf naturgeschichtlicher Ebene. Der Dichter wiederholt anhand dieser Figur die Paradiesgeschichte auf literarische Weise. Weil vor der Zeitenwende im Parzivalroman geboren, bleibt er im Stand relativer Unversehrtheit. Ob dieser Zustand anhält, zeigt sich erst gegen Ende des Romans. Parzival betritt also mit einer Schuld die Bühne des Zeitgeschehens.

Im Romankonzept wird durch die Verlagerung der Urschuld auf Kain, der seinen Bruder Abel erschlug, zunächst die religiöse Frage, worin denn die außergewöhnliche, übernatürliche Ausstattung des ersten Menschenpaares bestanden habe, ausgeklammert. Damit wurde die Frage nach dem Zusammenhang von Natur und Übernatur für die Rolle des Feirefiz umgangen. Obwohl eine „paradiesische" Gestalt, hat Feirefiz nichts mit „Übernatur", mit Gnade oder Gnadenleben im religiösen Sinn zu tun! Es passt auch nicht zu seiner Rolle im erweiterten Sinne. Feirefiz bleibt, weil er vor der Zeitenwende geboren ist, relativ „frei" von Schuld, sozusagen „frei gemacht" (sein Name „freie fiz" der freie Sohn, ist eine mögliche Assoziation). Allerdings kann man „Feirefiz" auch im völlig entgegengesetzten Sinne verstehen als der „faire fiz", der „gemachte Sohn"! Damit nähert man sich dem eher

---

[203] Augustinus 1961, S. 88

dunklen Anteil in dieser Gestalt, nämlich dem Bild eines „geschaffenen Messias" eines „Mahdi" aus dem Koran.[204] Jesus ist im Koran ein „gemachter", d. h. geschaffener Messias, ein „gemachter Sohn", nach Ansicht Wolframs. Ob er eine solche Figur „vorübergehend" seinem Romanhelden Parzival als „ungläubiges alter ego" mit Namen „Feirefiz" applizieren wollte, bleibt unklar, ist aber nicht von der Hand zu weisen. Die folgende Überlegung ist der Versuch darzustellen, mit welchen literarischen Mitteln Wolfram das „auserwählte Geschlecht" der Anschevin konzipierte.

---

[204] Koran Sure 3 Vers 46: „ Wie die Engel sprachen: 'O Maria, Allah gibt dir frohe Kunde durch ein Wort von ihm: sein Name soll sein der Messias, Jesus, Sohn Marias, geehrt in dieser und jener Welt, einer der Gottnahen". In Sure 3, Vers 48: „Sie sprach: ' Mein Herr, wie soll mir ein Sohn werden, wo mich kein Mann berührt hat?' Er sprach: ' So ist Allahs Weg. Er schafft, was ihm gefällt. Wenn er ein Ding beschließt, so spricht er zu ihm: 'Sei!", und es ist."

6. Dichterische Bilder - literarische Metamorphosen

6.1 Die Entstehung des Geschlechternamens der „Anschevin" mit den literarischen Mitteln der Satire, Parodie und Travestie

Der Name des Geschlechtes und das dichterische Bild der „Anschevin" gilt nicht nur für Feirefiz, sondern auch für Parzival. Literarisch ist es repräsentative „Hülle" für die inhaltliche und formale Darstellung der „Natur" des Menschen in seiner vor- bzw. naturgeschichtlichen Konstitution im Parzivalroman. Mit den stilistischen Mitteln der Parodie und Travestie als den einander entgegengesetzten Formen der Satire geht Wolfram folgendermaßen vor:

Auf politischer Ebene gab es als zeitlichen Vorentwurf und „Vorwurf", d. h. als Gegenstand der Kritik[205], das Haus Anjou, dem nur „Prinzen von Geblüt" entstammten. Es war die Zeit des 1214 untergegangenen Hauses Anjou und des angevinischen Reiches. *Was* Menschen „in" dieser „Vorzeitgeschichte" waren und erlebten, ist im Verhältnis zur Historie das Inhaltliche und zwar als das ganz Besondere (differentia specifica) des Hauses Anjou, nämlich die Tatsache, dass aus dem Geschlecht Anjou nur „Prinzen von Geblüt" hervorgingen.

Die kurze geschichtliche Periode von Glanz und des Untergang des Anschevingeschlechtes (genus proximum) hinterlässt auf Romanebene im Bild des Geschlechternamens „Anschevin" seine Spuren. In der Übertragung durchlaufen die historischen Fakten einen Prozess der dichterischen Metamorphose, die mit den Mitteln der Parodie und Travestie erreicht werden: Indem die wirkliche Zeitgeschichte parodistisch gespiegelt zur „Vorzeit" wird, mutiert das vormals Besondere in dieser Zeit, die „Auserwähltheit weniger", zum Allgemeinen, und das vorher „Allgemeine", nämlich die Zeitlichkeit, zur besonderen Form von Überzeitlichkeit als das Besondere.

Die Zeit als formale Bedingung aller Ereignisse der Geschichte schlägt so in ihr Gegenteil um: Auf Romanebene wird sie zur „Un-Zeit", zur „Natur", m. a. W. zur Zeit vor der Zeit, d. h. zur menschlichen „Vor-Geschichte". Sie erhält damit eine inhaltliche Färbung: es entsteht eine „Natur", der „art", wie Wolfram sie nennt. Was vorher die natürliche Form der Vollkommenheit auf geschichtlicher Ebene für wenige war, nämlich „Prinz von Geblüt" zu sein, gilt nun als formales Verhältnis für die gesamte Menschheit. Diese wird auf Romanebene zum Geschlecht der „Anschevin", d. h. der „zur Anschauung bestimmten gesamten Menschheit": und zwar aus der „Vor-Zeit" stammend! Dahinter steht der Gedanke des

---

[205] Augustinus 1961, S. 35 - Im „Fürstenspiegel" stellt Augustinus „die Lage des christlichen Herrschers nicht mit überschwänglichem Jubel dar, (wie Eusebius seinen 'Konstantin'), weil dieser keine grundsätzliche Ausnahme der christlichen Existenz ist; ist es doch schwieriger (so sagt er), über seine eigene innere Unordnung und das Weltliche in uns zu herrschen als über viele Provinzen: jeder ist zum Herrscher über die Welt berufen, aber so, dass er des Weltlichen sich nur bediene (uti), ohne sich ihm genießend auszuliefern (frui)". Interessant ist übrigens die Parallele von Augustins „Fürstenspiegel" und Wolframs „Fürstenlehre" im „Wartburgkrieg". Seine Kritik am Feudalsystem orientiert sich an Augustinus´ Fürstenlehre.

Dichters, dass der erste Mensch und damit auch alle „blutsmäßig" davon abstammenden Menschen - und das sind alle - dadurch geadelt sind, dass der dreifaltige Gott ihm seinen Geist einhauchte. Deshalb beschreibt Wolfram den Schöpfungsvorgang auch als eine „jungfräuliche Geburt" durch die Mutter Erde. „Prinz von Geblüt" zu sein war auf historischer Ebene das Vorrecht „Einzelner"; auf Romanebene wird es zum Vorrecht aller, insofern sie Menschen sind!

Wolfram hat auf diese Weise die historisch bedingten „formalen" und „inhaltlichen" Verhältnisse im doppelten Sinne gespiegelt: Dass alle Menschen „Prinzen von Geblüt" sein sollen, ist eine Parodie auf das geschichtliche Haus Anjou! Dass die Zeit als formale Bedingung der wirklichen Geschichte des Hauses Anjou auf Romanebene in „Natur", bzw. in „Vor-Geschichte" umschlägt, ist eine Travestie. Durch die Verwendung dieser literarischen Mittel entsteht die notwendige Distanz zwischen dem Roman als Kunstwerk und der wirklichen Geschichte als Vorlage. Der Roman ist als dichterische Form sowohl kritisch, was die geschichtliche Realität betrifft, als auch „metakritisch", indem er auf seiner Ebene das wesentlich „Andere", „Unsagbare" bildlich und beispielhaft „produziert". Nicht zuletzt wird der inhaltliche Anspruch weniger Menschen auf historischer Ebene etwas ganz Besonderes zu sein, auch schon dadurch relativiert, dass nach Lehre der Kirche alle Menschen Söhne und Töchter Gottes sind, unabhängig davon, ob sie im Laufe der Menschheitsgeschichte einmal adelig waren oder nicht, einmal beschnitten oder getauft, oder auch Muslime waren. Dieser vor- und naturgeschichtliche Status von „Auserwähltheit" auf Romanebene ist bei Wolfram der Stand der „Heiden". In diesem Verständnis heißt „Heide" nicht, ungläubig zu sein, sondern wegen des „art", überhaupt der Menschheit zugehörig zu sein; im Unterschied zum Geschlecht der Engel, die in der Schöpfungsordnung über dem Menschen stehen. Darüber hinaus gibt es nach Lehre der Väter „vor Christus schon ‚Christen', nämlich alle, die in prophetischer Existenz auf ihn zuleben."[206]

So ist auch Feirefiz zunächst, weil er aus der „Vor-Zeit" stammt, in seiner Rolle im Romangeschehen zunächst kein „echter" Ungläubiger; er ist nur nicht getauft. Insofern „lebt" er als Held noch nicht in der „eigentlichen" Wirklichkeit, d. h. auf der Ebene des Corpus Christi Mysticum (literarisch auf Gralsebene), sondern in einer Art Naturstand, weswegen er relativ „vollkommen" erscheint. Erst als durch die Reaktion des leidenden Amfortas die „Scheckigkeit" seiner Rolle durchschimmert und durch die Aussage Trevricents „ich louc" das gesamte Gralsgeschehen „umkippt" und sich bewusst als maere „entlarvt", erkennt man hinter dieser „persona" (von griech." prosopa", die Maske) die schwarze Hälfte seiner Existenz. Seine „Umkehr" und spätere orthodoxe Existenz, durch die er erst Mitglied des Gralsgeschlechtes wird, verdankt Feirefiz der Taufe und weiß doch nicht recht, wie ihm geschieht. Wer weiß das schon? Sein komikartiges Verhalten bestätigt es! Die sog. „Lüge" Trevricents (eine Aufklärungsaktion) und die Taufe Feirefiz' überführen das Romangeschehen in den „offenen Schluss", d. h. in die Wirklichkeit des politischen und religiösen Geschehens der Gegenwart des 12. Jahrhunderts; nicht zuletzt in die Auseinandersetzung mit dem Islam.

---

[206] Augustinus 1961, S. 19

Für Wolframs Glaubensvorstellungen spielt die Konstitution der Leib-Seele-Einheit im Schöpfungsprozess des ersten Menschen eine entscheidende Rolle. Sie hat für ihn das Gewicht einer ersten „Inkarnation", weil Gott den Menschen nach seinem Bilde erschuf und ihm sein eigenes Leben „inspirierte". Dieser Vergöttlichung des Menschen, die durch die Ursünde verloren ging, entspricht die Menschwerdung des Messias. Um diese biblischen Vorstellungen dichterisch zu realisieren, schafft der Dichter sich im Parzivalroman eine eigene metahistorische Romanebene: die des von „Geblüt her zur Anschauung" bestimmten Menschengeschlechtes. Ein historisches Modell dafür ist, wie gesagt, das Geschlecht der Anjou, deren Mitglieder „Prinzen von Geblüt" waren. Auf dichterischer Ebene ist also Feirefiz der Prototyp der in diesem Sinne a priori schon „auserwählten" Menschheit, dem auch Parzival und Gawan entstammen.

Der Name Feirefiz hat außerhalb des Rahmens der maere eine eher antichristliche Bedeutung. Der Ausdruck „heide" bezeichnet die, beiden Brüdern gemeinsame, menschliche „Natur", die allerdings von der Versuchung zum Unglauben nicht ganz frei ist, worin sich beide wiederum gleichen. Wenn man den Gral als ein „dinc", d. h. als ein „Gericht" im zweifachen Sinn des Wortes versteht, so wird die Grals- bzw. Erlösungsszene insofern auch für Parzival zum „Gericht". Er wird aufgefordert, seine Identität mit seiner anderen Hälfte, nämlich Feirefiz, zu gestehen und endgültig aufzugeben:

„iuwer geselle ist hie ein vremder man,
sins stens ich im vor mir nicht gan,
wan lat ir in varn an sin gemach."

Mit Hilfe von bildhaften Anleihen aus den Jenseitsvorstellungen des Islam entwirft Wolfram auf Romanebene ein Bild der menschlichen Unschuld, das „unschuldige Ich" eines (bzw. seines!) „gemachten Sohnes" Feirefiz.[207] Er erscheint vordergründig als Gegenpol zu dem in schwere Schuld verstrickten Romanhelden. Darüber hinaus nimmt Wolfram am Bild des vollkommenen Bruders Feirefiz vorübergehend eine Art „Apotheose" vor, indem er ihn mit Insignien ausstattet, die seinen „Gottnähe" signalisieren sollen. Gegenüber seinem Bruder kann er dadurch in eine Messiasrolle bzw. Mahdirolle schlüpfen und ihn auf Romanebene von seinem Wahn, alles mit purer Gewalttätigkeit regeln zu können, „erlösen"

Andererseits schafft der Dichter damit gleichzeitig die Voraussetzungen dafür, dass, wenn sich die maere vom Gral auf dem Höhepunkt des Geschehens durch die Aussage Trevricents als unwahr (ich louc) herausstellt, die Diskussion um diese Figur über den „offenen Schluss" hinaus weitergeführt werden kann. In diesem komplexen schwarz-weißen „Messiasbild" des Romans in der Gestalt des Feirefiz, ist gleichzeitig das gespannte Verhältnis von Christentum und Islam auf die Spitze getrieben: Es schwankt zwischen Bewunderung im Verlauf der maere und radikaler Ablehnung nach „Schluss der Vorstellung". Damit beginnt die Geschichte theoretisch auf der nächst höheren Ebene von vorn und neu, weil man erst nach mehreren Durchgängen den Text und die dichterischen Bilder

---

[207] In der Forschung ist man überwiegend der Meinung, dass diese Figur eine ureigene Erfindung Wolframs von Eschenbach ist.

von Anfang bis zum Ende zur Deckung bringen kann! Der „offene Schluss" des Parzivalromans ist die Aufforderung, ihn immer wieder neu zu lesen und zu lernen.

6.2   Parzival - Feirefiz - Amfortas - und die Erlösungsfrage.

Merkwürdigerweise wird in der Forschung kaum nach dem Geheimnis des Gralskönigtums und der damit zusammenhängende Schuld des Gralskönigs Amfortas ausdrücklich gefragt. Sein Geheimnis ist doch das eigentliche Problem Parzivals, worauf sich seine Frage richtet: Was hat es mit dem Gralskönigtum überhaupt auf sich und warum „liegt es danieder" wie sein König? Was hat u. a. die Wunde als dichterisches Bild der Schuld des Amfortas zu bedeuten? Um darauf die richtige Antwort zu finden, betet er kniefällig drei Stunden vor dem Gral um Erleuchtung: „sin venje er viel des endes dar dristunt ze ern der Trinität" (Pz. 795,24-25). Erst als er sich aufrichtet, stellt er die entscheidende Frage. Das bedeutet, dass er sich nicht dreimal niederkniete, wie in der Regel übersetzt wird, sondern, dass er drei Stunden auf den Knien liegend betete. Er bat nicht primär „um *Hilfe* für die Herzensnot des schwergeprüften Mannes" (wie W. Spiewok übersetzt) oder um die *„Befreiung* des armen Mannes von der Qual" (Dieter Kühn), sondern *„er warp daz* (ihm!) *müese werden rât - des trûrgen mannes herzesêr"* (Pz. 795, 26-27), d. h. Parzival bittet („warp"[208]) dass ihm selbst werde „rat", wegen des Herzeleids des traurigen Mannes, wie es im Text steht. „warp" heißt zweierlei

1. „er drehte und wendete sich" (im Geiste), d. h. „dachte nach" oder meditierte,
2. Gerichtsplatz, Kampfplatz.

Im Zusammenspiel beider Bedeutungen könnte es heißen: Er „dachte nach vor einem Gericht" (im Angesicht der Trinität), was es mit der Schuld des Gralskönigs auf sich habe. Dann erst „richtete" er sich auf und „sprach do mer"; d. h. er fragte nicht mehr, sondern „sprach" aus einem „mer" an „rât", der ihm zuteil geworden war: „Oheim, was wirret dir" (Pz. 795,29). Parzival bittet also in dieser Szene nicht für den Gralskönig, sondern um Weisheit für sich selbst, damit er aufgrund der richtigen Einsicht die entscheidende Frage richtig stellen kann! Sie ist nämlich Erlösungsfrage und Initiationsfrage zugleich. Es geht ja auch darum, dass Parzival als möglicher zukünftiger König durch seine richtig gestellte Frage zu erkennen geben muss, dass er ein würdiger Anwärter auf den Thron des Gralskönigs ist, weil er dessen Geheimnis nunmehr kennt und anerkennt. Noch hat Amfortas, wenn auch hart an der Grenze völligen Versagens, Anteil an der Königsherrschaft. Parzival muss sie erst noch durch seine richtig gestellte Frage erringen! Hier hat er sich zu bewähren.

Das Bild des leidenden Amfortas hatte immer wieder Befremden ausgelöst. Schon zu Lebzeiten Wolframs spricht Gottfried von Strassburg das Unbehagen vieler Zeitgenossen offen aus: „ein rede die nicht des hoves si". Seine Wunde ist jedoch ein Symbol, das

---

[208] warp, -bes, warf stm. drehung, wendung; adverbial: mal (*manic warbe, werbe* manches mal), .. kreisförmiger gerichts- kampfplatz; wall, geschäft gewerbe. (Lexer)

dichterische Bild einer schweren Schuld, die Amfortas auf sich geladen hatte. Nun stehen also Parzival und Feirefiz vor Amfortas, um die erlösende Frage zu stellen. Diese Szene sollte man genau im Auge halten. Da im Text selbst kaum Andeutungen gemacht werden, sind die Umstände wichtig, die das Bild der zweiten Gralsszene umrahmen. Aus dem, was in der Fragesituation „beiherspielt", lassen sich entscheidende Rückschlüsse ziehen.

Amfortas' Schuld steht in Zusammenhang mit dem Verhältnis zu einer fremden Frau und hat mit „Fremdgehen" im weitesten Sinne des Wortes zu tun. Was hat Feirefiz mit dieser Frau und der Schuld des Amfortas zu tun? Seltsam ist folgendes: Der Gralskönig war der Einzige aus dem Gralsvolk, der verheiratet sein durfte. Er hatte jedoch keine Gemahlin in geordneter Ehe. Wie erzählt wird, war er einmal einer „fremden" Frau in verbotener Liebe zugetan gewesen und dafür hart bestraft worden war. Diese zweifelhafte Geliebte hieß Sekundille. Nicht ganz zufällig war sie auch die dritte Frau aus dem Harem jenes „gesellen", der gemeinsam mit Parzival nun vor ihm (Amfortas) erschienen war, nämlich des elsternfarbigen Feirefiz! Dieser berichtete bereits selbst über drei Frauen, die ihm Minne gewährten und durch die er „viel erreicht hatte":

„dâ werten mich ir minne
zwuo riche küneginne,
Olimpie und Cauditte.
Sekundille ist nu die dritte"
ich hân durch wîp vil getân" (Pz. 771,15-19)

Der letzte Vers klingt recht zweideutig: „ich han durch wip vil getan:" (771,19). Was hatte er alles erreicht? In der Tat hatte Sekundille Amfortas viel „angetan"! Geschah es vielleicht sogar mit Wissen oder im Auftrag des Feirefiz „durch" Sekundille? Diese Frage bietet sich an! Ob Sekundille zum Zeitpunkt ihres Liebesverhältnisses mit Amfortas auch schon mit Feirefiz verheiratet war, weiß man nicht; kann aber sein. Jedenfalls hatte Amfortas zu der Frau dessen, der da vor ihm stand, ein inniges Liebesverhältnis gehabt; so „innig", dass es die Liebe zu ihren Göttern mit einschloss! Symbolisch wird die Übernahme des Glaubens dieser Frau durch dem „unbezahlbaren cram" belegt, den Sekundille ihrem Geliebten schenkte. Amfortas übernahm nicht nur selbst diesen „crâm", sondern schenkte ihn sogar an sein nächste Geliebte weiter, nämlich Orgeluse:

„ein künec, der des wunsches herre was.
her, der heizet Amfortas.
durch minne ich nam von siner hant
von Thrabonit das cramgewant,
daz noch vor iuwerr porten stet,
da tiurez gelt engegen get." (Pz. 616,13-17)

Derselbe „crâm" erscheint später vor der Burg Clinchors, Schastel marveille, und zwar in der Obhut des „crâmaere" Mohammed: „der crâm was ein samit, viereke, hoch unde wit" (Pz. 563,1-2), ein Zelt in der Form eines Würfel, die Kaaba. Amfortas war also, auch im übertragenen Sinne, mit der muslimischen Frau[209] des Feirefiz, der da nun vor ihm stand, „fremdgegangen". Dieser „Ehebruch", eine Sünde des Glaubensabfalls, war in seiner Wirkung für die Zeugungsfähigkeit des Gralskönigs„tödlich" gewesen. Jedenfalls mag sich Amfortas an das verbotene Liebesverhältnis zu Sekundille und ihr zweifelhaftes „Geschenk" erinnert fühlen. Nicht nur das: Die Folgen mussten umso nachhaltiger wirken, als ihm der gar nicht so „Fremde" gemeinsam mit Parzival unter die Augen kommt. Feirefiz macht keineswegs den Eindruck eines betrogenen Ehemannes.

6.3 Eine alternative Deutung der zweiten Gralsszene

Die Frage nach der Schuld Parzivals und seines Vorgängers Amfortas steht im Mittelpunkt des entscheidenden zweiten Gralsbesuchs. Eine zufriedenstellende Antwort wurde bisher nicht gefunden. Christian Gellinek gibt für die folgenden Überlegungen einen wichtigen Hinweis: „Die großen Gesamtinterpretationen des 'Parzival' - mit Ausnahme von Max Wehrli - isolieren die Frage und die sie umgebende Problematik aus dem Gesamttext und gelangen auf ihren eigenen Interpretationswegen mutatis mutandis zu einer ethisch bestimmten *Momentaufnahme*, also letztlich zu einer Erörterung der Schuldfrage (so, besonders scharfsinnig Peter Wapnewski). Von keinem dieser und anderer Gelehrten jedoch wird erwähnt, unter welchen *szenischen* und möglicherweise *symbolischen* Umständen die Frage im Text eigentlich gestellt wird und wer sie mit anhört."

Im Gegensatz zur traditionell eher statischen Betrachtungsweise der Gralsszene bietet sich unter szenischen und symbolischen Aspekten eine andere dramatische Deutung an. Das kann nur deshalb funktionieren, weil Wolfram, wie im Eingang des Romans, in der entscheidenden zweiten Gralsszene Worte mit sich wandelnder Bedeutung - nämlich Äquivokationen - einsetzte. Insofern kann die hier bereits vorgelegte dynamische Deutung des „vliegenden bîspels" auch für die folgenden Überlegungen ein „bîspel" sein. Nicht zuletzt deshalb, weil in der zweiten Gralsszene Feirefiz selbst als der „personifizierte zwîvel" auftritt und „abtritt". Im Bild des „zwîvel" wurde er schon mit dem ersten Wort des Romans als „zwei-fell-hafte" Figur angekündigt. Der Verständnisbogen reicht also von der zweiten Gralszene bis auf den „zwîvel" des Anfangs zurück.

Durch die Verwendung von Äquivokationen bewegen sich die Figuren der Gralsszene logischerweise nicht mehr auf festem Boden und in einer bestimmten Sinnrichtung. Im Gegenteil, ihnen und den Zuhörern wird im guten wie im bösen Sinn „mitgespielt". Unter anderem dadurch, als eine vermeintlich - wissenschaftlich gesicherte -Aussage mit gleichem Recht auch als etwas ganz anderes, sogar als ihr exaktes Gegenteil interpretiert werden kann: Je nachdem, welcher Bedeutung eines Wortes man unter den „gegebenen szenischen Umständen" den Vorzug gibt. Dem Autor ging es nicht zuletzt auch darum, die Antwort auf die geheimnisvolle Gralsfrage zu verschlüsseln. Das Publikum sollte sie aus

---

[209] Sekundille hatte Amfortas für sich und ihren Glauben so gewonnen, wie spiegelbildlich Willehalm Arabella für sich und das Christentum gewann, nach dem Motto der vollkommenen Liebe: Ganz oder gar nicht, mit Leib und Seele!

dem, was szenisch und symbolisch selbst „beiherspielt" erraten: Amfortas begrüßt also in der entscheidenden Szene nur Parzival und kommt direkt zur „Sache". Er sprach: „In Schmerzen habe ich darauf gewartet, mit Eurer Hilfe wieder ein glücklicher Mensch zu werden, wenn das überhaupt möglich ist".(795,1-3). Die nächste entscheidende Textstelle lautet:

„sît ir genant Parzivâl,
sô wert mîn sehen an den grâl
siben naht und aht tage:
dâ mite ist wendet al mîn clage.
ine getar iuch anders warnen niht:
wol iu, ob man iu helfe giht." (Pz. 795,11-16)

Spiewok übersetzt: „Seid Ihr Parzival, dann verhindert nur sieben Tage und acht Nächte lang, dass man mir den Gral vor Augen hält, dann ist all mein Elend vorbei.[210] Auf anderes wage ich gar nicht *zu hoffen. Welches Glück für Euch, wenn man Euch für diese Tat als hilfsbereiten Ritter preisen wird."* (Spiewok)

Die beiden letzten Verse der o. a. Textstelle (in kursiv) lenken Sinn in eine völlig falsche Richtung. „warnen" kann man in dieser Situation - wo es auf „ungewarntes Fragen" ankommt - keinesfalls mit „hoffen" übersetzen. Situations- und sinngemäß liegt es nahe zu sagen „ich traue mich nicht, Euch noch anders zu warnen", als nur indirekt, d. h. in verschlüsselter Form. - Im o. a. nächsten Vers (795,16) geht es auch gar nicht darum, Parzival als einen *„hilfsbereiten Ritter"* zu preisen. Im Gegenteil, Parzival selbst ist es, der Hilfe braucht! An dessen Adresse gerichtet sagt Amfortas: „wol iu, ob man iu helfe giht" (795,16). Das heißt: „Ein Glück für Euch, wenn Euch jemand beisteht": Das richtig zu verstehen, was ich (Amfortas) dir jetzt zu sagen und zu fragen habe:

„iuwer geselle ist hie ein vremder man:
sîns stens ich im vor mir niht gan
wan lât ir in varn an sîn gemach? (Pz. 795,17-19)

Amfortas ist todkrank und bittet Parzival um Beihilfe zum Selbstmord. Nochmals an ihn gerichtet sagt er: „Euer Gefährte ist uns unbekannt. Ich kann nicht dulden, dass er vor mir steht. Warum lasst Ihr ihn nicht niedersetzen?"[211]

Wer so übersetzt, mag oberflächlich Recht haben. Er hat aber trotzdem nichts verstanden. Eine verharmlosende Übersetzung verfehlt ganz und gar den Textsinn. Er tendiert exakt in die Gegenrichtung:

Ganz unwahrscheinlich, um nicht zu sagen undenkbar ist, dass ein sterbenskranker König [212] wie Amfortas, sich in dieser Lage auch noch Gedanken darüber machen soll, ob ein

---

[210] Das hätte nämlich seinen Tod zur Folge.
[211] Spiewok 1981; Dieter Kühn 1991, S. 881 übersetzt so: „Euer Begleiter ist mir fremd - ich will nicht, dass er vor mir steht. Drum sorgt dafür, dass er sich setzt." Warum dieser Satz umgehend das „Schluchzen" Parzivals auslöst, ist völlig unerklärlich: „Schluchzend sagte Parzival ‚Saget mir, wo der Gral hier liegt'...".
[212] „Jungfrauen und Ritter hörten immer wieder seine Schmerzensschreie gellen und konnten ihm die Qualen

„vremder man" vom langen Herumstehen vor seinem Lager etwa müde Beine bekommen hätte, weshalb man ihm etwas mehr „gemach", d. h. „Bequemlichkeit" verschaffen möge. - Ebenso sinnlos ist es, wenn Parzival wegen einer solchen banalen Bemerkung (in der o. a. Übersetzung von Spiewok) im nächsten Augenblick in Tränen ausbricht, zu Boden stürzt und sich erst nach langem Gebet unter Tränen wieder aufrichtet und nach dem Gral erkundigt:

„alweinde Parzival dô sprach:
'saget mir wâ der grâl hie lige.
Ob diu guotes güete an mir gesige
des wirt wol inne disiu schar.'" (Pz. 795,20-23)

Bei mindesten drei Wörtern aus den oben zitierten - zusammenhängenden - *sieben* Versen (795,17-23), nämlich „geselle", „vremder", und „gemach", handelt es sich um Wörter mit sich wandelnder Bedeutung (*Bickelwörter*), die mit gleichem, bzw. größeren Recht auch völlig anders übersetzt werden können, als in bisherigen Übersetzungen. Erst dadurch erhalten Textsinn und szenische Begleiterscheinungen eine gleiche Sinnrichtung, d. h. einen folgerichtigen Zusammenhang. In traditionellen Übersetzungen passt das, was man hört, nicht zu dem, was man sieht.

Das Wort „gemach" in seiner Bedeutungsfülle ist das zweifelhafteste in der zweiten Gralsszene. Wichtig ist, *wer* dieses Wort in den Mund nimmt und *wer* zuhören muss. Definitiv heißt: „*gemach*"[213], *wesentlich ungefähr bequem und bequemlichkeit bedeutend, gehört mit machen zusammen zu einem begriffsnetz ... tritt schon seit der urzeit her und mit seinem kern auf niederlassung.* Im Grimmschen Wörterbuch heißt es am selben Ort weiter: Sein Kern „*tritt am deutlichsten heraus, wenn ein wort für ehegatten davon entnommen ist*". Last but not least bedeutet: „*gemach" auch gleich gemächte machwerk nur verächtlich gemeint*". Zur Auswahl stehen also neben „bequem" dreierlei gleichberechtigte andere Bedeutungen: Ehefrau, Gemächte und Machwerk. In der zweiten Gralsszene beim Wort „gemach" an „Bequemlichkeit" zu denken, wäre, wie bereits gesagt, extrem sinnlos, was bisher niemanden gestört hat. Die Frage ist: Was haben verbleibenden Bedeutungen von „gemach", nämlich „Ehefrau" und „Machwerk", mit Feirefiz, und was haben beide mit der zweiten Grals-Szene zu tun?

Weil hier der Ehemann seiner früheren Geliebten Sekundille (Feirefiz) vor ihm steht, fühlt sich Amfortas überdeutlich an seinen Fehltritt erinnert. Seine barsche Reaktion in dieser[214] Szene, die sich unmittelbar vor der Erlösungsfrage Parzivals abspielt, ist durchaus verständlich. Was Amfortas Parzival sagen möchte, kann man (interpretierend) so übersetzen: Euer „geselle", mit dem Ihr „brüderlich" vereint vor mir stehst, ist mein „Feind" („vremder geselle"). „sîns stêns" ich im vor mir niht gân" heißt: „ Seinen herrschaftlichen Auftritt vor mir dulde ich nicht" (zu ergänzen wäre: während ich hier sterbend am Boden liege). „Wann schickst du ihn endlich zu seinem „gemach" (Sekundille!) und ihrem besonderen

---

an den Augen ablesen" (789,11-15) nach der Übersetzung von Spiewok)
[213] Grimmsches Wörterbuch Bd. 5 S. 3122 und 3139
[214] Gellinek 1976, S. 158 .

„gemach" (ihrer islamischen Glaubenslehre) zurück? Jenem „Machwerk" nämlich, dem „unbezahlbaren crâm" Sekundilles, den ich aus Liebe zu ihr angenommen hatte, und dem ich es zu „verdanken" habe, dass ich hier ruiniert am Boden liege.

Die Situation ist so: Amfortas redet zu Parzival in der dritten Person über dessen Bruder Feirefiz, der hoch erhobenen Hauptes vor ihm steht. Er bezeichnet ihn in höchst abfälliger Weise als „geselle"[215] und als „vremder man". Nicht zu überhören ist seine Missachtung dieses Gastes. Amfortas begrüßt ihn nicht, spricht mit ihm kein Wort! Er behandelt ihn so, als ob er gar nicht anwesend wäre. Feirefiz scheint davon nichts zu bemerken, vor allem auch nichts von den abfälligen und zweifelhaften Bedeutungen, die in „geselle" und „vremder man" mitschwingen.[216] Angesichts des Selbstmordes, für den Amfortas unmittelbar vorher Parzivals Hilfe erbeten hatte, nimmt todkranke Gralskönig kein Blatt mehr vor dem Mund: „iuwer geselle ist hie ein vremder man"! (Pz. 295,17) Das mittelhochdeutsche Wort „vremder" heißt, adj. gebraucht, „fremd", aber nicht in erster Linie im Sinne von „unbekannt", sondern als „Gegensatz von nahe, eigen, einheimisch" (Lexer). Das mhd. Lexikon bietet eine Übersetzung für „vremder" an, die recht gut passt: „einem andern angehörend".

In der Gralsszene kann „vremder" sogar „Feind" heißen. Dass es diesen Sinn hat, ist sehr wahrscheinlich, sagt Amfortas doch: „Ich dulde nicht, dass er sich als Herrscher vor mir aufrichtet!" „wan lat ir in varn an sin gemach?," heißt nicht etwa: „Lasst ihn nur endlich in sein *Zimmer* („gemach") gehen"; oder holt ihm einen Stuhl, damit er es sich „bequem" machen kann, sondern: „Ich will ihn nicht mehr sehen! Weg mit ihm! – Amfortas hatte sich mit Sekundille in jungen Jahren auf ein verbotenes Liebesabenteuer eingelassen. Dadurch hatte sie ihm - und er sich selbst - sein Elend eingebrockt. Trevricent hatte früher davon so berichtet:

„dô sprach er ‚herre, ein künec dâ was:
der hiez und heizt noch Amfortas:
daz sol iuch und mich armen
immer mêr erbarmen
umb sîn herzebaere nôt,
die hôchvart im ze lône bôt.
sîn jugent unt sîn rîcheit
der werlde an im vuogte leit,
unt daz er gerte minne
ûzerhalp der kiusche sinne.
Der site ist niht dem grâle recht"(Pz. 472,21-30)

Die Aussage des Amfortas - „wan lât ir in gân an sîn gemach?" - ist im Prinzip also keine richtige Frage, sondern - in Verbindung mit dem vorher angedrohten Selbstmord - ein

---

[215] Original Taschenlexer: „geselle swm. Ursprüngl. Hausgenosse, dann derjenige mit dem man zusammen ist, gefährte, freund, geliebter, standesgenosse, handwerksgeselle; hilfsgeistlicher, kaplan; bursche, junger mann, person; min g. penis"

[216] In Pz. 783,28; 811,18 und 814,13 wird das Wort „geselle" in einem positivem Sinne gebraucht. Im Kontext zu „vremder man" kann es aber durchaus auch den behaupteten dubiosen Sinn haben.

verschlüsselter, ultimativer Hilferuf an die Adresse Parzivals, sich von seinem virtuellen, aus der „heidnischen Vorgeschichte" stammenden „Bruder" und damit von seinem eigenen Gotteshass zu trennen. Der Vers „wan lât ir in gân an sîn gemach?" könnte frei übersetzt auch lauten: „Wann lasst ihr ihn endlich das sein, was er in Wirklichkeit ist: ein gemachter Sohn, ein *faire fiz*", eine Wahnvorstellung.

Parzival erkennt nun die Notlage seines Onkels Amfortas. Er wendet sich von seinem „alter ego" im Unglauben ab. Hinzu kommt die Erinnerung an die eigene große Schuld, die ihn in Tränen ausbrechen lässt. Sie vermischen sich mit den Freudentränen über die plötzliche Erkenntnis seiner eigenen hohen Berufung zum Gralskönigtum. Das wirft ihn zu Boden: Er ist außer sich. „Steht neben sich"![217] Dieser Schock reicht eher für eine „drei Stunden Meditation" vor dem Gral, als für eine „dreimalige" Kniebeuge, wie man in der Regel übersetzt:

„sîn venje er viel des endes dar
drî stunt ze êrn der Trinitât (Pz. 795,24-25).

6.4 Der Gral – ein sonderbares „dinc"!

Die erste Gralsszene war der Form nach eine kultische „Mahlfeier". Dabei erschien der Gral - „er waz ein dinc" - als „bester Versorger", als Tischlein-deck-dich, auch als „Speisemaschine" (so Bumke) mit zahllosen *Gerichten* im Angebot. Die zweite Gralsszene beginnt ebenfalls mit einem „Gericht", das jedoch mit Festmahl, Feier und Freude nichts zu tun hatte: Es war ein „dinc"[218] oder „thing", ein besonderes *Gerichts*verfahren! Das konnte niemand von den geladenen Gästen vorher ahnen; auch die Hörer im Publikum nicht. Im Vorfeld des zweiten Gralsbesuches gab es einen großartigen freudigen Empfang auf der Burg. Als man seine Rüstungen mit kostbaren Kleidern getauscht hatte (794,1-23), tranken Feirefiz und Parzival noch etwas, „unde giengen dan ze Amfortase dem trûrigen man." (794,24-27)

Dort erlebte Parzival - wie bereits beschrieben, ein „blaues Wunder", das ihn völlig aus der Fassung brachte: „iuwer geselle ist hie ein vremder man; sins stêns ich ihm vor mir nicht gân, wan lât ir in varn an sîn gemach". Wie dieser Text alternativ gedeutet werden kann, wurde bereits gesagt. Daran anschließend möchte ich - entgegen der bisher favorisierten Wunderheilung als Bestätigung der Richtigkeit der Gralsfrage - eine literarische Lösung erörtern, wie Wolfram sie realisierte.

Musste Parzival sich nicht, neben seinem angeblich „früheren unschuldigen Ich" (Feirefiz) vor Amfortas stehend, abgekanzelt fühlen? Waren nicht beide Besucher, was die schwar-

---

[217] Gellinek, 1976 S. 161 interpretiert die Textstelle „sîn venje er vil des endes dar" (795,24) so: „Parzival liegt nun mit ausgestreckten Armen in Kreuzesform, also der äußersten Demutsgebärde, auf dem Boden in Richtung Gral...Er wiederholt diese Gebärde dreimal (795,25), nimmt sich also viel Zeit."

[218] Lexer, „*dinc, -ges stn. ding, sache; gerichtlicher termin, rechtl. und gerichtl. verhandlung, vertrag, gericht*" etc

ze Seite ihrer Existenz betraf, in der Tat „brüderlich" vereint? Hatten nicht Parzivals frühere Mordlust, Torheit und generelle Gewalttätigkeit ihn daran gehindert, beim ersten Besuch des Gral das Leiden des Gralskönigs zu erkennen. Waren es nicht, seine Hybris und sein Gotteshass, durch die er mitschuldig geworden war an der Verlängerung der Leiden des Amfortas'? Der Erzähler sagt darüber nichts. Ähnliche Gedanken müssen den Helden innerlich so bewegt haben, dass er „nun mit ausgebreiteten Armen in Kreuzesform, also der äußersten Demutsform, auf den Boden liegt. [219] ... „Vor dem ausgebreitet liegenden Gralssucher entzündet der Gral auf magische Weise eine Erlösungsbereitschaft in Parzival". Christian Gellinek fügt treffend (in Klammern) hinzu:„er wiederholt diese Gebärde dreimal (795,25); nimmt sich also viel Zeit":

„alweinde Parzival do sprach
'saget mir wa der gral hie lige.
ob die gotes güete an mir gesige
des wirt wol innen disiu schar.'" (Pz. 795,20-23).

„Unter Tränen sprach Parzival:' Sagt mir, wo ist der Gral? Seine Gemeinschaft wird dann erkennen, ob Gott gewillt ist, durch mir seine Güte zu offenbaren'". Man erfährt nicht, wie er betet und mit welchen Worten er den Gral bittet. Plötzlich heißt es:

„er rihte sich ûf und sprach dô mêr
'oheim, waz wirret dir?"(795,28f) Die richtige Frage zeigt sofort Wirkung:
„der durch sant Silvestern einen stier
von tôde lebendec dan hiez gên,
unt der Lazarum bat ûf stên,
der selbe half daz Anfortas
wart gesunt unt wol genas." (795,29-796,4)

Als Hörer im Publikum wäre man interessiert zu erfahren, wie es zur Lösung der Gralsfrage gekommen ist, oder ob sich etwa ein Wunder ereignet hat. Traditionelle Deutungen spekulieren darauf und damit auf das Eingreifen einer außerirdischen Gewalt. Der Dichter lässt Gott aus dem Spiel und macht nur ein Anspielung auf Jesus, der seinen Freund Lazarus ins Leben zurückholte. Oberflächlich handelt es sich um eine szenische Lösung nach dem Muster des „Deus ex machina". Wolfram vermeidet es jedoch bewusst, Gott als Mitspieler in seinem Roman direkt mitwirken zu lassen. - Vielleicht hatte er den Text der zweiten Gralsszene tatsächlich so konzipiert, wie ich ihn mit der alternativen Deutung der zweiten Gralsszene zu deuten versucht hatte. Dann ist eine Wunderlösung nicht notwendig. Einiges spricht dafür:

1. Wolfram musste als Erzähler daran interessiert sein, eine literarische Lösung zu finden. Zu diesem Zweck musste der Text so konzipiert sein, dass man als Hörer oder Leser selbst eine Lösung der Gralsfrage finden konnte.

---

[219] Gellinek, Christian 1976 S. 161f. Mit „drei Kniebeugen", wie „drîstunt" in der Regel übersetzt wird, ist es sicher nicht getan.

2. Eine literarische Form der Erlösung kann auf der Rückseite einer Handlung oder eines Textes zwar eine metaphysische Wirkung (z. B. Spontanheilung) auslösen. Sie darf jedoch nicht mit dem auslösenden Motiv (der sog. Gralsfrage) als Ursache verwechselt werden.
3. Ein literarisches, innerweltliches Problem erfordert immer auch eine innerweltliche Antwort auf die anstehenden Frage (kein Wunder!). Sie gibt es nur im ursächlichen Zusammenhang mit dem Text. Eine Antwort kann man also nur im Text selbst finden.
4. Die literarische Lösung besteht darin, dass Parzival durch die Bekundung der Selbstmordabsichten des Amfortas und seiner Bitte um Beihilfe dazu gewaltig erschreckt und hellhörig wird. Daran anschließend sagt Amfortas etwas, das harmlos bis bieder klingt: „wan lât ir ihn gân an sîn gemach?". Dieser Text hat es jedoch in sich! Üblicherweise wird er so übersetzt: „Warum lasst ihr ihn nicht niedersetzen" (Spiewok) oder „Drum sorgt dafür, dass er sich setzt" (D. Kühn) In Wirklichkeit hat „umwerfende" Wirkung, wie oben beschrieben. Es fällt „tumben liute" schwer, den hintergründigen Sinn zu erahnen, weil sie den Vers nach einem vorgefassten Denkschema zwar „begreifen", ihn aber nicht verstehen. Durch Gebet und Meditation erkennt Parzival, dass er selbst in das desolate Verhältnis des Amfortas verwickelt ist, und erst den eigenen Unglauben ablegen muss, damit das Wunder seiner eigenen Bekehrung und der Heilung seines Oheims geschehen kann.

Der Dichter oder Erzähler gibt zu dem doppelten Wunder (Heilung und Berufung), das sich im Text gerade ereignet hat, keinen Kommentar. Er stellt nur fest, dass sich in früherer Zeit schon einmal etwas Ähnliches ereignet habe und zwar mit Erlaubnis der Hl. Trinität. Es handelt sich um die „werkimmanente" Erklärung, dass der Hl. Silvester einst als Papst auf einem Konzil einen verwesenden Stier wieder zum Leben erweckte, um die damals noch heidnische Kaiserin Helena (die Mutter Konstantins) und ihre höfische Gesellschaft vom Glauben an Christus zu überzeugen. Dabei beruft sich Wolfram nicht auf Hl. Schrift, sondern auf die „Kaiserchronik als Quelle für seine gute Nachricht. (Siehe Gellinek).

Der Gral selbst ist das Symbol der „Zweideutigkeit". Er ist das „dinc", an dem sich ein wirklicher „zwîvel" durch die richtige Frage „löst" oder nicht löst. Vor diesem „dinc" und Amfortas (als „Ehebrecher" des Bundes mit Gott) stehen, vereint in der Person Parzivals und seines Bruders Feirefiz, Glaube und Unglaube. Der zentrale Text um die „Frage der Fragen" (wie steht's bei dir mit dem Glauben an Gott?) ist zutiefst zweideutig. Daher ist die Gralsszene gleichzeitig ein Rätsel, ein Gerichtspruch und ein Gnadenurteil. Ein Gerichtsurteil, in dem Parzival endgültig aufgefordert wird, sich von Feirefiz zu trennen: „wan lat ir in gan an sin gemach" und einem Urteil, dem sich Parzival „weinend", reuevoll unterwirft. Erst nach Unterwerfung und Gebet um Vergebung kann er die Frage stellen: „was wirret dir?": „Wer hat Dich so verwirrt"?

Amfortas hatte also durch seine Frage - die ein Urteil über Feirefiz enthält - Parzival indirekt zu einer klaren Entscheidung gezwungen. Er muss also endgültig auf den „zweifell-haften Teil seiner Existenz, auf seinen Unglauben in Gestalt seines „Bruders Feirefiz", der als sein „alter ego" auch er selber ist, verzichten. Vordergründig bemerkt davon niemand etwas. Feirefiz auch nicht. Er kann den Gral, wie man später erfährt, ohnehin nicht sehen und bemerkt auch nicht, was insgeheim mit ihm geschieht. Erst nachdem Parzival sich innerlich von seinem (personifizierten) Unglauben getrennt hat, und den oberflächlich und bieder erscheinenden Text im Sinne des „sensus spiritualis" verstanden hat, kann er die Erlösungsfrage stellen: Amfortas von seinem Bann lösen und dadurch selbst zum König werden.

Abschließend möchte ich noch darauf hinweisen, dass es sich beim Gralsgeschehen nicht bloß um eine förmliche Lösung des Problems von Glauben und Unglauben handelt. Parzival hat sich auf literarischer Ebene tatsächlich durch Umkehr von seinem Unglauben abgewandt. Das kann man nur dann erkennen, wenn man den Text anders liest als bisher. In traditionellen Übersetzungen und Interpretationen erwartet man vom Hörer, dass er Verständnis dafür hat, dass Parzival Weinkrämpfe bekommt, nur weil Amfortas ihm sagt: „Euer Gefährte ist uns unbekannt. Ich kann nicht dulden, dass er vor mir steht" (Spiewok). Ebenso mutet man ihm zu, es zu akzeptieren, dass Parzival wie ein angeschlagener Boxer zu Boden geht, nur weil Amfortas ihm zugewendet sagt: „wan lât ir in varn an sîn gemach"; von Spiewok so übersetzt: „Warum lasst ihr ihn nicht niedersetzen?" „alweinde Parzival dô sprach", lautet der nächste Vers. In Szene gesetzt, wäre das nichts anders als absurdes Theater. Jeder aufmerksame Leser merkt, dass entweder am Text oder am Textverständnis etwas nicht stimmen kann. Ein unkritisches Textverständnis wird dadurch begünstigt, dass man sich in der Forschung darauf eingestellt hat, dass sich beim Gral „Außerordentliches" ereignet. - Das war Grund genug, auf dem Höhepunkt der Gralsszene nach gravierenden „Unstimmigkeiten" zwischen Text und Realität zu suchen.

Nach bewährtem Muster hatte Wolfram also die entscheidenden Textstellen mit Hilfe von „Bickelwörtern" (Äquivokationen) verschlüsselt. In der oben gegebenen alternativen Deutung war es das Wort „gemach", an dem sich die Geister entscheiden mussten, welche Bedeutung von „gemach" man im Textzusammenhang bevorzugen musste, um „Stimmigkeit" der Deutung zu erreichen, d. h. den Textsinn zu entschlüsseln. Weil Parzival das entscheidende Wort „gemach" in seiner apokryphen Bedeutung als „Ehefrau" und ihr Geschenk an Amfortas als „Machwerk" richtig erkannt hatte, konnte er entsprechend reagieren. Beim „Machwerk" handelte es sich m. E. um jenen „crâm, den Sekundille auf Veranlassung von Feirefiz dem Gralskönig geschenkt hatte. Die verheerenden Folgen sind bekannt. Hatte Feirefiz nicht im Zusammenhang mit Sekundille selbst gesagt: „ich hân durch wîp vil getân" (771, 19). Dass man nicht ohne Grund die Figur des Feirefiz in die Nähe des Islam rücken kann, war schon angedeutet worden.

Die Tatsache, dass Parzival sich von seinem Gotteshass befreit und die „brüderliche Annäherung" an den Islam widerrufen hat, scheint vordergründig die Ursache für das Wunder der Heilung des Amfortas zu sein. Die spektakuläre Heilung ist in Wirklichkeit nur eine Bestätigung, jedoch nicht die Ursache der Wunderheilung des Amfortas. Deshalb bedarf es auch keiner „außerordentlichen" theologischen Begründung für ein Wunder. Es genügt eine literarische Erklärung. Sie lautet sinngemäß so: Auf ähnliche Weise, wie bei Amfortas, sei schon einmal in der Kirchengeschichte eine höfische Gesellschaft zum rechten Glauben an Jesus Christus bekehrt worden: Damals habe der Papst Silvester einen bereits toten und schon stinkenden Stier wieder zum Leben erweckt, woraufhin sich die ehemals heidnische Kaiserin Helena und ihr ganzer Hof zum Christentum bekehrt habe. Und so heißt es unmittelbar nachdem Parzival die entscheidende Frage „oeheim, waz wirret dir?" gestellt hat sinngemäß:

„der durch sant Silvestern einen stier
Von tôde lebende dan hiez gên,
unt der Lazarum bat ûf stên,
der selbe half daz Anfortas
wart gesunt unt wol genas." (Pz. 795,30-796,4)

Damit hat Wolfram eine literarische Deutung für das Gralsproblem gefunden. Christian Gellinek kommentiert diese Textstelle so: „Mit sicherer Hand umgeht der Erzähler eine etwaige Beschreibung der - wie auch immer - gearteten Mitwirkung Christi auf folgende Weise: in einem scheinbar unvermittelt eingesetzten zweigliedrigen Vergleich umschreibt Wolfram den Heiland, in Anlehnung an die ‚Kaiserchronik', als denjenigen, der durch Papst Silvester den Stier des hebräischen Magiers Zambri (796,1) *von tôde lebendec dan hiez gên*. In der ‚Kaiserchronik' lautet die betreffende Stelle: *ich gebiut dir tier wilde in tôtlîchem pilde, daz dû schiere wider lebendich ûf stêst, algesunt hine gêst* (10,307ff.).[220]

Die Fremdheit und das entscheidende heilsgeschichtliche Defizit des Feirefiz, an dem auch Parzival Teil hatte, kommt erst viel später nach der entscheidenden Frage Parzivals voll ans Tageslicht: Er kann den Gral überhaupt nicht sehen und auch dessen Funktion nicht erkennen! Darüber sind alle Mitglieder der Gralsfamilie erstaunt; das Publikum sicherlich genau so. Ist seine „Vollkommenheit" gar eine Täuschung? Oder seine natürliche „Vollkommenheit" im Licht des Gralsgeschehens nur ein trügerischer Schein? Feirefiz hat nicht den rechten Glauben! In Wahrheit ist er ein Heide, nicht getauft - vielleicht ein Muslim - und kann deshalb den Gral nicht sehen. Wie Amfortas richtig erkannt und gefühlt hatte, ist er ein „vremder man".

Erst als man später beim Festmahl zusammensitzt, erkennt Amfortas das volle Ausmaß der metaphysischen Leere, das „Nichts" seines Tischpartners Feirefiz. Titurell weiß Rat und sagt: Er ist nicht getauft. Deshalb kann er den Gral nicht sehen! Feirefiz ist also kein durch die Taufe „Wiedergeborener", kein Christ. Er kann mithin auch kein „christlicher Messias" sein, wie man als Zuhörer zwischenzeitlich hätte glauben können: War doch in Vers 328,14 sogar behauptet worden, man bete ihn als Gott an („man bettet in an als einen got"). Als Nichteingeweihter hat er keinen Anteil am Geheimnis des christlichen Glaubens. Die burleske Tölpelhaftigkeit, mit der er sich später um die Taufe - wie um ein „Kaufmannsgut" bemüht - erinnert gleichzeitig an seine Herkunft; sowie an die Torheiten Parzivals und dessen rabiate Anstrengungen durch Mord in den Besitz einer roten Ritterrüstung zu gelangen, um darin eine „Rittergott" zu werden.

Die Beseitigung des Nimbus der Vollkommenheit und das unangemessene Verhalten des Feirefiz wirft sowohl die Frage nach seiner Identität als auch nach der Wirklichkeit des

---

[220] Gellinek 1976 S. 163; in einer Fußnote ergänzt er die o. a. Textstelle noch mit folgender Notiz: „Nach Martin (...) kannte Wolfram diese Stelle der ‚Kaiserchronik' und überhaupt die deutsche Dichtung ziemlich genau."

Taufgeheimnisses im religiösen Sinne auf. Das Bild des leidenden, aber inzwischen wieder geheilten Amfortas bildet den Hintergrund der folgenden Überlegungen zum Wesen des Urstandes, der Erbsünde und der Taufe als notwendige Auskunft über das Gralsgeschlecht, dem außer Amfortas auch der Held des Romans, Parzival, angehört.

Bevor man aber dieser Frage nachgehen kann, ist eine Erinnerung notwendig: Durch die Verschiebung der Ursünde von Adam auf Kain, auch aus anderen konzeptionellen Gründen, war die Frage nach der „Natur" des paradiesischen Zustandes für die Figur des Feirefiz nicht relevant geworden. Diese Frage tut sich erst auf beim Anblick des leidenden Amfortas auf. Sie kann für ihn nicht theologisch/theoretisch begründet werden, etwa als Folge der Erbsünde im religiösen Sinn. Sein Bild zeigt die Folge einer schweren Sünde nicht „unvermittelt": Frauen sind mit im Spiel! Wie bei der Verführung Adams durch Eva, folgt Amfortas seiner Geliebten mit dem „verführerischen" Namen Sekundille[221]: „Freiwillig folgt" er ihr; „begünstigt" sie, und ist „glücklich" mit ihr; m. a. W.: er lässt sich bereitwillig verführen!

Traditionelle Übersetzungen dieser Textstelle sollen nicht ersetzt oder infrage gestellt werden. Meine These lautet: Dieser Text ist auf dieselbe relativ einfache Weise codiert, wie im Prolog das „vliegende bîspel": Mit Hilfe von „Bickel"- oder „Würfelwörtern". Er hat also einen vorder- und hintergründigen Sinn. Aufgabe der Zuhörer ist es, das Rätsel um die Jenseitsgesellschaft des Grals zu entschlüsseln. Das ist Aufgabe des einzelnen Hörers oder Lesers.

6.5 „gemach" - ein Schlüsselwort der zweiten Gralsszene.

Gemäß vorangegangener Analyse ist „gemach" ein Schlüsselwort der zweiten Gralsszene. In einer negativ anmutenden Bedeutung von „Machwerk" bezieht es sich auf den dubiosen „crâm", den Amfortas von Sekundille als Geschenk angenommen hatte. Wie man im Text beiläufig erfahren hatte, war dieser „crâm" die Ursache für die tödlichen Verletzungen, die er sich im Kampf mit einem Heiden zugezogen hatte. Amfortas seinerseits hatte diesen crâm aus Liebe an Orgeluse weiter verschenkt.[222] Später stand er vor der Burg Schastel marveille und war - durch den siegreichen Kampf Gawans mit einem Löwen im Burginnern - in dessen Besitz gelangt. Der „crâm was ein samît"; ein quadratisches Zelt „viereke hoch unde wît" (563,1-2). Die Szene vor der Burg enthält einige nicht überhörbare Anspielungen auf die Kaaba und den Islam.

Was es in diesem „crâm" zu „kaufen" gab („waz dar inne veiles laege" (563,3), nämlich ein „crâmgewant" (563,12), war so teuer, dass es nicht einmal der Baruc von Bagdad oder der

---

[221] Langenscheidts Taschenwörterbuch „Lateinisch": Sekundille möglicherweise abgeleitet aus lat. „secundus, (altes Gerundiv v. sequor mit partizipialer Bedeutung)
1. der folgende, nächste zweite 2. a) freiwillig folgend, geleitend; b) begünstigend, günstig, gewogen c) glücklich" Langenscheidts Taschenwörterbuch.
[222] Das war schon vor dem Kampf geschehen . Was das weitere Schicksal des „crâm" angeht, so hatte auch Clinchsor, ein abtrünniger Pfaffe, seine Finger im Spiel gehabt. Er hatte die Frau (Iblis) eines Königs verführt und war in flagranti dafür eigenhändig von demselben kastriert worden.

griechische Kaiser hätte kaufen können (563,7-10). Für „kein Geld in der Welt" konnte man diesen crâm also kaufen. Ironisch könnte man fragen: Ist der crâm etwa deshalb „unbezahlbar", weil er entweder unendlich viel oder überhaupt nichts wert ist? Was wurde dort angeboten?" Normalerweise werden in einem crâmladen Dinge zum Verkauf angeboten, die eigens dafür „gemacht" wurden. Die prinzipielle „Unbezahlbarkeit gemachter Dinge" in diesem sogenannten Laden lässt misstrauisch werden. Was hat es also mit diesem „crâm"auf sich?

Die Wörter „crâm", als Ausdruck für „gemachte Dinge" im Kramladen, und „gemach" in der Bedeutung von „Machwerk" sind Synonyme für vergleichbare, „gemachte Dinge". Geht es etwa im übertragenen Sinne um „geschaffene Dinge" auf der Ebene von „Offenbarungsliteraturen"? Diese wären in jedem Fall „unbezahlbar". Sie könnten einerseits nicht nur wertvoll, sondern andererseits als „Machwerk" sogar verwerflich sein, je nachdem, von welcher „Offenbarung" man spricht. Solche Gedanken bieten sich, wenn man die verschlüsselte Frage bzw. das „Ultimatum" des Amfortas an die Adresse Parzivals in der zweiten Gralsszene ernst nimmt.

Weil Wolfram im Zusammenhang mit dem Wort „crâm" im Text zweideutige Anspielungen auf den Islam macht, ist die Frage erlaubt, ob es sich - im übertragenen Sinne - nicht auch um „geschaffene Dinge" aus dem Koran oder der Bibel handeln könne. Tatsächlich stößt man im Koran auf ein ganz besonderes „Ding"! Kaum zu glauben; aber nach koranischer Lesart ist die Gestalt Jesu - expressis verbis - ein „geschaffenes Ding": Ebenso wie in der biblischen Verkündigungsszene des Lukasevangeliums (I,34) spricht Maria, die spätere Mutter Jesu - im Koran jedoch als Parallelfigur zur biblischen Gestalt - zum Engel, der ihr die frohe Kunde von der Menschwerdung Jesu bringt, dieselben biblischen Worte: „Mein Herr, wie soll mir ein Sohn werden, wo mich kein Mann berührt hat? Der Engel sprach: *„So ist Allahs (Weg), Er schafft, was ihm gefällt. Wenn er ein Ding beschließt, so spricht Er zu ihm: „Sei", und es ist"* (Sure 3/3. Teil, Vers 48).

Was die ausdrückliche Dinglichkeit der Gestalt Jesu betrifft, so wird sie an anderer Stelle[223] des Koran mit den gleichen Worten bestätigt. Jesus ist nach Lehre des Koran zwar ein Mahdi, einer der „Gottnahen", nichtsdestoweniger ein geschaffenes, „gemachtes Ding". In der Bibel dagegen antwortet der Engel auf die selbe Frage Mariens: „Heiliger Geist wird dich kommen, und die Kraft des Höchsten wird dich überschatten; darum wird auch das, was geboren wird, heilig genannt werden, Sohn Gottes." (Luk. I,35)

Mit dem Schlüsselwort „gemach" spielt Wolfram in der zweiten Gralsszene des Parzivalromans auf vergleichbare, analoge Textstellen in Bibel und Koran an. Da es sich bei der koranischen Verkündigungsszene der Form nach um die Parodie eines 600 Jahre älteren biblischen Textes handelt, wäre Wolframs literarische Variation dieser Textstelle als „gemach", der Form nach eine Travestie; der Versuch also, eine Parodie als „literari-

---

[223] Koran Sure 2, Vers 117: „Und sie (die Christen) sagen: ‚Allah hat sich einen Sohn zugesellt. „Heilig ist er!". Nein, alles in den Himmeln und auf der Erde ist Sein". Sure 2, Vers 118: Der Schöpfer der Himmel und der Erde! Wenn Er ein *Ding* beschließt, so spricht er nur zu ihm: ‚Sei!", und es ist."

sches Machwerk", als „gemach" kenntlich zu machen und zu literarisch zu „kassieren" (von lat. cassare „ungültig machen").

Mohammed hatte im Prozess der Anverwandlung und Umwandlung der biblischen Gestalt Jesu in die Mahdi-Figur des Koran, Jesus als ein „gemachtes Ding" definiert. Er tat dies, um seine Anhänger ein für allemal davon zu überzeugen, dass Jesus nicht der „Christus", d. h. der Gesalbte des Herrn und Gottes Sohn sei, sondern nichts anderes, als ein geschaffenes Wesen. Als letztrichterliche Entscheidung gedacht, sollte dieser „Richterspruch" auch für Christen gelten. Bei diesem Urteil beruft der Prophet Mohammed sich auf den Willen Gottes, der ihm durch einen Engel geoffenbart worden sei.

Von der Zurückweisung und der gezielten Revision solcher Vorstellungen einmal abgesehen, weckte die, als geschaffene, dinglich und zeitlich vorgestellte Erlöserfigur im Koran, wahrscheinlich das besondere Interesse Wolframs bei der Suche nach einer literarischen „Erlöserfigur" für seinen Parzivalroman. Er „verdichtete" sie auf Romanebene zur Gestalt des „Feirefiz", seines eigenen, „literarisch selbst gemachten Sohnes" mit dem Namen „faire fiz". Sie wurde symbolisch zum „alter ego" und Bruder Parzivals. Mit der Erfindung der Figur des Feirefiz hat Wolfram seine literarische Kritik an entscheidenen Aussagen des Koran über die Gestalt Jesu auf den Punkt gebracht. Für die Christenheit ist Jesus nicht ein Geschöpf („geschaffenes Ding"), sondern der Sohn Gottes.

Trotz dieser zweifelhafter Herkunft übernimmt diese Figur - wenn auch nur vorübergehend - im Roman die Rolle eines „Mahdi" mit entsprechender Messias- bzw. Erlöserfunktion, wie sich besonders im Entscheidungskampf mit Parzival (Buch XV) zeigt. Als „faire fiz" avanciert Feirefiz damit zur zweitwichtigsten Hauptfigur des Parzivalromans: Er wird zu einem „idealen", jedoch am rechten Glauben zweifelnden „alter ego" Parzivals. An der sorgfältigen Ausgestaltung der Rolle dieser Figur bemerkt man, dass es sich um eine Lieblingsfigur Wolframs handelt. Als selbst erfundene Romanfigur ist sie in Ihrer Erlöserfunktion von größter Bedeutung. Literarisch gesehen handelt es sich also keineswegs um ein „Machwerk", sondern um ein literarisches Meisterstück: sozusagen um einen „wilden vunt".

Nach Deutung der zweiten Gralsszene aus einer veränderten Perspektive lässt sich ahnen, warum der Bruder Parzivals als personifizierter Unglaube „Feirefiz" heißt. Dieser Name ist, wie der aller anderen Figuren ein Programm. Als Figur könnte er die parodistisch-kritische Variante der, seiner Gottheit beraubten Gestalt Jesu sein, wie sie im Koran beschrieben wird. - Als Parzival selbst einmal nach seinem Namen gefragt wurde, den er selbst nicht kannte, antwortete er nur: Meine Mutter nannte mich bon fiz, cher fiz, bea fiz. Diesem Schema entsprechend nennt Wolfram nun seinen literarischen Sohn „faire fiz". Damit lässt sich die These erhärten, dass es sich bei dieser Figur um eine ureigene Erfindung Wolframs handelt.

Weil diese Figur im Roman die außergewöhnliche Rolle eines „Erlösers" oder „Mahdi" spielt, bedurfte sie einer entsprechenden quasi-göttlichen Abstammung. Bei der Suche nach Belegen für diese Behauptung stößt man auf Textstellen, die bisher in der Forschung lediglich als „Merkwürdigkeiten" kommentiert oder gar nicht beachtet wurden. Es handelt sich z. B. um die beiden Textstellen 107,19ff. und 328,19ff. Über Gachmuret heißt es dort: „Er starb ohne Sünde" (106,26) und weiter:

„ez betent heiden sunder spot
an in als an ir werden got,
niht durch des criuzes êre
noch durch des toufes lêre"(Pz. 107,19-22)

„Die Heiden beten nun wahrhaft Gachmuret an als ihren mächtigen Gott, doch nicht des Kreuzes oder der christlichen Lehre wegen" (Spiewok). Damit hätte - literarisch betrachtet - Feirefiz durch seinen Vater eine entsprechende Abstammung und Legitimation für seine Rolle. Die zweite „merkwürdige" Textstelle bezieht sich ausdrücklich auf Feirefiz selbst:

„diu heidenîn zem Wâleis sprach:
Cundrîe nante uns einen man;
des ich iu wol ze bruoder gan"(Pz. 328,3-5)

„Die Heidin Janfuse sprach zu Parzival: Cundry nannte uns einen Mann, den ich Euch als Bruder gönne" (Spiewok). Nicht zuletzt aufgrund dieser „literarischen Abstammung" heißt es anschließend:

„man bettet in an als einen got.
sîn vel hât vil spaehen glast:
er ist aller mannes varwe ein gast,
wîz unde swarz (ist er) erkant." (Pz. 328,14-17)

Er wird wie ein Gott verehrt. Seine Haut sieht allerdings sonderbar aus, anders als bei anderen Menschen; er ist nämlich weiß und schwarz gefleckt" (Spiewok)

Auch „Belakane", die Mutter des Feirefiz ist mit einer besonderen Heiligkeit ausgestattet. Sie trägt die Züge einer schwarzen Madonna (nigra sum... Hoheslied), was nicht zu bagatellisieren ist. Wenn man besonders kritisch zuhört, weil man bei Wolfram immer mit Zweideutigkeiten rechnen muss, wird man in diesem Namen auch die Trennlinie zwischen rechtgläubig und heidnisch ahnen. „Belakane" lässt sich nämlich auch als das genaue Gegenteil von einer „Madonna" interpretieren. Wenn man die im Namen verborgene Äquivokation gelten lässt, heißt Belakane nämlich auch die „Schöne Ungläubige".[224]

In der zweiten Gralsszene wird Feirefiz - auf Veranlassung des Amfortas und gemäß Romankonzept - von seinem Bruder offiziell aus dem Gralsgeschehen verabschiedet, ohne davon selbst etwas zu bemerken; Nicht nur Parzival muss sich unter Tränen - symbolisch - von seinem alter ego und Bruder trennen, um Gralskönig zu werden. Auch dem Dichter bleibt es nicht erspart, sich von seinem „selbst gemachten Sohn" als literarische Figur zu verabschieden. - Er wird später getauft und dadurch Mitglied der Gralsgesellschaft. Als „Missionar" wird er später nach Indien entsandt.

---

[224] Langenscheidts Taschenwörterbuch Lateinisch, „canis is. m f (abl. sg. -e, gen. pl. -um; cf. nhd. „Hund") 1. Hund 2. zwei Sternbilder; 3.Hundswurf; 4.(Schimpfwort) 5.Schmarotzer; 6. Fußfessel; ** pl. „Ungläubige"

Mit seiner Kritik in der zweiten Gralsszene trifft Wolfram punktgenau jene Stelle in der Auseinandersetzung zwischen Christentum und Islam, welche die Christenheit zutiefst erschütterte, die Behauptung nämlich, Jesus sei nicht Sohn Gottes, sondern nur ein Geschöpf, ein „gemachtes Ding". Damit sollte dem Christentum der Boden entzogen und die Menschwerdung Jesu Christi und seine Gottessohnschaft grundsätzlich bestritten werden. Davon kann sich jedermann auch heute noch selbst überzeugen, wenn er den Koran liest. Wolfram erfuhr das schon vor achthundert Jahren aus den „latinischen buochen", der Übersetzung der Bücher des Koran.

Exakt auf die parodistische Variation der biblischen Botschaft von der Menschwerdung zielt das Wort „gemach" aus der Gralsszene in seiner apokryphen Bedeutung als „Machwerk" bzw. Menschenwerk. Damit reagierte Wolfram auf die Parodie der Verkündigungsszene im Koran, nicht theologisch, philosophisch oder religiös, sondern literarisch und „analog" mit Zurückweisung einer für jeden Christen unzumutbaren Aussage, in Form einer Travestie. Dem Umstand der literarischen Auseinandersetzung Wolframs von Eschenbach mit dem Islam - so meine These - verdankt die zweite Hauptfigur des Parzivalromans ihre Existenz und ihren Namen „Feirefiz".

6.6 Das „dinc" und andere orientalischer Motive

Im Koran werden konkrete Angaben dazu gemacht, wie eine Jenseitsgesellschaft im Einzelnen funktioniert und wie sie versorgt wird. Für das logistische Problem, wie denn all diese „Dinge" „besorgt" werden, gilt die Garantie, dass Allah alles Notwendige mit einem einzigen Wort aus dem Nichts erschaffen kann: Er ist der „beste Versorger". Eine ähnliche Machtfülle garantierte auch der Gral. Auch er ist der beste „Versorger" für die Gralsgesellschaft:

„diu werde geselleschaft
hete wirtschaft von dem grâl." (Pz. 239,6-7)

Der Gestaltwandel der biblischen Abendmahls- bzw. Brotvermehrungsszene in die Szene der Herabkunft eines Tisches zur Speisung der Freunde Jesu, wie sie in einer Sure des Koran dargestellt wird (Sure 5, Vers 113-115), verwandelt sich auf Romanebene des „Parzival" in eine produktive Einheit von Tisch und magischem „dinc". Ursprünglich christliche und islamische Motive lassen sich - jedenfalls in der ersten Gralsszene - nicht streng unterscheiden.

Das ändert sich, wenn beim zweiten Gralsbesuch das „dinc", durch die sich wandelnde Bedeutung des Wortes zu „thing", d. h. zu einem Gerichtsverfahren mutiert.[225] Dass im literarischen „Gerichtstermin des Amfortas" auch solche Bedeutungen im Spiel sind, lässt sich nach der vorgelegten neuen Interpretation der zweiten Gralsszene nicht leugnen. Sie wird im Sinne des Wortes zu einem „Zwischendinc" zwischen Christentum und Islam, zu

---

[225] Im mhd. Lexikon heißt „dinc" definitiv: „dinc, -ges stn. ding, sache; gerichtlicher termin; rechtl. und gerichtliche verhandlung; vertrag; gericht, gerichtstag, gerichtsstätte gerichtspflicht; genitale." (Lexer)

einem Revisionsverfahren auf analoger, heilsgeschichtlicher, literarischer Ebene. Bekanntlich hatte sich schon 600 Jahre vor Erscheinen des Parzivalromans Mohammed zum Richter zwischen Judentum, Christentum und Islam gemacht. Interessant ist folgendes:

Wie im Parzivalroman (Pz. 235,23), taucht der Begriff des „Ding" auch im Koran (in Sure 3,48 und Sure 19,36) auf! Der Verdacht liegt nahe, Wolfram habe im Gegenzug (vgl. hierzu Sure 19,36) zu dieser zweifelhaften Aussage über Jesus als ein geschaffenes „Ding", seinerseits das Versorgungsproblem der dubiosen Gralsgesellschaft mit Hilfe eines solchen „Dings" parodieren und damit Vorstellungen aus dem Koran wieder korrigieren wollen. Der Ausdruck „dinc", als Name des Grals, in dem sein Wesen als „Versorgungseinrichtung" des Paradieses verborgen ist – wird im „Parzivalroman" nur einmal genannt.

In den Augen der Christen ist der „Gestaltwandel" biblischer Motive und Gestalten eine Verspottung heilsgeschichtlicher Aussagen, denen Wolfram als Dichter und als Christ nur scharf widersprechen wollte. Da aber jede theologische Diskussion auf der Ebene einer Offenbarungsliteratur mit einem „Propheten" aus bereits genannten Gründen unmöglich ist, blieb ihm nur die Möglichkeit, mit dem Florett des literarischen Geistes parodierte biblische Sachverhalte mit dem Gegenmittel der Travestie fragwürdig zu machen. Dies geschieht - so seltsam es klingen mag - gerade mit der Übernahme der o. a. historisierenden Jenseitsvorstellungen des Islam, die von Wolfram zunächst als „Märchen" erzählt (in der ersten Szene) werden. Mit einer solchen „Jenseitsparodie" bzw. Travestie dieser Paradiesvorstellungen erreicht er in einem Zuge zweierlei:

Es werden auf hohen dichterischen Niveau die inhaltlich und formal veränderten Lehren des Islam parodiert, oder zutreffender formuliert, travestiert: Mohammed hatte eine Fülle christlicher Glaubensinhalte parodiert und in dieser Form in den Koran aufgenommen. Seine Reaktion zielte darauf ab, diese Veränderungen literarisch kenntlich zu machen und dadurch zu relativieren. Eine solche engagierte Form von „Kritik" darf nicht als Ablehnung der Menschen eines fremden Glaubensbekenntnisses verstanden werden. Kritisiert wird durch Wolfram nicht ein Gottesbild, sondern das durch den Islam geprägte Menschenbild, das sich in wesentlichen Punkten vom christlichen unterscheidet. Diesem wird auf dem Hintergrund des christlichen Glaubens das literarische Konzept einer christlichen Existenz in der Welt entgegengehalten. Dieser Aufgabe stellte sich Wolfram im Parzivalroman.

Immerhin bedient sich Wolfram seinerseits - und hier handelt es sich um das paradoxe Moment des „Parzival" als Gralsgeschichte - gewisser radikal infrage gestellter Vorstellungen des Islam, um daraus im Gegenzug das Bild einer literarisch reduzierten mystischen Gesellschaft von Getauften zu etablieren: als Gralsgesellschaft. Als solche vermag sie an eine Wirklichkeit zu erinnern, die Züge jener sakramentalen Wirklichkeit an sich hat, durch die jeder Getaufte zu einem Glied am Corpus Christi Mysticum wird, dem mystischen Leib der Kirche hier auf Erden. Das geschieht in dem Bewusstsein, dass es sich hierbei nur um ein „Gleichnis" im biblischen Sinne handeln kann. Selbst originale biblische Bilder sind - so paradox es klingt – notgedrungen nicht nur eine unzulängliche Form der „Erkenntnis", sondern darüber hinaus eine Veranschaulichung dessen, was auf religiöser Ebene eo ipso immer ganz anders und unbegreiflich ist.

Wolframs eigentliche „Kritik" am Islam besteht darin, dass solche Bilder, wie sie in den Paradiesvorstellungen des Koran vermittelt werden, als unmittelbare Glaubenswirklichkeit und als beschreibbare Jenseitsvorstellungen hinsichtlich des Lebens nach dem Tode für wahr gehalten werden müssen. Mit Recht insistiert der Koran andererseits darauf, dass über Allah selbst nur ja nichts Bildhaftes ausgesagt wird. Im Gegensatz dazu wird das Weiterleben der Menschen nach dem Tode im Paradies jedoch extrem materialistisch, geradezu konkretistisch beschrieben. Das hängt vermutlich damit zusammen, dass nach islamischen Vorstellungen das neues Leben nach dem Tode nur eine „Wiederholung"[226] der ersten Schöpfung ist.

Es gibt zahlreiche Stellen im Koran, die, was die o. a. Versorgung einer Jenseitsgesellschaft mit „Gütern" angeht, der Beschreibung des Gralskomplexes zum Teil wörtlich oder sinngemäß entsprechen. Wichtige Paradiesbeschreibungen, die den ganzen Koran durchziehen, sind so zahlreich, dass man sie nicht alle zitieren kann.[227]

6.7 Der Fischerkönig im Komplex der Gralsmotive

Das Motiv des Fisches hat in der christlichen Heilsgeschichte immer schon eine große Bedeutung gehabt; nicht zuletzt durch die Worte Jesu an Petrus und seine Jünger: „Ich will euch zu Menschenfischern machen" (Mt. 1,17). Das Bild des Fisches im Zusammenhang mit dem griechischen Wort „Fisch" war für die ersten drei Jahrhunderte der Christenverfolgung im römischen Reich von existentieller Bedeutung, insofern nämlich, als die Christen sich untereinander an diesem Zeichen erkennen oder auch vor Nichteingeweihten schützen konnten. Es entschied somit über Leben oder Tod.

Das Zeichen, bzw. Bild des Fisches entspricht dem griechischen Wort IXTHYS. Buchstabenfolge und Bild war für Christen ein Geheimzeichen und zugleich ein abgekürztes Glaubensbekenntnis zu Jesus (I) – Christos (X) – Gottessohn (THY) - Erlöser (S). Das „S" heißt griechisch „Sother", lateinisch „Salvator" deutsch „Erlöser". Als Buchstabenreihe ist ein Bekenntnis zur zum dreifaltigen Gott.

Diese Vorbemerkung ist notwendig als Voraussetzung für das Verständnis bzw. die Interpretation einer Koranstelle, in dem ein „Fisch", bzw. der „Verlust eines Fisches" eine große Rolle spielt. Sie ist von ebenso großer Bedeutung für das Verständnis des Motivs des Fischerkönigs, als dem Haupt einer „christlichen, mystischen Gemeinde" gleichzeitig in dieser und jener Welt, in Analogie zu beiden Religionen.

In seiner Sure Nr. 18 mit dem Titel „Die Höhle" befasst Mohammed sich ausführlich mit dem Schicksal der ersten Christen in der Zeit ihrer Verfolgung, allerdings nicht im historischen Sinn, sondern in nebulösen, an apokryphe Heiligenviten der Siebenschläfer

---

[226] Koran Sure 30,28: „Und Er ist es, der die Schöpfung hervorbringt, dann wiederholt Er sie, und das ist Ihm noch leichter". In Sure 30,29:" Er setzt euch ein Gleichnis von euch selber."
[227] Paradiesbeschreibungen sind in folgende Suren, bzw. Versen enthalten: 4,58; 4,123; 9,72; 11,17; 13,41; 18,32; 35,34; 36,83; 36,88; 38,51; 44,53-55; 47,16; 47,77; 55, 47; 76,13-22; 77,56; 78,33.

(Beleth, De ecclesiasticis officiis, cap. 157 I) erinnernden Bildern.[228] In Sure 18,26 heißt es: „Und sie verblieben dreihundert Jahre in ihrer Höhle, noch neun hinzugefügt". Vers 18,27 lautet: „Sprich: „Allah weiß am besten, wie lange sie verweilten".

Man sollte nicht unterstellen, Mohammed habe den Sinn des christlichen Geheimzeichens „Fisch" nicht richtig überliefert bekommen oder es nicht verstanden. Im Gegenteil: In dieser Korangeschichte soll das mit diesem Symbol verbundenen Wort „Fisch", ein Glaubensbekenntnis der frühen Christen zu Jesus Christus als Gottessohn, als Bild aufgelöst und damit als Bekenntnis eliminiert werden.[229]

Diese Korangeschichte kann demnach nicht als historisch betrachtet werden. Sie nimmt aber historische Motive aus der Geschichte des Christentums auf und verwandelt sie. Historisch ist sie z. B. gerade dann nicht, wenn Mohammed, der im siebten Jahrhundert nach Christus lebte, sich mit Moses auf eine Wanderung begibt und Moses in Vers 70 dieser Sure zu seinem Diener, und sich selbst zu dessen Vorgesetzten und Führer des Weges macht: „Er (Moses) sprach: „Du wirst mich, so Allah will, geduldig finden, und ich werde gegen keinen deiner Befehle ungehorsam sein." Im weiteren Verlauf dieser Sure, die nach Nummern gezählt noch bis Nr. 110 reicht, ist von Jesus überhaupt nicht mehr die Rede. Der Grund dafür ist in dieser Bildergeschichte nicht schwer zu erraten: In Fortsetzung der o. a. Verse der Sure 18 heißt es in Vers 72: „So schritten sie *beide* (!) Fürbass; bis sie in ein Boot stiegen, in das er (Mohammed) ein Loch hineinschlug."

So wie der Fisch ein Symbol für Jesus Christus, ist das Schiff ein Symbol für die Kirche Christi im Meer der Zeit, in das Mohammed, bildhaft gesprochen, ein Loch schlug. Da Moses und Jesus (Sure 18, Vers 65) gemeinsam unterwegs sind und im Vers 66 derselben Sure mit Mohammed zusammentreffen, sind hier also drei Personen versammelt. In Vers 72 derselben Sure heißt es jedoch überraschend: „So schritten sie *beide* fürbass, bis

---

[228] Herbert Douteil (Corpus Christianorum, Continuatio mediaevalis 41A), Turnholti 1976, pag. 301 – nach der Legende 7 christlicher Jünglinge von Ephesus, die unter Decius 251 in eine Höhle flüchteten und dort, von den Heiden eingemauert, 200 Jahre (Beleth: 300, und Duranti, Rationale, VII,18: ca. 300 Jahre) schliefen, befreit von Theodosius II. ihren Glauben an die Auferstehung des Fleisches bekannten. Die auf das bekannte Motiv des „Höhlenschlafs" zurückzuführende Legende, die historische Bestandteile hat und im ganzen Orient und auch im Abendland Verbreitung fand, will die Auferstehung anschaulich machen. – Lit.: A. Allgeier in: Oriens Christianus (1915/17) und in Byzantin. Neugriech. Jb. 3 (1922) [aus: Großer Herder, 1956, Bd. 8, Sp. 705]

[229] Die entsprechende Geschichte aus Sure 18 hat folgenden Wortlaut:
61. „Und (gedenke der Zeit) da Moses zu seinem Jünger (Fußnote: Jesus Christus!) sprach: „Ich will nicht eher rasten, als bis ich den Zusammenfluss der beiden Meere erreicht habe, und sollte ich Jahrhunderte lang wandern."
62 „Doch als sie den Zusammenfluss der beiden (Meere) erreicht hatten, da vergaßen sie ihren Fisch; und er nahm seinen Wege (und) entschlüpfte ins Meer."
63. „Und als sie weitergingen sprach er zu seinem Jünger: „Bring uns unseren Imbiss. Wir haben wahrlich auf dieser Reise viel Mühsal gelitten."
64. „Er antwortete: „Hast du nicht gesehen, als wir auf dem Felsen rasteten und ich den Fisch vergaß - und keiner als Satan machte es mich vergessen, seiner zu erwähnen, da nahm er seinen Weg ins Meer auf wunderbare Weise."
66. „Dann fanden sie einen Unserer Diener (Fußnote im Text: Den Propheten Mohammed), dem Wir Unsere Barmherzigkeit verliehen und den Wir Wissen gelehrt hatten von Uns Selbst."
65. „Er sprach: „Das ist's, was wir suchten. Da kehrten sie beide um und schritten zurück auf ihren Spuren."
67. „Moses sprach zu ihm: Darf ich dir folgen, auf dass du mich belehrest über den rechten Weg, wie du ihn gelehrt worden bist."

sie in ein Boot stiegen, in das er (Mohammed) ein Loch schlug". Wenig später in Vers 75: „So zogen sie weiter, bis sie einen Jüngling trafen, den er (Mohammed) erschlug ..." Es stellt sich natürlich die Frage, wer im Bilde des Bootes schwimmunfähig gemacht und im Bild des Jünglings „erschlagen" werden sollte: Nicht der Jesus des Evangeliums, sondern *nur* seine Gottheit! Christus sowie seine Symbole Fisch und Schiff (Schiff als Bild der Kirche = fortlebender Christus!) werden auf diese Weise literarisch im Koran beseitigt!

Wolfram hat den versteckten Sinn dieser Geschichten verstanden. Insgesamt ist in dieser Sure mit dem Namen „die Höhle", die Geschichte der Christenheit in der dreihundertjährigen Verfolgung und ihrem Leben in den Katakomben total verdreht worden. Da klingt die Behauptung des Einleitungsverses dieser Sure wie eine Verspottung der Christenheit:

„Aller Preis gehört Allah, Der zu Seinem Diener das Buch herabsandte und nichts Krummes darein legte."[230]

Die Quintessenz dieser Story ist für Wolfram: Wer sich mit dem Islam einlässt, verliert sowohl seinen Glauben an Jesus, den Christus, d. h. Gottessohn, als auch an die Kirche als den fortlebenden Christus in der Gestalt des Corpus Christi Mysticum. Die Zerstörung christlicher Symbole wie „Fisch" und „Schiff" (Boot) sind dafür unübersehbar eindeutige Belege. Damit sollen die tieferen Schichten des christlichen Glaubens eliminiert werden.

Weil sich Amfortas mit dem Islam eingelassen hatte, wie das übrigens mehrere abendländische Fürsten und Könige[231] taten, verlor er seinen Glauben an Christus. Es zeigt sich auf der „jenseitigen" Romanebene im Verhalten und an der Figur des Fischerkönigs: Er „angelt" vergeblich nach dem o. a. „Fisch", der jedoch nach Darstellung Mohammeds für immer ins Meer (der Ewigkeit!) entwischte, und zwar „auf wunderbare Weise".

Abschließend lässt sich sagen, dass Wolfram sich nicht unmittelbar gegen das „Gottesbild" des Islams ausspricht oder es sogar verspottet. Von einem Gottesbild des Islams kann man ja eigentlich nicht sprechen, weil der Islam strengstens darauf bedacht ist, auf keinen Fall etwas Bildhaftes von Gott auszusagen. Seine Kritik richtet sich, wie wiederholt gesagt, gegen das islamisch geprägte Menschenbild Mohammeds und ist erst dadurch auch eine Kritik der Jenseits- und Gottesvorstellung des Korans.

Dies ist freilich auch der Grund dafür, dass Wolfram innerhalb des Romankonzeptes eine „historische" Ebene erfindet, auf der er sein christliches Menschenbild vergleichen und gegen eine „Konkurrenz" absetzen kann. Aus dem Vergleich dieser Lehre mit den „latinischen buochen" (d. h. dem Buch des Korans als Offenbarungsliteratur) ergeben sich Rückschlüsse auf das dreifältige Menschenbild des Christentums. Allein auf dieser Ebene,

---

[230] Hier sei kurz daran erinnert, wie Wolfram den Kaufmann vor Schastel marveille wegen seiner „crammaere", d. h. seiner „hakenförmig verbogenen Geschichten" karikierte.

[231] So waren Friedrich II, Richard Löwenherz, ein spanischer Kleinkönig Alfons und nicht zuletzt Königin Elea(o)nore dem Islam als Religion gegenüber sehr aufgeschlossen, wie Historiker (z. B. Friedrich Heer, 2002) berichten. Auch darin bestand für das Abendland eine große Gefahr. Die Gefahr einer kollektiven Abkehr vom Christentum und der Hinwendung zum Islam – im Sinne von cuius regio ejus et religio – war nicht von der Hand zu weisen.

d. h. im Vergleich der verschiedenen Menschenbilder, sind eine Unterscheidung und eine Kritik von Glaubens- und Jenseitsvorstellungen zwischen Islam und Christentum möglich. Es ist z. B. schon ein Unterschied, ob sich Gott oder Allah in dieser Welt nur Diener wünscht und im Jenseits Versorgungsempfänger[232] unterhält, oder ob sie ihm hier und dort Kinder, d. h. Töchter, Söhne oder Freunde sein sollen. Sich für diese oder jene Vorstellung zu entscheiden, ist der Freiheit des Einzelnen anheim gestellt.

Abschließend lässt sich sagen, dass vom Prolog aus eine direkte Verbindung zum Gralsgeschehen besteht, insofern er in seiner „Zwiespältigkeit" als dichterisches Bild selbst zum Symbol einer Glaubensentscheidung zwischen Islam und Christentum wird. In vertikaler Richtung durchdringt die literarisch-heilsgeschichtliche Ebene des Romans die beiden anderen Schichten: sowohl die historische Ebene, auf der Gawan als Stellvertreter Parzivals fungiert, als auch die vorgeschichtliche natürlicher Ebene, wo Feirefiz ihn und Parzival auf der Basis seiner Existenz, nämlich der leib-seelischen Konstitution, vertritt. Diese „Dreischichtigkeit" (oder Dreifältigkeit) der Person Parzivals reflektiert den Schöpfungsbericht, wonach der Mensch nach dem Bilde des dreieinigen Gottes erschaffen ist: Nicht als ein „Ding", sondern als „handgetat", als Geschöpf aus Gottes Hand und zur Anschauung bestimmt.

6.8 Gralsmotive im „Durchgang durch ein orientalisches Medium": Der Gestaltwandel biblischer und koranischer Motive auf der fiktiven „heilsgeschichtlichen" Ebene des Romans

Entscheidende Anregungen zur Identifizierung von Gralsmotiven des Parzivalromans in einem „orientalischen Medium", wo Konrad Burdach sie vermutete, stammen aus grundlegenden Arbeiten dieses großen Gelehrten über den Gral. Seine richtungweisenden Überlegungen haben den Weg und das Ergebnis der hier vorgelegten Studie mitbestimmt. Leider konnte K. Burdach seine Arbeiten über den Gral in der mittelalterlichen Literatur nicht mehr selbst vollenden. Er beauftragte kurz vor seinem Tode den langjährigen Mitarbeiter Hans Bork damit, sie abzuschließen und für die Veröffentlichung vorzubereiten.

Bork schrieb in einem eigenen Vorwort des durch ihn im Jahre 1938 veröffentlichten Buches über Karl Burdach: „Nach Vollendung des vorletzten Kapitels, das die Josephsdichtung behandelt, (legte) er die Feder aus der Hand ... So blieb das entscheidende Wort seiner fast vierzigjährigen Gralforschung unausgesprochen, und es fehlte dem vorliegenden Buch das wichtigste Ergebnis: die Einordnung des Parzivals Wolframs und dessen Auffassung und Darstellung vom Gral und von der blutenden Lanze."[233] Das letzte Kapitel dieses bedeutenden Buches schrieb Hans Bork also im Sinne Karl Burdachs, der von ihm dazu autorisiert worden war.

---

[232] Allah wird im Koran immer wieder als der „beste Versorger" bezeichnet. Das Echo in der Gralsszene des „Parzival" lautet: „diu werde gesellschaft hete wirtschaft von dem gral" (Pz. 239,6-7); „da het der kiusche und der vraz alle geliche genuoc" (Pz. 238,28-29)

[233] Burdach 1974, S. XVIII.

Obgleich die letzten Wortes des großen Meisters fehlen, bietet das Buch eine Fülle von Anregungen, von denen im engeren Rahmen des Gralskapitels nur die wichtigsten genannt werden können. Bemerkenswert ist der letzte Abschnitt des Vorwortes von K. Burdach, das er selbst noch verfasst hat: „Den *Germanisten, Romanisten und Kulturhistorikern möchte ich am meisten dienen*. Es ist der eigentlich Zweck dieses Buches, sie von einem Wege in der Erforschung der Gralssage abzulenken, den ich für völlig irreführend halte, so viele ausgezeichnete Gelehrte sich auch auf ihm abgemüht haben. Möchte es mir gelungen sein, auf der Wanderung dorthin Nachfolger zu finden, die meine Einsichten vermehren und berichtigen."[234]

Wie der Name des Helden Parzival ein „name recht enmitten durch" ist, so ist auch der zentrale Gegenstand des Gralsgeschehens, der grâl selbst „ein dinc", von zwiespältigen Wesen. Ein „dinc" ist nicht nur ein „Gericht", als eine von vielen Speisen mit denen der Gral die Gralsgesellschaft versorgt, sondern im Sinne des Wortes und mit gleichem Recht ein „hohes Gericht", das zwischen Christentum und Islam entscheiden, d. h. „richten" soll. Im Bild und Begriff dieses „dinc" verbinden und trennen sich zwei „brüderliche" Religionen; trennt sie aber auch in viel größerem Maße. Gericht und Mahl (als Gnadengericht und -mahl) bilden immer schon die Grundstruktur der zentralen Kulthandlung der Christen, der Feier der Heiligen Eucharistie. Als Vergegenwärtigung des Todes und der Auferstehung Jesu Christi ist das Abendmahl ein „Gericht" im zweifachen Sinne des Wortes.

Der Gral ist in der Forschung schon immer mit dem Abendmahl verglichen worden; nicht zuletzt deshalb, weil er seine Wirkmächtigkeit einer Hostie verdankt, die am Karfreitag vom Himmel herab kommt. Dass es sich beim Gralsgeschehen um eine Gerichtssitzung im besonderen Sinne handeln könnte, wurde bisher nicht ins Auge gefasst. Ist das etwa auch der Forschung „durch ableitens list vome gral" entgangen? Welcher andere Forscher als Burdach hätte gewagt, mit Bedacht ein derart merkwürdiges Wort zu gebrauchen wie jenes, er versuche die Wissenschaft „*von der Erforschung der Gralssage abzulenken*", weil er den Weg für „völlig irreführend" hielt?

Das Wort „ableiten" ist eins der seltsamsten Worte und findet sich an der exponiertesten Stelle, dort nämlich, wo sich das Wesen des Gral in seiner Zweideutigkeit enthüllt als das Symbol des „zwîvels" schlechthin: Das Bild des Gral „ergänzt" sich durch die Aussage Trevricents „ich louc", von einem Sinnbild des Guten und des Glaubens zum Symbol des Unglaubens und des Fragwürdigen schlechthin. Im Sinne Gottfrieds von Strassburg wird damit das zentrale Bild des Romans in seiner grandiosen Mehrdeutigkeit zum zentralen „bickelwort", d. h. zur sinnbildlichen Einheit für das Gute und Böse „ineins".

Im vordergründig erkennbaren Sinne hatte die maere vom Gral glücklich ihr Ziel erreicht: Parzival ist König geworden. Durch die sog. „Lüge" Trevricents schlägt sie auf dem Höhepunkt des Geschehens in ihr Gegenteil um. Damit eröffnet sich ein Blick auf die Fragwürdigkeit des Hintergrundes der gesamten Geschichte vom Gral. Man möchte fast sagen, sie beginne an dieser Stelle neu. Er hatte als literarisches Leitsymbol seine Funktion erfüllt. Die existentielle Doppeldeutigkeit des Gralsgeschehens und die sogenannte

---

[234] Burdach 1974, S. XVIII

„Lüge" Trevricents scheinen zwei literarische Sollbruchstellen zu markieren im Übergang auf die realpolitische und religiöse Ebene des 12. Jahrhunderts. Das wird mit Bedacht nur oberflächlich kaschiert.

Auf dem Höhepunkt der Gralshandlung stellt sich damit die Gralsfrage neu und zielt damit in eine ganz andere Sinnrichtung, als man erwartet hatte. Sie kann nicht mehr vom Erzähler oder seinen Figuren beantwortet werden, sondern wird coram publico neu gestellt und an die Adresse der Zuhörer gerichtet: Wie haltet ihr es mit dem „grâl" oder „faustisch" variiert „Wie haltet ihr es mit der Religion"?. Das Geschehen um die kritische Wende im Roman durch die sogenannte „Lüge" des „Tre-viri-cent", eines „Richters" der „literarischen Heilsgeschichte" (maere) und ihre Folgen dient an dieser Stelle der Vorbereitung, der sich daran anschließenden „morphologischen Anmerkungen" zur Quellenfrage. Die Arbeiten Burdachs waren in dieser Hinsicht hilfreich und könnten den Weg in die eingeschlagene Richtung absichern.

Johannes Rathofer, mein zu früh verstorbener Doktervater, der das Werk Burdachs im Jahre 1974 aus der Versenkung hervorholte und neu herausgab, begründet in einem ausführlichen Vorwort die Wiederauflage dieses Werkes und präzisiert darin die Absicht Burdachs, die wohl auch die seine war so: „Ihm kam es darauf an, in nachprüfbaren Schritten zu zeigen, dass der 'Lebens- und Quellpunkt der so geheimnisvollen, so chamäleonhaften Sage vom Gral' (S. 128) in christlicher Überlieferung - und nur in ihr - zu suchen sei."[235] Diese Zielvorgabe Rathofers, die mit denen Karl Burdachs übereinstimmt, begleitet die folgenden Überlegungen.

In der Tat handelt es sich beim Gral zunächst nur um ein sagenhaftes sozusagen „halbwegs" christliches Motiv, das Wolfram von Chretien (bei dem der Gral ein Kelch ist) und Robert von Borron (bei dem zum Gralsphänomen auch die Tischform dazugehört) übernommen hat. Wolfram veränderte das Umfeld bekannter (Chretien) und legendärer Quellen so weit, dass diese auch mit gewissen, wenn auch parodierten, christlichen Motiven im Koran in Verbindung gebracht werden konnten. Dadurch erhielt das Gralsmotiv eine andere Qualität. Er hob es vom Niveau der bloßen Legendenbildung auf die Ebene einer säkularisierten Offenbarungsliteratur. Als eine dritte, sozusagen „literarisch geoffenbarte Heilsgeschichte" wird die maere vom „grâl"- sowohl dem Islam als auch dem Christentum vergleichbar gemacht. - Alle Veränderungen, die Wolfram gegenüber Chretien und Robert von Burron am Gralsgeschehen vornahm, dienten wohl nur dem einen Zweck, ursprünglich christliche Motive literarisch so weit zu variieren, dass sie zugleich auch aus dem Koran stammen könnten.

Das geschah aus verschiedenen Gründen subtil und geheimnisvoll. Das Gralsmotiv selbst wurde dadurch - um einen modernen Terminus zu gebrauchen – literarisch sowohl der christlichen Legendenbildung einerseits, als auch dem Koran als Offenbarungsreligion kompatibel gemacht"[236]. Je nach dem Stand seines subjektiven Erkenntnisvermögens

---

[235] Burdach 1974, S. XIII

[236] Wenn der Dichter in eigener Regie seine Motive durch geringfügige Veränderungen auch dem Koran „kompatibel" machte, bedeutet dies, dass sie sowohl mit den alten authentischen Quellen (Chretien und Robert von Borron), als auch mit den erfundenen fiktiven heidnischen Quellen Flegetanis und Kyot ver-

konnte nun ein sensibler Zuhörer die maere vom Gral wahlweise auf eine christliche Vorlage (Chretien und Bibel) oder auf eine orientalische, heidnische Quelle beziehen. Durch seine Veränderungen wurden einerseits die Spuren des alten Legendenmotivs verwischt, die auf Chretien und Robert von Borron zurückgehen. Andererseits wurden ihnen orientalische Motive beigemischt, um auch deren Herkunft zu verschleiern.[237]

So verwandelt sich z. B. die gegenständliche Vorstellung vom Gral als einem Kelch in die eines Tisches. Diese Vorstellung taucht allerdings schon bei Robert von Borron auf.[238] Zwei weitere Beispiele für die Veränderungen im Hinblick auf mögliche Verträglichkeit[239] mit dem Koran als Quelle: Bei Wolfram entfällt die bei Chretien so wichtige „Adoratio crucis" und damit der „eigentliche Höhepunkt des französischen Romanfragments".[240] Andererseits tauchen im Zusammenhang mit der Herabkunft des Grals auf die Erde im „Parzival" „neutrale Engel"[241] auf, die den lapis exillis – vielleicht eine Anspielung auf den in der Kaaba aufbewahrten Stein - auf die Erde bringen. Lapsis exillis ist ein andere Name für den Gral, Diese Engel gab es weder bei Chretien noch bei Robert von Borron.[242]

---

gleichbar wurden. Das geschah aus folgendem Grund: Die Vergleichbarkeit des Gralsmotivs in der so veränderten Form brauchte Wolfram, um in apologetischer Absicht den Islam und das Christentum zwar als verwandte, aber sich ausschließende Religionen
1. miteinander zu vergleichen, was nur auf einer „gleichen" oder „vergleichbar" gemachten Ebene möglich ist;
2. das, was im „Durchgang durch eine bestimmtes orientalische Medium" (Konrad Burdach nennt keines!) „verdraeht" wurde, wieder ins rechte Lot zu bringen;
3. den älteren Offenbarungsliteraturen, nämlich Evangelium und Thora wieder zu ihrem „Recht", d. h. zu ihrem Glaubensanspruch zu verhelfen. Auf diese Weise ergeben sich die wirklichen, über den „offenen Schluss" (J. Bumke) des Parzivalromans hinausgehenden Gralsfragen, die von den Zuhörern selbst gestellt und beantwortet werden müssen. In dieser Hinsicht hat die sog. „Lüge" Trevricents eine besondere Bedeutung.

[237] Burdach 1974, S. XV; In seinem Vorwort zum Neudruck von Konrad Burdachs bereits zitierter Arbeit über den Gral sagt J. Rathofer unter Bezug auf Burdach: „Wolfram von Eschenbach, den Burdach selbst nicht mehr behandeln konnte, hat die beiden Wundergeräte seines „Parzival" nach Aussehen (Gral = Stein) und Funktion (Lanze = medizinisches Instrument zur Linderung der Schmerzen des Amfortas) so sehr vom Vorstellungskreis der Legende entfernt, dass man daraus den Schluss zog, 'dass im deutschen Mittelalter zur Zeit Wolframs eine an den Abendmahlkelch gebundene Gralssage noch nicht bestand'".

[238] Burdach 1974, S. 454. In der Josefsgeschichte Roberts von Borron erinnert der auferstandene Jesus selbst „an das Abendmahl am Donnerstag und die Segnung von Brot und Wein" und sagt wörtlich: 'So auch wird diese Tafel aufgestellt werden in manchem Lande'".

[239] Westreicher 1996, S. 408, bemerkt zum großen Religionsgespräch zwischen Gyburc und ihrem Vater im V. Buch des Willehalm 215,10-21,26: „Religionsgespräche oder Dispute über das Christentum von Christen mit Mitgliedern anderer Religionen kamen in der Literatur als echte Dialoge selten vor. Wurde vom Christentum gesprochen, so diente dies oft nur der Verächtlichmachung anderer Religionen. Der eigene Glaube wird grundsätzlich nicht mit anderem verglichen, steht in seiner Wertigkeit nie zur Debatte... . Wolfram versucht das Handeln seiner Protagonisten genauer zu begründen, konkret mit einer Erörterung: Was unterscheidet eigentlich die beiden Religionen?" Die weiterführende Frage in einem Religionsgespräch über den wesentlichen Unterschied von Christentum und Islam (als der eigentlichen Gralsfrage) ist es auch, die den fragwürdigen Schluss des Parzivalromans erklären kann.

[240] Burdach 1974, S. 526

[241] Der Islam kennt weder den gekreuzigten noch den auferstandenen Jesus, andererseits wird im Heiligtum von Mekka der „vom Himmel herabgefallene Stein verehrt, der in die 'Kaaba' eingebaut ist" (Zitat aus Louis Gardet, Der Islam, Aschaffenburg 1961 S. 9). Bei Wolfram wird der Stein von den neutralen Engeln auf die Erde gebracht (Pz. 454,24-28)

[242] Burdach 1974, S. 537. Hans Bork zählt hier noch weitere Punkte auf, die bei Christian oder Robert keinerlei Entsprechung finden, und schließt daran die Frage: „Lassen sich diese Angaben mit der

Motive aus verschiedenen Quellen sollen auf diese Weise wohl von ihrem primär religiösen Habitus abgelöst werden. Das Gralsmotiv wird auf diese Weise so präpariert, dass es im Verlauf der maere sogar vom Glaubens- zum Unglaubenssymbol mutieren kann: Nur für den, der es bemerkt, „tumben liuten gar ze snell"! Nicht zuletzt die durch solche Veränderungen bewirkte Rätselhaftigkeit des Gralssymbols übt auf das Publikum den beabsichtigten Such- bzw. Frageeffekt aus, auf den es Wolfram ankommt.

Wegen seiner Gewichtigkeit sei noch ein anderes Wort Konrad Burdachs über Wolframs Gralsvorstellungen hier zitiert: „Und ein Durchgang des Ganzen durch *ein orientalisches Medium* ist sehr wahrscheinlich. Nur in einem nichtchristlichen Kreise ist die märchenhafte naive Ausgestaltung der liturgischen Kulthandlungen und Vorstellungen begreiflich, wie sie die literarischen Formungen der Gralssage zeigen oder noch durchschimmern lassen."[243] Diese Aussage schließt ein, dass ein ursprünglich christliches Motiv im Durchgang durch ein „nichtchristliches" bzw. heidnisches Medium einem Gestaltwandel unterliegt, der es in einem neuen Gewande nun als literarisch/heilsgeschichtliches Motiv erscheinen lässt. Auf der Suche nach gleichen Motiven in einander fremden Medien - wie Islam versus Christentum - gibt es jedoch keine wortwörtliche Entsprechung von Motiven; damit auch keine stringente Ablesbarkeit mehr, um etwa die Beziehung von Dichtung und Quelle definitiv zu belegen. Das gilt auch für Motive aus dem NT oder AT, die in veränderter Form im Koran erscheinen. Zu den leicht erkennbaren Motiven mit Wiedererkennungseffekt gehört z. B. das Tischmotiv aus der fünften Sure des Korans, das seinen christlichen Ursprung sicher nicht verheimlichen kann oder will. Mohammed beruft sich ja ganz bewusst auf die Juden und Christen als „Schriftbesitzer", m. a. W. auf das Alte und Neue Testament. Er „richtet", d. h. „berichtigt" sie so weit, dass sie seinem eigenen kritischen Selbst- und Weltverständnis und seinen Jenseitsvorstellungen entgegen kommen.

Meines Erachtens verdankt auch das erste Hauptmotiv des Parzivalromans, der „zwîvel" als Gegenmotiv zum Gral, seinen Ursprung der Auseinandersetzung mit dem Islam.[244] Das zu belegen, ist schwieriger, soll aber dennoch in der anschließenden morphologischen Analyse ansatzweise versucht werden, ebenso wie exemplarisch das Messias- und Paradiesmotiv analysiert werden soll. Diese Motive sind nur in „vermittelter Form" als christliche zu identifizieren, indem man ihren Gestaltwandlungsprozess, dem sie im fremden „Medium" unterlagen, mit Hilfe literarischer Mittel so weit zurückverfolgt, dass ihre

---

vertretenen Grundauffassung vereinigen, dass der Gral von Anfang an ein christliches Motiv ist und die Gralssage im Christentum wurzelt? Gerade aufgrund der Wolframschen Schilderungen ist diese Ansicht bisher immer wieder bestritten und der Versuch gemacht worden, den Ursprung der Sage aus nichtchristlichen Quellen abzuleiten."

[243] Burdach 1974, S. XIX

[244] Man muss zwar gleich hinzufügen, dass auch die Aussagen des Heiligen Paulus aus dem Römerbrief (Röm. 11,1-33) mit Sicherheit eine Rolle gespielt haben: Die Art, wie Paulus in diesem Brief das Verhältnis von Glauben und Unglauben aus heilsgeschichtlicher Perspektive darstellt, überträgt Wolfram wohl im positiven Sinne auf das Verhältnis von Christentum und Islam. Erkennbar wird dies u. a. an der großen Gelassenheit, mit der er sich diesem Problem überhaupt stellt und ihm im dichterischen Bild des „zwîvel" und des „zwiespältigen Grals" Ausdruck verleiht. Dennoch gibt es sehr starke Belege für die Annahme, dass Wolfram sich durch eindrucksvolle Formulierungen des Korans, was den „zwîvel" angeht, sehr stark hat beeinflussen lassen. z. B. durch das häufig wiederholte Bild: „Wir haben Hüllen um ihre Herzen gelegt" (In: Sure 4,156; 6,25; 17,47; 18,58; 45,24;) Pz. 1,1-2)

alte Gestalt wieder erkennbar wird; konkret gesagt: Dass das, was an ihnen als Satire (z. B. durch Mohammeds Parodie oder durch Wolframs Travestie) durch morphologische Reduktion eliminiert werden kann, damit sie der ursprünglichen Quelle wieder zugeordnet werden können.

Hans Bork, der das letzte Kapitel des Werkes von Konrad Burdach mit dem Titel „Die Gralsvorstellungen in Wolframs Parzivaldichtung" schrieb, versucht also in einem bestimmten Sinne eine Verbindung zum Koran herzustellen. Zunächst verweist er auf einen Bericht in der Apokalypse, wo „Gott der Herr selbst mit einem Stein verglichen" wird, und zitiert dann Apokalypse Joh. 4,2: „Qui habet aurem, audiat, quid Spiritus dicat Ecclesiis: vincenti dabo manna absconditum et dabo illi calculum (= Steinchen) candidum; et in calculo nomen novum scriptum, quod nemo scit nisi qui accepit". Er kommentiert diese Stelle so: „Diese Worte klingen fast wie eine Prophezeiung des Wolframschen Gralssteines mit seiner himmlischen Speise und seiner Inschrift, die den Namen der Berufenen verkündet". In der zitierten Stelle ist zwar von dem „verborgenen Manna" als Nahrung und einem „weißen Steinchen" die Rede; aber der neue Name auf dem „weißen Steinchen" ist so geschrieben, „dass niemand ihn weiß, als der Empfänger"!

Ob man da von einer „Prophezeiung des Wolframschen Gralsteines" und einer „Inschrift" sprechen kann, die den Namen des Berufenen „verkündet", ist zu bezweifeln. Unmittelbar daran anschließend fährt Hans Bork fort: „Das Wunder einer überirdischen Erscheinung, die ihn seelisch und leiblich stärkt und erquickt, wird auch dem Apostel Petrus zuteil: et vidit (Petrus) coelum apertum et descendens vas quoddam, velut linteum magnum, quatuor initiis submisso de caelo in terram, in quo erant omnia quadrupedia et serpentia terrae et volatis coeli. Et facta est vox ad eum' Surge, Petre! Occide et manduca´ (Acta apostol. 10,11-16)". Das Beispiel des Petrus bezieht sich auf die Apostelgeschichte 10,11-16. Der Autor fährt fort: „Wenn in dieser Vision, deren Erklärung umstritten ist, auch nicht von einem Stein die Rede ist, so handelt es sich doch offensichtlich um eine dem Petrus vom Himmel herabgesandte Nahrungsspende."[245]

Zu dieser bekannten, aber „umstrittenen" Stelle setzt Bork nun die fünfte Sure in Beziehung mit den Worten: „Von entscheidender Bedeutung ist aber die Tatsache, dass ein ähnlicher Bericht sich in der fünften Sure des Korans wieder findet. Die Verse lauten in deutscher Übersetzung: „Die Jünger sprachen: O Jesus, Sohn der Maria, ist Dein Herr imstande, zu uns einen Tisch vom Himmel herabzusenden? Er sprach: Fürchtet Allah, so ihr gläubig seid. Sie sprachen: wir wollen von ihm essen und unserer Herzen sollen in Frieden sein." (Sure 5,113-114).[246]

Man tut sich zwar schwer bei der oben zitierten Petrusvision, die inhaltlich verbunden ist mit der Vorstellung von einem Gefäß, das wie ein an vier Enden aufgeknüpftes Leinentuch vom Himmel herabgelassen wird, das mit Vierfüßlern, Schlangen der Erde und fliegendem Getier des Himmels gefüllt ist, an den Gral bzw. die fünfte Sure zu denken. Ich glaube

---

[245] Burdach 1974, S. 542; alle Einzelzitate dieses Abschnittes von derselben Seite der angegebene Quelle
[246] Burdach 1974, S. 542f;

jedoch, dass in der Verfolgung der Hauptlinie der Argumentation entscheidende, nicht zu übersehende Fehler gemacht wurden:

1. Es entsteht der Eindruck, als ob Mohammed sich bei der ihm zuteil gewordenen Offenbarung nicht nur auf das Evangeliums selbst, nämlich auf die Berichte von der Brotvermehrung und Abendmahl, sondern auch auf die Apostelgeschichte bezogen habe; m. a. W. auf eine Nebenquelle, die nicht mit der Gestalt Jesu, sondern Petri zu tun hat.

2. Es wird versäumt, ausdrücklich darauf hinzuweisen, dass es sich bei der zitierten Sure aus dem Koran um Offenbarungsliteratur, also um Glaubensaussagen handelt. Dieser sanktionierte Text wird vom Interpreten nicht als Offenbarungstext zur Kenntnis genommen! Er wird lediglich mit den Worten kommentiert: „Diese Verse sind Ausgangspunkt einer weit verbreiteten arabisch-mohammedanischen Legendenbildung geworden". Damit wird man der Bedeutung und dem Gewicht des Korans als Offenbarungsliteratur nicht gerecht.

3. Verharmlosend zieht Hans Bork den Schluss: „Die bisher angeführten Beispiele beweisen bereits die weite Verbreitung und Ausdeutung dieser Wundergeschichte vom Himmelstisch im Mohammedanischen und ihren eindeutig christlichen Ursprung, der in der Vision des Apostels Petrus seinen Ausgangspunkt haben kann, nach anderer Ansicht auf das Speisungswunder (Matth. 14,15-21; Mark. 6,35-44; Luk. 9,12-17; Joh. 6,5-13) zurückgeht, wahrscheinlich aber in der Verbindung beider neutestamentarischer Berichte zu suchen ist". Merkwürdig erscheint, dass der Autor hier nur in einem Nebensatz auf Berichte über das Speisungswunder im NT eingeht, obwohl an vier angegebenen Stellen in vier Evangelien übereinstimmend davon berichtet wird!

4. Ungewollt wird der Eindruck vermittelt, als ob Wolfram den Koran bzw. die kettonische lateinische Übersetzung (die „latinischen buochen"!) selbst nicht gekannt habe, sondern sich durch Legendenbildungen und „Wundergeschichten aus dem Mohammedanischen" von der Hauptsache, der lateinischen Koranübersetzung von Ketton, habe ablenken lassen. In diesem Sinne heißt es: „Es erscheint hiernach durchaus möglich, ja nahe liegend, dass die aus christlicher Legende und Kultusmystik gespeiste Sage vom Heiligen Gral auch eine Zweigentwicklung im Islam erlebte, die ihrerseits wiederum auf Wolfram (bzw. seine zweite Vorlage) einwirkte und damit seine Abweichungen von Christians und Roberts Gralerzählung zwanglos erklärt."[247]

Meine These lautet: Wolfram hat den Koran und vor allem die fünfte Sure, die interessanterweise auch noch den Namen „Der Tisch" trägt, sehr genau gekannt und sie selbst in den „latinischen buochen", die er als Quelle angibt, gefunden und eingehend studiert. Der Koran war schon 1143 vom Abt Petrus Venerabilis[248] in Cluny nicht zuletzt aus

---

[247] Burdach 1974, S. 549

[248] Hagen 1906, S. 207: Aus: Albrich (Mon. Germ. 23,837) wissen wir, dass im Jahre 1143 „per industriam abbatis Petri Cluniacensis liber qui dicitur Alcoranus cum tota secta impii et pseudoprophetae Mahumet de Arabico in Latinum translatus est." In dieser Studie identifiziert Paul Hagen „Philipp von Poitiers-Durham als denjenigen, der Chrestiens Gedicht bearbeitet und vollendet hat". Er vermutet in ihm die Gestalt des Kyot. Nach den höchst interessanten Darstellungen Paul Hagens kann man sogar davon ausgehen, dass es zu einen mündlichen Austausch von Informationen über das Gralsthema zwischen diesem Gewährsmann und

apologetischen Gründen übersetzt worden. - Da es sich bei diesen Übersetzungen um Handschriften handelte, standen sie nur in wenigen Exemplaren zur Verfügung und waren deshalb auch mit einiger Sicherheit nicht allen Christen zugänglich. Karl Burdach sagte mit Bezug auf die Dichtung Roberts von Borron, wo immer wieder auf ein ihm unzugängliches Buch hingewiesen wird: „Das in V. 932- 936 gerühmte 'große Buch', in dem die Geheimnisse des Grals niedergeschrieben seien, vermögen wir nicht sicher zu bestimmen. Da es von ‚großen Klerikern' verfasst sein soll, scheint es als ein lateinisches bezeichnet zu werden."[249] Petrus Venerabilis war ein bedeutender Kleriker, d. h. Abt von Cluny. Und die von ihm veranlasste Koranübersetzung war ein „lateinisches Buch".

Der Verdacht, dass es sich bei dem „großen Buch vom Gral, das die großen Kleriker verfassten und worin die großen Geheimnisse des Grals beschrieben sind" wahrscheinlich um die lateinische Übersetzung des Korans handeln könnte, ist nicht von der Hand zu weisen. Kyot, der den Koran übersetzte - respektive Wolfram als Leser dieser Übersetzung - hatte seine Kenntnisse nach eigenen Angaben aus „latinischen buochen". Wenn Kunitsch sagt: „Die Namen Flegetanis und Kyot und die an sie geknüpfte Quellenangabe Wolframs für die ‚wahre' Gral-Geschichte sollen diese an die in Europa seit dem 12. Jahrhundert berühmte und sich zunehmend verbreitete Übersetzungsliteratur aus dem Arabischen aus Spanien (Toledo!) anbinden"[250]. Zu dieser Übersetzungsliteratur gehörte auch die erste lateinische Übersetzung des Koran. Die Übersetzung war eine revolutionäre Tat. Es wäre höchst erstaunlich, wenn Wolfram sich ausgerechnet dafür nicht interessiert hätte. Auch reisetechnisch wäre es kein Problem gewesen, in einigen Tagesritten durch Elsass-Lothringen und die „Burgundische Pforte" das Kloster Cluny zu erreichen, wo diese „latinischen buochen" mit einiger Sicherheit aufbewahrt wurden.

Für Petrus Venerabilis, der diese Übersetzung veranlasst hatte, stand die Apologie des christlichen Glaubens gegenüber dem Islam im Vordergrund. Er sagte: „Es war meine Absicht, der Art jener Väter zu folgen, nach der sie niemals irgendeine Häresie ihrer

---

Wolfram gekommen sein kann. Dennoch möchte ich, gerade wegen der bewusst geplanten konzeptionellen Veränderungen gegenüber anderen Quellen dabei bloiben, dass Wolfram den Koran selbst zu seiner fiktiven Quelle stilisierte, den „latinischen buochen". Der Name „Kyot" kann dabei eine Hilfe zur Identifizierung sein.
„Um sein Projekt einer lateinischen Koranübersetzung zu realisieren, wandte sich Petrus Venerabilis, wie er schreibt, an Gelehrte, die die arabische Sprache beherrschten, und konnte aus ihrem Kreis den Engländer Robert von Ketton, der sich in Toledo mit der Übersetzung astronomischer und geometrischer Schriften arabischer Provenienz beschäftigte, für sein ehrgeiziges Projekt gewinnen. Ihm stellte er einen Muslim namens Muhammad zur Seite, um auf diese Weise eine möglichst exakte Wiedergabe der koranischen Glaubensüberzeugungen zu garantieren." (Zitat aus Ludwig Hagemann, op. cit. S. 50). England erstreckte sich im 12. Jahrhundert (seit der Königskrönung Eleonores von Aquitanien und Heinrich II. in Westminster 1154), von Schottland bis zu den Pyrenäen und die Provence, sodass es sich bei diesem „Engländer" auch um den Provenzalen Kyot gehandelt haben könnte, der in Toledo als Übersetzer tätig geworden war: Aus dem Namen „Ketton" - in phonetischer Schrift „kito", mit einem nasalen „o" am Ende - könnte durch Umkehrung der zweiten Silbe „ton" der Name „Kiot" entstanden sein. Dessen Mitübersetzer und Gehilfe war ein Muslim (Flegetanis ?).

[249] Burdach 1974, S. 466 und 468 (Angabe für beide Zitate dieses Abschnittes)
[250] Kunitsch 1984 S. 105 Am selben Ort sagt Kunitsch: „Flegetanis ist eine zur Gänze konstruierte und künstlich zusammengefügte Gestalt: Als *dramatis persona* entspricht er einem beliebten, überall in der zeitgenössischen Literatur verbreiteten Typ. Seine Herkunftsangabe - väterlicherseits Heide, mütterlicherseits Jude - ist ein gängiges zeitgenössisches Klischee zur Beschreibung des heidnischen Propheten Muammad."

Zeiten, sei sie auch die leichteste, wenn ich so sagen darf, schweigend übergingen, sondern ihr mit allen Kräften des Glaubens widerstanden und sowohl schriftlich als auch durch Streitgespräche zeigten, dass sie ausgeräumt und verdammt werden muss'."[251] Wolfram stellte sich dieser Aufgabe mit literarischen Mitteln, die mit Sicherheit wirkungsvoller waren, als theologische Streitgespräche.

Wenn Wolfram den Koran und insbesondere die fünfte Sure mit dem „beziehungsreichen" Namen „der Tisch" (Sure 5, Vers 113 bis 116) kannte, waren ihm sicher noch aufregendere Aussagen aus der unmittelbaren Nähe dieser Textstelle bekannt. Unmittelbar daran anschließend kritisiert - geauer parodiert - Mohammed unüberhörbar und radikal die Dreifaltigkeits- bzw. Gottesvorstellungen des Christentums.

„Und wenn Allah sprechen wird: ‚O Jesus, Sohn der Maria, hast du zu den Menschen gesprochen: „Nehmet mich und meine Mutter als zwei Götter neben Allah'?", wird er antworten: „Heilig bist Du. Nie konnte ich das sagen, wozu ich kein Recht hatte. Hätte ich es gesagt, Du würdest es sicherlich wissen. Du weißt, was in meiner Seele ist, aber ich weiß nicht, was Du im Sinn trägst. Du allein bist der Wisser der verborgenen Dinge." (Sure 5,Vers 117);

Wie jeder Christ hat Wolfram die fünfte Sure des Korans als Verspottung der Hl. Dreifaltigkeit empfunden. Derartige theologisch simplifizierte Trinitätsvorstellungen sind dem Christentum völlig fremd und haben wenig oder gar nichts mit christlichen Glaubensvorstellungen zu tun. Abgesehen davon beschäftigt sich Wolfram nicht primär und theologisch mit dem Gottesbild, sondern seinem biblischen trinitarischen Ebenbild: dem Menschen als „imago Dei".

Für die weiterführenden Überlegungen ist festzuhalten, dass Mohammed selbst von christlichen Vorstellungen beeinflusst war und sie kritisch rezipiert hat. Das gilt sowohl für das „Tischmotiv" des Koran als auch für das Messias- oder Mahdimotiv, die beide im „Parzival" auftauchen. Nicht zuletzt interessierte sich der Prophet Mohammed aus formalen Gründen für die Hl. Schriften des Juden- und Christentums. Bei den seiner Ansicht nach geringfügigen Veränderungen an Thora und Evangelium, diente ihm die Berufung auf Bibel und Thora zur Legitimation des eigenen Glaubensanspruchs; d. h. er stellte den Koran in eine Reihe mit den früheren Offenbarungsliteraturen und ihrer Schrifttradition. Zu diesem Zweck übernahm er biblische Geschichten und Berichte, veränderte sie aber so, dass sie für Christen und Juden als Parodie empfunden wurden.

Der groß angelegte Versuch eines Propheten im 7. Jahrhundert, mit literarischen Mitteln die Hl. Schriften des Alten und neuen Testamentes durch Parodien zu verändern und dadurch unglaubwürdig zu machen, sich andererseits aber deren Geltungsanspruch, Offenbarungsliteratur und damit verbindlicher Glaube zu sein, - anzueignen, hat Wolfram als Dichter sofort erkannt. Diese Erkenntnis war für ihn das Motiv, in die Auseinandersetzung zwischen Christentum und Islam mit seinen, d. h. literarischen Mitteln und in apologetischer Absicht zugunsten des Christentums einzugreifen und sich gegen den zuneh-

---

[251] Hagemann 1985, S. 49

menden Einfluss des Islam zu wehren. Juristische Argumente, theologische Dispute, philosophische Traktate, wie z. B. Thomas von Aquins „Summe wider die Heiden" sind als „Gegenargumente" gegen eine Dichtung ohne jede Wirkung. Warum dessen „Summa theologica wider die Heiden" im 12. Jahrhundert so wenig ausrichten konnte, lässt sich nicht zuletzt anhand der o. a. Überlegungen leicht erklären.

Man darf in diesem Zusammenhang nicht vergessen, auch wenn man sich nur literarisch mit dem Hin und Her von Motiven in verschiedenen religiösen Dichtungen und ihren Quellen beschäftigt, welche konkreten religiösen und politischen Wirkungen durch relativ harmlos erscheinende formale und inhaltliche Veränderung von „Glaubensmotiven" im Bewusstsein ganzer Völker ausgelöst wurden. Schon deshalb ist es wichtig, sich damit zu beschäftigen, nicht zuletzt deshalb, weil dabei über die komplexe Form von Literatur etwas gesagt werden kann.

Die folgenden Analysen lassen einen unterschiedlichen Schwierigkeitsgrad erkennen. Die Beziehungen zwischen „Tischmotiv", Brotvermehrung und Abendmahlsbericht bis hin zum Bild des Gral lassen sich relativ leicht klären. Die Analyse gibt z. B. Auskunft darüber, warum das Gralsmotiv ein ursprünglich christliches sein kann, warum es in einem heidnischen Medium „vorübergehend" ein Veränderung erfahren hatte, und wie sich die Wirkung dieser Veränderung (einer Parodie) durch das Gegenmittel der Travestie wieder neutralisieren lässt. Die Beispiele dafür bietet Wolfram selbst.

Schwieriger wird z. B. die Frage nach dem Ursprung des „zwîvel"-Motivs bei Wolfram. Es hat gewiss auch durch die Auseinandersetzung mit dem Islam eine eigene Prägung erhalten, was nicht heißen soll, dass es aus dem Koran stammt! Man kann zwar darauf hinweisen, dass in den programmatischen Eingangsversen beider Dichtungen (Koran und Parzivalroman) vom Zweifel[252] die Rede ist. Inwiefern sie in einem tieferen Sinne miteinander zu tun haben, ist weitaus schwieriger zu belegen. Das sollte nicht davon abhalten, es wenigstens zu versuchen; etwa in dem Sinne, wie Joachim Bumke davon spricht, dass Wolfram von den Zuhörern erwartet, als Teilhaber des erzählten Geschehens in die Geschichte „hineingehen" zu sollen. Nicht zuletzt deshalb möchte ich eine Lösung im Sinne des ursprünglichen Ansatzes von Burdach zu versuchen. Zu diesem Zwecke müsste man sich zuvor mit der so genannten „Lüge" Trevricents näher beschäftigen: Weil sich die Wissenschaft intensiv mit jener Stelle befasst hat, an der durch die Lüge die Gralsgeschichte an einem Wendepunkt angekommen ist, möchte ich, bevor ich die eigenen Überlegungen fortsetze, die Stellungnahmen prominenter Forscher referieren, die zu völlig verschiedenen „Ergebnissen" geführt haben.

---

[252] Parzivalprolog: Ist zwîvel herzen nach gebur; Koran: „Dies ist ein vollkommenes Buch; es ist kein Zweifel darin"

7. Die Lüge Trevricents als Wendepunkt des Romans und als Problem der Wolframforschung:

Peter Wapnewski bezeichnet den Abschnitt (Pz. 798,1-30) im XVI. Buch des Parzival als eine „crux interpretum".[253] Trevricent erklärt in der zweiten Begegnung mit Parzival, der gerade Gralskönig geworden war - „groezer wunder selten ie geschah" (Pz. 798,2). Er, bisher Garant für die Echtheit der Grals-Geschichte, gesteht ihm und der Gralsgesellschaft, deren Geschichte gerade so erfolgreich zu Ende gegangen war:

„ich louc durch ableitens list
vome gral, wi ez umbe in stüende." (Pz. 798,6-7)

„Kaum einer der Wolfram-Forscher hat in den Veröffentlichungen der letzten Jahre an dieser Stelle ohne ausführlichen Versuch zu ihrer Deutung vorübergehen können - wobei es dann auf Gewaltsamkeiten oder Resignation hinauslief." In der Tat ist die Stelle deshalb von besonderem Gewicht „weil von ihrer Interpretation ein wesentliches Stück Deutung des Parzival abhängt", sagt Wapnewski, um seinerseits abschließend die „Konsequenz aus der Last von Widersprüchen, die dieser Abschnitt in sich trägt, zu ziehen".[254] Er macht den Vorschlag, die ganze Triade als „späteren Einschub" zu eliminieren.

Wapnewski hat eine Reihe von überzeugenden Argumenten für seinen Vorschlag. Man kann sie mit geringfügigen Abänderungen aber ebenso gut übernehmen, um *für* den Verbleib der Triade 798,1-30 im Parzivalroman zu plädieren. Um das zu belegen, möchte ich - hypothetisch - das stärkste Argument Wapnewskis für den Ausschluss der Triade zunächst verstärken. Der von ihm angedeutete Weg erscheint richtig, wenn man die Spur intensiver weiterverfolgt! Sein Argument lautet: „Nicht der Bericht über die neutralen Engel, die Gralsermutigung war lügenhaft."[255] Sie war es im engeren Sinne von „Anfang" an: In ihr waren nämlich, mehr oder weniger variiert und vermischt, wesentliche Aussagen von zwei Offenbarungsliteraturen (Bibel und Koran) als eine maere erzählt worden! Man macht sich selbstverständlich nicht schon dadurch schuldig, dass man ein Märchen erzählt. Mit der Selbstbezichtigung einer „Lüge", die im künstlerischen Sinne keine ist, zielt Wolframs offenbar darauf ab, dass er motivgleiche Geschichten und Glaubensinhalte einer nachchristlichen Religion (Islam), die ihm suspekt war, als Märchen erzählt hatte! Wenn nun

---

[253] Wapnewski 1955, S. 151: Er nennt an dieser Stelle insbesondere Weber, Mergell, Wesle, W. J. Schröder, Maurer als Autoren, die sich mit dieser entscheidenden Stelle im Parzivalroman besonders befasst haben.

[254] Wapnewski 1955, S. 173

[255] August Everding, Staatsintendant in München und Präsident des Deutschen Bühnenvereins, schreibt in seiner Kulturkolumne für die „Welt am Sonntag" vom 2. Nov. 1979 S. 26, unter der Überschrift „Kunst ist Lüge, die uns hilft, die Wahrheit zu verstehen", etwas über das Verhältnis von Kunst und „Lüge". Zur Erklärung einer etwas verworrenen Situation im Parzival durch die Aussage Trevricents könnte man folgendes Künstlerzitat heranziehen: „Als Picasso gefragt wurde, warum er Menschen so eigentümlich male, dass sie ganz anders aussehen als in Wirklichkeit, antwortete er: 'Kunst ist nicht Wahrheit, Kunst ist Lüge. Aber eine Art von Lüge, die uns hilft, die Wahrheit zu verstehen." Die Welt des 12. Jahrhunderts war nicht so heiter, als dass Wolfram es sich als Künstler hätte erlauben können, seine märchenhafte Gralswelt als „Lüge" im Verhältnis zur politischen und religiösen Wirklichkeit nicht zu enthüllen! Trevricents „Lüge" hat den Sinn, eine Wahrheit zu enthüllen, eine Wahrheit außerhalb der Romanwelt!

der Erzähler nachträglich durch die Selbstbezichtigung einer „Lüge" seiner Geschichte den Status des Märchens entzieht, kann dies bedeuten, dass die Geschichte keine Fiktion, sondern „wahr" ist. Das ist etwas völlig anderes als eine „Lüge"! Dem vordergründigen „Lügenmotiv" und der damit verbundenen Absicht des Dichters gilt die Aufmerksamkeit der folgenden Überlegungen.

Um zu prüfen, ob und inwiefern es sich bei der maere vom Gral um ein Märchen bzw. eine Lügengeschichte handelt, ist daran zu erinnern, dass die Gralsgeschichten nicht nur vom Widerruf („ich louc"), oder von Trevricents Erzählungen im IX. Buch her zu verstehen sind. Die maere beginnt schon im V. Buch mit einer Schilderung dessen, was sich beim ersten Gralsbesuch Parzivals vor den Augen und Ohren und der Zuhörer abspielte! Die Einleitung in diese Szene ist im Prinzip und der Form nach von Anfang an nichts anderes als die Weitergabe eines Gerüchtes:

„man sagte mir, so sag's auch ich" ...

Ein anderes Argument Wapnewskis ist ebenso bemerkenswert: „Trevricents „Lüge" ist ja auffallenderweise schon vorgeprägt: Sie ist Wolframs Anschauung, die er Kyot und Flegetanis entnommen zu haben vorgibt (454,24ff) Er kann Trevricent also keiner Lüge zeihen, ohne die eigene Darstellung zu kompromittieren".[256] Wapnewski hat Recht! Im Klartext heißt das nichts anderes als: Trevricents „Lüge" ist auch die „Lüge" des Erzählers, wenn es denn überhaupt eine ist, muss man hinzufügen!

Kann man unter diesen Umständen nicht die Hypothese wagen, dass sich der Dichter im Interesse der „ganzen Wahrheit", nicht zuletzt *aus apologetischen Gründen ganz bewusst selbst kompromittieren wollte?* Das ist die Frage! Die Identität des Dichters mit seiner Figur „Trevricent", die in dieser Aussage Wapnewskis behauptet wird, soll auch für die eigenen Überlegungen festgehalten werden. Der Bezug auf die o. a. Stelle, ist nicht der einzige Beleg dafür.

Vergleichbare Aussagen über das Verhältnis des Dichters zur Figur des Trevricent enthalten auch Lachmanns Bemerkungen, die Wapnewski zitiert, um zu belegen, dass es sich bei dieser kritischen Stelle um einen „späteren Einschub" handelt: „An Jakob Grimm schreibt er am 25.5.1823 (Leitzmann 395-396): Die Stelle Parc. 189' (798,6), wo Trevricent seine frühere Äußerung über die gleichgültigen Engel zurücknimmt ... ist mir immer so vorgekommen, als verbessere Wolfram sich selber hier."[257] Richtig ist auch die daran anschließende Kritik Wapnewskis, dass eigentlich „Die beiläufige Bemerkung im IX. Buch über das ungeklärte Schicksal der neutralen Engel ohne funktionalen Wert für die Handlung" sei. Sie hat wohl nur die Aufgabe, den durch die sog. „Lüge" aufgetretenen Bruch im Handlungsablauf des Romans oberflächlich zu kaschieren. Wenn also die Aussage über die Engel, obwohl im Widerspruch zur christlichen Lehre stehend, nach Meinung Wapnewskis für die Handlung unbedeutend sein soll, kann man schwer nachvollziehen, dass gerade deswegen: „Der Dichter sein Geschöpf für ihn den Kniefall

---

[256] Wapnewsky 1955, S. 165
[257] Wapnewsky 1955, S. 171

machen" lässt. So weit ich sehe, muss weder der Dichter, noch sein Geschöpf in einer „Aufklärungsszene" einen „Kniefall" machen, um eine frühere Position zu korrigieren. Bevor man hierfür den Nachweis antreten kann, möchte ich die wichtigsten Argumente Wapnewskis ungekürzt zitieren, weil sie in dieser Kurzform auch die Kritik an Weber und andere Autoren enthält:

1. „Trevricent behauptet, Parzival habe Gott den Gral aberzürnt. Das ist nicht wahr. Vielmehr hat er, Trevricents eigener Voraussetzung gemäß, als Prädestinierter gerungen und seine Bestimmung erfüllt.
2. Trevricent gibt an, gelogen zu haben. Dies ist seiner ganzen Haltung und Integrität so inadäquat, dass wir vielmehr diese Behauptung zur „Lüge" erklären müssten.
3. Trevricent deklariert als Funktion seiner „Lüge", dass er *durch ableitens list vome gral* gelogen habe. Das ist sinnlos. Denn die vorgebliche Lüge könnte niemals diesen Effekt gehabt haben.
4. Trevricent deklariert als den Inhalt seiner „Lüge" die Behauptung, die neutralen Engel warteten beim Gral auf Begnadung oder Verdammnis. Das ist nicht wahr. Er hat damals lediglich betont, über deren ferneres Schicksal nicht informiert zu sein."[258]

Interessant an dieser Analyse ist, dass Wapnewski aufgrund zwingender logischer Schlüsse zu richtigen Ergebnissen gekommen ist, obwohl er den entscheidenden Satz (Pz. 789,6-7) so interpretiert hat, dass Inhalt und Form dieser Stelle sich total zu widersprechen scheinen. Die entscheidende Stelle lautet:

„ich louc durch ableitens list
vome grâl, wie ez umbe in stüende." (Pz. 798,6-7)

Der „Fehler" in den Überlegungen Wapnewskis besteht m. E. darin, dass er den Satz „ich louc durch ableitens list" final, also auf einen außerhalb des Satzes liegenden „Effekt" hin interpretiert (siehe Punkt 3), etwa so, wie man es auch in vielen Übersetzungen lesen kann: Ich log, um euch vom Gral abzulenken.[259] Diese „um-zu"-Relation in der Übersetzung ergibt in der Tat eigentlich keinen Sinn, und „verstärkt das Moment des Widersprüchlichen", wie Wapnewski mit Recht betont. Die kritische Stelle ist aber auch nicht unbedingt „inhaltlich" in dem Sinne zu verstehen, als ob Trevricents „Lüge" die Behauptung gewesen sei, die neutralen Engel warteten beim Gral auf Begnadigung, wie Wapnewski das unter Punkt Nr. 4 kritisiert.

Funktionale und inhaltliche Deutungen der entscheidenden Stelle, wie sie in vielen Übersetzungen zu finden sind, mögen sich aus psychologischen Gründen anbieten. Sie waren vom Dichter sicherlich auch für Zuhörer zugelassen, die weniger scharfsinnig als Wapnewski zuhörten. Auf solchen Wegen ergibt sich aber entweder nur eine oberflächli-

---

[258] Wapnewsky 1955, S. 169
[259] Fr. Knorr und R. Fink: „Um Euch vom Grale abzulenken, habe ich Euch nicht die Wahrheit über das Wesen des Grals gesagt"
Wolfgang Spiewok: „Um Euch von Eurem Wunsche abzubringen, habe ich Euch nicht die ganze Wahrheit über den Gral gesagt."
Dieter Kühn: „Um Euch vom Grale abzulenken, beschrieb ich Euch sein Wesen falsch." u. a.

che Lösung, die Wolfgang Bumke als ein „Harmonieprogramm für diejenigen, die nach einer glücklichen Lösung verlangten",[260] bezeichnet, oder aber ein Wust von Widersprüchen, der einen kritischen Interpreten zur Verzweiflung bringen kann, wie Wapnewski es empfunden haben mag, um dann die Konsequenzen zu ziehen. Für jeden, der einen neuen Versuch wagt, ist es tröstlich zu wissen, was Joachim Bumke offen zugesteht: „Dass es der Forschung, trotz intensivster Bemühung nicht gelungen ist, eindeutig zu klären, worauf Trevricents Selbstbezichtigung eigentlich zielt."[261]

Unbestritten ist der intellektuelle Aufwand, mit dem Gottfried Weber diese Stelle „zu einem Kernpunkt seiner Auffassung des Epos gemacht"[262] und damit als „Autor in der Wolframforschung eine zentrale Stellung erobert" hat, wie Wapnewski anerkennend bemerkt. Mit gleichem intellektuellen Aufwand nimmt Wapnewski, seine Interpretation zum Anlass, die Triade 798 und alles, „was man auf ihr an Spekulation errichtet hat, „salopp gesagt", mit noch größerem Scharfsinn als „Unsinn" zu identifizieren. Das Fatale daran ist, dass beide Forscher in gewissem Sinne sogar Recht haben!

In unmittelbarem Nebeneinander von Sinn und Unsinn, wie im Hinblick auf eine zu interpretierende Stelle des „Parzival" von zwei der namhaftesten Forscher behauptet wird, fühlt man sich durchaus an den „Literaturstreit" erinnert. Hatte doch Gottfried im dichterischen Bild der „Bickelwörter" Wolfram vorgeworfen, er produziere „Sinn und Unsinn" gewissermaßen als Einheit von Inhalt und Form. Ebenso vermutet der eine (Weber) im Gefolge dieser Aussage („ich log") auf hoher Ebene einen höchsten Sinn, der andere dagegen (Wapnewski) Unsinn.

---

[260] Bumke 1991, S. 236: Bumke schreibt: „So hätte der Parzival enden können: mit Parzivals Berufung, der Erlösung von Amfortas, einem kurzen Ausblick und der Schlusssentenz. Aber so endet die Dichtung nicht. Zwischen der Berufung zum Gralskönigtum (781,15ff) und der Schlusssentenz (827,19) stehen mehr als 1300 Verse, in denen Erstaunliches und Irritierendes erzählt wird, offenbar mit dem Ziel, die Harmonie am Schluss zu stören und wieder aufzuheben. Durch die überraschende Einführung neuer Motive und durch Vor- und Rückblicke wird zuletzt fast alles wieder infrage gestellt, was vorher als gesicherte Grundlage für das Verständnis der Handlung gegolten hatte; zugleich wird die Dichtung auf Probleme hin geöffnet, die nicht mehr erzählerisch ausgestaltet sind. Der Parzival hat sozusagen einen doppelten Schluss: Das Harmonieprogramm für diejenigen, die nach einer glücklichen Lösung verlangten; und der irritierende Perspektivenwechsel für den, der mit diesen schanzen allen kann (Pz. 2,13), also für die von Wolfram gewünschten Zuhörer, die sich nicht gutgläubig der Erzählung anvertrauten, sondern die darauf gefasst waren, dass der Erzähler eine Vielzahl von Anspielungen, Querverweisen und versteckten Signalen für sie bereithielt, und die im Verlauf der Dichtung gelernt hatten, dass sie selber ein Teil der Handlung waren und selber in die Erzählung hineingehen mussten, um zu den Einsichten zu gelangen, die der Erzähler für sie bereithielt. Der Parzival ist so angelegt, dass die Zuhörer sich, über das Ende hinaus, mit der Dichtung beschäftigen und sie weiterdenken sollten."
[261] Bumke 1991, S. 237
[262] Wapnewsky 1955, S. 152 Weber geht es um die Gralsprämissen, d. h. „um die Voraussetzungen, unter denen der Gral zu gewinnen ist. Weber stellt immer wieder nachdrücklich heraus, dass „hier die natürliche Kraft des bloß Menschlichen" nichts sei; „nichtig sind Wille und Zielstrebigkeit; alles ist Gnade und prädestiniertes Bestimmtsein, erleuchtete Erhaltung aus der Höhe", hierin drückt sich - und das ist der Kernpunkt von Webers Konzeption - „augustinischer Theozentrismus" aus (39) „Vom Menschen her gesehen, besteht völlige Ohnmacht. Alles natürliche Vermögen, jedwedes Streben und Wollen bleibt in Richtung auf den Gral ausgeschaltet: nur unbewusst und unwillentlich kann ja der Gral gefunden werden,... Das Ganze subjektiv eine Symbolgestaltung der Unmittelbarkeit, versunkener Erhobenheit, Distanzlosigkeit des Verschmelzen-Dürfens, Spiegelung der augustinischen Unruhe zu Gott" (94 s. a. 151)

Unter diesen Umständen ist man versucht zu fragen: Wurde der Roman gar nicht für Intellektuelle, sondern eher für ein harmoniesüchtiges Publikum (Bumke) geschaffen? Man darf davon ausgehen, dass der Dichter allen Zuhörern (und Interpreten) eine „Chance" geben wollte, die Wirklichkeit seines Werkes auch mit „bescheidenen" Mitteln wahrzunehmen, und zwar durch die Form des dichterischen Vortrags. Dies ist ein „Mehrwert", der das, was man optisch (als Leser) oder akustisch (als Hörer) an einem Text wahrnehmen kann, überschreitet. Die dafür subjektiv zu entrichtende „Gebühr" nennt Wolfram „stiure". Einem einseitig diskursiven Zugriff auf „hohem Niveau" - der sog. „Begriffs"-Bildung - kann sich der Text geschickt entziehen, ähnlich wie das „vliegende bîspel", wie ein „Hase" nämlich, der mit einem Satz aus der Flugbahn des „Greifvogels" springt.

Was hier mit „Bescheidenheit" gemeint ist, ist eher eine umgangssprachliche „Selbstverständlichkeit" im Umgang mit Literatur. Die Dinglichkeit einer Alltagssprache kann sich viel eher auf „Realien" im Text einstellen. Diese spielen in ihrer Zeichenhaftigkeit bei Wolframs Werken eine außerordentlich große Rolle. Wenn Wolfram sagt, „ich louc, wiez umbe in stüende", könnte das z. B. auch heißen, dass auf „Umstände"[263] oder Dinge zu achten ist, die in entscheidenden Situationen „beiherspielen", d. h. etwas „zu sagen haben". Bei den „Sachen, die für sich selber sprechen", sind bekanntermaßen Worte überflüssig. Sie sind als „Indizien" für den Fortgang der Gechichte jedoch unentbehrlich! Man hätte also beim Gral darauf zu achten, wie und was „umbe in stet". Der „umbestant"[264], im weitesten Sinne des Wortes alles, was „umbe den gral" herum an Realien erscheint oder in zweideutigen „Bickelwörtern" oder Sätzen assoziiert wird oder „umbe in" herum geschrieben steht, ist wichtig! Wenn man sich an die im Text vorliegende grammatische Konstruktion des „alles entscheidenden" Satzes hält und wegen der Bedeutung von Realien oder realen Situationen im Text möglichst wortwörtlich überträgt, kommt man mit einiger Sicherheit dem Text näher als mit Abstraktionen.

„ableitens list vome gral" („die Kunst der Irreführung durch den Gral, Pz. 798,6-7), ist im Vers - unabhängig von Prämissen oder Funktionen - ebenso gut als Modalphrase zu „ich louc" zu verstehen. Die modale Zuordnung zum Subjekt des Hauptsatzes wird durch die Präposition „durch" erreicht, die kausal mit „wegen" oder „weil" übersetzt werden kann. Wenn man im Vers (Pz. 798,7) noch „vome" durch das ursprünglichere „von deme"[265] ersetzt, so lautet der ein wenig veränderte Satz jetzt so: Ich louc durch ableitens list von deme grâl": Ich log wegen der List des Grals („von deme Gral"), die auf eine falsche Spur leitete[266]. „Von deme" ist noch heute in Köln eine umgangssprachliche Form des „besitzanzeigenden rheinischen Dativs" (anstelle des Genitivs!). Sinngemäß und noch kürzer gefasst könnte man also auch so übersetzen: „Ich log, wie es um den Gral stünde, wegen seiner Kunst der Irreführung."

---

[263] Original Taschenlexer, „umbe-stan tr. umstehn, umgeben. „umbe-stant" stm. das herumstehn; sachverhalt; umstand".

[264] Original-Taschenlexer: „umbestant stm. das herumstehn; sachverhalt, umstand"

[265] Original-Taschenlexer: „vom, vome = von deme"

[266] Original-Taschenlexer, „abe-leite stf. das leiten auf eine falsche spur" „abe-leiter m. der auf eine falsche spur leitet".

Der Doppelvers besteht also aus dem *Hauptsatz*: „ich log";, dem *Nebensatz*: „wie es umbe in (den Gral) stüende", der auch das Objekt des Hauptsatzes als Pronomen „in" (ihn) repetiert, und der *modalen Bestimmung des Subjekts durch die Phrase*: „durch ableitens list vome gral". Diese Modalphrase, vom Umfang und der Qualität des Gesagten her viel bedeutender erscheinend, ist grammatisch jedoch eindeutig dem Hauptsatz „ich louc", und damit dem Satzsubjekt „ich" zugeordnet.

Einige Übersetzungen dieser Textstelle - z. B.: „Um Euch vom Grale abzulenken, habe ich Euch nicht die ganze Wahrheit gesagt" - sind daher grammatisch nicht zulässig[267]. Wolfram sagt aber ebenso lapidar wie sinngemäß nichts anderes als: „*Ich log, wie es um den Gral stünde, weil ich von seinem irreführenden Zauber dazu veranlasst wurde*"[268]. „Ich log" bezieht sich in dieser Übersetzung also weder auf irgendwelche „Gralsprämissen" noch auf die Aussage über die „verdammten Engel", sondern auf die Gralsgeschichte als Ganzes: „Ich louc, wie es umbe in (den gral) stüende"! Diese Aussage wirkt natürlich wie ein Schock, der aber konzeptionell beabsichtigt ist! - Meines Erachtens sollte im Romankonzept an dieser Stelle genau diese Wirkung erreicht werden: Die Erkenntnis nämlich, dass die „Lüge" des „Richters" „Tre-viri cent" möglicherweise die Folge einer ganz anderen größeren Lüge ist.

Die vereinbarte Weitergabe eines „Gerüchts" mit der eidesstattlichen Versicherung, dass alle Beteiligten lügen sollen, ist ein erster Hinweis darauf, dass die folgende Gralsgeschichte eine Parodie, genau gesagt, eine Travestie ist. Es könnte sich um eine Lügengeschichte handeln, die *außerhalb des dichterischen Rahmens* ihren Ursprung hat, jedoch mit literarischen Mitteln auf dichterischer Ebene reproduziert wurde.

Walter Haug beschreibt den angedeuteten Sachverhalt so: „Inwiefern die spezifische Erzähltechnik Wolframs genau diesem Zweck dient, hat Michael Curschmann gezeigt: das irritierende Spiel mit der Erzählerrolle führt schließlich zu jenem Punkt, an dem der Dichter sich mit dem Publikum über die Wahrheit des Fiktiven verständigt - dies in mutwilliger Verdrehung jener bekannten Lüge-Formel, mit der sich seinerzeit Lambrecht aus der Verantwortung gestohlen hatte:

„man sagte mir, diz sag ouch ich
uf iwer iesliches eit,
daz vorem grale waere bereit

---

[267] „Ich log", oder „ich habe gelogen, um Euch abzulenken", kann dann keine richtige Übersetzung und Interpretation sein, wenn dies heißen soll, dass der Zeitpunkt des Lügens vor dem Zeitpunkt des „Abgelenktseins" liegen soll, wie dies die o. a. Übersetzungen sagen. Der Zeitraum des „Abgelenktseins" war spätestens dann abgeschlossen, also perfekt, als Parzival König war! Trevricent spricht aber erst, nachdem Parzival König geworden war. Wenn er also das Abgelenktsein - zeitlich vor dem Königsein - meinte, womit dieser Zustand beendet wurde, konnte der Dichter nur im Perfekt oder Plusquamperfekt sprechen oder durch ein Zeitadverbial darauf hindeuten, z. B.: Ich hatte (vorher) gelogen, um Euch vom Gral abzulenken. Da aber offensichtlich die Wirkung der früheren „Lüge" über den Zeitpunkt des nunmehr beendeten Abgelenktseins hinaus noch anhielt, konnte Trevricent früher nicht die Absicht gehabt haben, Parzival durch seine „Lüge" vom Gral abzulenken! Die „Lüge" „durch ableitens list" bezieht sich also nicht unmittelbar auf Parzival, selbst wenn er ihn für „irgend etwas" um Verzeihung bitten musste!
[268] Wenn man „ich loc" durch „ich sagte die Unwahrheit" übersetzt, werden die Beziehungen deutlicher. Die Stelle würde also lauten: „Durch die irreführende Kunst des Grals dazu verleitet, sagte ich die Unwahrheit".

(sol ich des iemen triegen,
so müezt ir mit mir liegen)
swa nach jener bot die hant" (Pz. 238,8-12)

Man sagte mir, dies sag' auch ich, beim Eide eines jeden von euch - und würde ich jemanden täuschen, so müsstet ihr (folglich aufgrund eures Eides!) mit mir lügen -, dass vor dem Gral bereit lag, wonach ein jeder die Hand ausstreckte ...)".

Diese das Publikum einbeziehende Verdrehung der Lügeformel macht also den Hörer zum Komplizen des Dichters in der fiktionalen Konstitution der Wahrheit bei einer fiktiven Lüge. Und darin liegt letztlich das Verständnis beschlossen, das Wolfram gegenüber seiner Erzählung verlangt, die zwar 'gradlinig' ist, aber im Vermittlungsprozess aufgrund der neuen Form der Wahrheit eben doch 'gekrümmt', gebrochen erscheint"[269], wie es das Bogengleichnis als dichterisches Bild schon andeutete.

Wenn also das Bild des Grals eine gezielte satirische „Reflexion" auf etwas anderes sein soll, wie sich durch die sog. „Lüge" erst im Nachhinein herausstellte, taucht die Frage auf: Auf welcher Seite des Spiegels liegt die Wahrheit, und was hat sie mit dem inzwischen „trübe", und gar nicht mehr so glanzvoll erscheinenden Bild des Gral zu tun? Wird im Spiegelbild des Gral die Wahrheit vermittelt, oder ist das Bild selbst eine Lüge? - Man erinnere sich daran, dass die Hörer der maere bereits im Prolog auf die generelle Falschheit eines Spiegelbildes vorbereitet worden waren:

„doch mac mit staete niht gesin
dirre trüebe lihte schin:
er machet kurze vröude alwar." (Pz. 1,23-25)

Offensichtlich reflektiert der folgende Satz: „wiez umbe in stüende", bestimmte „Umstände" die „beiherspielen", d. h. nebensächlich erscheinen, aber dennoch äußerst wichtig sind. Wenn also dieser Satz sprachlogisch - als Möglichkeitsform des Verbs „stüende" - die literarische Negativform einer „mitgedachten Gegenaussage" ist, könnte man versuchen, diese in einem schematischen Umkehrverfahren[270] der Aussagen „ annähernd" zu

---

[269] Haug 1992, S. 171f. Wegen der Wichtigkeit dieser Aussage wurde diese Stelle so ausführlich zitiert, steht diese Lüge-Formel doch in einem engen Zusammenhang zur so genannten „Lüge" Trevricents.

[270] Der Terminus „Negativform" dient lediglich der Kennzeichnung der wertungsfreien Wirkungen künstlerischer bzw. literarischer Mittel im Bereich plastischer Wirkungen in der Bildhauerei oder ähnlicher Wirkungen in literarischen Texten. Negativ „besetzt" ist beispielsweise eine Aussage wie „ich log". Die gefühlsmäßige Gegenaussage lautet „ich log nicht"; anders gesagt: „es ist wahr". Formal negativ ist der Gebrauch der bloßen Möglichkeitsform „wiez umbe in stüende". Die Gegenaussage lautet: „wie es um ihn steht". Bildhafte Vergleiche wie „es wird einem der Boden unter den Füssen entzogen" oder „man fällt in ein Loch" bestätigen annähernd die Wirkungsweise des mit „Negativform" Gemeinten. Ähnlich wie im Bereich der Plastik, gibt es in der Sprache künstlerische Formen, die im o. a. Sinne eine „Sogwirkung" oder auch ihr Gegenteil erzeugen können.
Im bildnerischen Bereich des Gestaltens gibt es die Möglichkeit der Umkehrung negativer Formen ins Positive, um damit Bewegung durch Gegenbewegung im Sinne des Ganzen auszugleichen. Auf das vorliegende Beispiel übertragen, bedeutet dies, es „umzukehren", indem man die im Satz enthaltene „Gleichung": „Ich log ... wiez umbe in stüende" (Pz. 798,6-7) sozusagen mit „minus eins" multipliziert, ohne dadurch den Sinn zu verfälschen! Logisch ist das Verfahren nicht zu beanstanden; vielleicht sogar nützlich, wenn man dadurch einen Hinweis auf eine graphische, sozusagen auch visuell wahrnehmbare „grenzüberschreitende" künstlerische Aussage erhält: „Wahr ist, wie es um ihn (den Gral) geschrieben steht".

konkretisieren. Auf diese Weise könnte man auf „beiherspielende Umstände" aufmerksam werden, durch die sich der als bloße Möglichkeit angedeutete Sinn etwas näher bestimmen ließe und man des Rätsels Lösung einen Schritt näher kommt, wie es im folgenden Schema gezeigt wird:

1. Negativform des Satzes: Positivform des Satzes:
„ ich log": „wahr ist"

2. Möglichkeitsform des Satzes: Wirklichkeitsform des Satzes:
wiez umbe in stüende „wiez umbe in stet"

3. Möglichkeitsform der Aussage: Wirklichkeitsform der Aussage:
es ist ein *Gerücht* oder *Märchen* In Wirklichkeit ist der Gral eine
(maere) „Lüge".

Der konjunktivische Satz: „Ich louc, wiez umbe in stüende", und seine indikative Gegenform: „Wahr ist, wiez umbe in stet", sind trotz ihres Gegensatzes relative, d. h. im künstlerischen Sinne, identische Satzaussagen im „einheitlichen schwarz/weiß Look der Elster"! Das Objekt der Aussage, der Gral, ist es gleichfalls: Als Einheit von Schwarz und Weiß!

Bei der Aussage: „wahr ist, wiez umbe in stet", findet man allerdings leichter des Rätsels Lösung, weil man in dieser Form schneller assoziiert, was an „Dingen" „um den Gral herum steht", oder geschieht, bzw. gesagt oder verheimlicht wird: „der gral waz ein dinc". Das kann ein „Ding" im landläufigen Sinn eine Sache, z. B. ein Tisch oder Stein sein. Es kann auch ein Gericht mit Gerichtsverhandlung und Urteil oder ein „Gericht" als Mahlzeit oder Kultmahl („Gnaden- oder Abendmahl") sein. Für den Gral im Parzivalroman gelten alle drei Bedeutungen gleichzeitig! Dieses Wort steht als wichtigstes literarisches Bild und Rätselbild im Zentrum des Romangeschehens.

Wenn Wolfram in der Frage, „wie ez umbe den grâl stüende" (Pz. 798,7) Trevricent am Ende sagen lässt „ich log", bezieht sich das nicht zuletzt auch auf die erste Gralsszene, in der „auf Teufel komm raus" gelogen und betrogen wird! An der burlesken Einführungsszene (Pz. 238,8-12) und anderen zweifelhaften Versen[271] können einem aufmerksamen Hörer schon erste Zweifel kommen. Was im Text gesagt und durch das Schriftbild unterstrichen wird („in Klammern gesagt", d. h. als „Gerücht" ins Ohr geflüstert wird!), umgibt die erste Gralsszene von Anfang an mit dem Verdacht von „Lug und Betrug". Am Ende des Parzivalromans mag den Hörern die Erinnerung daran den Übergang von der literarischen in die politische und gesellschaftliche Realität ihrer Zeit erleichtert haben.

Sicherlich ist ein solches Verfahren der Interpretation „mit anderen Mitteln" und „auf Teufel komm raus" - nicht üblich und zulässig. In der Kunst, sowohl der Musik als auch bildenden Kunst, gehören sie unbestreitbar zum täglichen Handwerkszeug. Weil Dichtung auch Kunst ist, sei es erlaubt, das Verfahren als Ergänzung im analogen Sinne anzuwenden. Diese Deutung ist nicht ganz von der Hand zu weisen, insofern die Erscheinung des Grals unüberhörbar durch vier „zweifelhafte" Verse eingerahmt ist, die in die gleiche Sinnrichtung der Interpretation zielen.

[271] So könnte man sich z. B. auch fragen, was der „Vielfraß" und die beste „Wirtschaft" in einer Kulthandlung zu suchen haben

Durch die zweifelhafte Bemerkung Trevricents „ich louc" am Ende bzw. dem Höhepunkt der Handlung, die einer Enthüllung gleichkommt, werden alle Ereignisse des Gralsgeschehens nachträglich fragwürdig. Es scheint, als ob die wirkliche Gralsfrage noch gar nicht gestellt wurde, oder auf Romanebene überhaupt beantwortet werden kann: Die eigentliche Gralsfrage ist die Auseinandersetzung zwischen Christentum und Islam. Sie ist bis heute nicht beantwortet.

Diese Wende von der fiktiven, virtuellen Ebene des Romans in die politische Realität durch die Lüge Trevricents führt über das Ende des Gralsromans weit hinaus. Joachim Bumke kommentierte den sog. „offenen Schluss" des Parzival so: „Durch die überraschende Einführung neuer Motive und durch Vor- und Rückblicke wird zuletzt fast alles infrage gestellt, was vorher als gesicherte Grundlage für das Verständnis der Handlung gegolten hatte."[272] Dieser von Bumke beschriebenen Situation entspricht die hier beschriebene Kehrtwende bei der Deutung des Gralsgeschehens, die durch Trevricents angebliche „Lüge" ausgelöst wurde. „Tre-viri-cent" tritt, wie das sein Name zu erkennen gibt, im neunten Buch als „Richter" auf. Sicherlich war es nicht die Absicht des Erzählers, ihn als „Lügner" aus dem Romangeschehen - einer fiktiven Heilsgeschichte - zu verabschieden[273]; im Gegenteil: Seine „künstlerische Lüge" markiert vielmehr den Punkt, an dem das Romangeschehen in den geschichtlichen Alltag übergeht. Die Deutung der sog. „Lüge" Trevricents als „Sollbruchstelle" des Parzivalromans steht nicht zuletzt in Beziehung zu der hier vorgeschlagenen alternativen Interpretation der zweiten Gralsszene (795,17-19). Über die alberne Vorstellung „Parzival habe den Gral Gott tatsächlich abgetrotzt, ...wofür manches spricht", wie Dallapiazza meint (S. 78), ist „ein Konsens sicherlich nie mehr zu erwarten" (S. 32)[274]; allerdings auch nicht wünschenswert.

Die zweite Trevricentszene markiert zweifellos den „Nullpunkt" oder Wendepunkt der Geschichte vom Gral. Sie ist vordergründig am Ende und mit ihr - in einem tieferen Sinne - auch der Held und die Zuhörer, die sich mit ihm identifiziert hatten: Parzival hatte als Gralskönig „Alles" erreicht und steht im nächsten Augenblick wieder vor dem „Nichts"! Insofern gleicht er wiederum der Elster im Eingang des Prologs, die sich ihre Erscheinungsform - symbolisch - nach dem Auswahlprinzip der Teilhabe an „Allem und Nichts" „eingehandelt" hatte („als agelster varwe *tuot*"). Die Geschichte schlägt an dieser Stelle von einer zur andern Sekunde von „weiß" in „schwarz" um: Nicht nur die „Gralsermutigung war lügenhaft", wie Peter Wapnewski bereits feststellte! Die ganze Geschichte war es in einem besonderen Sinn, nämlich der „Kunst als Lüge, die uns hilft, die Wahrheit zu verstehen" (s. S. 15, A. Everding) Was aber ist „wahr" am Gralsgeschehen?

---

[272] Bumke 1991, S. 236

[273] Dallapiazza, Michael, 2009 S. 78 Im Zusammenhang mit der sog. „Lüge" heißt es dort: „Damit rückt der Erzähler eine seiner Hauptfiguren, der das Publikum einen Großteil seiner Aufklärung verdankt, in ein schlechtes Licht. Was war vielleicht noch erlogen? Soll der Hörer nun glauben, Parzival habe den Gral Gott tatsächlich abgetrotzt, wie Trevricent nun sagt, gegen sein Wort aus dem neunten Buch, und wofür manches spricht, oder kann auch diesem Wort keine Autorität mehr zugebilligt werden? Und warum hat er gelogen, warum wollte er Parzival vom Gral fortlenken? Wolfram sagt dazu nichts, aber ihm wird die Vertracktheit der Situation kaum entgangen sein, und wahrscheinlich war es sein Anliegen, den Worten des Einsiedlers im nachhinein ihre Endgültigkeit zu nehmen".

[274] Dallapiazza, Michael, beide Zitate

Es könnte zwar so scheinen, als ob durch die modale Auslegung der „Lüge" die Schuld Trevricents als „Lügner" auf ein erträgliches Maß reduziert werden sollte, weil etwa der Gral allein durch seine Verführungskunst - wie auch immer man sich diese vorstellen mag - dafür verantwortlich gemacht werden könnte. Das stimmt aber so nicht! Denn warum sollte man Trevricent (und damit dem Dichter) nicht glauben, dass er - im Rahmen der Notwendigkeit des dichterischen Konzeptes - „gelogen" habe. Erstens gab es ein künstlerisches Motiv für die sog. „Lüge" und zweitens hatten alle Beteiligten von Anfang an „wie vereinbart" gelogen! Dazu bedenke man Folgendes:

1. „man sagte mir, diz sage ouch ich - ûf iuwer ieslîches eit" (238,8-9), heißt doch: „Überall wird erzählt und so erzähle ich es auf den Eid eines jeden einzelnen von euch weiter". M. a. W.: „Was *ich* euch jetzt als *„Gerücht weitererzähle"*, ist auch die Lüge eines jeden *einzelnen von euch"*. Das ist nicht nur purer Unsinn; sondern heißt: Wenn ich die folgende Geschichte vom Gral erzähle, so kann *niemand von uns später* mit seinem Eid ihre Wahrheit verbürgen;

2. Es ist also a priori klar, zumindest fraglich, ob die Geschichte wahr sein kann. Wegen der falschen Form des Eides kann sie nicht „wahr" sein!

3. „sol ich des iemen triegen": Sollte ich des (Grals) wegen jemanden betrügen;

4. „so müezt ir mit mir liegen": So müsst ihr alle mit mir gemeinsam lügen!

Die Punkte drei und vier gehören zusammen: Wenn ich also die Geschichte des Grals erzähle und deswegen jemanden „betrügen" sollte, weil ich sie als „Gerücht" kolportiere - sie damit parodiere, genauer gesagt, travestiere - so müsst ihr alle mit mir zusammen lügen, d. h. eine Satire als mögliche Form der maere akzeptieren. Nebenbei bemerkt: Die in Klammern gesetzten Verse (im Text!) erwecken den Eindruck, als habe sie der Dichter seinen Zuhörern sozusagen als „geheime Absprache" ins Ohr geflüstert, wobei die Klammern etwa der Form der Hände entsprechen, die verhindern sollen, dass ein Nichteingeweihter mithört. Die Art der geheimen Absprache ließe sich beim Vortrag des Dichters durch eine kleine beschreibende Geste der Hände zusätzlich unterstreichen.[275]

Wenn Trevricent alias Wolfram als Erzähler am Ende sagt: „Ich log, wie ez umbe in stüende", so konnte er auf die automatisch zu erwartende Frage der Zuhörer („Was ist denn wahr?"), mit fast denselben Worten erwidern: „Wahr ist, wiez umbe in stet", nämlich *geschrieben* steht und zwar wortwörtlich in der o. a. „Umrahmung des Gralssymbols" bei seinem ersten Erscheinen. (238,8-12). Diese beiden Sätze verhalten sich zueinander, wie die negative und positive Form einer Aussage. Die präzise Umrahmung der gemeinten Szene, worauf sich die sog. „Lüge" bezieht, verhindert gleichzeitig, dass die Lehre Trevricent insgesamt als Lüge erscheint. Wenn er zum Beispiel Parzival erklärt, dass Gott die Liebe ist, so gilt das sowohl im Christentum als auch im Islam, ist also keine Lüge!

---

[275] z. B. indem man den Finger auf die Lippen legt oder die Hände zur Hörmuschel formt. In gleicher Weise könnte man mit einfachen Gesten der Hände dem schwierigen Eingangsvers des Parzivalprologs eine anschauliche Sinnrichtung geben. Die Frage, wie ein Erzähler oder vortragender Schauspieler auf diese Weise die Sinnrichtung dichterischer Bilder beeinflussen könnte, wäre den Versuch einer Antwort wert.

8. Poetologische Aussagen, die das Bild des Grals bei seinem ersten Erscheinen umrahmen.

"Wie es um den Gral steht" kann man nicht nur optisch aus der graphischen Anordnung und Ansammlung zweifelhafter Andeutungen ablesen. Es lassen sich auch andere kritische Töne bzw. Dinge in der Szene wahrnehmen. "Inhaltlich" gehört ironischerweise auch alles zum "metaphysischen" Erscheinungsbild des Grals, was vor und rund "um ihn" herum an Speisen bereit "stet". Die Bemerkung, dass selbst für den "Vielfraß" (Pz. 238,28) genug da sei, klingt für eine rituelle "Speisung" im Rahmen einer Kulthandlung ("als man saget vom himelriche"!) desillusionierend. Eine derartig "ungebührliche" Ausdrucksweise angesichts der weihevollen Gralshandlung ist keineswegs so schwer verständlich, wenn man an eine parallele, in diesem Zusammenhang kaum beachtete Stelle im elfen Kapitel des 1. Korintherbriefes (V. 21) des heiligen Paulus denkt: "Jeder nimmt sein eigenes Mahl vorweg: der eine ist dann hungrig, der andere betrunken"! – gerade diese Parallele macht ja auch die Formulierung der Speisungsszene und den Hinweis auf den Vielfresser verständlich! Verdächtig klingt auch der letzte Vers der Speisungsszene:

"diu werde geselleschaft
hete wirtschaft von dem grâl" (Pz. 239,6-7)

W. Spiewok übersetzt "vornehm" angepasst: "Die ganze vornehme Gesellschaft war beim Gral zu Gast." Ob man sich damit einen Gefallen tut, ist die Frage. Sie "hete wirtschaft von dem gral" heißt banal nichts anderes als: "Sie wurde vom Gral *bewirtschaftet*". J. Bumke bezeichnet den Gral in dieser Funktion treffend als "Speisemaschine". In einer wortwörtlichen, eher trivialen Übersetzung, kommt die kritische Sicht des Dichters auf die eigenartige Produktivität dieses "himmlischen dincs" als einer Versorgungseinrichtung der "höfischen Jenseitsgesellschaft" eher zum Vorschein. Wolfram lässt keinen Zweifel daran, dass ihm der Gral suspekt ist. Auch die Hörer können ahnen, dass "hier etwas nicht ganz stimmt" oder dass hier auch etwas anders gemeint oder parodiert sein könnte.

Bezieht sich also Trevricents später "Widerruf" auf diese dubiose Einleitung zur ersten Gralsszene, nämlich auf die parodistisch "vereinbarten Lügen", so ist seine zweite "Lüge" am Romanende nur die Umkehrung oder Korrektur dieser ersten. In der letzten Begegnung mit Parzival "lügt" er also nicht wirklich, sondern erinnert sein Publikum daran, dass man sich gegenseitig ("eidesstattlich") versichert hatte zu "lügen". Wenn sich also am Ende herausstellt, dass es sich bei der Gralsgeschichte um eine Parodie, z. B. um die "verdrehte Wiedergabe einer anderen Geschichte" gehandelt haben könnte, so kommt diese "Enthüllung" nicht ganz überraschend für jene, die aufgepasst hatten.

Mit dieser Gruppe von Hörern, die nicht zu den "tumben liuten" zählen, kann man sich dann darüber verständigen, welchen Sinn diese "Lügengeschichte" im Roman gehabt haben könnte. Es könnte z. B. dabei herauskommen, dass jeder Hörer eine andere - ernst gemeinte Gralsfrage außerhalb der "maere" – selbst zu stellen und zu beantworten habe. Eine erste "Lüge" des "Erzählers" könnte durch eine zweite Lüge Trevricents in der Wirkung so neutralisiert werden, wie man eine Parodie durch eine Travestie korrigieren kann:

Wenn z. B. ein prophetischer Dichter in einer der Suren („der Tisch") die Abendmahlsgeschichte aus der Bibel parodistisch verändert in den Koran aufgenommen hätte, könnte Wolfram dieselbe „Tischgeschichte" literarisch dadurch in ihrer Wirkung auf die Hörer neutralisieren, indem er sie als „Gerücht" oder als das Märchen vom „Tischlein-deck-dich" erzählte.

Durch die sog. „Lüge" Trevricents werden die Hörer zwar ziemlich robust wieder auf den Boden der Realität des 12. Jahrhunderts zurückbeordert. In Wahrheit aber handelt es sich dabei um eine Aufklärungsszene. Das betrifft die „Prämissen des Gralsgeschehens", dass nämlich weder die Engel noch die Menschen durch ihre sog. „Heldentaten" der „Trinität" etwas abtrotzen („aberzürnen") können. Im Gegensatz zu den Engeln bekommen die Menschen trotz schuldhaften Handelns von Gott immer wieder die Chance, einen neuen Anfang zu machen; wenn sie selbst „umkehren" und glauben.

Wenn Trevricent sich nach dem Bekenntnis seiner Lüge, die in Wirklichkeit keine war, entschuldigt, so kann mit dieser „Lüge" eigentlich nur die Tatsache gemeint sein, dass er die Gralsgeschichte, weil sie als Parodie der Abendmahlsgeschichte aus dem Johannesevangelium in den Koran gelangte, diese als ein „Märchen" enthüllen wollte. Dafür musste er sich nicht entschuldigen. Andererseits hat er mit seinem Bekenntnis den Hörern der Gralsgeschichte den Boden unter den Füssen weggezogen. Angesichts der an seinen Lippen hängenden und zum Teil vergesslichen oder ahnungslosen Zuhörer ist dies dem Dichter sicherlich nicht leicht gefallen. Andererseits ergab sich nur durch eine solche „Sensation" die Möglichkeit, die Gralsgeschichte aus der alten in eine völlig neue Perspektive zu rücken und „radikal" anders zu verstehen. Aus dieser veränderten Perspektive ist die Selbstbezichtigung des einstigen Gewährsmannes für die Echtheit der Gralsgeschichte verwirrend. Deshalb kann sie auch nicht „aus der Perspektive des sechzehnten Buches als Äußerung eines irrenden Menschen" dargestellt[276] werden.

Wolfram hatte also die Gralsgeschichte als Märchen erzählt und damit eine Geschichte, deren orientalische Quelle (Kyot und die „latinischen buochen") er angeblich nicht preisgeben wollte, travestiert. Im wirklichen Leben seiner Zeit wurden diese „Geschichten" aber als „religiöse Wahrheiten „verkauft"! Wenn das Märchen also eine Spiegelung war, was war dann sein Gegenüber in der Wirklichkeit? Die Bemerkung Trevricents am Ende des Parzivalromans kann so verstanden werden, dass er bzw. der Dichter signalisieren wollte: Die Märchengeschichte ist hier zu Ende. Jetzt seid ihr, als Zuhörer am Zuge herauszufinden, was dieses Märchen vom Gral mit der gesellschaftlichen und politischen Wirklichkeit zu tun hatte. Auf dieser Ebene könnten die wirklichen Fragen nach dem Gral im doppelten Sinne gestellt und beantwortet werden.

Anhand gewisser Spielregeln der maere, die die Zuhörer kennen gelernt hatten, waren sie durchaus in der Lage, in einem zweiten oder dritten Durchgang oder durch Rückblicke die Geschichte des Gral mit ganz anderen Augen sehen. Das gilt vor allem „für die von

---

[276] Bumke 1991, S. 240, kommentiert die Szene so: „Die letzte Einkehr bei Trevricent ist eine traurige Szene. Der ehrwürdige Greis, dem Parzival seine Bekehrung zur Demut verdankt und der so überzeugungsmächtig von der Gnade Gottes und den Sünden der Menschheit gesprochen hatte, bezeichnet sich selbst als Lügner (ich loc 798, 6) und bittet den Neffen um Vergebung für seine „Sünde" (798,8)."

Wolfram gewünschten Zuhörer, die sich nicht gutgläubig der Erzählung anvertrauten, sondern die darauf gefasst waren, dass der Erzähler eine Vielzahl von Anspielungen, Querverweisen und versteckten Signalen für sie bereithielt, und die im Verlauf der Dichtung gelernt hatten, dass sie selber Teil der Handlung waren und selber in die Erzählung hineingehen mussten, um zu Einsichten zu gelangen, die der Erzähler für sie bereithielt. Der Parzival ist so angelegt, dass die Zuhörer sich über das Ende hinaus, mit der Dichtung beschäftigen und sie weiterdenken sollten."[277]

Das Gefühl, man habe die maere wohl verstanden, aber doch nicht so „ganz", wird hauptsächlich durch zahlreiche dichterische Bilder mitverursacht. Sie sind eine Herausforderung, nicht nur an das Schauen dessen, was man in ihnen „hörend sehen" kann, sondern was man an ihnen denkend erkennen, also nicht unmittelbar „ablesen" kann. So sind Metaphern bildhafte Vergleiche, die etwas anderes meinen, als sie selbst sind, und man oberflächlich an ihnen wahrnehmen kann, nämlich abstrakte Bilder. Manches Bild muss im wahrsten Sinne des Wortes wie ein Foto „entwickelt" werden und zeigt erst danach, was gemeint ist. Die Deutung und Analyse dieser Bilder geschieht mit literarischen Mitteln. Im folgenden Teil sollen einige typische zweideutige Beispiele vorgestellt werden, die für das Geschehen von zentraler Bedeutung sind. Letztendlich haben aber alle poetisch verdichteten Bilder im Zusammenhang des Parzivalromans den Sinn, ein christliches Menschenbild zu entwerfen, das nicht nur dem 12. Jahrhundert verpflichtet ist, sondern auch für die heutige Zeit etwas bedeuten kann.

Wolframs Absicht war, auf dem Hintergrund der erst entstehenden abendländischen Kultur und in der Auseinandersetzung mit dem Islam, ein christliches Menschenbild zu konzipieren. In diesem Sinne zeigt er nicht nur das Menschenbild des 12. Jahrhunderts, sondern ein überzeitliches als Abbild des dreifaltigen Gottes und das zugehörige Gegenbild eines „Antichristen", das jeder als Versuchung zum Unglauben in sich trägt. Es entstand in den politischen, religiösen Wirren seiner Zeit und in den Auseinandersetzungen mit dem Islam und seinem gegensätzlichen Menschen- und Gottesbild. Der Wende des Romangeschehens, wie sie durch die sog. „Lüge" Trevricents vollzogen wurde, entspricht im folgenden Abschnitt dem Versuch, die Kehrseite einiger dichterischer Bilder mit künstlerisch-literarischen Mitteln der Satire sichtbar zu machen.

8.1   Die Kehrseite dichterischer Bilder

Was Gottfried von Strassburg im Kern seiner Kritik, nämlich im Bild des „bickelworte" als einer Einheit von Sinn und Unsinn, Wolfram vorwirft, wird im Gegeneinander von höchstem Sinn (bei Weber) und relativem „Unsinn" (bei Wapnewski) sozusagen noch einmal reflektiert und damit auf den neuesten Stand der Diskussion gebracht. Diese Untersuchungsergebnisse bestätigen, dass die „Zweideutigkeit" das durchgehende Gestaltungsprinzip in Wolframs Werk ist.

---

[277] Bumke 1991, S. 237

Nun kann aber ein „Prinzip" keine einheitsstiftende Wirkung für die Entstehung oder auch nur das Verstehen eines literarischen Kunstwerkes haben. Überpointiert formuliert lautet die Frage: In welcher Form wurden die polaren Gegensätze von Sinn und Unsinn auf einen Nenner gebracht? Eine Frage, auf die man rein theoretisch keine Antwort erhoffen kann, allerdings auch nicht ganz ohne Theorie. Der Einladung zur Bescheidenheit folgend, möchte ich in der anschließenden Analyse versuchen, herauszufinden, wie und auf welche Weise die „umbe-stände, d. h. das, was in dichterischen Bildern szenisch „beihergespielt" in diese hineingekommen sein könnten. Wie ich meine, ist es Wolfram gelungen, gerade im Zusammenspiel der Sprache mit den „Umständen" – das sind hier Realien -, die größten Wirkungen zu erzielen. „Wo Dinge für sich selbst sprechen, ist jedes Wort überflüssig" (Krauss). Gerade die vordergründige Bescheidenheit eines dinglichen „Bildinhaltes" machte es möglich, dass dieser als bildlogischer Hintergrund mit dem sprachlogischem Vordergrund zur Einheit von höchster „Abstraktheit" und poetischer Dichte verschmolzen werden konnte. Es tut dem Werk keinen Abbruch, sondern beweist erst recht seine Genialität, wenn diese Abstraktheit sowohl auf elementarer Bodenständigkeit und Leibhaftigkeit, als auch auf hohem literarischem Anspruch beruht.

Die widersprüchliche Deutung entscheidender Aussagen Trevricents (in 798, 6-7), durch Weber, Wapnewski und Bumke sind also aus einer anderen Perspektive zu „ergänzen", und zwar in einem zweifachen Sinn: „Ich louc, ... wiez umbe in stüende" könnte auch heißen:

1. „Ich log" in dem Sinne, dass die Geschichte vom Gral in Wirklichkeit gar nicht bloß als ein Märchen erzählt wird, um damit den Islam abzuwehren. Dieses „Märchen hatte im weitesten Sinne mehr mit der politischen Wirklichkeit des 12. Jahrhunderts zu tun, als man auf den ersten Blick ahnen kann: Es gab anschevinische Fürsten, die im Morgenland residierten und sich mit dem kritisierten Glauben des Islam bereits sehr weit eingelassen hatten, wie der Franke Raymond, Fürst von Antiochien, und ein Onkel Eleonores."[278]

2. „Ich log" dadurch, dass ich nicht offen gesagt habe, wie es um das Gralsgeheimnis steht: Wie die Lehre des Islams im Vergleich zum Christentum aussieht, wie es wirklich um ihn steht in Bezug auf den christlichen „Messias", das christliche „Abendmahl", die „Hl. Schrift des Christentums", die Bibel.

Diese Themenkreise sind Gegenstand der anschließenden Studie zu dichterischen Bildern des Parzival. Als allgemeine Interpretationsbeispiele stehen sie zunächst noch unter dem Aspekt der geltenden Gralsprämissen. Sie lassen sich auch auf die schon früher im Hintergrund des „Parzival" agierende Figur eines möglichen „Antichristen" anwenden, ob in der Figur des Amfortas, des Feirefiz oder in der Gestalt Mohammeds vor Schastel marveille. Nach der Wende durch Trevricent, ist also der orientalisch/islamische Hintergrund des Gralsgeschehens nicht mehr zu übersehen.

Die so genannte „Lüge" Trevricents bzw. des Erzählers Wolfram, die der Germanistik große Schwierigkeiten macht, findet ihre eigentliche Erklärung auf dem religiösen Hintergrund des Romankonzeptes, nämlich in den Selbstbezichtigungen, bzw. entsprechenden

---

[278] Heer 2002, S. 403 f.

„Lügen" des Völkerapostels Paulus, die er im Römerbrief bekennt. Er versteht sein eigenes - wie überhaupt jedes - menschliche Bemühen um die Wahrheit wegen der Schwachheit der Menschen keineswegs als „rühmenswert" (Röm. 3,27), sondern als Menschenwerk (als „gemach") grundsätzlich fehlerhaft; aber: *„Gott bleibt immer wahrhaft, jeder Mensch aber ist ein Lügner, wie geschrieben steht"* (Röm. 3,4).[279]

Trotz seiner menschlichen Schwachheit, derer Paulus sich rühmt (!), hofft er auf seine Rechtfertigung durch den Glauben: „Aber wenn die Wahrheit Gottes durch meine Lüge überströmend geworden ist zu seiner Verherrlichung, was werde ich dann noch als Sünder gerichtet? Doch nicht etwa so, wie wir verlästert werden und wie einige behaupten, dass wir sagen: Lasst uns das Böse tun, damit das Gute komme? Deren Verurteilung geschieht mit Recht" (Röm. 3,8). Wolfram kann hoffen - und darin liegt der eigentlich religiöse und apologetische Sinn seiner Dichtung, dass durch sein Märchen („maere"), das er in christlicher Humilitas als „Lüge" bezeichnet, die Menschen dazu bewegt, „die Wahrheit, die der christliche Glaube bekennt"[280], am dichterischen Beispiel kennen zu lernen und „entgegenstehende Irrtümer auszuschließen": Nicht zum eigenen Ruhme, sondern „soli Deo gloria"! Dass die „Lüge" auch noch aus konzeptionellen Gründen einen Sinn hat, weil es sich um eine fiktive Religiosität handelt, die von einer echten zu unterscheiden ist, wurde bereits an anderer Stelle gesagt.

8.2 Die mögliche Herkunft und Deutung wichtiger Motive und ihr Gestaltwandel im Hinblick auf den ganzheitlichen Bildhintergrund des Parzivalromans.

Mit Hilfe der folgenden morphologischen Überlegungen soll nun ein „vorläufiges" Konzept skizziert werden, um einerseits die Folgerichtigkeit eines künstlerischen Interpretationsversuches überhaupt, wenn auch nur exemplarisch, zu beschreiben, andererseits aber auch eine Aussage über den Kontext der dichterischen Bilder untereinander und im Verhältnis zum Ganzen des Parzivalroman als einer Einheit zu machen. Sie sollten Aufschluss darüber geben, was Anschevin-Gral- und das Feirefizmotiv miteinander zu tun haben. Wichtig erscheint mir darzulegen, wie das Gralsmotiv in seiner Ganzheit als ein

---

[279] Augustinus, 1961, S. 89 kommentiert diese wichtige Paulusstelle so: „Unser ist demnach die Lüge, die Wahrheit Gottes. Lebt also der Mensch nach der Wahrheit, lebt er nicht nach sich selber, sondern nach Gott. Denn Gott ist's der gesagt hat: 'Ich bin die Wahrheit'. Lebt er aber nach sich selber, das ist nach dem Menschen und nicht nach Gott, lebt er unfraglich auch nach der Lüge." - „Lebt man also nicht so, wie man seiner anerschaffenen Natur nach leben sollte, so ist das Lüge." Nach dem Sündenfall kann der Mensch nicht mehr nach seiner anerschaffenen Natur leben, daher sagt Paulus: „Jeder Mensch ist ein Lügner, wie geschrieben steht" (Röm. 3,4) In diesem Sinne sagt Wolfram - respektive Trevricent - es auch von sich selbst!

[280] Thomas von Aquin 1974, S. 7. Thomas von Aquin stellt sich derselben Aufgabe als Theologe und Philosoph: „Nachdem wir also aus der göttlichen Güte die Zuversicht geschöpft haben, die Aufgabe des Weisen zu übernehmen, wenn es auch über die eigenen Kräfte hinausgeht, haben wir uns als Ziel vorgenommen, die Wahrheit, die der Glaube bekennt, nach unserem Vermögen darzulegen und dabei entgegenstehende Irrtümer auszuschließen." Was Thomas wissenschaftlich versucht, schafft Wolfram mit literarischen Mitteln.

literarisch „zweifelhaftes", dennoch christliches Motiv aus dem Koran übernommen und verständlich gemacht wird; wie es andererseits als erweiterte „zwîvel"-Metapher des Parzivalromans in apologetischer Absicht mit den Anfängen des Johannesevangeliums und dem Korananfang in Beziehung stehen könnte.

8.3 Das Abendmahlsmotiv im Koran und im „Parzival"
Glaubensmotiv - Märchenmotiv - Gralsmotiv

Im dichterischen Umwandlungsprozess muss ein historisches oder religiöses Motiv auf dichterischer Ebene nicht immer als ein „Gleiches" oder „Ähnliches" erscheinen, wie bei der Übernahme vieler Motive aus Chretiens Dichtung in Wolframs „Parzivalroman". Im Gegenteil: Ein Motiv, aus einer geschichtlichen oder religiösen Umrahmung übernommen, kann auf dichterischer Ebene in einem ganz anderen Gewande dennoch als das gleiche identifiziert! Das ist der Fall, wenn nicht nur Analogie, sondern auch Polarität als literarisches Mittel künstlerischer Gestaltung eingesetzt wird. Bei Wolfram geschieht dieser Gestaltwandel entweder mit Hilfe der bereits erwähnten Parodie oder ihres Gegenstücks, der Travestie: der Wiederaufhebung der vorhergehenden Parodie. Auf diesem Wege können ursprüngliche Motive ihr Aussehen bis zu Unkenntlichkeit verändern. Das klingt zunächst unwahrscheinlich und ist „theoretisch" auch nicht zu belegen.

Wenn man sich jedoch an gewisse Regeln des literarischen Gestaltwandels hält, kann man diesen Prozess durchschauen und zumindest – theoretisch – rückgängig machen, d. h. die Genese eines dichterischen Erscheinungsbildes von der literarischen Ebene auf die historische oder religiöse Quelle wieder zurückverfolgen. Mit Hilfe einer Gestaltanalyse lässt sich also ein dichterischer Prozess als „Anverwandlung und Umwandlung" von Motiven verstehen. Auf der Zeitachse lässt sich dieser Vorgang sowohl vorwärts als auch rückwärts gerichtet lesen und beschreiben. Dies soll exemplarisch an einigen Beispielen versucht werden.

Ein solches Verfahren könnte hilfreich sein bei der Suche nach einer zweiten, unbekannten Quelle des Parzivalromans, z. B. bei der Identifizierung von ursprünglichen Motiven aus anderen, etwa orientalischen Textquellen. Durch minimale Veränderung in andere Richtungen kann es nicht nur sein ursprüngliches Erscheinungsbild, sondern im Extremfall auch seinen Sinn in sein exaktes Gegenteil verkehren.

Wenn Wolfram zum Beispiel in der Einleitung zur Gralsszene sagt: „man sagte mir, diz sage ouch ich, uf iuwer iesliches eit" (Pz. 238,9-10 „Man sagte mir, so sag's auch ich"!), so könnte dies in Wahrheit auch heißen: Von dem, was ich euch jetzt erzähle, ist nichts wahr, weil es ein „Gerücht" ist! Im Kontext mit dem Gral, als dem Hauptmotiv dieser Szene, dem möglichen Symbol für das Abendmahlgeschehen, lässt sich die dichterische Absicht erkennen: Hier soll im Gegenzug, - in „metakritischer" Absicht und Form - ein zentrales Bild aus dem Koran - nämlich Sure 5 Vers 113-116[281] - „travestiert" werden. Das Abend-

---

[281] Koran, Sure 5 Vers 113-116:

mahlsmotiv, das Mohammed zweifellos biblischen Vorlagen entnommen und durch parodistische Variation dem Koran einverleibt hatte, wird nicht etwa theologisch oder philosophisch als unwahr dargestellt oder verbal zurück gewiesen. Es wird parodiert, d. h. ein wenig verändert, was den Vorteil hat, dass der Offenbarungscharakter des Ursprungstextes mit übernommen werden kann. Von Wolfram wird Mohammeds Parodie biblischer Motive und Ereignisse lediglich mit dem entsprechenden Gegenmittel, nämlich der Travestie, formal neutralisiert. Dem Helden der Geschichte („daz mochte er drinne erkennen" Pz. 239,4) oder auch dem Hörer bleibt es angesichts dieser Sachlage überlassen, selbst die Frage nach dem Gral zu stellen.

Wenn es in Sure 5,115 heißt: „O Allah .. sende uns einen Tisch vom Himmel herab mit Speisen ... gib uns Versorgung, denn Du bist der beste *Versorger*", so könnten folgende analoge Textteile aus der Gralsszene durchaus als Anspielung darauf verstanden werden:

„daz mohte er drinne erkennen
alles von des grâles craft.
diu werde geselleschaft
hete *wirtschaft* von dem grâl." (Pz. 239,3-7)

In der o. a. Sure 5,115 geht es ebenfalls um konkrete „Versorgung" und „Wirtschaftlichkeit" in der paradiesischen, jenseitigen Welt. Solche oder ähnliche Gedankengänge sind dem Christentum fremd. Deshalb ist die indirekte Kritik Wolframs an diesem Text, der sich als Offenbarungsliteratur versteht, der Form nach eine Travestie. Sie ist zwar im Romantext verborgen, aber so, dass man sie nicht übersehen kann. Man hat in der Literaturwissenschaft den Gral gelegentlich als eigenständiges Märchenmotiv verstehen wollen. Damit unterschätzt man nicht nur das dichterische Konzept des „Parzival", sondern auch die mögliche Herkunft dieses Motivs aus einer anderen orientalischen Quelle. Wenn man den ironischen Grundton der Einleitung in die erste Gralsszene nicht bemerkt, versteht man auch den hintergründigen Sinn dieses Textes nicht. Bewusst als Gerücht oder Märchen erzählt, geschieht das in der Absicht, dem übernommenen und veränderten Motiv auf diesem Umweg seine „ursprüngliche" Bedeutung zurückzugeben: wenn man es denn merkt. Dieser Eindruck von Satire wird in den auf die Einleitung folgenden burlesken Versen (Pz. 238) noch erheblich verstärkt.

Die o. a. Begründung „weil es ein Gerücht oder Märchen ist", steht zwar nicht expressis verbis im Text, aber im Zusammenhang mit den folgenden Versen zeigt sich eindeutig ein ironischer Gedanken im Blick den Gral. Die burleske Einleitung passt überhaupt nicht zum Charakter eines kultischen Mahles, wie es die erste Gralszene eigentlich sein sollte. Allzu

---

113. "Als die Jünger sprachen: 'O Jesus, Sohn der Maria, ist dein Herr imstande, uns einen Tisch mit Speise vom Himmel herabzusenden?', sprach er: Fürchtet Allah, wenn ihr Gläubige seid.'"
114."Sie sprachen: 'Wir begehren davon zu essen, und unsere Herzen sollen in Frieden sein, und wir wollen wissen, dass du Wahrheit zu uns gesprochen hast, und wollen selbst davon Zeugen sein.'"
115."Da sprach Jesus, Sohn der Maria: 'O Allah, unser Herr, sende uns einen Tisch vom Himmel herab mit Speise, dass er ein Fest für uns sei, für den Ersten von uns und den Letzten von uns, und ein Zeichen von Dir; und gib uns Versorgung, denn Du bist der beste Versorger.'"
116."Allah sprach: 'Siehe ich will ihn niedersenden zu euch; wer von euch aber danach undankbar wird, den werde ich strafen mit einer Strafe, womit ich keinen anderen auf der Welt strafen werde.'"

konkrete Jenseitsvorstellungen hinter dem Text werden mehr dadurch fragwürdig gemacht. – Man ahnt mehr, als man belegen kann, dass diese Szene auf einem Hintergrund betrachtet werden muss, der weniger mit biblischen als mit Jenseitsvorstellungen einer anderen Religion zu tun haben könnte. Jedenfalls stellt sich einem sensiblen Zuhörer schon hier die Frage, wie „ernst" die Geschehnisse um den Gral wirklich gemeint sind. Eine gewisse Zweideutigkeit des Hauptmotivs beeinträchtigt jedoch keineswegs die literarische Wirkung des dichterischen Bildes mit dem Namen „Gral". Im Gegenteil: Erst in seiner Zwiespältigkeit wird dieses Symbol zur persönlichen Gralsfrage für die Hörer. Denn das Motiv des „speisenden Tisches" - als Freundschaftsmahl Jesu mit seinen Jüngern - taucht auch im Koran als verbindliches Glaubensmotiv auf; ist also mitnichten ein „Märchenmotiv"!

Wenn man darüber hinaus auch noch erfährt, dass die, von Wolfram auf Romanebene travestierte Korangeschichte des Tisches und der Speiseszene[282], ihrerseits ursprünglich aus dem Evangelium stammt und eine spiegelbildliche Veränderung biblischer Berichte von der Brotvermehrung bzw. der Abendmahlsgeschichte ist, kann man die Absicht Wolframs verstehen: Er möchte durch formales Versagen der Anerkennung mit literarischen Mitteln die Koranvariante der biblischen Erzählungen neutralisieren und dadurch indirekt die biblisch authentischen Abendmahlsberichte wieder herstellen.

Nicht direkt, sondern auf mehrfach vermittelte Weise, nämlich „im Durchgang durch ein orientalisches Medium", wie Burdach sagte, wird der formale Glaubensanspruch einer konkurrierenden Religion von Wolfram in Frage gestellt. So hat der Gral als dichterisches Bild, das als Gerücht erzählt wird, auch noch eine apologetische Funktion im Sinne religiöser Auseinandersetzung. Das gleiche Motiv „Tisch" (Gral) steht also unter dem Aspekt des literarischen Gestaltwandels nacheinander als fiktives Bild für drei völlig verschiedene Tisch - bzw. Glaubensgemeinschaften:

- Als Abendmahlsszene oder Brotvermehrungsgeschichte in der Bibel;
- als paradiesische Feier - und Versorgungsrunde im Koran,
- als fiktive heils- oder unheilsgeschichtliche Tischgemeinschaft des Gralsgeschlechtes auf Romanebene.

Mit Recht könnte man an dieser Stelle fragen: Wie sollen denn die Zuhörer die angedeutete ironische Wende der Gralsgeschehens (die sog. „Lüge" Trevricents), auf die Wolfram offenbar großen Wert legt, überhaupt erkennen? Wird doch in dieser radikalen Wende völlig überraschend das Vertrauen der Zuhörer in den Erzähler und in das Gralsgeschehen stark erschüttert. Die âventiure gleitet an dieser Stelle in das wirkliche Leben und den Glauben der Hörer in der höfischen Gesellschaft über. Es erweckt den Anschein, dass Wolfram im Sinne einer ironischen Wende diesen radikalen Einschnitt bewusst geplant hat! - Was die Wahrheit der Geschichte betrifft (Pz. 238, 8-12), hätte also die

---

[282] Koran Sure 5, Vers 113-116 „Als die Jünger sprachen: 'O Jesus, Sohn der Maria, ist dein Herr imstande, uns einen Tisch mit Speise vom Himmel herabzusenden?', sprach er: Fürchtet Allah, wenn ihr Gläubige seid."

burleske Einleitung in die Gralsszene beim ersten Gralsbesuch schon stutzig machen müssen!

Nachdem nun also die âventiure an ihr Ziel (Parzival ist König!) gekommen ist, spielt sich in einer letzten Begegnung zwischen Parzival und Trevricent etwas ab, was dem Leser ganz und gar unverständlich erscheint. Der Erzähler selbst zieht der maere und den Zuhörern den Boden unter den Füssen weg, indem der Garant für die Wahrheit der Geschichte vom Gral nunmehr öffentlich bekennt: „Ich log!" Es gibt da nichts zu beschönigen. Der Dichter bekennt Farbe! Er „zerbricht" in der Tat mit diesem Schluss seines Gewährsmannes Trevricent auch eine Illusion, die mit der Spiegelszene am Ende von Buch VI ihren szenischen Anfang nahm:

„ze machen nem diz maere ein man,
der âventiure prüeven kann
unde rîme künne sprechen,
beidiu samnen und brechen." (Pz. 337,23-26)

Dieses letzte Mal gibt auch der Erzähler als Herr der Geschichte keinen poetologischen Kommentar mehr ab. Trevricent hatte in einer Form gelogen, wie auch ein Spiegel „lügt", aus dem – nach dem Willen des Erzählers - Gawan als das alter ego Parzivals aufgetaucht war und an Stelle des Helden die höfische Welt als Wahn erlebt hatte! Parzival hat am Ende aus der virtuellen Spiegelung seines Lebens als „Gawan" in die heilsgeschichtliche Wirklichkeit des Gralskönigstums zurückgefunden. Gawan war sang- und klanglos von der fiktiven historischen und literarischen Bühne verschwunden! Im Gegensatz zur virtuellen Existenz Gawans, der die höfische Welt als Wahn erlebte, gelten nun wieder andere „Gesetze"!

„Trevricent, der Einzige, aus dessen Worten Parzival (und der Hörer anstelle Parzivals) Hoffnung schöpfte, muss sich selber verleugnen. In Wirklichkeit ist es jedoch der Erzähler, bzw. Dichter. Trevricent begegnet uns im XVI. Buch als ein „Richter" (Tres-viri-cent!), der das „Lügen" nicht gelernt hat. Er muss sich allerdings Gesetzmäßigkeiten beugen, die im Bereich der Kunst liegen, nämlich der „Kunst als Lüge, die uns hilft, die Wahrheit zu verstehen" (s. Everding!).[283] Peter Wapnewski zieht die „Konsequenz aus der Last von Widersprüchen, die dieser Abschnitt in sich trägt: „Mit ihrer Eliminierung bräche dann zusammen, was man auf ihr an Spekulationen errichtet hat." Weiter heißt es „Solche Erkenntnisse der inneren Brüchigkeit des Abschnittes ließ uns dann auf einige stilistische und syntaktische Unebenheiten stoßen. Sie bestätigten unsere Zweifel an der ursprünglichen Echtheit der Rede und befürworten einen unmittelbaren Anschluss von 799 an 797."

Man kann dies aber auch so sehen: Damit die âventiure wieder auf dem Boden der Wirklichkeit – nämlich der geschichtlichen Welt außerhalb der literarischen Fiktion - ankommen kann, muss der Dichter sich im Verleugnen seiner maere üben, die in Wahrheit eine historische Situation „reflektiert" : nämlich die historische Auseinandersetzung mit dem Islam. So wäre Wolfram mit seiner Geschichte wieder auf dem Boden der Realität

---

[283] Wapnewsky 1955, S. 173 und 2. Zitat S. 172

des 12. Jahrhunderts angekommen. Ist es etwa literarisch nicht erlaubt selbstironisch den Hörern zu signalisieren: Ich habe zwar (innerhalb der Geschichte) nicht ganz die Wahrheit gesagt; aber schaut euch doch in der Realität um: Was ich bloß als „Märchen" (bzw. als Gerücht oder „Lüge " im künstlerischen Sinne!) erzählt habe, spielt sich doch auf der geschichtlichen, politischen Bühne im Streit mit dem Islam wirklich ab!

Unter diesem Eindruck, auf den es Wolfram anscheinend bewusst angelegt hat, werden plötzlich auch fiktive Bilder auf ganz unerwartete Weise für ein Verstehen der Wirklichkeit „bedeutend", nämlich durch die notwendige „künstlerische Lüge" Trevricents! Sie werden zu Entscheidungssymbolen und zu ganz persönlichen Gralsfragen, d. h. zu Entscheidungen im wirklichen Leben und Glaubensleben einer christlichen höfischen Gesellschaft.

Was die islamischen Elemente im Parzivalroman betrifft, so haben sie im o. a. Kontext nichts mit esoterischer Lehre zu tun. In seinem Forschungsbericht stellt Joachim Bumke eine Studie von Pierre Ponsoye so vor: „Nicht mit den Maßstäben unserer Wissenschaft kann das Buch von Pierre Ponsoye gemessen werden, das die islamischen Elemente im Parzival und ihren Zusammenhang mit der christlichen Symbolik 'im Lichte der traditionellen esoterischen Lehre' darstellt." Die von mir aufgeführten Beispiele haben weder mit Gnostik noch Esoterik etwas zu tun. Dass sich ihr Sinn mit den „Maßstäben einer rein philologischen Wissenschaft" erschließen lässt, wird nicht behauptet; eher schon sind es aethetische. In Abwandlung eines Wortes von Augustinus könnte man im Blick auf die Interpretation der sog. „Lüge", die nicht ins Konzept passt, sagen: Wolfram, „obwohl ein großer Künstler in großen Dingen, ist er doch auch in kleinen nicht kleiner, und was klein ist, muss man auch nicht nach seiner Größe, die dem Kleinen ja abgeht, sondern nach der Weisheit des Künstlers beurteilen."

Die sog. „Lüge" Trevricents mag im Konzept wie ein kleiner schwarzer Fleck erscheinen. Aufs Ganze gesehen steht sie jedoch genau an der richtigen Stelle. Sie hat für das Romangeschehen als Ganzes eine „umwerfende Wirkung", wie der Flügelschlag des Schmetterlings", der einen Orkan auslöste. Genau das war von Wolfram beabsichtigt! Jedenfalls lässt sich mit einer satirischen zweideutigen Position bestimmter Motive im Verhältnis zum Islam, auf die in der zweifelhaften Triade Parzival 798,1-30 reflektiert wird, dieser Teil der Dichtung nicht nur retten: Diese Triade ist von größter Wichtigkeit! Ihre Eliminierung ist aus dichterischen Gründen nicht gerechtfertigt, weil die satirische Seite des Parzivalromans dadurch gleichfalls ausgeschaltet würde, bzw. als solche nicht mehr erkennbar wäre. Man muss jedenfalls anerkennen, dass mit großem Scharfsinn dieser entscheidende Punkt der Dichtung von Wapnewski kenntlich gemacht wurde. Im Grunde ist hier nur mit den Mitteln künstlerischer Logik die von ihm angegebene Richtung im polaren Sinne „ergänzt" worden.

8.4 Das Messiasmotiv in seiner Doppeldeutigkeit im „Parzival"

Unter dem Aspekt gleichzeitiger Verehrung und Fragwürdigkeit steht nun auch die Figur des „edlen Heiden" Feirefiz. Sie lebt sozusagen im Naturstand, aus der „Vor-Zeit" stammend; in ihrer Existenz durch keine Ursünde oder Urschuld beeinträchtigt. Weil Feirefiz ohne eine fiktive[284] Erbschuld und Erbsünde lebt, gleicht er einem Naturwesen aus dem Grenzbereich einer paradiesischen „Parallelwelt". Wenn aufgrund seiner Namengebung schon Zweifel aufkommen, so werden sie noch dadurch verstärkt, dass Wolfram auf recht merkwürdige und „prophetische" Weise seinen „dichterischen Messias"[285] als ein „beschriebenes Pergamint" ankündigen ließ. Dies geschieht durch eine Zauberin mit Namen Cundrie, die wegen ihres „biestigen" Aussehens nicht die geringste Ähnlichkeit mit Menschen der höfischen Gesellschaft hatte. Diese Figur kommt aus einer anderen und völlig fremden Welt. Vordergründig wird die Neugier der Zuhörer an dieser Gestalt dadurch geweckt, dass ihr Erscheinungsbild von tierischen Attributen geprägt ist. Ein wenig „tierisch gefärbt", nämlich „elsternfarbig" ist auch das schwarz-weiße Erscheinungsbild des Helden, den sie verkündet. Damit wird die Beziehung zur inneren „Zwei-fell-haftigkeit" des Haupthelden hergestellt.

Außer diesen prophetischen Ankündigungen in den ersten Büchern erfährt man anfangs wenig über diese Figur selbst, mehr schon über das Geschlecht, dem Feirefiz angehört, über seine Eltern und die Welt, in der sich Gachmuret und Belakane begegnen. Wenngleich Feirefiz im Romangeschehen zwischenzeitlich nur erwähnt wird, so tritt er jedoch auf dem Höhepunkt der Parzivalhandlung umso größer in seiner „Erlöserrolle" in Erscheinung - nicht zuletzt - in zweifelhafter Mission. Das stellte sich erst in der zweiten Gralsszene heraus und wird später durch ein anderes Defizit bestätigt. Er konnte den Gral nicht sehen: Gehört also gar nicht zum Gralsgeschlecht!

Im Grunde handelt es sich bei Feirefiz, dem „gemachten Sohn" und literarischen Messias um ein „beschrieben Pergamint". Sein Erscheinungsbild hat offenbar mit Wörtern zu tun, die auf (s)einer Haut aufgeschrieben sind als Beleg für seine literarische Existenz. Im christlichen Verständnis ist Jesus das fleischgewordene „Wort" seines himmlischen Vaters. Soll etwa mit der „beschrifteten Haut" des Feirefiz auf ein konkurrierendes „Hl. Wörterbuch" angespielt werden? Die Schriftlichkeit eines Textes vermittelt Menschen, die weder schreiben noch lesen können, gelegentlich den Eindruck handgreiflicher Beweiskraft von heiligen Worten. Für Mohammed waren seine Worte, wenn sie aufgeschrieben und dadurch sozusagen dingfest gemacht wurden, „ohne jeden Zweifel" wahr. Er sagt: „Wenn Wir dir auch eine *Schrift* hinabgesandt hätten *auf Pergamint*, welche sie befühlt hätten mit ihren Händen, die Ungläubigen hätten selbst dann gesagt: Das ist nichts als

---

[284] Hier ist von einer „literarischen Erbsünde" die Rede: Feirefiz war zeitlich vor Parzivals Mord an Ither geboren worden. Er war also von der „fiktiven Erbsünde" Parzivals - dem Mord an Ither - auf Romanebene nicht betroffen. Parzivals „Urschuld" ist, konzeptionell gesehen, eine Analogie zur Kainstat, dem Mord an Abel, durch den die Mutter Erde ihre Jungfräulichkeit verlor, wie Trevricent erklärte.

[285] Das Fischer Lexikon, Bd. 1 Die nichtchristlichen Religionen, von Helmuth von Glasenapp. Über den Islam schreibt er S. 189: „ Die Lehre von den letzten Dingen ist nach persisch-jüdisch-christlichem Vorbild gestaltet. Nachdem es zuerst in der Welt immer schlechter geworden ist, wird zunächst ein MAHDI (d. h. von Allah 'Geleiteter') auftreten, der ein goldenes Zeitalter heraufführen wird. Danach aber geht alles seinem Untergang entgegen. Das Weltende beginnt unter mannigfachen Furcht erregenden äußeren Zeichen mit dem Erscheinen des Daddschal (Antichrist) und der Wiederkunft Jesu. Isa (Jesus), der nach islamischer Überlieferung nicht den Kreuzestod erlitten, sondern zu Gott entrückt worden war, wird den Antichristen töten, heiraten und den Islam verkündigen". In dieser Beschreibung lassen sich - in entsprechender Übertragung- einige Merkmale der Gestalt des Feirefiz wieder erkennen.

offenkundige Zauberei'" (Sure 6 Vers 8). Schimmert hier nicht eine Erinnerung an „leibhaftige Berührungen" als Beleg für Glaubwürdigkeit durch, die eben so gut aus dem Johannesevangelium stammen könnte: „Was von Anfang an gewesen, was wir gehört, was wir mit eigenen Augen gesehen, was wir geschaut und unsere Hände berührt haben, das verkünden wir vom Wort des Lebens" (vgl. 1 Joh. 1,1).

Für Mohammed hat die Schrift, d. h. die Möglichkeit, Worte auf Pergament zu bannen, eine magische Bedeutung. Als niedergeschriebenes Zeichen für ein Wort ist die Schrift in der Tat ein Beleg für die Identität mit dem dazugehörigen gesprochenen Wort: Man kann es mit Hilfe von Schriftzeichen immer wieder zum Leben erwecken. Das „beschriebene Pergamint" mit der unwiderstehlichen Beweiskraft des Geschriebenen, ist für Mohammed der Koran. Gemäß der von ihm abgelehnten qualitativen Deutung der Formel aus dem Johannesevangelium, nach der für das „eine Wort Gottes" die Person Jesu der „fleischgewordene Beweis" ist, gilt für die unendlich vielen Worte des Koran bereits das bloße „Geschrieben-Sein" als Beweis.[286] Mit seiner unendlichen Fülle von Wörtern ist er sozusagen ein „heiliges Wörterbuch", das als „das vollkommene Buch" etwas Leibhaftiges an sich hat. Das mag auch der Grund dafür gewesen sein, dass Wolfram seinen dichterischen „Messias" als „ein beschrieben Pergamint" ankündigte (Buch V) Wenn Feirefiz so beschrieben wird, ist das ein Zeichen dafür, wem er nahe oder in wessen Diensten er steht. Interessant ist schließlich noch eine Art Parallelführung der Gedanken in Evangelium, Koran und Parzivalroman:

- In der Bibel ist Jesus das eine Wort Gottes.
- Der Koran mit unendlich viele Wörtern Gottes ist ein vollkommenes Buch
- Im Parzival ist Feirefiz, der Bruder Parzivals „ein beschrieben Pergamint": ein „Buch mit sieben Siegeln"; eine ausgesprochen rätselhafte Figur.

Der Koran könnte als das „personifizierte Wörterbuch" Gottes bezeichnet werden; eine göttliche Offenbarung, die nicht „Fleisch", sondern „Hl. Schrift und Buch" geworden ist. - Dieser Gedanke ist dem Christentum nicht fremd: Wenn während des Gottesdienstes aus dem „Buch der Bücher" die Worte Jesu als lebendige Sprache „vergegenwärtigt" werden, spricht Jesus selbst, so glaubt die Kirche. Der Priester küsst deshalb das Buch, aus dem er vorgelesen hat, um mit dieser Geste die persönliche Nähe Jesu im Wort und Schrift zu dokumentieren. Nur ist diese „Berührung" im christlichen Gottesdienst Zeichen der gläubigen Verehrung der Gestalt Jesu als Gottessohn.

Jesus ist im Koran nur ein Mensch, genau gesagt nur ein geschaffenes, wenn auch verehrungswürdiges „gemachtes Ding". - Seine Empörung darüber scheint das Grundmotiv Wolframs für die Kreation der literarischen fiktiven Figur des „Feirefiz" gewesen zu sein. Als literarischer Messias ist er der „selbstgemachte Sohn" seines Schöpfers, des Dichters

---

[286] Koran, Sure 18, Vers 110: Sprich: „Wäre das Meer Tinte für die Worte meines Herrn, wahrlich, das Meer würde versiegen, ehe die Worte meines Herrn zu Ende gingen, auch wenn Wir noch ein gleiches zur Hilfe bräuchten." Sure 31, Vers 28: „ Und wenn alle Bäume, die auf dieser Erde sind, Federn wären, und der Ozean (Tinte), und sieben Ozeane würden nachträglich ihm hinzugefügt, selbst dann könnten Allahs Zeichen nicht erschöpft werden ..." Der Koran steht prototypisch für all diese Worte aus dem Munde Gottes, bzw. seines Engels Gabriel.

Wolfram von Eschenbach: ein „faire-fis".[287] Wenn nun die biblische Gestalt Jesu von Mohammed als „ein Ding" oder „gemachtes Geschöpf" parodiert wird, so ist „Feirefiz" als der „gemachte Sohn" in seiner komischen Erlöserrolle im Parzivalroman eine Travestie: Ein literarischer Kunstgriff, mit dem die Parodie wieder neutralisiert und damit aufgehoben werden soll.

Wer also im Feirefiz nur das Bild des „edlen Heiden" sieht, und nicht die Hintergründe des Bildmotivs erkennt, bemerkt nur die weiße Hälfte des im dichterischen Bilde dargestellten! Diese Figur steht zwischen zwei Welten und zwei Religionen!

8.5 Das „zwîvel-Motiv" in den programmatischen Anfängen des „Parzival", des Koran und des Johannesevangeliums

Nachdem der „Gral" und Feirefiz als „Messiasfigur" sich auf dem Hintergrund einer möglichen Auseinandersetzung Wolframs mit dem Islam, als durchaus zwiespältige Motive identifizieren ließen, ist zu fragen, ob nicht noch andere zentrale Motive des „Parzival" eine ähnliche, orientalische Herkunft erkennen lassen. Der Verdacht liegt nahe, dies könnte auch für die Konzeption des „zwîvel-Begriffs" zutreffen. Wie bereits gesagt, handelt es sich bei dem Wort „zwîvel" im Eingang des „Parzival" nicht um einen Begriff, sondern um ein Bild, das durch die sich wandelnde Bedeutung dieses Wortes (zwîvel als Äquivokation!) erzeugt wird. In diesem Zusammenhang könnte man mit Recht fragen: Was hat der literarische „zwîvel" Wolframs mit dem ersten Koranvers zu tun, der da lautet: „Dies ist ein vollkommenes Buch; es ist kein Zweifel darin". Im Blick auf den Anfang des Johannesevangeliums :„Im Anfang war das Wort, und das Wort war bei Gott" ist die gleiche Frage zu stellen. Er steigert sich zu dem Schluss: „Und das Wort ist Fleisch geworden und hat unter uns gewohnt und wir haben seine Herrlichkeit geschaut."(Joh, 1,1 und 1,14) Was haben „logos" und „zwîvel" als „Worte schlechthin" miteinander zu tun? Korrespondieren sie miteinander? - Wolfram schrieb, entgegen dem Wortsinn der oben genannten Hl. Schriften ein „unvollkommenes Buch", ein „Buch voller Zweifel" mit dem programmatischen Anfang: „Ist zwîvel herzen nachgebur, daz muoz der sele werden sur".[288]

Wenn aus methodischen Gründen der Anfang des Parzivalromans mit den Anfängen von Koran und Johannesevangelium konfrontiert wird, bedeutet das nicht, dass er diesen sanktionierten Texten etwa im Rang gleichgestellt oder als religiöse Literatur verstanden werden soll. Insofern ergibt sich jedoch eine Gemeinsamkeit und Vergleichbarkeit, als es sich bei diesen drei Texten - Bibel-Koran-Parzivaltext - formal um „gleiche", d. h. vergleichbare Texte handelt, weil es sich bei ihnen um literarische, d. h. poetisch verdichtete

---

[287] „feire" ist mit dem franz. Wort „faire" verwandt bzw. identisch; so wie das mhd Wort „keiser stm. kaiser" bedeutet (Lexer). „faire" ist, ähnlich wie im Deutschen das Wort „machen" ein Allerweltswort: in zahllosen Verbindungen mit anderen Worten hat es den Sinn von „machen" oder „herstellen" von etwas.
[288] Was den Christen im 12. Jahrhundert und auch heute noch als der Gipfel der Absurdität erscheint, sind die Aussagen des Korans über die Menschwerdung, das Leiden, den Tod und die Auferstehung Jesu Christi und die Lehre von der Trinität des Einen Gottes. Was über Hl. Dreifaltigkeit gesagt wird, hat m. W. mit dem, was Christen glauben nichts zu tun. Das war schon zu Wolframs Zeiten so, und ist es auch heute noch!

Sprachschöpfungen handelt. Man sollte sich darüber klar sein, dass man - etwa zum Zweck der Kritik oder des Vergleichs - mit wissenschaftlichen, theologischen oder philosophischen Argumenten gegen solche poetischen Texte nichts ausrichten kann; schon gar nicht, wenn sie sich, wie der Koran oder die Bibel ausdrücklich als Offenbarungsliteraturen verstehen. Ein Diskurs zwischen Christentum und Islam darüber, was, - vereinfacht gesagt - „wahr oder nicht wahr, glaubwürdig oder unglaubwürdig ist", kann nur auf einer strukturgleichen, dritten Ebene von Literatur „vermittelt" werden.

Insofern könnte die zweite Gralsszene im Parzivalroman, der ja eine fiktive, poetische Heilsgeschichte ist, durchaus ein „Zwischen-dinc" sein; ein Revisionsverfahren, in dem ein „Richter" mit poetischen Mitteln der Satire über die Frage entscheidet, was „rechtens sein soll". In der Rolle eines solchen „Richters", bzw. Dichters hatten sich Propheten immer schon verstanden. Das lässt sich - wie geschehen - an Beispielen im Verhältnis der Schriften von Christentum und Islam belegen.

Im Parzivalroman übernimmt „Trevricent" die Rolle eines „Richters". Sein Name hat, wie der aller anderen Akteure im „Parzival", zweierlei Bedeutungen: Er ist gleichzeitig Eigenname und „Programm": Als literarische Figur ist er der „Tre-viri-cent", der Richter. Dieser Name ist abgeleitet von „centum-viri"[289], einem „Hundertmänner"-Gremium, bzw. Richterkollegium aus dem alten Rom, das über die Festlegung der Steuern entschied. Trevricent steht mit dem Buch IX im Zentrum des Romangeschehens und entscheidet, was Parzival wissen muss, um sein „Heil zu wirken". Was er im Einzelnen sagte, soll hier nicht kommentiert werden. Besonders wichtig ist seine Selbstbezichtigung einer „Lüge" am Ende des Romangeschehens, die in Wirklichkeit keine ist.

Wenn Trevricent also am Schluss der Geschichte des Grals von sich sagt „ich loc", soll damit gesagt sein, dass der Status der maere vom grâl ab sofort als märchenhafte Erzählung oder als bloße literarische Fiktion aufgehoben sein soll. Es geht um den Übergang vom Romangeschehen in die Realität. Die Gralsfrage, m. a. W. die spezielle Frage nach dem Verhältnis von Christentum und Islam ist im 12. und 13. Jahrhundert tatsächlich von größter politischer und geschichtliche Relevanz. Trevricents Aussage soll bedeuten: Mit meiner Aussage „ich log" ist der Roman in der Realität angekommen. Das Märchen ist aus! Wir sind in der Realität angekommen. Dieser abrupte Übergang von der Romanbühne auf die politische Ebene hat, damals wie heute, viele irritiert. Die Strukturen von Roman und Realität werden am Ende tatsächlich verwischt; um nicht zu sagen absichtlich vermischt: Ohne Rücksicht darauf, ob ein Publikum das akzeptiert oder nicht.

Über die orientalischen Quellen des Parzivalromans ist in der Forschung heftig spekuliert und gestritten worden. Nach Paul Kunitsch gibt es drei Informationsquellen: „1) die Welt- und Erdkunde seiner Zeit... 2) die aktuellen Berichte von Pilgern, Kaufleuten und Kreuzfahrern... 3) ein allgemeines, diffuses Wissen um die wissenschaftliche lateinische Übersetzungsliteratur aus dem Arabischen (mit dem Zentrum in Toledo im 12. Jahrh.)...Was es

---

[289] Langenscheidts Taschenwörterbuch Lateinisch-Deutsch 1984 : „centum-viri, orum m die Hundertmänner (ein Richterkollegium in Privatsachen); adi.. -viralis,e". Im dtv-Lexikon heißt es: Ein „Triumvir" (lat. Mz. tresviri) ist im alten Rom das Mitglied eines Triumvirats: „ein zur Wiederherstellung des Staates geschaffenes Ausnahmeamt".

nicht gibt, und was trotzdem von germanistischer Seite immer wieder postuliert wurde, ist eine einheitliche arabische Quelle, aus der Wolfram den gesamten Orientanteil des ‚Parzival' geschlossen übernommen haben könnte."[290] Kunitsch bestätigt in diesem Beitrag das umfangreiche Wissen Wolframs über den Orient und meint schließlich, dass „Wolfram seine Version der Gral-Geschichte eng mit dem Orient assoziieren wollte" (S. 109). Das Christentum hat orientalische Quellen. Hinzuzufügen wäre noch, dass Wolfram sich dem Orient näherte, nicht allein, um sich ihm zu „assoziieren", sondern vor allem zu „dissoziieren".

Über die Gründe erfährt man nur dann etwas, wenn man als Interpret des Parzivalromans den Koran ebenso gut kennt, wie Wolfram und dazu die Bibel mit dem Alten und Neuen Testament. Das wird von Wolframforschern vielleicht anders gesehen; zumal dann, wenn man sich mit dem Koran bisher nur wenig oder noch nie beschäftigt hat. Überhaupt leiden gegenwärtig viele Versuche zu einem Dialog zwischen Christen und Muslimen zu kommen daran, dass man generell viel zu wenig voneinander weiß. Das bestätigen meine Erfahrungen aus einigen Jahren, in denen ich an Gesprächen zwischen Muslimen und Christen teilgenommen habe. Eine dieser gemeinsamen Sitzungen eröffnete ein Sprecher der muslimischen Seite beispielsweise so: „Ich weiß gar nicht, was die Christen eigentlich gegen die Muslime haben. Wir verehren Maria, die Mutter Jesu, ebenso wie die Christen. Auch Jesus ist, wie bei den Christen, im Islam ein hochverehrter Prophet".

Solche Aussagen sind zwar nicht falsch, aber auch nicht richtig: In Sure 3 Vers 46 heißt es über Maria[291]: „(Wie) die Engel sprachen: ‚O Maria, Allah gibt dir frohe Kunde durch ein Wort von ihm: sein Name soll sein der Messias, Jesus, Sohn Marias, geehrt in dieser und in jener Welt, einer der Gottnahen'". Im übernächsten Vers (Sure 3, Vers 48) fragt Maria den Engel mit denselben Worten, wie sie jeder Christ aus der Bibel kennt: „Mein Herr, wie soll mir ein Sohn werden, wo mich kein Mann berührt hat?" Die Antwort darauf Antwort ist schockierend: „So ist Allahs (Weg), Er schafft, was ihm gefällt. Wenn er ein Ding[292] beschließt, so spricht er zu ihm: ‚Sei'!, und es ist." Eine solche Auskunft ist alles andere, als eine beiden Religionen „gemeinsame Verehrung" von Jesus und seiner Mutter. Im Lukasevangelium erhält Maria auf die gleiche Frage an den Engel folgende völlig andere Antwort: „Heiliger Geist wird über dich kommen, und die Kraft des Höchsten wird dich überschatten; darum wird auch das, was geboren wird, heilig genannt werden, Sohn Gottes."

Ein andermal ging es in der Diskussion um das Problem der Trinität. Nach islamischer Auffassung hat die christliche Lehre von der Dreifaltigkeit Gottes mit Vielgötterei zu tun.

---

[290] Kunitsch,. 1984 S. 80

[291] Koran, „So ist Allahs (Weg), Er schafft, was ihm gefällt. Wenn er ein Ding beschließt, so spricht er zu ihm: ‚Sei'!, und es ist."

[292] Koran, vgl. hierzu Sure 9, Vers 30: „die Juden sagen, Esra sei Allahs Sohn, und die Christen sagen, der Messias sei Gottes Sohn. Das ist das Wort ihres Mundes. Sie ahmen die rede derer nach, die vordem ungläubig warn. Allahs Fluch über sie! Wie sind sie irregeleitet!"
Sure 9 Vers 31: „Sie haben sich ihre Schriftgelehrten und Mönche zu Herren genommen neben Allah und den Messias, den Sohn der Maria. Und doch war ihnen geboten, allein den Einigen Gott anzubeten Es ist kein Gott außer ihm. Allzu heilig ist Er für das, was sie (ihm) zur Seite stellen."

Dieser Vorwurf wird im Koran als sog. Entschuldigung Jesu in der Sure 5 Vers 117 artikuliert. Darin heißt es: „Und wenn Allah sprechen wird: ‚O Jesus, Sohn der Maria, hast du zu den Menschen gesprochen: „Nehmet mich und meine Mutter als zwei Götter neben Allah?", wird er antworten: „Heilig bist Du: Nie konnte ich das sagen, wozu ich kein Recht hatte. Hätte ich es gesagt, Du würdest es sicherlich wissen. Du weißt, was in meiner Seele ist, aber ich weiß nicht, was Du im Sinn trägst. Du allein bist der Wisser der verborgenen Dinge."

Den Korantext hatte ich vorgelesen; das Buch noch nicht aus der Hand gelegt, da fiel mir mein Nachbar mit der Hand in den Arm, starrte mich entgeistert an und fragte erschrocken: „Steht das da wirklich so drin?" Er konnte und wollte es gar nicht glauben! - Nach der Sitzung habe ich den „geistlichen" Mitorganisator dieser Gespräche, gefragt: „Haben Sie schon mal den Koran gelesen?" „Wer tut sich das schon an"! war die spontane, aber auch enttäuschende Antwort. - Alois Glück, der 2010 neu gewählte Vorsitzende des Katholikenausschusses wurde jüngst bei einem Fernsehauftritt mit derselben Frage konfrontiert: „Haben Sie schon mal den Koran gelesen"? Auch er - an der Spitze aller Katholiken Deutschland stehend - musste die Frage mit einem klaren „Nein" beantworten. Eine weit verbreitete Ahnungslosigkeit scheint für deutsche und europäische Intellektuelle typisch zu sein. Wie sagte Louis Halphen (1880-1950), ein französischer Historiker und Islamexperte treffend: „ Die Siege der Araber sind darauf zurückzuführen, dass die Welt, die sie angriffen, reif war für ihren Untergang."[293]

Eine ähnlich problematische Situation zwischen Christentum und Islam war im 12./13. Jahrhundert entstanden. Wolfram hatte die Verständnislosigkeit seiner Zeitgenossen in dieser Situation mit dem Schicksalsrätsel seines Parzivalprolog so kritisiert: diz vliegende bîspel ist tumben liuten gar ze snel, sine mugens nicht erdenken, wand ez kan vor in wenken, rehte alsam ein schellec Hase". Nicht zuletzt war seine „verzweifelte" Sorge um den Fortbestand der am Boden liegenden Christenheit und des Reiches das treibende Motiv für die Entstehung der beiden grandiosen mittelalterlichen Dichtungen „Parzival" und „Willehalm".

Wolfram hatte erkannt, dass die christliche, außerordentlich komplexe Messiasvorstellung im Koran durch gezielte parodistische Variation auf eine historisch begreifbare diesseitige Gestalt Jesu reduziert worden war. Da Wolfram mit dem „Parzival" eine fiktive, literarische Heilsgeschichte konzipierte, bediente er sich nun dieser der historisierten „Mahdi"-Figur (alias Jesus) als eines innerweltlichen Messias für seine Romanebene. „Feirefiz" - eine Wortschöpfung Wolframs - der „gemachte Sohn" wird zum Bruder und „Erlöser" für seinen Helden Parzival auf Romanebene. Er „erscheint" als „gottnahe" Figur aus einer orientalischen Quelle. Aufgabe des Publikums war es, seine „stiure" zu entrichten und zu erraten welche Quelle gemeint war.

Auf der fiktiven Ebene des Romans übernimmt Feirefiz für seinen Bruder eine relative - zum Christentum parallele - jedoch zweifelhafte Erlöserrolle: Jedenfalls bis zur zweiten Gralsszene Diese Figur, als der personifizierte zwîvel oder Unglaube Parzivals, und die

---
[293] „KOMMA", Nr. 69-70, S. 11

mit ihr verbundene Vorgeschichte fällt im Revisionsverfahren - der zweiten Gralsszene als einem „dinc" - letztendlich aus dem literarischen Rahmen und endet - gemäß der sog. „Lüge" Trevricents - auf dem Boden der geschichtlichen Realität im 12/13. Jahrhundert. Feirefiz wird getauft und dadurch Mitglied des Gralsgeschlechtes. Als christlicher Missionar geht er nach Indien.

8.6 Die Herkunft wichtiger Bildmotive der Gralsszene

Hauptthema des Streites zwischen Islam und Christentum war der „Trinitätsglaube". Der Streit um dieses Thema hat im Parzival- und Willehalmepos breite Spuren hinterlassen. Wolfram musste also nicht lange nach literarischen Motiven suchen, denn das christliche Menschenbild ist von diesem biblischen Gottesbild her entscheidend geprägt. In den geistigen und militärischen Auseinandersetzungen mit dem Islam drängten sich die Probleme um das dreifaltige Gottes- und Menschenbild förmlich auf. Nicht zuletzt scheint das der Grund zu sein, weshalb der Romanheld Parzival in drei Teilfiguren das Romangeschehen als ein Ganzes bestimmt.

Im Parzivalroman wird so häufig auf „Trinität" Bezug genommen, dass man die Bedeutung dieses Motiv gar nicht übersehen kann. Man sollte sich jedoch daran erinnern, dass es im „Parzival" nicht primär um Trinität als religiöses Motiv geht, sondern um die fiktive Version eines christlichen Menschenbildes: Parzival-Gawan-Feirefiz sind drei literarische „Teilfiguren", als „Personen" eines „Wesen" mit dem Namen „Parzival". Als solcher ist der Held das fiktive Bild, die literarische „Imago Dei" des dreifaltigen Gottes gemäß der biblischen Lehre vom Menschen. Um diese Differenz bewusst zu machen und nicht aus dem Auge zu verlieren, wäre es aus methodischen Gründen sinnvoll, von einem fiktiven, „dreifältigen" Menschenbild im Roman sprechen. Trotz einer solchen Beschränkung auf ein „literarisch religiöses Menschenbild" und der damit ausgesprochenen „Bescheidenheit" im Sinne des Dichters, kann seine Dichtung als eine Apologie des Christentums verstanden werden.

Entgegen vielen Erklärungsversuchen zur Richtigstellung der christlichen Trinitätslehre hält der Islam an missverständlichen Äußerungen über diese Lehre fest. Sie sind in den Suren des Koran - ein für allemal - schriftlich fixiert. Problematisch wird das Verhältnis von Christentum und Islam besonders dadurch, dass an dem unmittelbar geoffenbarten Wort Allahs im Koran kein „Jota" geändert werden darf, weil Mohammed sich als das „Siegel der Propheten" verstand. Es bedeutet, dass theoretisch keine andere Offenbarung - auch keine Kritik - mehr möglich sein soll! Insofern könnte sich die Christenheit beispielsweise nicht einmal mehr gegen den absurden Vorwurf zur Wehr setzen, Jesus habe zu den Menschen gesprochen: „Nehmet mich und meine Mutter als zwei Götter neben Allah" (Sure 5,117). Das gleiche gilt für die andere Behauptung, die Christen „haben sich ihre Schriftgekehrten und Mönche zu Herren genommen neben Allah und den Messias, den Sohn der Maria" (Sure 9, Vers 31). Weder in der Bibel noch in der christlichen Tradition und in der gegenwärtigen kirchlichen Lehre gibt es dafür irgendwelche Anhaltspunkte.

Die Vergeblichkeit[294] eines theologischen Diskurses zwischen Christentum und Islam scheint auf diese Weise garantiert zu sein. Wolfram wird eingesehen haben, dass theologische oder philosophische Missverständnisse nicht zu klären waren. Er ließ sich jedoch nicht davon abhalten zu erklären, was er gläubiger Christ und Dichter dazu zu sagen hatte. Er wählte im Parzival- und Willehalmepos eine poetische, indirekte Form der Auseinandersetzung mit dem Islam.

Wie man weiß, lösten Zeit islamkritische Aussagen von Papst Benedikt XVI. in seiner „Regensburger Vorlesung" vor wenigen Jahren „zunächst Irritationen, dann Empörung und Protest auf islamischer Seite aus, bevor genau von dieser Vorlesung schließlich ein entscheidender Anstoß zum Dialog ausging. Dafür steht vor allem ein Brief, mit dem sich 138 überwiegend sunnitische Gelehrte - 85 Prozent der Muslime sind Sunniten - Ende 2007 an Benedikt XVI. wandten."[295] Abschließend heißt es: „Trotz widersprüchlicher Signale in der Kirche wie auch bei den Schiiten und Sunniten ist der Dialog der Gelehrten zwischen Christen und Muslimen zum Teil erstaunlich lebendig. Vielleicht geht davon auf lange Sicht doch ein Hoffnungsschimmer aus für Verständigung zwischen den Religionen und damit auch zwischen den Kulturen, Völkern und Nationen." Dem ist nichts hinzu zu fügen.

---

[294] Koran, Sure 19,89-92: „Und sie sprechen: „Der Gnadenreiche hat sich einen Sohn beigesellt. Wahrhaftig, ihr habt da etwas Ungeheuerliches getan! Die Himmel möchten wohl darob zerreißen und die Erde auseinander bersten und die Berge in Trümmer zusammenstürzen. Weil sie (die Christen d. V.) dem Gnadenreichen einen Sohn zugeschrieben haben."
[295] Christ in der Gegenwart, Kath. Wochenzeitschrift, 60. Jahrgang, Nr. 20, 18. Mai 2008, S. 208

9. Vom „Parzival" zum „Willehalm"

Aus der Kenntnis des Verhältnisses zwischen Christentum und Islam, das von islamischer Seite mit der Forderung nach „Unterwerfung" (= Islam) verbunden ist, wird die Einstellung Wolframs verständlich. Sie zeigt sich in der Gestalt seines zweiten großen Werkes, dem „Willehalm" darstellt. In den „latinischen buochen", der ersten Übersetzung (1134) des Koran durch Ketton (Kiot) im Auftrag des Abtes Petus Venerabulis, heißt es, an die Adresse der Christen gerichtet: „ ... ne dicatis Deos tres esse, cum non sit nisi Deus unus, qui filio caret."[296] Die direkte Antwort Wolframs darauf sind die beiden ersten lapidaren Verse des Willehalm-Prologs:

„Ane valsch dû reiner,
dû drî und doch einer," (Willehalm I,1-2)

Zum Romananfang und zum Konzept des „Willehalm" sei abschließend nur ein Gedanke vorgetragen, der bisher noch keine Beachtung gefunden hat. Hinter dem Prolog des „Willehalm" in der Form eines Gebetes steht zweifelsos ein politischer, wenn auch utopischer Gedanke; die Vorstellung nämlich, dass eine zugleich irdische und himmlische Liebe zwischen Willehalm und Arabella (Gyburc), einem christlichen König und einer ehemals heidnischen Königin, das Modell für die Begegnung von Menschen aus verschiedenen Kulturkreisen sein könnte. Es lohnt sich daher, einige im Text verstreute Hinweise zur Vorgeschichte dieser Liebesbeziehung in die eigenen Überlegungen einzubeziehen.

Die siebenjährige Vorgeschichte dieser Liebe - und des Epos - und die damit verbundene Wunschvorstellung von einem freien und friedvollen Zusammenleben trotz religiöser und politischer Verschiedenheit ist wichtig, weil sie als Utopie das Gegengewicht zum hinreichend bekannten apokalyptisch anmutenden Ende des Romans bildet. Sie belegt, dass das Konzept des „Parzival" im „Willehalm" auf anderer Ebene eine Fortsetzung findet. Blieb der Roman vielleicht deshalb unvollendet, weil - damals wie heute - ein Ende der Auseinandersetzungen zwischen Christentum und Islam nicht denkbar war oder ist?

Inhaltlich geht es um folgendes: „Willehalm, Hauptfigur des zweiten großen höfischen Romans von Wolfram von Eschenbach....W. verteidigt seine Gemahlin Gyburc, getaufte Tochter eines Heidenkönigs, gegen das zu ihrer Rückgewinnung anrückende Heidenheer. In der ersten Schlacht bei Aliscanz unterliegen die Christen. In der zweiten Schlacht trägt der junge Rennewart, Gyburcs unerkannter Bruder, entscheidend zum Sieg der Christen bei" (dtv-Lexikon). Kurz und treffend ist auch die Auskunft über die Vorgeschichte zum Willehalm in der Fachliteratur:

---

[296] Der Koran, 1992, S. 98 Sure 4,172 übersetzt. „ und saget nicht: ‚Drei'. Lasset ab - ist besser für euch. Allah ist nur ein Einiger Gott. Fern ist es von seiner Heiligkeit, dass er einen Sohn haben sollte."
Weitere Belegstellen aus dem Koran, in denen die Gottheit Jesu bestritten wird: 2,117; 2,254, 3,4; 3,48; 3,60; 3,65; 3,152; 4,172; 5,74; 5,117; 9,31; 9,33; 10,69; 17,112; 18,5; 19,36; 19,89; 19,92; 19,93; 21,27; 21,92; 23,92; 25,3; 30,36; 30,41; 31,16; 39,5; 43,20; 43,64; 43,82 etc.

„Willehalm wurde wie seine sechs Brüder von seinem Vater Heinrich von Narbonne zugunsten eines Patenkindes enterbt und ist gezwungen, selbst sein Glück zu machen. Er dient, wie man später erfährt, Karl dem Großen, wird Markgraf der Provence und gewinnt im Orient die Liebe der heidnischen Königin Arabel, die ihren Mann Thybalt und ihre Familie verlässt und Christin wird (unter dem Namen Gyburc). Sieben Jahre vergehen, in denen die Heiden ein gewaltiges Heer sammeln. Mit der Landung dieses Heeres an der provenzalischen Küste setzt die Handlung des Willehalm ein."[297]

Wolfram kleidet diese Vorgeschichte, die im Roman erst nach und nach bekannt wird, in die Form einer nicht ausgesprochenen Utopie: In die wünschenswerteste aller möglichen Vorstellungen nämlich, dass das persönliche Liebesverhältnis eines christlichen Königs (Willehalm) und einer heidnischen Königin (Arabella) Vorbild für ein „verwandtschaftliches", von gegenseitiger Achtung und Zuneigung getragenes Verhältnis von Christen und Heiden sein möge oder könne. Diese Utopie ist gleichzeitig der Grund für die schlimme Befürchtung, dass gerade eine solche Liebesbeziehung die Ursache für eine unvorstellbare, endzeitlich anmutende kriegerische Auseinandersetzungen zwischen Christentum und Islam sein könnte. Dass sich derartige Utopien nicht realisieren lassen, dafür ist die Geschichte Willehalms ein Beispiel. Dennoch sind der Held dieses Romans Willehalm ebenso wie der Erzähler von der Hilfe Gottes für die Christenheit überzeugt. Als Garanten für diese Idee agieren ausgerechnet seine beiden Figuren Gyburc und Rennewart mit ihrer islamischen Herkunft.

Der Kampf zwischen Christen und Heiden endet schließlich in der zweiten Schlacht mit einem Sieg der Christen. Damit scheint aber der Krieg nicht entschieden. Im unvollendeten Roman, der an dieser Stelle abbricht, lebt die Hoffnung weiter, dass sich vielleicht ein zweites „Wunder der Liebe" (wie zwischen Willehalm und Arabella) am Ende wiederholen möge in der Liebe zwischen Rennewart und Alyse, der Nichte Willehalms. Allerdings ist dieser junge Mann am Ende des Krieges unauffindbar. Damit erübrigt sich die weitere Frage, ob sich damit nicht auch die Kriege wiederholen würden.

Rennewart war als Junge von „Kaufleuten" aus seiner Heimat entführt worden und an den Hof des französischen Königs gelangt. Weil er sich absolut nicht taufen lassen wollte, hatte man ihm eine höfische Erziehung verweigert. Obwohl von königlicher Abkunft, wie sich später herausstellte, war er für niedere Küchendienste „abgestellt" worden. In höfischen Dingen verhielt er sich wie der junge Parzival. Willehalm hatte ihn jedoch aus dieser Umgebung befreit und wegen seiner Bärenkräfte als Mitstreiter im Kampf gegen die heidnischen Truppen, die von seinem eigenen Vater Terramêr angeführt wurden, gewinnen können.

Willehalm, dem Helden dieser Geschichte, war es also gelungen, das Herz und die Hand einer „schönen Araberin" zu erringen. Wie er das angestellt hatte, darüber verliert der Autor zunächst kein Wort. Lapidar heißt es im Text nur:

---

[297] Kiening, 1993 S. 213.

„Arabeln Willalm erwarp,
darumbe unschuldic volc erstarb.
die minne im leiste und ê gehiez,
'Gyburc' si sich toufen liez. (Willehalm 7,27-30).

„Willehalm gewann Arabella; weswegen viele unschuldige Menschen ihr Leben lassen mussten. Sie gewährte ihm ihre Liebe und wurde seine Gemahlin. Auf den Namen ‚Gyburc' ließ sie sich taufen."

Diese Kurzinformation aus dem ersten Buch des „Willehalm" erweckt den Eindruck, als ob Willehalm, wie zu seiner Zeit üblich, die treibende Kraft beim Zustandekommen dieser Liebesbeziehung gewesen sei; dass *er* es beispielsweise war, der die „schöne Araberin" verführt oder entführt habe. Erst in einem späteren Gespräch Gyburcs (220,11-13) mit ihrem heidnischen Vater, König Terramêr, erfährt man beiläufig, dass die Geschichte von Gyburc und Willehalm einen völlig anderen Anfang nahm, als man aus den ersten Versen, in denen der Name Gyburcs auftaucht, schließen konnte.

Nicht Willehalm „erwarp" bzw. „eroberte" Gyburc. Sie selbst war es, die Willehalm im engeren und weiteren Sinn des Wortes „freite" und aus seiner Gefangenschaft befreite. Sie „entführte" ihn zunächst an ihren Hof und organisierte danach die gemeinsame Flucht. Heimlich verließ Arabella - wie sie vorher genannt wurde - ihren heidnischen Mann Thybalt und floh mit ihrem „Gefangenen" (Willehalm) per Schiff ins „Land der Getauften". So erfährt man, dass die „Bekehrung der königlichen Heidin" völlig gewaltlos und die Eheschließung mit Willehalm lange vor Beginn des Romangeschehens und des großen Krieges erfolgt war.

Gyburc berichtet in einem späteren Gespräch mit ihren Vater, wie sie Willehalm kennen gelernte hatte. Dies geschah im Zusammenhang mit seiner Gefangennahme durch König Synagun. Dieser hatte ihn fesseln und in Ketten legen lassen. Thîbalt hatte u. a. von Willehalms Heldentaten berichtet und damit wohl das Interesse seiner Frau an diesem Helden geweckt. Mit Bezug darauf heißt es im Text:

„der begund ouch mîner minne gern,
dô in der künic Sînagûn,
Halzebieres swester sun,
in eime sturme gevienc," (Willehalm 220,14-17)

„Da begann auch meine Liebe, als der König Sinagun, ein Schwestersohn von Halzebier, ihn bei einem stürmischen Angriff gefangen nahm." Gyburc berichtet weiter:

„dô was ich künneginne dort
und pflac vil grôzer rîcheit
sus lônde ich sîner arbeit:
von boien und von anderem sînem versmiden
macht ich in ledic an allen sînen liden
unt vuor in toufbariu lant.
ich diente des hoesten hant". (Willehalm 220,27-30)

Zu der Zeit war ich als Königin dort und von großem Reichtum umgeben. Und auf diese Weise belohnte ich ihn für seine Verdienste: Von Fesseln und anderen eisernen Ketten machte ich ihn frei und floh mit ihm ins Land der Christen."

Als Willehalm völlig machtlos, gefangen und gefesselt war, gelang ihm seine größte „Heldentat": In einer Situation völliger Machtlosigkeit konnte er die heidnische Königin Arabella, von sich, seiner Liebe und seinem Glauben überzeugen. Sie schenkte ihm freiwillig ihre Liebe und nahm seinen Glauben an. In der Konstellation der beiden Hauptfiguren in der Vorgeschichte geht es dem Erzähler wohl auch um das Problem der gewaltlosen Glaubensvermittlung und Glaubensfreiheit, die in starkem Kontrast zur Schilderung des apokalyptischen Kriegsgeschehens im Roman selbst steht. Dieser Gedanke ist für den Fortgang der Geschichte mindestens so wichtig, wie die später über Christen und Heiden berichteten zweifelhaften Helden- oder Gräueltaten.

Im Kampf zwischen Thybalt (mhd. *Tîbalt*), dem früheren Ehemann Arabellas, und Willehalm geht es um die „Frau schlechthin" als Königin und Mutter eines bzw. zweier Völker im weitesten Sinne des Wortes. Der Kampf um diese Frau ist identisch mit dem Entscheidungskampf zwischen Christentum und Islam um die Menschheit insgesamt. Willehalm hatte sie ohne jedes Ansehen und ohne Macht, d. h. in seiner größten „Ohnmacht" - in seiner Gefangenschaft - für sich gewinnen können. Das spricht für eine besondere „missionarische" Qualifikation neben seinen anderen Qualitäten im ritterlichen Dienst und Kampf.

Nicht nur der christliche Glaube sollte „niedergetreten" werden (17,22), wie der Erzähler sagt. Die Zielvorstellung Teramers (mhd. *Terramês*) war es, das ganze „heilige römische Reich" von Rom bis Aachen zu erobern. Zu diesem Zweck hatte man sich sieben Jahre lang militärisch auf den Krieg vorbereitet. Nicht zuletzt ging es den Heiden auch darum, ihre zur Christin gewordene Königin zurück zu gewinnen. Der Kampf um diese „Frau schlechthin", hatte zu einer unvorstellbar blutigen Auseinandersetzung zwischen Christentum und Islam geführt. Die besondere Tragik besteht darin, dass der grausame Krieg, bei dem tausende unschuldiger Menschen ihr Leben lassen mussten, auf „familiärer" Ebene ausgetragen wurde. Gyburc steht dabei stellvertretend für beide Seiten der sich streitenden Menschheitsfamilie im Kampf um Glauben und Unglauben.

Sie ist damit die Figur, in welcher der Entscheidungskampf zwischen Christentum und Islam, zwischen Glauben und Unglauben zum persönlichen Schicksal wurde. In ihr sind die Ideen des Willehalmepos am klarsten verwirklicht. Ihre Herkunft, ihr Name und ihre Rede am Abend vor der Schlacht vor den versammelten christlichen Fürsten überstrahlen trotz allem das sich anschließende apokalyptische Schlachtengetöse. Die ehemals heidnische Königin Arabella und ihr heidnischer Bruder Rennewart entscheiden schließlich, wider alle Vernunft und Wahrscheinlichkeit, den Endkampf zugunsten der Christenheit.

Der Prolog zum „Willehalm" ist wegen seiner hervorragenden Position als Anfang des Romans ein Aufruf zur geistigen Auseinandersetzung mit dem Islam. Als Gebet zur Heiligsten Dreifaltigkeit ist er expressis verbis eine nicht zu überhörende Reaktion auf viele Kampfansagen des Koran gegen den Trinitätsglauben der Christenheit. Der Form nach handelt es sich jedoch auch um die literarische Antwort eines gläubigen Dichters, der auf den Namen der Heiligsten Dreifaltigkeit getauft ist und sich so versteht: Wolfram von Eschenbach. Der Prolog des „Willehalm" ist sein persönliches Glaubensbekenntnis.[298] Achthundert Jahren später kann es den heutigen Leser noch überzeugen.

Was das Verhältnis von Vernunft und Glauben im Dialog zwischen Christentum und Islam betrifft, so gibt es inzwischen deutliche Zeichen einer Verständigung zwischen den Religionen: „Glaube und Vernunft sind Geschenke Gottes, widersprechen einander nicht und sind in sich gewaltlos. Diese Aussage ist Teil einer gemeinsamen Erklärung, auf die sich acht katholische und acht schiitische Theologen einigten".[299] Damit bleibt die Hoffnung, dass sich Erkenntnisse über die Vereinbarkeit von Vernunft und Glauben doch noch auf die Ebene politischen Handelns zwischen Völkern verschiedener Kulturen und Religionen übertragen lassen.

---

[298] Die dichterische Form der Übersetzung stammt von Gertrud Bäumer.
[299] Katholisch-schiitischer Dialog über Vernunft und Glaube, in: Christ in der Gegenwart, Kath. Wochenzeitschrift, 60. Jahrgang, Nr. 20, 18. Mai 2008, S. 208

10. Der Prolog des „Willehalm"

„Ane valsch dû reiner,	„Ohn' falsch du reiner,
dû drî unt doch einer,	du drei und dennoch einer,
schepfaere über alle geschaft,	wenn ewig deiner stäte kraft,
âne urhap dîn staetiu kraft	die alles leben zeugt und schafft
âne ende ouch belîbet.	die anfanglos ohn' ende bleibt,
ob diu von mir vertrîbet	wenn die aus meinem s i n n vertreibt
gedanke, die gar vlüstic sint;	gedanken, die verderblich sind
sô bistû vater und bin ich kint,	so hilfst als vater du dem kind.
hôch edel ob aller edelkeit.	Du edler hoch ob allem adel,
lâ dîner tugende wesen leit,	kränkt' ich durch mein vergehen dich,
dâ kêre dîne erbarme zuo!	so lass' erbarmen mich statt tadel,
swâ ich, herre, an dir missetuo!	statt strafe mitleid sehen mich!
lâz herre mich niht übersehen,	Laß, herr und gott, mich nie vergessen,
swaz mir saelden ist geschehen,	welch heil mir wurde zugemessen,
und endelôser wünne!	welch glück zu fassen kaum dem sinn;
dîn kint und dîn künne	daß als dein kind, als dir verwandt
bin ich bescheidenlîche,	von dir du reichster anerkannt
ich arm und dû vil rîche:	ich armer sünder worden bin.
dîn mennischeit mir sippe gît	Verwandt auch deiner menschlich-
dîner gotheit mich âne strît	keit,
der pâter noster nennet	ein kind doch deiner göttlichkeit,
z'einem kinde erkennet.	das paternoster nennet mich,
sô gît der touf mir einen trôst,	als dein kind anerkennet mich;
der mich zwîvels hât erlôst	weil, der die höchste weisheit ist,
(ich hân gelouphaften sin):	christus sich nennt und ich ein christ.
daz ich dîn genanne bin,	Wie tief, wie hoch, wie breit du seist,
wîsheit ob allen listen:	kann nimmermehr des menschen
dû bist Krist, sô bin ich kristen.	geist
dîner hoehe und dîner breite,	ermessen oder ahnen.
dîner tiefen antreite	Der sieben sterne bahnen
wart nie gezilt anz ende.	läßt du des himmels bahn entgegen
ouch loufet in dîner hende	im ewgen kreislauf sich bewegen.
der siben sterne gâhen,	Luft, wasser, feuer und erde steht
daz sie den himel wider vâhen.	im dienste deiner majestät.
luft, wazzer, viur und erde	Dein wille ist's der da beschert,
wont in dînem werde.	womit sich wild und zahm ernährt
ze dînen gebot ez allez stêt.	auch hat durch deine gottesmacht
dâ wilt unt zam mit umbe gêt.	der lichte tag, die trübe nacht
ouch hât dîn götlîchiu maht	mit dem zwiefachen lauf der sonnen
den liehten tac, diu trüeben naht	
gezilt und underscheiden	

221

mit den sternenlouften beiden.
niemer wirt, nie wart dîn ebenmâz.
al der steine kraft, der würze wâz
hâstû bekannt unz an den ort.
der rehten schrift dôn und wort
dîn geist hât gesterket.
mîn sin dich kreftec merket.
swaz an den buochen stât geschriben,
des bin ich künstelôs beliben.
niht anders ich gelêret bin:
wan hân ich kunst, die gît mir sin."
(Willehalm I,1-22)

erst grenz und unterschied gewonnen.
Dir gleiches nimmer wird noch ward:
jeder pflanze duft, jedes steines art
ist, höchster, dir gar wohl bekannt.
Den heilgen schreibern hat die hand
dein hoher geist geführet.
Mein sinn ist's, der dich spüret;
denn, was in büchern steht geschrieben,
ist mir noch immer fremd geblieben
und, stell' ich mich gebildet dar,
mein sinn mein einz'ger lehrer war."

11. Literaturangaben

Benutzte Textausgaben:

Heliand und die Bruchstücke der Genesis, aus dem altsächsischen und angelsächsischen übersetzt von Felix Genzmer, Reclam Stuttgart 1989, S. 209f

Koran 1992 Der Koran, vollständige Ausgabe, mit einem Vorwort von Thomas Schweer, Heine Verlag München 1992.

Kühn 1991 Dieter Kühn, Der Parzival des Wolfram von Eschenbach, Insel Taschenbuch 1328 Frankfurt 1991 S. 351

Parzival 1940 „Parzival", Übersetzung von Fink und Knorr, Jena 1940 S. 185

Wolfram v. Eschenbach, übersetzt von Wolfgang Spiewok nach der Lachmannschen Ausgabe.

Benutzte Lexica:

"Original-Taschenlexer", Mittelhochdeutsches Taschenwörterbuch von Matthias Lexer 3. Auflage 1885

Das Fischer Lexikon, Bd. 1 Die nichtchristlichen Religionen, von Helmuth von Glasenapp.

dtv-Lexikon Stichwort „Exegese", „Katenen, seit dem 6. Jahrhundert"

Grimm, J. und W.: Deutsches Wörterbuch, Leipzig, 1897

Lexikon für Theologie und Kirche, Bd. 4 S. 1292 (Hab. 1,12-2,5).

Literaturliste:

Annalen der dt. Literatur 1962, Annalen der dt. Literatur, Eine Gemeinschaftsarbeit zahlreicher Fachgelehrter, hg. von Heinz Otto Burger, Stuttgart 1962, 2. Aufl.

Augustinus 1961, Augustinus, De Civitate Dei, hrsg. und mit einer Einleitung versehen von Hans Urs von Balthasar 1961

Bahners 2009, Patrick Bahners, in: Frankfurter Allgemeine Zeitung FAZ, 5. Juni 2009, Aufsatz über Heinz Schlaffer mit dem Titel: „Kurz sei unser Lesen", Untertitel: „Säkularisierung und Selbstdarstellung: Prägnante Beiträge zur Quellenkunde der deutschen Literatur".

Bäumer 1949, Getrud Bäumer, Die drei göttlichen Komödien des Abendlandes. Münster 1949

Birngruber 1955, Sylvester Birngruber, Laiendogmatik, Wien, Köln 1955

Blank 2004, Walter Blank, Der Zauberer Chlinchor in Wolframs `Parzival`, in: Studien zu Wolfram von Eschenbach, Festschrift für Werner Schröder zum 75. Geburtstag, Herausgeg. hrsg. von Kurt Gärtner und Joachim Heinzle Tübingen

Brall 1983, Helmut Brall, Diz vliegende bîspel, in: Euphorion, Zeitschrift für Literaturgeschichte, hrsg. von Rainer Gruenter und Arthur Henkel 77. Bd. 1983

Brinkmann 2001, Hennig Brinkmann: zitiert aus: Walter Haug, Das literaturtheoretische Konzept Wolframs von Eschenbach, Eine neue Lektüre des, Parzival-Prologs', S. 213.

Bumke 1970, Joachim Bumke, Die Wolfram von Eschenbach-Forschung seit 1945, Wilh. Fink Verlag 1970

Bumke 1991, Joachim Bumke, Parzival und Feirefiz - Priester Johannes - Lohengrin, Der offenen Schluss des *Parzival* von Wolfram von Eschenbach, Karl Bertau gewidmet, in: Deutsche Vierteljahreszeitschrift für Literaturwissenschaft und Geistesgeschichte, hrsg. von Richard Brinkmann, Gerhardt von Graevenitz und Walter Haug, 65. Jahrg. 1991 LXV. Band, 236

Bumke 2009, Joachim Bumke, Deutsche Philologie - ein Fach mit Zukunft? In: Frankfurter Allgemeine Zeitung, Dezember 2009

Burdach 1974, Konrad Burdach, Der Gral, Forschungen über seinen Ursprung und seinen Zusammenhang mit der Longinuslegende. Mit einem Vorwort zum Neudruck von Johannes Rathofer, Darmstadt 1974 S. XVIII

Carl 2009, Dietmar Carl, Suche nach dem geheimen Vokal, Kölner Stadtanzeiger vom 25. Sept. 2009, S. 31; In seiner „Neuen Serie" mit dem Untertitel „Kölner Stadtanzeiger berichtet über Orte jenseits aller Hektik. Im Husserl Archiv entschlüsseln Wissenschaftler schwierige Manuskripte".

Dallapiazza, 2009, Michael Dallapiazza, Wolfram von Eschenbach: Parzival. Berlin 2009

Deutscher Jagdschutz-Verband 1997, „Unterrichtsreihe, Heimische Wildtiere in der Feldflur und am Wasser". Hrsg.: Deutscher Jagdschutz-Verband e. V. – Vereinigung der deutschen Landesjagdverbände – Bonn 1997

Douteil 1976, Herbert Douteil, Corpus Christianorum, Continuatio mediaevalis 41A), Turnholti 1976, pag. 301 Lit.: A. Allgeier in: Oriens Christianus (1915/17) und in Byzantin. Neugriech. Jb. 3 (1922) [aus: Großer Herder, 1956, Bd. 8, Sp. 705 Eggers 1954, Hans Eggers, Wolframforschung in der Krise? in: „Wirkendes Wort" Jahrg. 4 (1954) Heft 5

Ehrismann, Lit. Gesch. 2. 2. 1, S. 229 (zitiert nach Walter Schröder), Der dichterische Plan des Parzivalromans, S. 191)

Essen 1967, Erika Essen, Gegenwärtigkeit mittelhochdeutscher Dichtung im Deutschunterricht. Ansätze und Betrachtungsweisen mit einer Einführung in die Gesamtbetrachtung von Wolframs Parzival. Heidelberg 1967

Everding 1979, August Everding, Staatsintendant in München und Präsident des Deutschen Bühnenvereins, schreibt in seiner Kulturkolumne für die „Welt am Sonntag" vom 2. Nov. 1979 S. 26, unter der Überschrift „Kunst ist Lüge, die uns hilft, die Wahrheit zu verstehen", über das Verhältnis von Kunst und „Lüge".

Gadamer 2007, Hans Georg Gadamer, Wahrheit und Methode, Grundzüge einer philosophischen Hermeneutik

Gardet 1961, Louis Gardet, Der Islam, Aschaffenburg 1961 (Titel der franz. Ausgabe: Connaitre L`Islam, Paris 1958)

Gellinek 1976, Christian Gellinek, Die Erlösungsfrage in Wolframs von Eschenbach „Parzival", in. Sagen mit Sinne, Festschr. für Marie-Luise Dittrich zum 65. Geburtstag: Göppinger Arbeiten zur Germanistik Nr. 180, Hrsg. Ulrich Müller, Franz Hundsnurscher und Cornelius Sommer

Grein Gamra 1999, Ulrike Grein Gamra, Ein komplexer Ritter auf seiner dynamischen Queste, Wolframs *Parzival* und die Chaostheorie, Eine strukturelle Untersuchung, 1999

Hagemann 1985, Ludwig Hagemann, Die erste lateinische Koranübersetzung - Mittel zur Verständigung zwischen den Christen und Muslimen im Mittelalter?, in: MISCELLANEA MEDIAEVALIA, Veröffentlichungen des Thomas- Institutes der Universität Köln, hrsg. von Albert Zimmermann, Bd. 17 Orientalische Kultur und europäisches Mittelalter. Berlin 1985

Hagen 1906, Paul Hagen, Wolfram und Kiot, in: Zeitschrift für deutsche Philologie, begründet von Julius Zacher, hrsg. Von Hugo Gering und Friedrich Kaufmann 38. Bd. Halle 1906

Haug 1971, Walter Haug, Die Symbolstruktur des höfischen Epos und ihre Auflösung bei Wolfram von Eschenbach, in: Deutsche Vierteljahresschrift für Literatur Wissenschaft und Geistesgeschichte, Band XLV 45. Jahrgang 1971

Haug 1992, Walter Haug, Literaturtheorie im deutschen Mittelalter von den Anfängen bis zum Ende des 13. Jahrhunderts, 2. überarb. und erweiterte Aufl., Darmstadt 1992

Haug 2001, Walter Haug, Das literaturtheoretische Konzept Wolframs von Eschenbach - Eine Neue Lektüre des ‚Parzival'-Prologs. S. 211 ff. in: Beiträge zur Geschichte deutschen Sprache und Literatur Bd. 123 (2001)

Haug 2006, Walter Haug, Die mittelalterliche Literatur im kulturhistorischen Rationalisierungsprozess. Einige grundsätzliche Erwägungen, Wolfram Studien Bd. XX S. 27 Wolfram-Studien Bd. XX S. 19 bis 39 mit dem Titel: „Die mittelalterliche Literatur im kulturhistorischen Rationalisierungsprozess". Der Untertitel lautet: „Einige grundsätzliche Erwägungen"

Haug 1990, Walter Haug, Ein Dichter wehrt sich, Wolframs Prolog zu den Gawan-Büchern, in: Wolfram- Studien XII, Veröffentlichungen der Wolfram von Eschenbach - Gesellschaft hg. von Joachim Heinzle - L. Peter Johnson - Gisela Vollmann- Profe

Heer 2002, Friedrich Heer, Mittelalter, vom Jahr 1000 bis 1350 Teil I, in: Kindlers Kulturgeschichte dtv Bd. 9

Holländer 1927, Therese Holländer, Klingsor. Eine stoffgeschichtliche Untersuchung, Diss. Wien 1927

Hüning 2000, Heinrich Hüning: Würfelwörter und Rätselbilder im Parzivalprolog Wolframs von Eschenbach – Europäische Hochschulschriften, Reihe 1, Deutsche Sprache und Literatur, Bd. 1767, Verlag Peter Lang, Frankfurt am Main 2000

Kaufmann 1997, Pamela Kaufmann, Die Herzogin, Roman, Scherz-Verlag 1997 Klappentext

Keferstein 1937, Georg Keferstein, Feirefiß Anschevin, In: Deutsches Volkstum; Jahrg. 1937 Oktoberheft, S. 699

Kiening 1993, Christian Kiening: Wolfram von Eschenbach: Willehalm, in: Interpretationen, Mittelhochdeutsche Romane und Heldenepen, Hrsg.: Horst Brunner

Kirchenzeitung Köln Ausgabe 45/09 vom 6. November S. 41

Knapp 2009, Fritz Peter Knapp, „Leien munt nie baz gesprach", Zur angeblichen lateinischen Buchgelehrsamkeit und zum Islambild Wolframs von Eschenbach, in: Zeitschrift für deutsches Altertum und deutsche Literatur, Bd. 138, Heft 2, 2009

KOMMA, Das Magazin für christliche Kultur, Nr. 65/2009, S. 73

Kommentiertes Vorlesungsverzeichnis Wintersemester 2006/2007" der Universität Köln: Vorlesung „Höfische Dichtung im Spiegel der Forschungsgeschichte"

Kuhn 1962, Hugo Kuhn, Annalen der deutschen Literatur. Eine Gemeinschaftsarbeit zahlreicher Fachgelehrter, hrsg. von Heinz Otto Burger, Stuttgart 1962 2. Aufl.

Kühn 1991, Dieter Kühn, Der Parzival des Wolfram von Eschenbach, Frankfurt a. Main.

Kunitsch 1984, Paul Kunitsch, Erneut: Der Orient in Wolframs von Eschenbach „Parzival";, in: Zeitschrift für dt. Altertum u. dt. Literatur, hrsg. von Kurt Ruh Bd. 113 1984

Lexica Langenscheidts Taschenwörterbuch der griechischen Sprach von Prof. Dr. H. Menge, Berlin 1958 Stichwort „Daimon"

Lützeler 1961, Heinrich Lützeler, Abstrakte Malerei: Bedeutung und Grenze (1961)

Mann 2008, Thomas Mann, Der Erwählte, 28. Aufl. 2008

Marquard 1981, Odo Marquardt, Felix culpa, Bemerkungen zu einem Applikationsschicksal von Genesis 3 in: Text und Applikation, Theologie, Jurisprudenz und Literaturwissenschaft im hermeneutischen Gespräch, hrsg. von Manfred Fuhrmann, Hans Robert Jauss und Wolfhart Pannenberg, München 1981

Meisburger 1964, Gerhard Meisburger, Gyburc in: Zt. f. dt. Ph. 83. Bd. 1964

Mergell 1943, Bodo Mergell, Wolfram von Eschenbach und seine französischen Quellen, II. Teil. Frankfurt a. M. 1943

Mockenhaupt 1942, Benedikt Mockenhaupt OSB, Die Frömmigkeit im Parzival Wolframs von Eschenbach, Bonn 1942 Zitate auf S. 160 und 162

Ohly 1958, Friedrich Oly, VOM GEISTIGEN SINN DES WORTES IM MITTELALTER in: Zeitschrift für deutsches Altertum und deutsche Literatur, 89 (1958/59)

Ohly 1966 Friedrich Ohly, Vom geistigen Sinn des Wortes im Mittelalter, 1966, Darmstadt

Pernoud 1979, Regine Pernoud, Königin der Troubadoure, Eleonore von Aquitanien, dtv-Biographie Nr. 30042. Juni 1979 13. Ungekürzte Auflage S. 259.

Püttmann 2009, Andreas Püttmann, Häme für den ‚angeschlagenen Boxer', in: Komma, Das Magazin für christliche Kultur Nr. 65/2009, S. 72

Rupp 1971, Heinz Rupp, Deutsche religiöse Dichtungen des 11. Und 12. Jahrhunderts. Untersuchungen und Interpretationen. 2. Auflage Bern/ München 1971

Rupp 1983, Heinz Rupp, Die Bedeutung der Gawan-Bücher im Parzival Wolframs von Eschenbach, in: London German Studies, edited by J. P. Stern, University of London, Institute of Germanic Studies, 1983

Sauer, Stefan: Buchvorstellung, in: Kölner Stadtanzeiger vom 11. Dez. 2009, S. 6 (Politik)

Scheeben 1985, Matthias Joseph Scheeben, Die Mysterien des Christentums, hrsg. von Josef Höfer 1985

Schild 1996, Erwin Schild, Die Welt durch mein Fenster, Einsichten und Wegweisung eines kanadischen Rabbiners deutscher Herkunft für das Leben in unserer Zeit, Köln 1996

Schirok 2002, Bernd Schirok, Von „zusammengereihten Sprüchen" zum „literaturtheoretische(n) Konzept, in: Wolfram-Studien XVII (2002)

Schneider 1878, Hermann Schneider, Parzivalstudien, in: Sitzungsberichte der Bayerischen Akademie der Wissenschaften, phil. -hist. Klasse Jahrgang 44/46 Heft 4

Schröder 1952, Walter Schröder, Der dichterische Plan des Parzivalromans, in: Beiträge zur Geschichte der deutschen Sprache und Literatur, Begründet von Wilh. Brauen- Hermann Paul- Eduard Sievers unter Mitwirkung von E. Karg- Gasterstädt, hrsg. von Th. Frings 74. Band Halle 1952

Schuhmann 2002, Martin Schuhmann, Kritisches Referat zu Heinrich Hüning: „Würfelwörter und Rätselbilder im Parzivalprolog Wolframs von Eschenbach, Frankfurt 2000" in: Germanistik, 43/2002, Heft 3/4, S. 764f.

Schwietering 1946, Julius Schwietering, Parzivals Schuld, Frankfurt 1946

Schwietering 1925, Julius Schwietering, Die Bedeutung des Zimiers bei Wolfram, in: Festschrift für Eduard Sievers 1925

Snelleman 1941, Willem Snelleman, Das Haus Anjou und der Orient in Wolframs „Parzival", Dissertation Amsterdam 1941

Spiewok, Wolfgang, Parzival, Bd. 2 Stuttgart 1981

Spiewok,Wolfgang, Wolfram v. Eschenbach, Reclam-Taschenbuch,

Sproedt 1964, Kriemhild Sproedt, Gachmuret und Belakane, Verbindung von Heidentum und Christentum in einem menschlichen Schicksal. Diss. Hamburg 1964 III

Taubes 1981, Jakob Taubes, Von Fall zu Fall. Erkenntnistheoretische Reflexion zur Geschichte vom Sündenfall, in: Text und Applikation, Theologie, Jurisprudenz und Literaturwissenschaft im hermeneutischen Gespräch, hrsg. von Manfred Fuhrmann, Hans Robert Jauss und Wolfhart Pannenberg, München 1981

Thomas von Aquin 1974, Summe gegen die Heiden, hg. und übersetzt von Karl Albert und Paulus Engelhardt unter Mitarbeit von Leo Dümpelmann, erster Band, Buch 1 aus der Reihe: Texte zur Forschung Bd. 15 S. 9, Wissenschaftliche Buchgesellschaft Darmstadt 1974

Wapnewski 1955, Peter Wapnewski, Wolframs Parzival, Studien zur Religiosität und Form Heidelberg, 1955

Westreicher 1996, Michael Westreicher, Gyburg, Zur „Nichtmythisierung" einer literarischen Figur, in: Herrscher, Helden, Heilige, hrsg. von Ulrich Müller u. Werner Wunderlich St. Gallen 1996

12. Index

Abel 95, 149, 156, 213
aberzürnt 194
Adam 44, 70, 80, 90, 92, 95f, 118, 151, 153, 155, 172
Addition 155
Aktualität 8, 9
Aliscanz 222
allegorisch 31
Alltagserfahrungen 24, 27
alter Hase 35ff, 39
Amfortas 54ff, 68, 70, 79ff, 95, 119ff, 131, 135, 137, 143, 147, 151, 154, 180, 185
Analogie 24, 55f, 58, 63, 82, 132, 137, 141, 144, 154, 179, 208, 213
Angsthase 29, 31
Anjou 73, 91, 158ff, 233
Anschewin 56, 71, 73, 74, 88, 91f, 96, 100, 117, 130, 132, 138, 140, 145, 151, 154ff, 208
anschmiegen 104
Antichrist 95, 136, 213
Antikonie 65, 68f, 76, 78, 82ff, 117, 130
Antiochia 65, 68, 78ff
apokalyptisch 135f, 225
Äquivokationen 1, 3, 64, 163, 170
Arabella 81, 97, 119, 131, 136, 163
ars venandi 24
Askalon 115, 117
bast 14f, 32f, 36
Beizjagd 24f, 27, 33, 37, 39
Belakane 89, 99, 175, 214, 234
Benedikt 8f, 11, 98, 232
Bequemlichkeit 165
Beschneidung 55f, 142
beschnitten 159
Bewusstseinsspaltung 63, 109, 115, 137
Bezugshorizont 5
Bibeldichtung 17
Bicornis 22
Bilanz 6

Blüte 18
Bösewicht 129, 136
Bruchstücke 96, 229
Brustkorb 48
Bumke 3, 16, 44, 60, 63, 89, 95, 114, 125, 129, 141, 147, 167, 184, 191, 195, 200, 203ff, 212, 230
cathedra 6
Chaostheorie 2, 231
Clairvaux 72, 77, 80
Cluny 142, 188f
Code 29
cogito 9ff
crux interpretum 42, 192
demoliert 11, 28, 40
Descartes 9ff
diametral 33, 139, 146
dinc 147, 160, 167, 169, 176f, 182, 199, 216, 219
Ding 10, 20f, 47, 90, 114, 157, 177, 199, 215, 218
Dinge 10, 25, 38, 84, 114, 121, 146, 147, 173, 176, 190, 196, 203, 218
Dinglichkeit 114, 196
Donnerwetter 111
Dorfköter 35
Draufgänger 37
Dreifältigkeit 65, 74, 82, 139, 181
dreimal 59, 108, 148, 161, 167f
Ebenbildlichkeit 44, 50, 63, 64, 113, 153
Ehebruch 55ff, 68, 79ff, 142, 163
Ehefrau 56, 79f, 82, 165f, 170
Ehrenkleid 48, 52f
Eleonore 56f, 65f, 68, 71ff, 76f, 233
Entscheidungskampf 48, 225
Epilog 3, 61, 103f, 108ff, 113
erlösen 55, 121, 154, 160
Erlöser 44, 48, 50, 90, 94, 101, 179, 219
Erlösungsfrage 147f, 161, 166, 170, 231
Eva 44, 118f, 136, 153, 172

Everding 10, 12, 192, 201, 212, 230
exordial 13
Fabel 22
Fakten 27, 54, 56, 158
Falkner 37
Feirefiz 3, 21, 41, 46, 48, 50, 58ff, 63f, 70, 74f, 86ff, 94ff, 112f, 131ff, 138f, 145f, 148f, 154f, 165ff, 181, 207f, 213ff, 219f, 230
felix culpa 44, 50
Fellabziehen 14, 15, 33
Figurenkomplex 149
Fixpunkt 9, 11
Flügelschläge 2
Flugrichtung 31, 36, 38
Forschungsliteratur 7
Forschungsprofil 8
Frauenlehre 64, 69, 74
Freiheit 44, 119, 138f, 153f, 181
Fremdgehen 55, 162
Fundamentalsatz 12, 132, 155
Fürstenspiegel 158
Ganze 73, 91, 93, 113, 119, 146f, 152, 195, 212
Gawan 61, 63ff, 66ff, 72, 74, 77, 79, 81ff, 111 121, 123f, 128, 130ff, 134, 145, 149, 181, 211, 231, 233
Gawanepisoden 113
Gebärde 148, 167f
Geblüt 73, 91f, 158ff
Gefährten 98
Gegenmotiv 186
gemach 160, 164ff, 169f
gemachter Sohn 90, 157
Gestaltwandel 54, 83, 149, 176f, 182, 186, 208
Glasperle 6
Glücksfall 1
Gnadenlehre 102, 155
Gottesbild 11, 50, 106, 130, 144, 181, 190, 205
Gottessohnschaft 45, 90, 126, 176
Gottesurteil 87, 98, 128f
Göttlichkeit 175

Gral 96, 123, 135, 139, 144, 167, 184, 194, 195, 199, 201, 203f, 230
Gralsermutigung 192, 201
Gregorius 4, 5, 14, 20ff
Grenze 101, 107, 161, 232
Grifftöter 36, 38, 40
Großmut 13
Guigambresil 111
Gyburc 64, 81, 92, 96f, 119, 123, 131, 136, 185, 232
Habicht 27, 33, 36ff
Haken 30, 32, 35
Halslösungsrätsel 137
Häresie 85, 189
Harmonieprogramm 195
Harnisch 21, 24, 41, 46, 48
Hase 5, 25, 28ff, 34ff, 43, 114, 196, 219
Haut 20ff, 24, 41, 46, 48, 53, 59, 90
Heilsgeschichte 19, 45, 47, 59f, 93, 132, 152f, 178, 183f, 216, 219
hellenistisch 49
Hirschjagd 33
Hochverrat 14
Hölle 4f, 20, 26, 48ff, 98, 139
Horizont 31
Hüllen 15, 20, 33, 43, 46, 52f, 186
Humanität 87f
Hybris 43, 48, 149f, 168
Idee 9, 14, 17, 34, 45, 49, 73, 81, 91, 127, 131, 133, 139, 220
Identität 67, 70, 82, 115f, 139, 160, 172, 193, 214
Idiotie 38
Implikationen 16
Initiationsfrage 147, 161
Inkarnation 73, 92, 96, 132, 160
Inzest 22f
Irrtum 16, 18, 156
Ismael 93, 149
Isolde 56f, 65, 71
Jagdgesellschaft 111
Janus 14
Jenseits 100, 107, 109, 115, 156, 181

Jenseitsvorstellungen 160, 177f, 181, 186, 210
Jesus 50, 90, 94f, 98, 137, 157, 171, 177, 179, 180, 185, 187, 190, 209f, 213ff, 218ff
Johannesevangelium 19, 132, 204, 214, 216
Juden 55, 93f, 149, 186, 190, 218
Kaaba 55, 125, 163, 173, 185
Kain 95, 149, 156, 172
Kant 10, 15
katholisch 8, 45, 51
Kaufmann 55, 70, 83, 124f, 127, 137, 180, 231f
Kaufmannsgut 172
keltisch 155
Kettenpanzer 20
Kirche 9, 12, 19, 45, 77, 94, 97, 99, 109, 118, 132, 143f, 150, 153, 155, 159, 178, 180, 215, 229
Kirchenväter 17, 44, 145, 150f, 155
Kleriker 85, 189
Kniefall 194
Konterfei 110
kontingent 147, 152
Konzept 2ff, 14f, 19, 29, 33f, 36, 52, 54, 56f, 60, 68, 74, 78, 82, 85, 87, 89f, 111ff, 115, 118, 131, 139f, 151, 153, 156, 178, 208, 210, 212, 231, 233
Konzil 76, 169
Krämer 125, 127ff
Kreuzesform 148, 167, 168
Kreuzzug 56, 79
Küchenjunge 223
Kühn 30, 32, 35, 103, 113, 121, 124, 161, 164, 169, 194, 229, 232
kulturprotestantisch 19, 45, 51
Lachmann 6, 16ff, 24, 26ff, 114
Laiendogmatik 153, 229
Legitimation 175, 190
Leiblichkeit 132, 146, 149, 154, 156
Lektüre 4ff, 15, 17, 32, 52, 230, 231
Liebesgeschenk 55, 124
Lockemache 39
Logik 12, 35, 152, 213
Logos 20

loswetzt 30, 35
louc 159f, 183, 192ff, 196f, 199f, 206
Lüge 10, 12f, 93, 106, 141, 144, 148, 159, 183f, 191ff, 197ff, 207, 211f, 219, 230
Lügendichtung 106
lügenhaft 192, 201
Luther 17, 50
machwerk 165
Machwerk 165f, 170, 172ff, 176
Mahdi 88, 90, 94, 97, 157, 219
Medium 10, 14, 109f, 114, 182, 184ff, 191, 210
Menschenbild 45, 49f, 54, 59f, 63f, 67, 73f, 82, 85f, 139ff, 144, 149, 177, 181, 205
Mentalitätsproblem 150
Merkwürdigkeiten 175
Messias 50, 55, 90, 93f, 97f, 102, 149, 157, 160, 171, 186, 190, 206, 213ff, 218ff
Messiasbild 100, 160
Mitleidsfrage 118ff, 122
Mord 23, 75, 77, 92, 95, 112, 115, 120, 143, 145, 156, 172, 213
Muslim 97, 171, 188
Naturgeschichte 132
Naturstand 159, 213
Neidmotiv 149
Nestorianer 128
Nigellius 22
Nimmerwiedersehen 31
Offenbarungsliteratur 141, 181, 184, 187, 190, 192, 209
Ohly 11, 17, 21, 233
Orgel 68, 79
Orgeluse 55f, 58f, 63ff, 76, 78ff, 106, 115, 117f, 123f, 130f, 133, 135ff, 145, 162
orientalisches 182, 185, 210
Orphée 107
Orpheus 107f
Paarung 50f
Parade 34, 37
Paradies 43f, 48f, 53, 92, 178
Parallelführung 215
Parodie 68, 91, 102, 158f, 174, 176, 186, 190f, 197, 201, 203f, 208f, 215

231

Patristik 145
Pergament 59, 86
plakativ 4
Poetologie 106
Pointe 6, 13, 31, 34, 40
Polarität 55, 73, 75, 135, 208
Positivierung 151f
Prinzen von Geblüt 73, 91f, 158ff
Prüfungsvorbereitungsliteratur 7f, 28
Qualifikation 44, 138
queer 7
quer 8, 21, 31, 36f
Rätselhaftigkeit 1f, 121, 185
Raymond 56, 79ff, 130, 142f, 206
Realien 27ff, 109, 114, 196, 206
Realutopie 223
Rechtfertigungslehre 22ff, 44
Reduktion 149, 186
Reformation 17, 45, 51
Religion 9, 11, 12, 49, 80, 89, 120, 141, 181, 183, 210
Richter 88, 93, 98, 102, 177, 211, 216
Rollentausch 134
Romanstruktur 102, 140
Rubin 6
Rüstung 20f, 46, 52, 114
Saba 54
Sakramentenlehre 132
Salomon 54f, 79, 137, 161
Sasse 34ff
Schattenbild 135
Schicksalsfrage 29
Schicksalsrätsel 1f, 25f, 29, 34ff, 38, 40ff, 52, 85, 219
Schizophrenie 63, 115
Schlaffer 18, 28, 229
Schlangen 101, 187
Schlitzohrigkeit 33
Schluss 12, 61, 77, 144, 159f, 184f, 188, 195, 200, 211, 230
Schlüsselfunktion 87
Schock 167, 197
Schriftbesitzer 186
Schuldzustand 119, 146f, 153

Sekundille 54ff, 58, 63f, 68, 70, 80, 122f, 138, 142, 162f, 165, 172
Selbstmord 14, 148, 164
Senhal 82
sensus 17, 20, 22, 41, 53, 170
sinnlos 32, 165, 194
Sollbruchstellen 183
Spaltung 3, 21, 62f, 66f, 109ff, 113, 131
Spaltungsphänomene 108
Spiegel 3, 7, 39, 60ff, 104, 107ff, 114ff, 131, 211, 232
Spiegelbild 61f, 70, 104, 110, 121, 154, 198
Spielräume 132
Steigbügel 62
sterbend 166
stiure 2f, 15, 19, 25, 33, 37, 45, 109, 124, 196
Sünde 44, 50, 53, 96, 120, 146f, 151f, 154, 163, 172, 204
Sündenfall 43, 48f, 64, 90, 92, 149, 151f, 154, 207, 234
Sure 65, 80, 90, 92ff, 126, 157, 176ff, 186ff, 190, 209f, 214, 218, 220
Symbol 44, 55f, 94, 101, 139, 151, 162, 169, 179ff, 183, 209f
Symbole 93, 101, 180
Symbolik 109, 212
symbolisch 21, 135, 164
Synagun 224
szenisch 164
Taufe 55, 58, 73, 92, 109, 129, 131f, 138, 142f, 149, 151, 153ff, 159, 171f
Terramêr 224
Teufel 55, 72, 120, 129, 136, 199f
Textproportionen 103
Thybalt 119, 223ff, 131
Tisch 6, 103, 177, 184, 187f, 190, 199, 204, 209f
Toledo 143, 188f, 217
Toleranzrede 90, 96f
Totenerweckung 137
Travestie 102, 158f, 174, 176f, 186, 191, 197, 204, 208f, 215
Tre-viri-cent 183, 216

Trevrizent 41, 95, 138, 192ff, 197, 200ff, 204, 207, 211
Triade 192, 195, 213
Trinitätslehre 45, 63, 153, 220
Tristan 3, 14, 33, 56f, 65, 71, 85
Ultimatum 167
unbezahlbar 124, 173
Unbezahlbarkeit 124, 173
Unmoral 13
Unterwelt 107f
Unübersetzbarkeit 114
Urstand 43, 46, 49, 53, 141, 144, 149ff, 153f
Väterlehre 145f, 149f, 152
vel 20f, 46, 48, 53, 59, 86, 88, 114
Venerabilis 142, 188f
Vereinbarkeit 8f, 12
Verfluchungsszene 99, 107, 115, 119, 121
Verkündigungsszene 90, 173f, 176
Verrätselung 1
Versorger 167, 176, 181, 209
vorreformatorisch 23, 51

Vorübergang 60
Wahn 3, 61f, 67, 102, 110f, 160, 211
Waleise 69, 74, 139f, 145
wanc 37, 40, 43
wenken 5, 25, 30ff, 36f, 39, 41, 52, 219
Wesen 22, 45, 49, 56, 67, 69f, 101, 107, 113, 118, 120, 134, 149, 172, 177, 183, 194, 220
Wiedervereinigung 62, 66, 70, 117, 131, 133ff, 137, 145
Willehalm 12, 55, 64, 81, 90, 92, 94, 96f, 118f, 123, 129, 131, 136, 163, 185, 219, 222, 226f
Wunder 18, 101, 167, 169, 171, 187
Wüste 54, 101, 156
Zauberbett 70
Zelt 54f, 84, 124f, 173
Zufall 1, 4, 15, 67, 125
Zukunft 3, 13, 16, 107, 155, 230
Zweikampf 87, 111, 117
Zwischendinc 177

MIX
Papier aus verantwortungsvollen Quellen
Paper from responsible sources
FSC® C105338